1963
발칙한
혁명

일러두기

- 앨범, 영화, 연극, TV 프로그램은 『 』로, 곡명(싱글 앨범 포함), 연설 등은 「 」로 표기하였고, 그 밖에 도서는 《 》, 신문과 잡지는 〈 〉, 클럽은 ' '로 표기하였다.

- 본문에 언급된 인명, 곡명, 앨범, 밴드 등은 처음 소개될 때 영문과 함께 간략한 소개를 넣었으며 인터뷰이의 정보는 반복해서 실었다. 자세한 설명은 부록 편에 게재하였다.

- 부록의 '인물' 편에서는 인터뷰이 위주 등장인물의 생몰연도와 간략한 설명을 실었다. '기타' 편에는 사건, 밴드, 장소들 중 책에서 비중 있게 언급된 것을 선별하여 간략한 설명을 달았다.

1963
발칙한
혁명

**비틀스,
보브컷,
미니스커트**

**거리를
바꾸고
세상을
뒤집다**

로빈 모건
아리엘 리브
지음

김경주
옮김

예문사

- 이 책은 1963년을 목격하였거나, 직·간접적으로 시대 변화를 주도했던 48인의 인터뷰를 다 큐멘터리 방식으로 재구성한 것이다.

- 책에 등장하는 인터뷰이는 모두 48명이다. 키스 리처드, 에릭 클랩튼, 메리 퀀트, 비달 사순 같이 변화를 주도한 주인공들 외에도 기자, 매니저와 제작자, 함께 수학한 동기, 밴드들이 공 연했던 클럽 경영자 등 다양한 시각의 인터뷰이가 참여했다.

- 비틀스가 데뷔하기도 전 일간지 1면에 장식돼 신문가판대를 온통 매진시켰던 애비 로드 녹 음실에서 찍은 사진을 비롯, 소장가치가 충분한 희귀 사진 57점이 실려 있다. 1963년을 담은 이 사진들의 대부분은 당대 명사들을 밀착 촬영했던 사진가 테리 오닐의 작품이다.

- 인터뷰는 1963년에 초점이 맞춰져 있으나 관련 사건들은 좀 더 폭넓은 시간대를 다루었 다. 이 책에 언급된 주요 연대는 제2차 세계대전이 끝나고 서서히 사회 변화의 물꼬가 트인 1950년대 후반부터 우드스톡 페스티벌이 열린 1969년까지다.

- 1~4부는 대체로 시간의 흐름에 따라 배열되었고, 각 도입부에 해당 시기의 사회 배경을 통 사적으로 설명하였다. 한 부의 각 장은 주제별로 나뉘었으며 도입부의 설명문은 장 전체 인 터뷰를 관통하는 주제를 담고 있다.

- 본문에 등장하는 상류층(Traditional Upper), 중산층(Middle), 노동자 계급(Working-class)은 일반 적으로 사용하는 계층이 아닌 영국의 계급제도 내의 신분을 뜻하는 말로 쓰였다.

- 활기찬 런던, 자유분방한 런던 등으로 표현된 것은 1963~1964년도의 런던을 뜻하는 '스윙 잉 런던(Swinging London)', 영국의 침략, 영국의 침공 등으로 표현된 것은 1964년 전후로 영 국의 뮤지션들이 미국 빌보드 차트를 휩쓸던 1차 '브리티시 인베이전(British Invasion)' 시기를 뜻한다.

- '젊은이의 반란(Youthquake)'이라는 말은 대체로 1960년대 후반부터 1970년대까지 젊은 세대 가 주도한 반항적이고 과격한 사회변혁운동을 지칭하나, 이 책에서는 〈보그〉지의 편집장 다 이애나 브릴랜드가 맨 처음 1963년을 규정하는 말로 사용한 본래의 뜻으로 쓰였다.

지금 우리의 의식을 잉태했던 1963년을 추적하다

임진모(음악 평론가)

1960년대는 모든 것을 바꿔 놓았다. 우리가 현재 누리는 모든 문화와 삶의 의식은 '반란의 시대'였던 1960년대에 잉태된 것이다. 이제는 흔히 들을 수 있는 '신분상승을 위해 공부하는 것도 중요하지만 연예인이 되면 그 이상으로 유명해질 수 있다'는 말은 1960년대의 '발칙한 혁명'이 없었다면 존재하지 못했을 것이다. 그리고 그 혁명을 견인한 주체는 다름 아닌 '대중문화'였다.

  제2차 세계대전 이후 축축한 습기 속에서 십 대를 보낸 이른바 '베이비붐 세대'는 자신의 '다른 꿈'과 '새로운 욕망'을 실현하고자 대중문화 진영에 몸을 던졌다. 그 시작이 바로 이 책의 타이틀인 1963년이다.

훗날 '혁명의 해'로 기록된 그 해에 그들의 도약과 신분상승을 재촉하는 두 명의 영웅이 출현한다. 바로 미국의 밥 딜런과 대서양 건너편 영국의 비틀스다.

1963년, 비틀스는 앨범 『플리즈 플리즈 미』로 영국 전체를 '비틀마니아'로 물들였고, 밥 딜런은 「바람만이 아는 대답」 노래가 수록된 앨범으로 글로벌 청춘 빌리지에 저항이라는 깃대를 꽂았다.

통기타 음악으로 '저항의 지구촌'을 엮어 낸 밥 딜런이 베이비 붐 세대의 사회의식을 보증했다면, 비틀스는 밴드를 통한 젊음의 자주와 독립으로 그 세대의 상향이동성을 상징했다. 그 시대를 살았던 사람들 대부분이 "우리는 비틀스처럼 포효하고 밥 딜런처럼 고민한다!"라는 사고의 틀이 확립될 정도였다.

우울했던 아버지 세대와 달리 비틀스와 밥 딜런이라는 공약수를 통해, 변혁을 향한 의식과 행동성을 수혈한 베이비 부머들은 자신들의 손길이 닿는 모든 분야의 양식을 송두리째 바꿔 버렸다. 당시 그들의 직업은 '젊음'이었다. 패션 디자이너 바버라 홀라니키의 말처럼 말이다.

"모든 게 젊은이들을 위해 존재했어요. 옷은 몸에 아주 딱 달라붙거나 길이가 아주 짧았죠. 그들은 스스로 돈을 벌었고 모두 독립했기 때문에 '상의만 입고 뭐 하는 거니?'라고 말할 아빠가 없었습니다."

음악만이 아니라 영화, 연극, 미술, 사진, 패션 등 모든 분야가 전혀 다른 패턴으로 젊음과 함께 융기했다. 심지어 《왕국과 권력》의 작가 게이 텔리스가 말했듯 '문학과 법'도 바뀌었다. 이전 외설로 분류되어 몰래 유통되던 소설인 D. H. 로렌스의 《채털리 부인의 연인》과 헨리 밀러의 《북회귀선》이 공개적으로 출판되었다.

이 책《1963 발칙한 혁명》은 이 모든 혁명의 양상을 생존한 관계자들과의 풍부한 인터뷰를 통해 당시의 상황을 구체적으로 또 리얼하게 포착하고 있다. 관념이나 비평의 언어로 풀어낸 것이 아니다. 독자들에게는 이만한 디테일의 미학이 따로 없을 정도다.

비틀스와 밥 딜런이 1963년에 등장했다는 막연히 기술된 교과서적 해석에서 탈피해, 당시를 암약했거나 능동적으로 관여한 사람들의 생생한 술회와 증언이 숨 가쁘게 이어진다. 키스 리처드, 에릭 클랩튼, 알 쿠퍼, 제프 린, 비달 사순, 메리 퀀트, 테리 오닐 등등 모두가 '스윙잉 런던'과 미국 케네디 대통령 시대를 목격한 1960년대 대중문화계의 유명 인사들이다. 1인칭과 3인칭 시선의 미학이 고루 분포된 이들의 인터뷰는 너무도 세세해 심지어 존귀하기까지 하다.

"우리 세대는 여성이 결혼 전에 독립할 수 있는 첫 세대였습니다."(맨디 라이스 데이비스/모델 겸 영화배우)

"수십만 명의 젊은이들이 엄마가 원하는 식이 아닌, 자신들이 쓰고 싶은 곳에 돈을 쓰게 된다면 상황을 변화시킬 힘을 가지게 됩니다."(비달 사순/헤어 디자이너)

"성 혁명에 관심이 높았습니다. 여성들이 진가를 발휘했고 성적으로 능동적인 모습이 되었기 때문입니다."(재키 콜린스/작가)

"미니스커트는 젊은이들이 자신을 주장하는 하나의 방식이었습니다."(메리 퀀트/패션 디자이너)

"1963년에 가장 놀라웠던 건 피임약이었죠. 그것 때문에 여자들은 섹스 이후의 걱정거리를 덜 수 있었습니다."(조니 골드/사업가)

"모두가 마리화나를 피웠죠. 마약을 한 게 아니라 성체를 먹은 거였습니

다. 통찰력을 갖고 싶었습니다."(헨리 딜츠/사진작가)

젊음과 자유는 이 책이 우리에게 던져주는 핵심 키워드다.

"1963년에는 자유가 있었습니다. 뮤지션이 되기 위한 완벽한 자유"(에릭 클랩튼/뮤지션)

과연 그 자유가 지금 미래의 불안에 시달리는 청춘에게는 있는가.

물론 베이비 붐 세대들은 '헬'에 신음하는 밀레니얼 청춘들에게 미안해 해야 한다. 그럼에도 이 책은 포크 가수 캐롤린 헤스터가 전했듯이, 오히려 젊은이들에게 역으로 메시지를 전하고 있다.

"시민권이 체계를 가져야 한다고 생각했습니다. 급진주의자가 아니었던 제가 그런 생각을 한 것에 너무 놀라웠습니다. 제가 사람들에게 영향을 끼칠 거라고, 또 그 거대 시위 행렬에 가담할 거라고는 전혀 생각지 못했으니까요."

젊음이 살아야 세상이 산다.

뮤지션 조지 해리슨과 에릭 클랩튼의 아내였던 패티 보이드의 말이 계속 귓가에 맴돈다.

"사람들은 자신들이 사는 곳에 페인트를 칠하기 시작했습니다. 색의 폭발, 기쁨의 파열이 일렁거렸죠. 모든 것이 회색빛이었는데, 일순간 총천연색 세상으로 다시 태어났습니다."

1963년의 젊은이들처럼 하늘을 향해 두 팔을 벌린, 자유롭고 힘찬, 상승 기운의 총천연색 세상을 다시 보고 싶다.

1963년은
'젊은이 반란의 해'다

그 일이 매우 특별하고 예언적인 우연의 일치였음을, 세상은 오십 년 이상의 세월이 흐르도록 알아채지 못했다.

1963년 1월 13일 영국 버밍엄, 젊고 매력적인 보이 밴드가 영국 공영 방송에 첫선을 보였다. 그들은 「플리즈 플리즈 미(Please Please Me)」라는 활기 넘치는 선율의 노래를 부르며 시청자들을 매혹시켰다. 같은 날 밤, 그 당시 영국의 유일한 텔레비전 채널이었던 BBC에서는 무명의 미국 음악가가 덥수룩한 머리를 휘날리며 읊조리듯 부르는 노래 「바람만이 아는 대답(Blowin'in the wind)」으로 공중파 데뷔를 했다. 이를 본 시청자들은 지적 충격에 사로잡혔다.

당시에는 비틀스(the Beatles)와 밥 딜런(Bob Dylan) 자신들도 알 수가 없었지만, 그해 이들의 목소리는 전 세계 수백만 명의 귀를 만족시켰다. 비틀스는 혁명의 전형이, 밥 딜런은 혁명의 예언자가 되었다.

1963년, 세계는 전후(戰後)의 번영과 젊은이들의 반항 속에서 극심한 사회 변동을 겪고 있었다. 계급, 돈, 권력의 기반이 흔들리고, 사회·종교학적 규범들이 무너졌다.

그해 냉전 주창자들은 휴전을 부르짖으며, 그 대신 우주를 향한 경쟁에 속도를 올리기 시작했다. 여성 해방 운동과 시민 평등권 운동이 정치적인 위력을 과시했으며, 영국 정부는 섹스와 간첩 스캔들로 휘청거렸다. 또 존 F. 케네디(John F. Kennedy) 미국 대통령의 암살이 세상에 큰 충격을 안겨주었다. 그런 와중에 역사의 일면을 장식할 사건인 데도 주목받지 못하고 사라진 특종이 있다. 바로 세상 젊은이들의 반란이다.

1963년 1월, 십 대 청소년들은 기성세대의 문화에 맞서기 위해 악기, 카메라, 붓, 펜, 가위를 집어 들었다. 롤링 스톤스(Rolling Stones)는 새로운 베이시스트와 드러머를 영입하기 위해 오디션을 열었다. 에릭 클랩튼(Eric Clapton), 스티비 닉스(Stevie Nicks), 데이비드 보위(David Bowie), 엘튼 존(Elton John) 같은 가수들은 기타 줄을 퉁기고 건반을 쳐 댔다. 서부 해안에서는 바다와 잘 어울리는 이름의 밴드, 비치 보이스(Beach Boys)가 로스앤젤레스 라디오 방송국에서 악평을 받았다. 디트로이트에서는 소녀들이 그룹 이름을 슈프림스(Supremes)로 바꾸면서 세간의 이목을 끌기도 했다.

런던에서는 한 아일랜드인 무정부주의자가 해적방송국을 만들었다. 공중파가 '온건'이라는 말로 음반 산업을 옥죄는 것을 깨뜨리기 위해서였다.

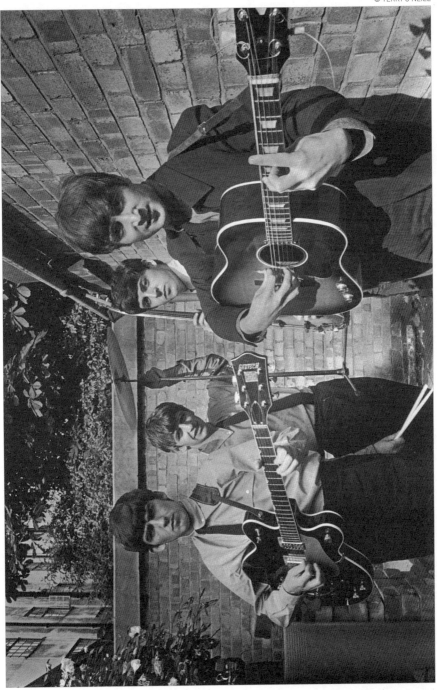

1963년 1월. 첫 번째 히트 앨범 『플리즈 플리즈 미』 녹음 중 런던 애비 로드 스튜디오 뒤뜰에서 휴식을 취하는 비틀스.

그는 저인망 어선을 산 후 공해(公海)에 닻을 내려, 자신이 좋아하는 음악을 허가증이나 규제 없이 방송했다. 패션 디자이너 메리 퀀트(Mary Quant)는 치맛단을 6인치(약 15센티미터) 또는 그보다 더 많이 잘라내 버렸다. 야심만만한 헤어 디자이너 비달 사순(Vidal Sassoon)은 스타일에 건축학적 원리를 적용하고, 메리 퀀트의 미니스커트를 입은 모델들을 무대에 세웠다.

불과 일 년 사이에 삶과 사랑, 패션의 풍경이 완전히 달라졌다. 음악가, 패션 디자이너, 작가, 저널리스트, 예술가 들은 정치적이고 시장성 있는 콘텐츠로 새로운 엘리트 계층에게 다가갔다. 기성세대가 확립한 질서에 도전장을 내밀고, 한편으로 그들의 지지를 요구했다. 새로운 세계를 향한 사회, 문화, 정치, 과학 기술의 청사진이 그려졌고, 매일 갱신되었다. 역사상 처음으로 젊은이들이 세계의 변화를 주도하기 시작한 것이다.

이런 변화들은 반세기 동안 계속 진행되었다. 파괴적인 전쟁을 겪은 세대는 다른 문화 형태를 추구하는 세대에게 세상을 넘겨주었다. 세상은 20세기 절반까지 이어져 오던 게임의 룰을 바꾸기 시작했다. 전쟁터에서 돌아온 군인과 집안일 대신 폭탄을 만들어야 했던 여자들은 스스로를 위해 또 자녀들을 위해 지금까지와는 다른, 더 나은 세상을 원했다. 전쟁에 지친 사람들은 지난 시간의 희생에 대한 보상을 원했다. 새로운 욕구, 기대감, 권리를 요구했다. 그것은 전쟁 기간 혹은 이전에 호소했던 불만들과는 차원이 다른 것이었다. 융통성 없는 문화와 사회, 정치를 더 이상 수용하지 않았고, 또 스스로 거부하기 시작했다.

베이비 붐 세대는 전후 번영의 시기에 자랐다. 그들은 세상을 재건하는 원동력인 경제 성장에 불을 지폈다. 사람들은 자신의 월급으로 자동차와 텔레비전, 옷, 냉장고를 사들였다. 그리고 비닐로 만든 접시, 즉 레코드판으로 음악을 듣기 시작했다. 레코드판은 얼마 지나지 않아 가정용 오락거리였던 피아노와 라디오의 자리를 빼앗았다.

1960년대 문턱에서 베이비 붐 세대들은 새로운 역사를 기다리고 있었다. 그들의 무대는 새롭게 만들어졌는데, 1963년이 그 첫날 밤이었다.

대부분의 가정에 텔레비전이 보급되면서 지식은 물론 세상 사람들의 다양한 의견이 방송을 통해 널리 퍼지기 시작했다. 그로 인해 역사는 기록됐고, 변화는 빨라졌다.

1963년, 베이비 붐 세대들은 마틴 루터 킹(Martin Luther King)의 연설 「나에게는 꿈이 있습니다(I Have a Dream)」를 청취했고, 미시시피 주가 불타는 동안에도 워싱턴에서 벌어진 인권 운동 등 역사적 사건을 목격할 수 있었다. 그들은 잘생기고 젊은 대통령 존 F. 케네디의 명연설 「나는 베를린 시민입니다(Ich bin ein Berliner)」부터 그가 인간을 달에 보내기 위해 미항공우주국(NASA)의 예산을 두 배나 늘리고, 핵전쟁 직전에 세상을 구해 내고, 댈러스에서 무개차를 타고 가다가 사망하기까지의 모든 장면을 지켜보았다.

그들은 제국주의의 깃발이 내려가고, 유럽 제국이 해체됨으로써 몇몇 국가들이 새롭게 탄생하는 과정도 지켜보았다. 텔레비전 프로그램이 위성으로 중계되었고, 소아마비 예방 접종이 상용화되었다. 여성학자 베티 프리단(Betty Friedan)은 《여성의 신비(The Feminine Mystique)》를 출판했고, 기혼 여성들은 피임약을 쉽게 처방받을 수 있게 되었다. 미혼 여성들도 넷째 손가락에 금반지를 끼고 의사에게 가면 피임약을 구할 수 있어서, 원치 않는 임신에서 벗어날 수 있었다.

그렇게 청춘들은 자신들의 역사를 가지기 시작했다. 1950년대에는 엘비스 프레슬리(Elvis Presley), 버디 홀리(Buddy Holly), 리틀 리처드(Little Richard), 하울링 울프(Howlin' Wolf), 머디 워터스(Muddy Waters) 같은 가수들, 척 베리(Chuck Berry) 같은 기타리스트가 종교와도 같은 역할을 맡았다면, 1963년의 구세주는 밥 딜런과 비틀스였다.

불과 일 년 사이에 1960년대 문화가 잉태되었다.

열여섯 살의 레지널드 케네스 드와이트(Reginald Kenneth Dwight)는 런던 왕립음악학교의 촉망받는 어린 피아니스트였다. 낮에는 쇼팽을 연주하고 밤에는 런던의 술집이나 클럽에서 자신의 노래를 연주했다. 그 학생이 바로 엘튼 존이었다. 에릭 클랩튼 역시 소년 시절 예술학교를 중퇴하고 밴드에 가입했다.

이들 덕분에 성공한 사람들이 있는데, 바로 지미 헨드릭스(Jimi Hendrix)와 짐 모리슨(Jim Morrison)이다. 당시 헨드릭스는 미 육군 제101 공수사단에서 불명예 제대 직후였고 모리슨은 UCLA 영화학과 학생 신분의 새내기 작곡가였다.

가수 칼리 사이먼(Carly Simon)은 1963년에 노래를 시작했다. 믹 재거(Mick Jagger)와 키스 리처드(Keith Richards)는 첫 앨범을 녹음했다. 폴 사이먼(Paul Simon)은 뉴욕 클럽에서 열었던 공연이 평범하다는 평가를 받자, 자신의 음악을 제고해 보려고 영국으로 여행을 떠났다. 1963년은 이 불멸의 아이콘들에게 학생 시절이자 견습 기간이었으며, 새로운 탄생의 해였다.

1963년에 수많은 젊은 남녀들이 전도유망한 음악가 반열에 올랐다. 이 현상은 다른 분야에서도 마찬가지였다. 패션 디자이너 바버라 훌라니키(Barbara Hulanicki)는 입고 싶은 옷을 찾을 수 없자, 여동생의 별명을 빌려

옷가게 '비바(Biba)'를 열었다. 여성들은 메리 퀀트의 미니스커트가 짧은 덕에 더 이상 가터벨트를 착용하지 않았다. 이 때문에 팬티스타킹 시장이 형성되었다. 화가 데이비드 호크니(David Hockney), 미술가 앤디 워홀(Andy Warhol), 배우 앨런 존스(Allan Jones), 화가 로널드 키타이(Ronald Kitaj) 같은 청년 아티스트들은 그들이 다니던 예술학교 본연의 수업을 훨씬 뛰어넘는 실험적 작품을 내놓았다.

이러한 무정형의 새로운 상위 계층은 주로 노동자 계급과 하위 중산층에서 탄생하여 베이비 붐 세대의 이상과 열망을 대변했다. 그들이 영웅으로 추앙받는 것은 예정된 수순이었다. 음악과 패션, 예술은 끊임없이 도전하고 저항했으며, 계층과 정치, 종교를 초월했다. 이를 통해 인류를 재정립하기 시작했다.

더 이상 가문, 정규 교육, 학연은 없었다. 출세의 사다리를 성실히 오르는 것만이 성공을 보장하던 시대는 끝났다. 이러한 변화는 레코드판처럼 빠르게, 또 널리 퍼졌다. 음악과 패션에 이어 영화, 출판, 미술 분야도 꿈틀대기 시작했다. 젊은이들은 기존의 관습을 과감하게 버리고, 체제 전복적인 혁명을 통해 자신들을 표현하고자 했다. 그들은 법과 관습과 경찰들로 반체제적인 사람들을 몰아넣을 수 있다고 생각하는, 어리벙벙하고 반동적인 낡은 질서의 바리케이드를 급습했다.

1963년에 일어난 첫 번째 변화의 물결에서 젊은 앤디 워홀은 예술의 경계를 뛰어넘기 위해 뉴욕 이스트 87번가에 있는 소방서로 이동했다. 젊은 데이비드 호크니는 자신만의 팔레트를 발명했다. 코카콜라(Coca-Cola)는 첫 다이어트 음료 '탭(Tab)'을 선보였다. 여성들의 체형이 마릴린 먼로(Marilyn Monroe)에서 재클린 케네디(Jackie Kennedy)와 진 쉬림튼(Jean

Shrimpton) 쪽으로 변해 가는 데 편승하기 위해서였다. 리바이스(Levi's)는 이러한 트렌드를 읽고 줄어들지 않는 바지를 출시했다. 심리학자 티모시 리어리(Timothy Leary)는 하버드 대학교에서 해임된 이후에도 LSD에 의한 인간의 환각 상태에 관한 실험을 계속했다. 게다가 '몬테레이 팝 페스티벌(Monteray pop Festival)'과 '뉴포트 포크 페스티벌(Newport Folk Festival)'은 젊은이들을 위한 대규모 음악 축제로 발전하면서 새로운 본보기가 되었다.

영화와 출판 분야에서는 표현의 자유라는 살갗에 붙어 있던, '검열'이라는 이름의 거머리가 떨어져 나가는 중이었다. 쓰레기통을 옆에 끼고 영화 내용을 규제했던 「헤이스 규약(Hays code)」은 자신들의 예술을 위해 싸울 준비가 되어 있는 영화 제작자들의 압력으로 그 효력을 상실하기 시작했다. 장 뤽 고다르(Jean-Luc Goddard)의 『경멸(Contempt)』과 빌리 와일더(Billy Wilder)의 『당신에게 오늘 밤을(Irma la Douce)』은 빨간 펜의 검열을 보란 듯이 무시했다. 성관계를 적나라하게 표현한 영국의 골칫덩이, 토니 리처드슨(Tony Richardson)의 『톰 존스(Tom Jones)』는 오스카상을 네 개 부문이나 수상했다. 시드니 루멧(Sidney Lumet)의 『전당포(The Pawnbroker)』는 주류 영화로는 처음으로 영화배우의 가슴을 노출함으로써 검열관들을 도발했다. 이 결과 고지식하고 엄격했던 헤이스 규약의 운명은 역사의 뒤안길로 사라졌다.

출판업계 역시 권위에 맞서 자기주장을 할 시기가 도래했음을 인식했다. 조지 워싱턴(George Washington)이 열일곱 살에 국경 감독관으로 일하던 시절, 존 클리랜드(John Cleland)가 감옥 안에서 쓴 포르노그래피 소설 《패니 힐(Fanny Hill)》이 외설 관련법 입법자들에게 직접 도전장을 던지듯 미국과 영국에서 출판되었다.

이 책에 소개된 모든 사건은 1963년에 일어났다.

연대기에 열거된 사실들로 가득한 이 한 해가 온 세상을 바꿔 놓았다는 데 반론의 여지는 없다.

이 책을 쓸 수 있도록 도와준 사람들은 모두 그 시대를 직접 겪었다. 우리는 1963년 겨울, 영국 북부의 한 나이트클럽이 가죽 재킷을 입었다는 이유로 비틀스의 입장을 거부했다는 사실도 알게 되었다. 그 일이 있은 지 일 년 후, 비틀스는 미국에서 730만 관중을 앞에 두고 공연했다. 데이브 클락 파이브(Dave Clark Five)는 1963년에 축구 경기를 관람할 돈을 마련하기 위해 밴드를 결성해, 주당 25파운드(약 4만 2천 원)를 받고 런던 북부의 댄스홀에서 노래를 불렀다. 그로부터 두 해가 조금 지난 후 그들은 대통령 전용기를 타고 미국으로 가서 린든 B. 존슨(Lyndon B. Johnson) 대통령과 악수를 나누었다. 즉, 세계에서 가장 영향력 있는 사람이 그들의 사인을 원했던 것이다.

우리는 1963년 당시 매력적인 외모와 성욕 외에도 뭔가 특별한 것으로 무장한 여성도 인터뷰했다. 그녀는 귀족, 정치인 들과 파티를 즐겼으며, 섹스 스캔들과 프러퓨모 사건(Profumo affair)의 중심에 서서 영국 정부의 명예를 실추시켰다. 그로 인해 늘 런던 경찰국에 시달렸고, 결국 영국 고등법원으로 끌려갔다. 왕국의 가장 높은 사람들과 맞서 싸우기 위해 당시 열일곱 살의 그녀는 잘 정돈된 머리에 두건을 두른 모습으로 법원 청사에 도착했다. 그날 그녀는 젊음으로 가득 찬 대담함을 뽐내며 넘성거리는 군중에게 손을 흔들었다.

왕국의 최상층 귀족이었던 애스터 경은 그녀와 잠자리를 가진 사실을 부인했다. 그 말을 들은 그녀는 법정에서 짧게 그리고 경멸조로 가장 걸출한 법정 변호사를 향해 말했다.

"뭐, 그는 그렇겠죠. 안 그래요?"

이 문구는 곧 유행어가 됐다. 그녀의 말은 〈보그(Vogue)〉 편집장 다이애나 브릴랜드(Diana Vreeland)에게 영향을 끼친 수많은 대사 중 하나가 되었다. 브릴랜드는 이후 1963년을 '젊은이 반란의 해(the year of the youthquake)'라고 명명했다.

세계적으로 인정받는 유명한 작품을 통해 우리는 정신적으로 많은 도움을 받는다. 여생이 얼마 남지 않았다는 사실을 알면서도 비달 사순은 우리에게 큰 감화를 주었다. 멀홀랜드 드라이브 높은 곳에 있는 그의 집에서 점심을 함께 먹으며 우리는 즐거운 시간을 보냈다. 수많은 별들의 요새인 할리우드를 바라보면서, 그는 1963년에 자신에게 일어난 일들을 이야기했다. 그것이 그의 마지막 인터뷰가 되었다.

에릭 클랩튼, 키스 리처드, 칼리 사이먼, 제프 린(Jeff Lynne) 등 뛰어난 재능을 가진 사람들도 매스컴의 관심은 부담스럽지만, 혁명과도 같았던 그 시절의 문화를 담아 낼 책이 필요하다고 인정했다. 그들은 이 프로젝트에 적극적으로 시간을 투자했다.

흔히 "1960년대를 기억하는 사람은 거기에 없었던 사람뿐이다"라고들 말한다. 그러나 증언자들은 이 말이 1963년과 젊은이들의 반란의 결과인 마약 문화에 대한 진부한 고정 관념일 뿐이라고 폭로한다.

이 책은 1963년을 구두로 기록한 역사다.

새로운 실력주의 사회에서 젊음의 상징인 기타와 카메라, 펜, 붓, 가위를 들었던 남자와 여자 들이 들려주는 이야기다. 1963년을 살았던 젊은이들은 상류 사회의 초대를 받을 때까지 더 이상 얌전히 기다리지 않았다. 그들은 자신들만의 연회장을 건설했고, 스스로를 그곳으로 초대했다.

CONTENTS

Part One

그대의 아들과 딸 들은

그대의 통제 밖에 있다네

그대의 낡은 길은

빠르게 나이를 먹고 있다네

만약 그대의 손을 빌려줄 수 없다면

새 길에서 비껴 서게

시대가 마구 변하고 있으니

— 밥 딜런

1960년 11월, 존 F. 케네디는 마흔세 살에 미국 역사상 가장 젊은 대통령이 되었다. 그는 1960년대야말로 새 지평을 여는 시대라고 선언했다.

같은 달, 영국에서는 열여덟 살에서 스물한 살 사이의 건장한 남성들을 강제 징병하는 제도가 폐지되었다. 그해 초, 영국 수상 해럴드 맥밀런(Harold Macmillan)은 '변화의 바람'이 제국 시대를 끝내고 있으며, 이로 인해 아프리카와 아시아의 식민 봉기에 대항해 온 젊은 남성들의 파병 역시 끝났음을 선언했다.

한편 파병 미군이 퇴진한 덕분에 가수 엘비스 프레슬리 병장은 연이은 히트곡으로 자신의 제대를 기념할 수 있었다.

1960년, 또 하나의 시민평등권이 미국 법전에 기록되었다. 대법원은 기차 여행을 할 때 백인들이 타는 객실과 흑인들이 타는 객실을 구별할 것을 의무화한 루이지애나의 차량분리법령이 헌법에 위배된다고 판결했다.

하퍼 리(Harper Lee)는 《앵무새 죽이기(To Kill a Mockingbird)》를 출판했다. 펭귄북스는 영국 법원에서 소설가 데이비드 허버트 로렌스(D. H. Lawrence)의 소설 《채털리 부인의 연인(Lady Chatterley's Lover)》 출판에 대한 외설 고발 혐의에서 무죄 판결을 받았다.

훗날 무하마드 알리(Muhammad Ali)로 개명한 권투 선수 캐시어스 클레이(Cassius Clay)가 올림픽에서 금메달을 땄다. 처비 체커(Chubby Checker)는 「트위스트(The Twist)」라는 히트송을 불러, 트위스트 열풍을 일으켰다.

로이 리히텐슈타인(Roy Lichtenstein)과 로버트 라우센버그(Robert Rauschenberg), 앤디 워홀, 재스퍼 존스(Jasper Johns)는 팝 아트의 초석을 다졌다.

텔레비전과 라디오 방송국은 한동안 백인 위주의 보수적인 정부 정책에 함락당해, 엘비스 프레슬리와 프랭크 시나트라(Frank Sinatra)는 물론, 1950년대의 유행가 가수, 발라드 가수, 포크 음악 가수, 기악 연주자들 모두에게 인기 순위 1위를 연장시켜 주기도 했다.

그 파장은 캘리포니아부터 디트로이트까지, 동부 해안 캠퍼스와 그리니치빌리지 지하에서부터 영국의 공업 도시로까지 퍼져 나갔다. 허름한 술집과 카페, 담배 연기가 자욱한 지하실에서 새로운 세대들이 장소를 가리지 않고 부상하고 있었다.

비틀스는 독일 함부르크의 지저분한 클럽에서 사십팔 일 동안 매일 밤 공연을 했다. 가수 로버트 짐머맨(Robert Zimmerman)은 미네소타 대학교 신입생 시절, 자퇴하고 뉴욕으로 여행을 떠났고, 포크 음악 클럽에서 '밥 딜런'이라는 이름으로 연주했다.

가수 믹 재거와 키스 리처드는 청소년 시절 런던 동부의 어느 승강장에서 만나 기타리스트 척 베리와 가수 머디 워터스가 보여준 전형적인 시카고 R&B(리듬 앤드 블루스, Rhythm and Blues)에 관해 열정적으로 토론했다. 윌슨 가의 세 형제는 새로운 화음을 연습했고, 이것이 비치 보이스의 시작이었다.

이처럼 새로운 가능성이 젊은 선구자들에게 손을 내밀고 있었다.

제2차 세계대전이 끝날 무렵, 영국인들은 전쟁뿐 아니라 윈스턴 처칠 (Winston Churchill) 수상에게도 질린 상태였다. 1945년, 영국 시민들은 근본적인 사회 개혁 안건을 제시한 노동당을 선택했다. 전쟁 당시 식민지 내란을 막고 냉전 지역을 지키기 위해 입대해야 했던 청년들의 불안감은 1960년대에 이르러서야 사라졌다. 1950년대까지 옷감 같은 사치품과 식료품을 배급받던 사람들은 더 이상 배급된 재화가 아닌 '새로운 것'을 찾기 시작했다. 전후의 자유와 그에 따른 번영은 새로운 세대들이 음악, 패션, 예술을 통해 자신들만의 문화를 만들어 나갈 수 있도록 도와주었다.

키스 리처드 Keith Richards, 기타리스트, 롤링 스톤스의 창립 멤버

전후 세대인 우리는 전쟁을 직접 겪지 않았어도 끊임없이 전쟁에 짓눌려 있었죠. 자라는 동안 전쟁에 관한 이야기를 필요 이상으로 들어야 했고, 늘 그것에 관한 대화를 나눴어요. 우리는 전쟁으로 가득한 사고방식을 떨쳐 버리고 싶었어요. 누구나 징병은 당연한 것이라고 들으며 자랐지만 항상 생각했죠. '빌어먹을 이 집구석을 뛰쳐나가고 싶어. 군대 가기 싫다고!'

마치 어디에 중독된 것처럼 그 생각뿐이었죠. 그런데 1960년이 되기 이 년 전에 징병제가 끝나 버렸습니다. 우리는 모두 징병의 위협에서 풀려나 새로운 자유와 마주했죠. 자라는 동안은 내내 이런 말을 들어왔거든요. "열여덟 살이 되면 너는 군대에 갈 거고, 군대에서 죽을 거야."

그런데 갑자기 기적이 일어난 겁니다. 우리는 더 이상 끌려갈 필요가 없어졌어요. 당시 열일곱, 열여덟 살 사내아이들은 모두 흥분으로 가득한 자유 시간을 갖게 되었죠. 와우! 그때 심정을 상상해 보세요. 그토록 지겹게 듣던 어른들의 말이 모두 거짓이었다니! 만약 군대에 갔더라면 제 인생이 어땠을지 생각만 해도 끔찍해요. 우리는 지금 이 자리에 없었겠죠. 확실합니다. 전 군대 훈련을 견딜 수 없었을 거예요.

에릭 클랩튼 Eric Clapton, 가수 겸 기타리스트, '기타의 신', '블루스의 거장'

전쟁이 끝난 영국은 정말이지 칙칙했어요. 이어서 찾아온 1960년대 역시 마찬가지였죠. 폭격, 배급에 대한 불평과 빈곤 등등 나라 전체가 제2차 세계대전으로 인한 엄청난 고통의 부산물들로 꽉 차 있었죠.

저는 전쟁이 끝난 즈음에 태어났기 때문에 자세히 알지는 못하지만, 어렴풋이 순항 미사일(나치 V-1 비행 폭탄)이 날아다니던 소리와 그 비슷한 것이 기억나요. 물론 저는 전쟁이 사람들에게 어떤 영향을 끼쳤는지, 그리고 그로 인해 모든 것이 어떻게 변했는지 잘 알고 있습니다.

비달 사순 Vidal Sassoon, 영국의 헤어 디자이너 겸 사업가

우리는 제국을 잃었습니다. 하지만 사회주의자들(노동당)은 위대했어요. 국민건강보험, 교육, 경제를 재건했죠. 대단했어요. 당시 우리는 빈털터리였고, 영국도 붕괴했지만, 아이들은 차근차근 일어서고 있는 사회 분위기 속에서 자랐습니다. 우리는 임대료가 저렴한 공영 아파트에서 살았죠. 욕실이 하나뿐인 일층집에서 살았어요. 그 집에서 뒹굴곤 했죠.

조지 페임 Georgie Fame, 재즈-블루스 뮤지션, 키보드 연주의 거장

그때 배급을 받았던 기억이 납니다. 1950년대에는 텔레비전도 없고, 오락거리도 없었죠. 우리가 자라던 리(Leigh) 지방은 맨체스터 근처였는데, 심지어 가장 가난한 집에도 피아노가 있었습니다. 아버지를 비롯한 모든 가족들이 너 나 할 것 없이 연주를 했죠. 라디오에서 나오는 가수 로즈마리 클루니(Rosemary Clooney)와 프랭키 본(Frankie Vaughan)의 음악을 듣고 누군가는 그 음악을 바로 연주하곤 했어요.

당시 우리 가족 모두가 단파 라디오(기존의 AM, FM의 국내 방송 외에도 세계 여러 나라에서 송신하는 방송들을 수신할 수 있는 특수 라디오)를 가지고 있었다는 걸 축복으로 생각했죠. 여기저기 주파수를 돌리다 보면 미군 방

송을 들을 수 있었거든요. 듀크 엘링턴(Duke Ellington, 미국의 재즈 피아니스트)의 연주와 최신 미국 음악을 들을 수 있었죠. 로큰롤을 접할 수 있는 유일한 방법이었습니다. 그때 우리는 그 음악들이 섹스에 관해 노래하는 줄 몰랐어요. 춤에 관한 거라고 생각했죠. 춤은 우리 엄마들의 관심사였으니까요.

열다섯 살 때는 고향에 있던 술집에서 연주를 했어요. 혼자서 말이죠. 사람들이 줄지어 있었는데, 당시 미국의 로큰롤 스타였던 제리 리 루이스(Jerry Lee Lewis, 미국 싱어송라이터)의 음악을 연주했어요. 모두 따라 부르면서 즐거운 시간을 보냈죠. 돈은 받지 않았어요. 팁도 없었죠. 고작 순한 맥주 한 잔을 받았을 뿐이죠.

빌 와이먼 Bill Wyman, 베이시스트, 롤링 스톤스의 창립 멤버

열일곱 살 때, 런던 남부에 있는 할머니 댁에서 한동안 살았어요. 그곳에는 6인치짜리 흑백텔레비전이 있었죠. 어느 날 버라이어티 쇼인 『토요일 밤-런던 팔라디움(Saturday Night at the London Palladium)』을 보는데, 무대에서 눈물을 흘리는 사람이 보였죠. 다름 아닌 로큰롤 이전 세대 중에 가장 감정이 풍부했던 가수 조니 레이(Johnnie Ray)였어요. 여자애들이 무대 위로 뛰어올라가 그의 바지를 찢어발기는 걸 보았죠. 아주 떼를 지어 한 남자를 습격하더군요.

에릭 스튜어트 Eric Stewart, 기타리스트, 작곡가이자 연주자, 10cc 리더

당시 살포드 기술전문대학에서 건축학을 배우고 있었죠. 한 달 정도 다녔어요. 열여섯 살이던 저는 노동자 계급이었고, 맨체스터 중심에

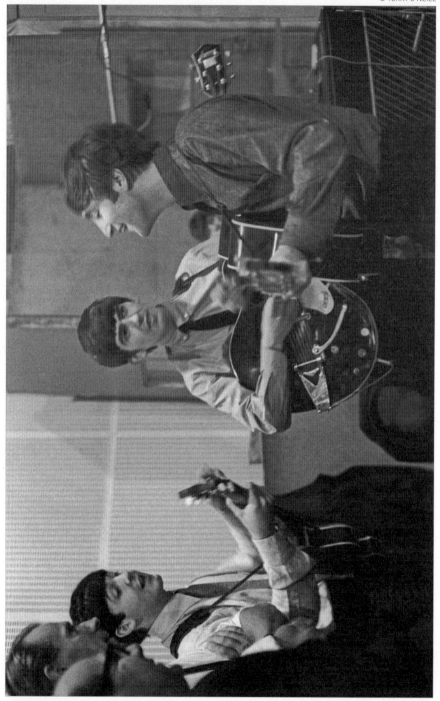

비틀스가 『플리즈 플리즈 미』 녹음 중에, 전설적인 프로듀서 조지 마틴(왼쪽 두번째)과 농담을 나누고 있다.

위치한 이층집에 살았어요. 아래위로 방이 두 칸씩 있고, 화장실은 집 바깥에 있는 구조였죠(빅토리아 시대 이후 영국 노동자 계급의 대표적인 주택 형태이다).

우리 집에는 피아노가 있었어요. 거실용 피아노요. 그 시절에는 대부분 가정집에 피아노가 있었어요. 아버지는 피아노를 환상적으로 치셨죠. 클래식, 블루스, 재즈 뭐든지요. 아버지가 피아노를 연주하지 않을 때는 라디오를 틀어 둔 덕분에 집에는 항상 음악이 흘렀어요. 그 시절에 저는 제리 리 루이스에게 푹 빠져 있었고, 그의 음반을 모조리 샀죠. 그러나 제게 가장 큰 영향을 줬던 사람은 맞은편 집에 살던 앨런 가족이었어요.

그 집 삼형제 중 한 명이 선원이었는데, 열여덟 살이었죠. 그가 대서양 항해를 마치고 엘비스 프레슬리(Elvis Presley)와 버디 홀리(Buddy Holly)의 노래가 담긴 45rpm짜리 레코드를 가지고 리버풀과 맨체스터로 돌아왔어요. 우리는 그들의 음악을 들었죠. 제가 작은 레코드플레이어를 가지고 있었거든요. 그들의 음반은 영국 어디에서도 팔지 않았어요. 저는 조그만 레코드플레이어와 휴대용 플레이어로 그들의 음악을 들었어요. 그 음악들은 텔레비전이나 라디오에서도 방송되지 않았죠. 외국 라디오를 통해서만 들을 수 있었어요. BBC에서도 버디 홀리 노래를 들을 수 없었어요. 프랭크 시나트라(Frank Sinatra), 매트 몬로(Matt Monro), 헬렌 샤피로(Helen Shapiro) 등 무난한 가수들의 음악만 내보냈죠. 「창문에 있는 그 강아지는 얼마인가요(How Much Is That Doggie in the Window)」와 「나는 쥐를 보았네(I Saw a Mouse)」 같은 노래 말이에요. 사람들은 그 음반들을 좋아했어요.

저스틴 드 빌뇌브 Justin de Villeneuve, 영국의 사업가

저는 전쟁 중에 런던 북쪽에 있는 극작가 존 보인터 프리스틀리(J. B. Priestley)의 대저택으로 피난을 갔어요. 그 집에는 유니폼을 입은 하인, 요리사, 유모가 많이 있었죠(히틀러의 공군이 런던의 민간인을 공격했을 때, 아이들은 안전을 위해 시골로 보내졌다). 프리스틀리는 처칠의 연설을 썼을 정도로 유명했어요. 전 런던 해크니 근처에서 태어났는데 그때 이름이 나이젤 조나단 데이비스(Nigel Jonathan Davies)였죠. 진짜 런던 토박이였답니다(옛 런던에서는 세인트 메리르보(St. Mary-le-Bow) 교회 종소리를 들을 수 있는 범위 내에서 출생한 사람들만 '진짜' 런던 토박이라고 여겼다). 전쟁이 끝나고 런던으로 돌아왔는데, 세상에! 한 층에 방이 두 개씩 있는 작은 이층집들이 생겼더라고요. 화장실은 집 밖 마당에 있고, 전기는 들어오지 않았어요. 집집마다 가스가 새어, 늘 가스 냄새를 맡아야 했어요. 식탁 위에서 은수저와 도자기로 밥을 먹었던 저로서는 전쟁 직후의 런던을 보고 놀랄 수밖에 없었죠. 저는 그때의 런던을 보며 세상이 달라질 거라는 걸 알았죠. 사람들은 뭔가 달라지길 원했어요. 우리 모두 그랬죠.

프랭크 로우 경 Sir Frank Lowe, 광고 대행사 개척자, 로우 하워드 스핑크 회장

전쟁에서 벗어난 부모님들은 지칠 대로 지쳐 있었어요. 아직 어렸던 우리가 전쟁 당시 나라 정세를 파악하기란 불가능했죠. 아버지는 집으로 돌아오셔서 전쟁에 관한 이야기는 한마디도 꺼내지 않으셨어요. 어른들 모두 완전히 기진맥진한 상태였어요. 전쟁 이후 영국은 처참한 시간을 보내야만 했죠. 저희 세대 사람들 모두 이렇게 말했어요.

"제기랄! 더 나은 뭔가가 필요해."

저는 올드 트래포드(맨체스터 유나이티드 축구 경기장)에서 멀지 않은 맨체스터에 있는 어느 펍에서 자랐어요. 할머니 손에 컸죠. 엄마는 제가 두 살 때 오페라 가수가 되겠다고 집을 나가서 새들러스 웰스(런던에 있는 극장)에서 코러스를 했어요. 아빠는 RAF(영국 공군)였죠. 그래서 저는 어쩔 수 없이 할머니랑 살아야 했어요. 열일곱 살에 학교를 졸업했을 때 더 이상 맨체스터에 남아 할머니와 남은 인생을 보내지 말자고 결심했죠. 그래서 여러 회사에 이력서를 내기 시작했는데, 두 군데에서 취업 제안을 받았어요. 한 곳은 스코틀랜드에 있는 회사였는데, 말단 리포터직이라고는 했지만, 아마 거기 갔으면 차 심부름이나 했겠죠. 다른 한 곳은 런던의 버클리 스퀘어에 있는 J. 월터 톰프슨 광고 대행사의 어시스턴트였어요.

모든 걸 감안했을 때, 스코틀랜드 애버딘으로 가는 것보다 버클리 스퀘어에서 일하는 편이 더 나을 것 같았죠. 그래서 저는 1958년인가 1959년쯤 어시스턴트가 됐어요. 주당 4파운드 50실링과 점심 식권(보조금을 받는 식사 방침)을 받았지요. 그 당시엔 모두 그랬어요. 저는 전 직원에게 우편물을 전달했어요. 그리고 그때 광고업계는 드라마 『매드 맨(Mad Men)』(광고에 미친 사람들의 이야기)에 나오는 것과 약간 비슷했어요. 광고의 질은 그다지 좋지 않았지만, 사람들은 유행을 좇으며 즐거운 시간을 보냈죠. 접수원들 모두 스카프를 두른 구찌 핸드백을 들었고, 거래처 담당 임원들도 모두 군 장교 출신들이었죠. 그들 대부분은 애너벨 나이트클럽(버클리 스퀘어에 있는 엘리트 집단 전용 클럽)에서 새벽 다섯 시나 여섯 시까지 놀다가 야회복을 입은 채로 아침에 출근하는 것 같았어요. 특이한 세계였죠.

메리 퀀트 Mary Quant, 영국의 패션 디자이너, 미니스커트의 창시자

저는 자라면서 하고 싶은 것이 무엇인지 분명하게 알았어요. 사촌에게서 옷을 물려받아 입곤 했는데 늘 패션에만 열중했거든요. 어릴 때였죠. 무용 강습을 받던 어느 날, 옆방에서 희미하게 음악 소리가 들렸어요. 어떤 여자애가 탭 댄스를 추고 있었는데, 그 애의 모습에서 제가 원하던 걸 찾을 수 있었어요.

그 여자애는 온통 검은색 옷을 입고 있었죠. 불투명한 검은색 타이츠에 10인치(약 25센티미터) 정도 되는 주름치마, 타이츠 위에는 하얀색 발목 양말을 덧신고, 버클과 앵클 스트랩이 달린 탭 댄스 슈즈를 신고 있었어요. 저도 그렇게 입고 싶었죠. 그 여자애는 저보다 두 살쯤 많았으니까 그때 일곱 살쯤 되었을 거예요. 또 그 애는 비달 사순의 시그니처 스타일이던 바가지 머리를 하고 있었어요. 제 머릿속에는 늘 그 이미지가 있어요. 전 자주 침대보를 난도질하곤 했는데, 자른 침대보로 옷을 디자인해 만들었죠. 그 외에 다른 일은 결코 하고 싶지 않았어요.

재키 콜린스 Jackie Collins, 영국 소설가이자 배우

저는 쇼 비즈니스 가정에서 자랐어요(재키 콜린스는 공연 대행사를 운영하던 조셉 콜린스 집안의 막내딸이다. 이 대행사의 고객은 비틀스(Beatles), 셜리 바세이(Shirley Bassey)와 톰 존스(Tom Jones) 등이었다). 아빠는 쇼 비즈니스트였고, 엄마는 전업주부였죠. 전 학교를 중퇴한 상태였고, 늘 반항아였고, 제 나이에 비해 성숙했어요. 그래서 다른 사람들보다 모든 면에서 더 많이 알고 있다고 생각했죠.

스스로 독립을 해야만 한다고 결심하는 것이 그리 어렵지는 않았어요. 부모님은 절 애지중지하며 키우지 않았고, 심지어 저를 종종 없는 사람 취급할 정도였죠. 당시에 언니 조안은 이미 할리우드에 가 있었어요. 저는 독립을 곧바로 실행에 옮겼고, 여행을 많이 했죠. 부모님이 엄격한 편이 아니었기 때문에, 큰 문제가 없는 한 원하는 것은 뭐든지 할 수 있었어요. 전 원래 제멋대로 구는 아이였거든요.

저스틴 드 빌뇌브 Justin de Villeneuve, 영국의 사업가

열네 살 때 학교를 그만두고 와인 무역상에서 일했어요. 왜 그랬냐고요? 저에게는 이스트엔드 불한당(런던에서 가장 악명 높은 깡패)이었던 레지(Reggie)와 로니 크레이(Ronnie Kray)라는 친구가 있었거든요. 어린 시절 대부분을 '토트넘 로열(Tottenham Royal)' 댄스홀에서 보냈어요. 그래서인지 제게 가장 큰 영향을 끼친 것이 패션이었죠. 제 친구들은 대부분 불한당 패거리였어요. 아주 영특한 사내 녀석들이었죠. 늘 돈뭉치를 가지고 다니며 맞춤 양복과 수제 셔츠를 입곤 했어요. 전 그걸 항상 동경했어요. 와인 무역상에서 일할 때 제가 처음으로 했던 일은 와인 한 짝을 꿀꺽한 거였어요.

에릭 클랩튼 Eric Clapton, 가수 겸 기타리스트, '기타의 신', '블루스의 거장'

사람들은 상선을 타고 전 세계를 항해하며 게으름뱅이처럼 사는 걸 꿈꿨어요. 전 세계를 돌아다니는 자유를 만끽하면서 돈까지 벌 수 있었으니까요. 사람들은 미국에서 재즈 피아니스트 패츠 월러(Fats

Waller)와 리틀 리처드(Little Richard), 척 베리(Chuck Berry)의 78rpm LP를 가지고 왔어요. 그때 저에게 사건이 일어났죠. 1960년, 열세 살 때 처음으로 기타 소리를 들은 거예요.

아버지는 캐나다 항공병이셨는데, 전 아버지를 만날 수 없었죠. 들은 바로는 아버지가 재즈 피아니스트였고, 밴드에서 연주를 했대요. 그 점에 있어서 아버지의 기질을 물려받았나 봅니다. 전 아버지가 음악인의 철학을 가지고 있다고 생각했는데, 그건 거의 그날그날 살려고 하는 실존주의적인 거예요. 지금 이 순간, 바로 현재를 애쓰며 사는 것이죠. 그리고 왠지 그런 부분이 아주 어린 시절부터 권위와 관습에 대한 저의 행동에 영향을 미쳤다는 생각이 들어요.

전 정말로 음악을 향한 제 사랑이 유전적인 것이라고 느끼거든요. 거의 난독증 같은 감정인데, 일종의 편향된 사고방식인 거죠. 그러니까 악기를 집어 들고는 아무런 정보 없이 연주할 때를 뜻하는 거예요. 전 악보를 읽지 못해요. 귀로 배웠거든요. 그러다 다니던 킹스턴 아트 스쿨도 때려치웠죠.

제가 할아버지와 함께 건설 현장에서 일하던 시절, 가끔 저녁마다 라디오를 들으며 재즈 연주를 하곤 했어요. 전 친구가 많지 않았어요. 두어 명 정도와 어울렸죠. 그 녀석들도 괴짜였는데, 특히 음악이나 옷에 완전히 미쳐 있었어요. 그땐 더 이상 사람들이 입대하지 않아도 되던 때였죠. 저도 간발의 차이로 징병에 포함되지 않았어요. 테리 오닐과 빌 와이먼은 병역을 마쳤거든요. 그 당시 십 대 후반의 남성이라면 징병은 당연했는데 전 징병이 무서웠어요. 이미 히피적인 사고방식이 몸에 배어 있었거든요. 낙오자처럼 구는 걸 어디에서 배웠는지는 문지 마세요.

테리 오닐 Terry O'Neill, 1960년대를 기록한 작품으로 유명한 영국 사진작가

저는 자라는 내내 재즈 음악을 사랑했던 것과 드럼을 연주하고 싶다는 생각 이외에 다른 기억은 없어요. 우리 부모님은 아일랜드에서 저를 만들고, 이스트엔드에서 저를 낳았고, 히드로 공항의 비행경로 부근인 런던 서부에서 저를 키웠죠. 저는 군대를 마치고 스스로 생각할 수 있는 모든 것을 하고 나면, 뉴욕으로 건너가 그곳의 클럽에서 연주를 하려고 했어요. 더 잘되고 싶었고, 더 커지고 싶었거든요.

돈 없는 노동자 계급이었기 때문에 영국항공(당시에는 영국해외항공으로 불렸다)의 승무원이 된다면 비행기 값도 안 들이고, 정기적으로 뉴욕에 가서 잠시 체류하는 동안 근처 클럽에서 드럼을 연주할 수 있겠다는 생각을 했어요. 그때 승무원들은 삼사 일 머물면서 휴식을 갖더라고요.

하지만 영국항공에 승무원 자리는 없었어요. 대신 저에게 기술부 자리를 제안했죠. 구체적으로 비행기에서 내리는 사람들, 홍보용으로 쓰게 될 사진들, 부둥켜안고 환희에 가득 차 재회를 하는 연인들, 또는 항공사 직원들 사진을 찍는 일이었어요. 저는 생각했죠. 거기서 얼마간 일한 다음에 승무원으로 이직하게 된다면 뉴욕으로 가서 재즈를 연주할 수 있을 거라고요.

회사는 저에게 카메라를 주면서 일주일에 두 번씩 저녁마다 아트 스쿨에 가서 카메라와 암실에서 이루어지는 일을 배우라고 했어요. 도대체 제가 뭘 하는 건지 알 수 없는 날들의 연속이었죠. 그러다 하루는 나이 지긋한 영국 신사가 중절모를 쓰고 공항 라운지에서 잠자고 있는 모습을 찍었어요. 화려한 전통 의상을 입은 아프리카 족장 내지는 부족 대표같이 보이는 사람들에게 둘러싸여 있는 모습이 특이했거든요. 단순히 재미로 몰래 찍은 사진이었는데, 어떤 사람이 제 어깨를 툭툭 쳤어요.

그가 "저 사람이 누군지 알아요?" 하고 물었어요. 바로 영국 내무 장관인 래브 버틀러(Rab Butler)였어요. 당시 세계에서 가장 중요한 정치인 중 한 사람이었죠. 신문 기자였던 그 남자는 제가 찍은 사진을 사 갔어요. 여하튼 그때 그 신문사의 사진 편집장이 그 사진들을 마음에 들어 했는지, 공항에서 사람들 사진을 더 찍도록 요구했고 일자리까지 주었죠.

저스틴 드 빌뇌브 Justin de Villeneuve, 영국의 사업가

저는 스스로 하고 싶은 일이 있다면 무엇이든지 할 수 있다고 완전히 확신했죠. 낌새랄까, 뭐 그런 게 있잖아요. 아이들은 자기 부모님들이 운명에 속절없이 순응해 오며 살아온 결과를 보았기 때문에, 그들보다 더 많은 것을 해낼 수 있을 것이라고 생각했죠. 제게 큰 영향을 끼친 건 B급 영화였어요. 흑백 필름이었죠. 그 영화에는 언제나 악당들과 은수저라곤 써 본 적도 없는 노동자 계급 사내들이 잔뜩 등장해서는 음모를 꾸몄어요. 세상 물정에 밝아야 했죠.

메리 퀀트 Mary Quant, 영국의 패션 디자이너, 미니스커트의 창시자

전 아트 스쿨에 다녔어요. 옷을 디자인하고 싶었고, 만들어서 다른 사

람들에게 팔기도 했어요. 물론 모자도 만들어 팔았죠. 학교를 다닐 때 알렉산더(플런킷 그린, Plunkett-Greene)를 만났는데, 지금의 제 남편이 되었죠. 우리는 첼시에 가게를 내기로 결심했어요. 그게 첫 번째 부티크였죠(메리 퀸트 이전에는 여성들이 옷을 백화점에서 구입하거나, 양재사가 정형화된 패턴으로 만든 옷을 구입했다).

아트 스쿨에서 발레 수업을 듣고 미니스커트에 대한 첫 이미지를 얻을 수 있었고, 그때 처음 미니스커트를 디자인했어요. 학교의 다른 학생들은 제가 디자인하고 만든 미니스커트를 사서 입곤 했죠. 그때 이미 저는 '이거 끝내주는데!'라고 생각했어요. 사람들이 많이 좋아해 줬거든요. 우리는 1956년에 가게를 오픈했어요.

가게를 내기 전에는 모자를 만들었어요. 모자를 만드는 데 쓸 만한 아이디어를 찾으러 본드 스트리트로 내려갔는데, 그곳에 눈에 띄는 간판이 있었죠. 그게 바로 '비달 사순'이었어요. 유리창에 붙은 헤어스타일 사진 한 장 때문에, 전 그곳으로 들어갔어요. 곧 무너질 것만 같은 작은 승강기를 타고 꼭대기 층으로 갔더니, 그곳에 비달이 있었죠.

전 사진 속 모델처럼 제 머리를 자르고 싶었어요. 당시 저는 하나로 질끈 묶은 머리를 했었죠. 비달이 머리를 멋지게 자르는 것을 보면서 그런 헤어스타일로 머리를 자르려면 돈을 모아야 한다는 걸 깨달았어요. 하지만 저도 그 헤어스타일을 초기에 했던 사람 중 하나죠.

저스틴 드 빌뇌브 Justin de Villeneuve, 영국의 사업가

비달이 결혼할 때, 제가 와인을 공급했죠. 당시 그의 미용실은 메이페어에 있었어요. 1960년대에는 상류층이 살던 곳이었죠. 비달은 건방

패션 사진 촬영을 하러 가는 길에 촉촉히 비로 젖은 거리를 맨발로 걷고 있는 진 쉬림튼. 그녀의 모습을 찍은 테리 오닐의 이 사진은 1963년 젊은 여성들의 자유롭고 격식에 얽매이지 않은 태도를 보여준다.

지고 혈기 왕성한 청년이었고, 아름다운 양복을 입고 있었어요. 또 나쁜 친구들이 많았어요. 비달도 저처럼 런던 토박이였죠. 제가 훔친 와인은 전부 품질이 나쁜 것이었고, 페인트가 제거된 상태라서 문제가 있었죠. 결혼식 전날 밤, 물이 가득한 욕조에 와인 병을 전부 넣어 싸구려 라벨을 떼어 내고, 고급 와인 라벨을 붙여 바꿔치기를 했어요.

결혼식 당일에 전 생각했죠. '가능한 한 빨리 도망갈 수 있게 출구 근처에 서 있자.' 비달은 결국 제가 술을 바꿔치기했다는 사실을 알아챘어요. 하지만 저에게 와서 이렇게 말했죠. "당신 옷차림이 마음에 들어요. 내 개인 조수로 일해 볼래요?"

비달과 일하면서 제 스타일은 더 화려해졌어요. 그는 정말 스타일이 끝내줬거든요. 그가 제 이름을 미스터 크리스찬 산 포겟(Mr. Christian San Forget)이라고 바꿔 줬죠. 그 이름을 결코 잊을 수 없을 거예요. 저는 하나만큼은 굉장히 빨리 배웠어요. 대단한 상류층 고객들, 티티베이츠 경의 딸들 같은 사람들이 숍에 드나들게끔 만들었죠. 그들은 바보였어요. 아무리 이상한 말을 해도 곧이곧대로 믿었을 거예요.

한번은 비달이 제게 무섭게 화를 내며 가위를 공중에 던진 적도 있었어요. 제가 부정을 저질렀기 때문이죠. 그 가위는 한 달 정도 천장에 꽂혀 있었죠. 그와 일하는 여러 해 동안 그는 저를 세 번 해고했어요.

비달 사순 Vidal Sassoon, 영국의 헤어 디자이너 겸 사업가

저스틴은 근무 시간 중 대부분을 엘리베이터에서 여성 손님들과 쑥덕대며 농땡이를 쳤죠.

저스틴 드 빌뇌브 Justin de Villeneuve, 영국의 사업가

제가 해고될 수 없었던 이유는 비달의 약점을 알고 있었기 때문이죠. 그가 내쫓으면 전 사모님인 일레인한테 말했거든요. 그녀가 다시 저를 복직시켜 주었죠.

비달에게 핀, 롤러(머리 마는 기구), 가위를 건네주던 어시스턴트에서 정식 미용사로 승격했을 때 갑자기 무서워졌어요. 비달의 가게는 제법 유명한 사람들로 붐볐는데, 모두가 그에 대해 이야기했고, 모두가 그의 모습을 따라 하고 싶어 했어요. 단순히 귀족 부인들과 상류층 사람들뿐 아니라, 당신이 알 만한 마이클 케인(Michael Caine)이나 메리 퀸트 같은 사람들에게도 인기가 있었죠. 이들은 그 당시엔 잘 알려지지 않았지만 그들만의 창조적인 방식으로 막 명성을 얻던 참이었어요.

메리 퀸트 Mary Quant, 영국의 패션 디자이너, 미니스커트의 창시자

전 해롯 백화점에서 천을 사곤 했어요. 시어머니가 해롯 백화점 바로 앞에 사셨고, 백화점에 계좌를 갖고 계셨어요. 시어머니는 "해롯 백화점은 까다롭지 않아서 네가 지불해야 할 때까지 일 년 동안 계좌 한도를 늘려 놓을 수 있으니까 내 카드를 사용해도 된단다"라고 말씀하셨어요. 우리는 그렇게 했죠.

그래서 전 해롯 백화점으로 가서 원하는 물건들, 즉 남성복 양복감과 프린스 오브 웨일스 체크무늬, 시티 스트라이프 양복감 등을 구했는데, 전 이 옷감들을 아주아주 여성적인 옷에 쓰고 싶었죠. 밑단의 주름 장식과 짧은 튜닉 드레스 같은 곳에 말이에요. 남성적인 패브릭으로 여성성을 강조하고 싶었어요. 백화점은 최고의 바느질 도구들을

갖추고 있었죠. 단추와 소품 들이 매우 훌륭했어요. 저는 원룸 아파트로 돌아가서 재봉사 두 명과 함께 작업을 시작했어요. 제가 자른 옷감을 그들이 재봉한 후, 완성된 옷을 가게로 가져갔죠.

그레이스 코딩턴(Grace Coddington, 〈보그〉지 크리에이티브 디렉터)은 가게에서 패션쇼를 열었을 때 제 옷의 모델이 되어 주었죠. 그레이스는 환상적인 모델이었어요. 그녀도 저와 똑같이 비달 사순의 헤어스타일을 하고 있었고요.

비달 사순 Vidal Sassoon, 영국의 헤어 디자이너 겸 사업가

의류 산업이나 예술 계통에 관련된 사람의 입장에서 보면, 전 그 누구보다도 메리 퀀트에게 아주 많은 도움을 받았습니다. 한번은 그녀의 머리를 자르다가 귀에 상처를 낸 적이 있었죠. 맹세코 이런 적은 이전에도 이후로도 없었어요. 그녀의 귀에서 피가 철철 났죠. 그때 살롱에서 그녀를 기다리던 남편 알렉산더에게 "치료비를 청구할 건가요?"라고 물었던 사건이 기억나네요.

런던, 그러니까 첼시와 메이페어가 그때 당시에는 갑자기 세상의 중심이 된 것 같았어요. 창조적인 젊은이들의 도가니였지요. 게다가 지방 도시에 살던 노동자 계급 청년들마저 그들 특유의 고유한 아이디어를 갖고 우리 분야로 뛰어들었어요. 그들의 음악과 우리의 스타일이 갑자기 결혼식을 올린 시기였죠.

그래험 내쉬 Graham Nash, 홀리스와 크로스비, 스틸스 앤드 내쉬 소속 뮤지션

저는 맨체스터와 가깝고 에릭 스튜어트의 출생지 근처이기도 했던 솔

퍼드에 살았어요. 영국에서 가장 큰 빈민가였지만, 젠장, 전 그 사실을 몰랐어요. 우리는 여기저기 공을 차면서 신나게 놀았고, 딱히 굶주린 적도 없었거든요.

열세 살인가 열네 살이 되었을 때, 제 친구 중 한 명이 엘비스를 보기 위해 독일까지 자전거를 타고 간 적이 있었어요. 정말 인상적이어서 저도 자전거가 갖고 싶어졌죠. 1950년대에는 흔히 있던 풍경이에요. 저는 자전거와 기타 중에 하나만 선택해야 했는데, 기타를 선택했어요. 그리고 열여섯 살쯤 되었을 때, 직접 합판으로 펜더를 본뜬 기타를 만들었죠. 그때까지는 정말로 음악에 푹 빠져 있었거든요.

앨런 클라크(Allan Clarke, 홀리스 창립 멤버)와 저는 학교 합창단에서 수년간 함께 노래를 불렀어요. 우리를 가르쳤던 선생님 덕분에 정말이지 음악에만 몰두했던 시기였죠.

저와 앨런은 리젠트 로드 공중목욕탕 건물 밖에 놓여 있는 벤치에서 싸구려 기타 두 대로 처음 곡을 썼어요. 「이봐, 지금 나 왜 이래(Hey, Just What's wrong with Me)?」라는 제목의 곡이었죠.

우리는 1959년 11월, 맨체스터에 있는 아드윅 콘서트장에서 개최된 장기 자랑에 참가했어요. 소도시에서 올라온 지역 음악가들이 떼거지로 몰려와서는 연기를 하거나 쇼를 보여 주었죠. 경연이 다 끝나면 모두가 함께 무대로 올라가, 박수 소리가 가장 큰 팀이 우승을 하는 거였는데, 어쿠스틱 기타 두 대로 장기 자랑에 참가한 저와 앨런이 우승을 차지했어요.

그곳에는 훗날 홀리스(the Hollies)의 멤버인 저와 앨런, 프레디 앤드 더 드리머스(Freddie & the Dreamers)의 멤버인 프레디 개러티(Freddie

Garrity), 빌리 퓨리(Billy Fury)라는 이름으로 활동한 론 위철리(Ron Wycherley), 조니 앤드 더 문독스(Johnny & the Moondogs)의 멤버인 존 레논(John Lennon), 폴 매카트니(Paul McCartney), 조지 해리슨(George Harrison)도 전부 모여 있었어요.

빌 와이먼 Bill Wyman, 베이시스트, 롤링 스톤스의 창립 멤버

저는 집에서 만든 베이스 기타를 가지고 있었어요. 1961년에 만들었는데, 베이스 기타를 살 돈이 없어서 직접 만든 거죠. 그러고 나서 앰프도 만들었고요.

영국 공군에서 병역 의무를 마친 후에는 런던의 스트리섬에서 디젤 차량 기사로 일했어요. 8개월 된 아들이 있는 상태에서 결혼식을 올리고, 주당 3, 4파운드의 집세를 내는 형편없는 켄트의 아파트에서 살면서 클리프톤스(the Cliftons)라는 밴드에서 연주를 했죠. 우리는 감자 껍질 벗기는 것부터 다시 적응해야 했어요. "왼쪽-오른쪽, 왼쪽-오른쪽, 예스 써, 노 써." 마치 제가 쓸모없는 사람이 된 것 같더라고요.

앨런 파커 경 Sir Alan Parker, 광고 카피라이터, 『벅시 말론』, 『페임』, 『에비타』, 『미시시피 버닝』 감독

징병제가 1960년에 끝났기 때문에 저한테는 영향을 주지 않았어요. 징병에서 간신히 비켜난 첫 세대였죠. 우리가 얼마나 행운아였는지, 또 하마터면 인생의 수년을 얼마나 낭비할 뻔했는지 알지 못했어요.

앨런 존스 Allen Jones, 조각가이자 팝 아티스트. 호크니, 키타이와 함께 수학한 왕립미술원 회원

저는 정규 수업에 재학 중이라 병역 면제를 받았는데, 그렇지 않았다

면 한국 전쟁에 참전해야 했을 겁니다. 1960년에 징병제가 사라졌죠. 대학으로 곧장 진학하라는 내용의 편지를 받았어요. 그해 같은 반 학생 스무 명 중에서 남자애들 절반은 한국에 있었어요. 그 친구들은 사람들에게 총을 쏴야 했고, 참호전을 견뎌 내야 했어요. 참전했던 친구들은 진짜 사나이였고, 권위에 대해 저와는 다른 사고방식을 가졌죠. 여자애들을 태우려고 람브레타 스쿠터를 사느라 보조금을 곧장 털어 버렸거든요. 그 당시 이런 생각을 했던 기억이 나네요. "도대체 저 물건들을 살 돈이 어디서 나는 거지?"

저는 가족과 함께 런던 서부에 살았기 때문에 집에서 통학을 했어요. 그렇기 때문에 자취를 하는 다른 학생들보다는 여행을 하거나 물건을 살 여유가 있었죠. 그래서 저에겐 이 모든 것이 아주 흥미진진했어요. 혼지 예술대학(Hornsey School of Art)의 캠퍼스는 상당히 넓게 분산되어 있었는데, 패션 전문학교는 한 군데였지만, 조각 전문학교는 도처에 있었죠. 재즈가 성행했고, 상호 교류가 상당히 활발했어요.

메리 퀀트 Mary Quant, 영국의 패션 디자이너, 미니스커트의 창시자

그때까지 젊은이들을 위한 건 하나도 없었어요. 젊은이들을 위해 디자인된 옷도 당연히 없었죠. 우리가 처음으로 그 일을 한 거예요. 그후 계속 확산되어서 모두에게 영향을 주었죠. 사람들은 행복해했고, 해방감을 느꼈어요. 그동안은 전쟁 때문에 늘 우울한 상태였거든요. 전쟁이 끝났다는 걸 인식하기까지는 꽤 많은 시간이 걸렸어요. 저는 밝은 노란색과 보라색 스트라이프 정장 옷감을 사용했어요. 이 조합이 포인트였죠.

비틀스가 조지 마틴(뒤쪽)과 함께 서류 작업을 하고 있다. 『플리즈 플리즈 미』앨범을 녹음하는 데 세 시간이 걸렸고, 지불한 비용은 400파운드였다.

저는 항상 제 눈을 통해서 살고 있다고 생각해요. 그래서 늘 주머니 속에다 물건을 모아요. 가령 좋아하는 천 조각이나 색깔, 그런 종류의 것들 전부 다 말이죠.

사람들은 옷을 바꿔 입으면서 삶을 즐기기 시작한 것 같았어요. 클럽에서는 더 자유롭게 춤을 출 수 있었죠. 밤이 되면 우리 모두 재즈가 흐르는 장소로 몰려갔어요. 재즈는 우리가 자유롭다는, 해방됐다는 느낌을 주었거든요. 우리의 인생을 스스로 달릴 수 있었어요.

조니 골드 Johnny Gold, 유명 나이트클럽 사장, 트램프 런던점과 로스앤젤레스점 운영

삼 년간의 군 복무를 마치고 돌아와 브라이튼에 살고 있었는데, 런던에서 열리는 개 경주와 연관된 사설 베팅업자를 알게 됐어요. 그 사람은 저에게 자신의 운전기사도 하고 이런저런 일을 도와줄 생각이 있냐고 물었죠. 그는 멋진 재규어를 소유하고 있었어요. 뭐, 어쩔 도리가 없었죠. 우리는 함께 런던으로 개 경주를 보러 가고, 버클리 광장에 있는 나이팅게일이란 이름의 클럽을 다녔어요. 그곳은 원래 디스코텍이었죠. 클럽들은 전부 카바레와 접대부를 두었는데, 우리는 그곳에서 워너 브라더스의 잭 워너(Jack Warner)와 같은 사회 각계각층의 사람들과 섞여서 어울렸어요. 모두들 그를 좋아했죠.

칙칙하고 단조로운 1950년대를 보낸 우리 앞에 갑자기 비달이나 메리 퀸트 같은 사람들이 나타났어요. 그때 저는 활발한 기운을 느끼고자 종종 런던을 찾곤 했죠. 오늘날 모스크바처럼 도시 전체가 활기로 가득했거든요. 그 시절 클럽에는 온갖 종류의 사람들이 모여 있었어요. 루루라는 가수를 만났던 일이 기억나는데, 그때 그녀는 겨우 열

다섯 살이었고, 맨디 라이스 데이비스는 고작 열여섯 내지는 열일곱이었어요. 후에 (맨디 라이스 데이비스는) 귀족, 정부 장관, 영국 정부를 파멸시킨 러시아 스파이들과 진탕 놀아 댄 두 여자애들 중 하나로 악명이 높았죠. 그 사건은 영국 국방 장관인 존 프러퓨모(John Profumo)의 이름을 따서 '프러퓨모 스캔들'이라고 불렸죠. 그는 그 스캔들 때문에 사임해야 했어요. 하지만 맨디가 아니라 크리스틴 킬러(Christine Keeler)라는 여자애 때문이었죠. 크리스틴은 런던에 있던 소련 해군 무관과도 관계를 맺었어요. 아마도 당신이 상상하는 이상으로 엄청난 스캔들일 겁니다. 한창 냉전 중인 시점에 전쟁에 관여하고 있는 장관이 러시아 스파이와 한 여자애를 공유하고 있던 거예요. 베개 밑에서 무슨 얘기가 오갔는지 누가 알겠어요?

맨디 라이스 데이비스 Mandy Rice-Davies, 모델 겸 배우, 작가

1960년에 열린 얼스 코트 모터쇼에서 저는 오스틴 미니 차의 대표 모델이었어요. 그렇게 해서 버밍엄에 위치한 우리 집에서 기차를 타고 런던으로 가게 된 거죠. "와! 여기가 런던이구나." 그때 나흘 일한 대가로 80파운드를 벌었는데, 제게는 정말 큰돈이었어요. 집으로 돌아와서는 망설임 없이 아버지에게 말했죠. "아빠, 런던에서 모델로 일하면 정말로 성공할 수 있을 것 같아요!"

하지만 아버지의 대답은 단호했죠. "열여덟 살이 될 때까지는 안돼." 런던 경찰관이셨던 아버지는 런던이 어린 여자애들에게 어떤 도시인지 알고 있었어요. 그렇지만 제 결심은 바뀌지 않았죠.

우선 크리스마스 때 받은 재봉틀을 팔았고, 옷 가방을 싸서 울타리

에 가방을 숨겼어요. 그러고는 밤에 살그머니 집을 빠져나가 열차를 타고 런던으로 갔어요. 그때 제 나이 열여섯 살이었죠. 집에서도 제가 어디로 갔는지 알고 있었고, 돈이 다 떨어지기 전에 직업을 구하지 못한다면 다시 열차를 타고 돌아오면 된다고 제 딴에는 논리적으로 생각하면서 열차를 탔어요. 그런데 그건 괜한 걱정이었죠.

런던에 도착하자마자 석간신문 〈이브닝 스탠더드(The Evening Standard)〉와 〈이브닝 뉴스(The Evening News)〉를 샀는데, 거기에는 수천 가지 일자리가 있었어요. 저는 '머레이스(Murray's)'의 구인 광고를 관심 있게 봤는데 댄서를 구한다는 글이 눈에 들어왔죠. 거긴 카바레 클럽이었어요. 바로 그날 직장을 구했습니다.

테리 오닐 Terry O'Neill, 1960년대를 기록한 작품으로 유명한 영국 사진작가

수많은 청소년들에게 가장 큰일은 열다섯 나이에 교육도 받지 못한 채, 아무런 기술 자격증 하나 없이 학교를 그만둘 수 있었다는 것이었죠. 하루 벌어 하루를 사는 삶이었지만, 결코 부족하진 않았어요. 그건 여자애들도 마찬가지였습니다. 일자리는 많았고, 싼 아파트는 넘쳐 났거든요.

실라 블랙 Cilla Black, 가수 겸 TV 쇼 진행자

저는 리버풀에 위치한 사무실에서 일했어요. 그때는 점심시간에 춤을 출 수 있는 클럽이 있었죠. 그래서 전 점심시간을 이용해서 그 유명한 클럽 '캐번(the Cavern)'에 있는 의류 임시 보관소에서 일을 했죠. 아무도 모자를 쓰고 오지 않았는데도 말이에요. 그 시절엔 일요일에 교회

갈 때만 빼고 모자를 쓰는 사람은 아무도 없었거든요. 점심시간만 되면 코트를 걸어 두고는 밴드를 보러 가기도 했고, 일부 팀에서 노래를 부르기도 했어요. 열네 살쯤에는 리버풀에서 노래로 유명해졌죠.

리버풀에 살았던 집안 식구들은 뉴욕을 오가는 뱃일을 했어요. 뉴욕을 다녀올 때 미국 음반을 가져다줬지요. 저는 학교 친구들과 항상 노래를 불러 댔죠. 어느 날 우리는 '아이언 도어(the Iron Door)'라는 클럽에 가게 됐어요. 커피 클럽이 엄청 많았기 때문에 캐번이 그렇게 유명한지 정말 몰랐어요. 여자애들은 제게 노래를 불러 달라는 요청을 했고, 밴드가 연주하고 있는데도 이렇게 말했어요. "오, 실라 노래해 줘요."

밤이 새도록 연주를 하는 곳도 있었죠. 우리는 많은 클럽 중에서도 특히 아이언 도어의 단골이었는데, 거긴 저녁 여덟 시부터 다음 날 아침 여덟 시까지 문을 열었어요. 클럽에서 아침까지 놀고 난 후 돌아가는 길에 모르는 집 현관에 놓여 있는 우유 한 팩을 훔쳐서 먹곤 했죠.

피터 브라운 Peter Brown, 음악 산업 사업가

저는 리버풀에 있는 백화점에서 일을 했어요. 스물한 살이었죠. 저와 함께 경영학 수업을 받았던 유대인 친구와 곧 절친이 되었는데, 이름이 앨리스터였어요. 그 친구는 제게 유대인 청년들을 소개해 주었고, 곧 그들과도 친구가 되었습니다.

그들 중에 법대생이었던 한 녀석이 스물한 번째 생일 파티를 열었는데, 브라이언(브라이언 엡스타인, Brian Epstein 비틀스의 매니저)도 그 자리에 왔었죠. 우리는 만나는 순간 바로 친구가 됐어요. 제 말은, 정말 가

까운 친구가 됐다는 뜻이에요, 절대로 애인 관계는 아니었어요. 서로에게 무척 끌리긴 했지만, 우리는 서로 다른 타입을 좋아했어요. 그는 제 타입이 아니고, 저도 그 녀석 타입이 아니죠. 리버풀에는 우리처럼 비밀 단체가 많았는데, 동성애자들은 서로를 알았지만 공개하진 않았어요. 아시다시피.

백화점에서 일할 때는 정말 행복하지 않았기 때문에 친구들이 늘 제게 말했죠. "네가 정말 하고 싶은 일이 있어?" 난 음악을 사랑했기 때문에 이렇게 대답했죠. "글쎄, 네가 있는 음반 부서의 경영 상태가 엉망이잖아?" 친구는 곧바로 저에게 음반 부서 경영을 맡겼고, 엄청 성공적이었죠. 상태를 호전시키는 일이 어렵지 않았어요.

브라이언은 종종 백화점에 들르곤 했는데, 아침마다 구내식당에서 함께 커피를 마셨어요. 그는 집에서 운영하던 음반 가게를 백화점 도로 건너편에서, 문자 그대로 바로 맞은편에서 경영하고 있었죠.

백화점은 저녁 다섯 시 반에 문을 닫았어요. 브라이언은 자신의 가게를 여섯 시까지 열어 놨기 때문에, 우리가 저녁에 약속이 있을 때면 종종 길을 건너 그의 가게에서 일이 끝나기를 기다렸어요. 저는 그가 무슨 일을 하는지, 무슨 일이 일어나는지 둘러보곤 했어요. 브라이언 가족들은 가게 장사가 정말 잘돼서 다른 가게를 하나 더 열기로 했죠. 그때 브라이언이 자신이 운영하는 가게 한 군데를 맡아보지 않겠냐며 저에게 제안했어요.

힐튼 밸런타인 Hilton Valentine, 애니멀스의 기타리스트

아버지는 군대에서 전역한 후 버스 차장으로 일했고, 어머니는 가족

을 부양하셨죠. 탄광 일은 알짜였어요. 끔찍한 일이었지만 보수는 좋았거든요.

두 살 위 형이 사들인 코메츠(the Comets), 진 빈센트(Gene Vincent), 척 베리 등의 음반들을 통해 처음 로큰롤을 접하게 됐어요. 저는 뒷마당에서 공연을 했죠. 텔레비전에서 로큰롤을 보여주기 전엔 누구나 이랬어요. 우리 집엔 텔레비전이 없었거든요. 텔레비전을 보려면 친구네 집으로 가야만 했죠.

우리는 뒷마당에서 공연을 하면서 동네 청년들을 끌어들여 돈을 받았어요. 많이 벌진 못했지만, 우리 스스로 해낸 거라 뿌듯했죠. 밴드 이름은 헤더스(the Headers)였어요. 처음에 저는 친구 기타로 연주를 했죠. 그 녀석이 기타를 가지고 있던 유일한 놈이었거든요. 왼손잡이용 기타였지만 그게 문제가 되진 않았어요. 왜냐하면 우리는 코드를 한 개도 치지 않았거든요. 심지어 피크도 없이 그냥 동전으로 쳤어요. 색소폰도 딱 한 음만 불어 댔고, 드럼 대신 과자 통을 두드렸죠. 제대로 된 스키플 밴드(skiffle band, 재즈와 포크를 섞어서 연주하던 밴드)였죠. 그후 제 생애 첫 기타는 엄마가 사 줬어요.

1962년까지 와일드캣츠(the Wildcats)에 있었는데 뉴캐슬 주변에서 활동하는 컬트 밴드였어요. 저는 기타를 연주했고, 우리는 돈을 벌었죠. 뉴캐슬 바깥쪽에 위치한 위틀리 베이에 있는 홉이라는 곳에서 공연한 대가로 토요일 밤에는 5파운드, 화요일에는 2파운드를 벌었어요. 그렇게 번 돈은 새 장비를 사기 위한 공동 자금이 됐어요. 일단 기타를 사면 할부금을 다 낸 후엔 밴드의 리더인 제가 새 기타를 가졌고, 쓰던 기타는 연주가 미숙한 멤버에게 물려주는 식이었죠. 마찬가지로

애비 로드 스튜디오에서 녹음한 음악을 듣고 있는 비틀스.

애비 로드 스튜디오에서 조지 해리슨이 기타를 조율하고 있다.

저는 새 앰프를 가졌고, 낡은 앰프는 물려줬고요.

학교에 있을 때조차 집으로 돌아가 기타를 매고 거울 앞에 서서 연습할 생각만 했던 시절이었죠. 가죽 재킷을 입고(사실은 비닐 재질이었지만) 거울 앞에 서서 노래했어요. 당시 척 베리와 보 디들리(Bo Diddley)한테 빠져 있었지요.

저는 그저 공연하고 기타를 연주하고, 음악으로 먹고살고 싶었어요. 빅 밴드를 보러 시청으로 가서 밴드가 탄 버스가 들어오는 모습이나 무대 뒷문으로 밴드가 올라가는 모습을 바라봤어요. 그러다가는 갑자기 그들의 기타리스트가 아파서 제가 대신 기타를 연주하는 상상을 하곤 했죠.

피터 프램튼 Peter Frampton, 더 허드, 험블 파이에서 활동한 영국 출신 음악가이자 작곡가, 가수

우리는 번영의 가능성을 가지고 평화롭게 자란 1세대였어요. 대학생이었던 아버지는 자원해서 전장에 나갔고 육 년 동안이나 어머니를 보지 못했죠. 어머니는 영국 대공습에서 살아남았고, 아버지는 매번 중요한 전쟁에 참전했어요. 전쟁이 끝난 후, 우리 가족은 모두 함께 살아 있다는 것에 몹시 감격했죠. 그래서인지 부모님은 관대한 편이셨어요.

저는 여덟 살 무렵에 기타를 갖게 되었죠. 기타에 이름을 붙이지는 않았어요. 아마도 일본 제품이었던 것 같아요. C 코드를 치려면 피가 나도록 연습해야 했는데 나중에서야 연주가 너무 형편없었다는 사실을 알았어요. 저는 주로 독학으로 깨우치고 연습하면서 음악과 저의 연주에 푹 빠지게 되었죠. 학교가 끝나자마자 곧장 집으로 달려와서

는 위층으로 뛰어 올라갔어요. 엄마는 빗자루로 천장을 쾅쾅 쳐 댔어요. "음악 꺼!"

저는 최대한 빨리 어쿠스틱 사운드를 전자 사운드로 바꿨어요. 아버지는 거실에 있는 라디오에 기타를 꽂는 방법을 생각해 냈죠. 그때 제 나이가 열 살쯤이었을 거예요. 그때는 섀도즈(the Shadows)에 빠져 있었어요. 1958년과 1959년쯤의 에디 코크레인(Eddie Cochrane), 진 빈센트, 버디 홀리를 좋아했죠. 전 정말이지 엘비스한테 빠져 있진 않았어요.

제프 린 Jeff Lynne, 영국 출신 음악가 겸 프로듀서

열다섯 살부터 열여덟 살 사이의 시간이 제 일생의 전부인 것 같아요. 물론 단순히 삼 년을 뜻하는 건 아니에요. 저는 영국 버밍엄의 임대 주택에 사는 노동자 계급 소년이었죠. 자동차 공장 생산 라인에서 일했던 게 어렴풋이 생각나네요.

열다섯 살 때, 친구 방 옷장에서 기타를 처음 봤어요. 엘비스 사진이 붙어 있던 한 줄짜리 작은 플라스틱 기타였죠. 그 친구한테 기타를 빌리기는 쉬웠어요. 아주 형편없는 물건이었거든요. 기타를 빌리자마자 전 모든 음계를 익혔고, 한 줄로 연주를 해야만 했죠. 이 경험 덕에 훗날 독특한 스타일을 만들 수 있었는지도 모르겠어요. 아무튼 기타를 집으로 가지고 와서는 꾸준히 연구하고 익혔어요. 누나가 기타줄 한 세트를 줬지요. 저는 방과 후에 목공소에 들러서 일렉 기타를 만들려는 시도를 했죠. 학교에서는 결코 배울 수 없는 것이었고요. 하지만 저는 결국 빌려 온 플라스틱 기타에 E번 줄을 끼워야 했어요.

패티 보이드 Pattie Boyd, 영국 출신 모델 겸 사진작가

킹스 로드에서 멀지 않은 곳인 런던의 켄싱턴 남부에서 다섯 명의 소녀들과 함께 한 아파트에서 살았어요. 저는 그때 열일곱 살이었고, 아직 모델 일을 하고 있지 않았어요. 우리는 모두 돈이 없었고, 바닥에 매트리스를 깔고 잤죠. 정말 말도 안 되는 아파트였죠. 아침에 차에 넣어 마실 우유조차 없었는데, 심지어 냉장고에 뭐가 있는지도 전혀 몰랐어요. 그냥 카오스 상태였던 것 같았고, 모두 서로의 옷을 빌려 입었어요. 그만큼 혼란스러우면서도 재미있었다는 뜻이에요.

당연히 야망 따위는 없었고, 모두가 그저 즐거운 시간을 보내고 있었죠. 돈은 전혀 문제 되지 않았어요. 그냥 집세를 내고, 신발과 옷을 살 돈만 필요했죠. 오직 그런 것들만 중요했어요.

토요일에 킹스 로드를 배회하는 것 말고는 별다른 일이 없었어요. 당신이 알고 있는, 또는 알고 싶어 하는 사람들을 죄다 볼 수 있었는데, 그곳에는 열정적인 기운이 맴돌았죠.

피터 프램튼 Peter Frampton, 더 허드, 험블 파이에서 활동한 영국 출신 음악가이자 작곡가, 가수

저는 여덟 살 때 컵스카우트(Cub Scouts, 보이스카우트의 어린이 조직) 단원이었어요. 아홉 살 즈음엔 지역 분대 앞에서 노래 두 곡을 연주하고 음악 부문 공훈 배지를 받았죠. 버디 홀리의 곡 중에서 「페기 수(Peggy Sue)」를 연주했던 것 같네요. 우리 지역에는 갱 쇼(The gang shows, 연극, 공연 등 청소년 스카우트 단원들의 단체 탤런트 쇼)가 딱 한 개뿐이었어요. 피아노가 없던 사람들은 학교 분실물 보관소 여직원에게 반주를 해달라고 부탁하곤 했죠.

그건 딱 한 번의 쇼였어요. 세인트 메리 교회 스카우트였어요. 저는 두 곡을 준비해서 마침내 무대 밖으로 나갔고, 분실물 보관소 여직원이 「내 양동이에 구멍이 나 있네(There's a Hole in My bucket)」라는 노래를 반주해 줬는데, 정말 잘 해냈어요. 제가 말했죠. "정말 감사합니다. 여러분들이 이렇게 좋아해 주시니 제가 쓴 곡을 꼭 들려 드리고 싶어요." 그 쇼에 온 사람들은 배꼽을 쥐고 데굴데굴 굴렀죠. 아홉 살짜리 꼬마 녀석이 무대를 장악해 버린 거죠. 그러자 스카우트 대장이 무대에서 당장 내려오라고 말했어요.

그 전까지 저에게 무대 위에서 뭘 해야 하고, 어떻게 관객들과 교감해야 하는지 가르쳐 주는 사람은 아무도 없었어요. 그저 우연히 무대에 오른 거죠. 하지만 저는 무대 위에 있을 때 가장 행복하다는 걸 아주 일찍 알았어요. 아무것도 필요 없었고, 아무것도 알고 싶지 않았죠. 오로지 음악과 사람들뿐이었어요. 전혀 모르는 관객들 앞에서 연주하는 걸 즐기게 되었어요.

사실 전 자신감이 별로 없는 편이었어요. 내성적인 성격에 수줍음도 많았지만 한 가지는 정말 잘할 수 있었죠. 많은 연주자들이 자신 없어 하고 수줍음이 많은 성격을 갖고 있어요. 남들 눈엔 마치 최악의 직업을 선택한 것처럼 보일 수도 있죠. 대중 앞에 비평을 받기 위해 스스로를 내놓아야 하니까요.

대중들은 어떤 이유로든 열광할 수 있고, 또는 아주 싫어할 수도 있어요. 대중 앞에 서는 것은 그만큼 두려운 일이에요. 알 수 없는 두려움이죠. 하지만 전 용기를 냈어요. 기타가 있었거든요. 제 기타가 마치 검처럼 느껴졌죠.

제프 린 Jeff Lynne, 영국 출신 음악가 겸 프로듀서

저에게는 최고의 사건이 일어났는데, 플라스틱 기타에 E번 줄을 끼워서 두언 에디(Duane Eddy)의 곡을 연주할 때였어요. 기타 넥이 부러져 버린 거죠. 친구에게 빌려 온 것이기 때문에, 저는 그 녀석 집 뒷문에 있던 쓰레기통에서 사고가 난 것처럼 위장했죠. 사고 때문에 기타가 부서진 거라고 생각할 수 있게 말이에요. 부러진 상태로 비닐봉지에 넣어 기타를 돌려주는 것보다는 차라리 그 방법이 더 낫다고 생각했죠. 물론 그 애가 기타를 연주하는 일은 없었겠지만요.

친구들과 동네에서 축구를 하는데 한 놈이 이렇게 말하는 거예요. "어떤 사람이 기타를 메고 자전거를 타고 가는 걸 봤어." 하지만 너무 어두워서 그게 누구였는지는 모르겠다고 했죠. 제가 집에 왔을 때 아빠가 말했어요. "저기 구석 한번 봐." 그리고 그곳에는 여섯 줄이 달린 스패니시 기타가 있었어요. 죽는 줄 알았어요. 가장 황홀한 물건이었거든요.

저는 그때 열다섯 살이었고, 여전히 학교에 다니고 있었죠. 저는 곧장 플라스틱 기타에서 진짜 기타로 갈아탔고, 기타를 연주하는 법과 악보 읽는 법을 제대로 배웠어요. 아버지는 저에게 열정이 있다는 걸 아셨어요. 공짜로 그 이상의 어떤 것을 받은 적이 없었어요. 그게 다예요. 그 기타는 2파운드를 주고 샀지만 전 여전히 그 녀석을 가지고 있어요. 아름다워요.

그래험 내쉬 Graham Nash, 홀리스와 크로스비, 스틸스 앤드 내쉬 소속 뮤지션

그 시절 음악이 중요했던 건 사실이지만 많은 음악가들에게 더 솔직

하게 말해 보라고 한다면, 아마 그들도 여자가 중요했다고 할 거예요. 여자는 우리를 덜 외롭게 만들고, 친구를 사귀게 해 주거든요. 기타를 연주할 때면 여자애들이 엄청 좋아했는데, 그건 저에겐 대단한 일이었어요. '여자' 말이에요.

에릭 클랩튼 Eric Clapton, 가수 겸 기타리스트, '기타의 신', '블루스의 거장'

제가 전념하고 동일시했던 것은 어떤 커리큘럼에 의해 습득한 것이 아닌, 비상업적인 방식으로 만들어 낸 제 음악이었어요. 음악에 깊이 파고들수록 이러한 역경을 거친, 규칙을 따르지 않은 음악들을 더 소중히 여기게 되었죠. 실제로 저는 수줍음 많은 성격 때문에 음악으로 사람들에게 말을 건네는 걸 좋아했어요. 제 안에 숨어 있는 고립과 고독을 음악에 반영했지요. 음악가들은 혼자 여행을 다니곤 하죠. 위대한 블루스 연주자들은 여행을 하며 연주하는 것을 즐겼어요. 그들은 단지 계약을 따내기 위해, 혹은 명성을 위해 투어를 다닌 것만은 아니었어요. 당신의 눈에 아무리 그들이 본능에 충실해 보일지라도 말이죠.

에릭 스튜어트 Eric Stewart, 기타리스트, 작곡가이자 연주자, 10cc 리더

전 기타리스트가 되고 싶었어요. 사운드를 정말 좋아했죠. 맨체스터의 프린스 스트리트에 있었던 우리 집 앞문을 열어 놓고 음악을 틀고는 이렇게 말했어요. "이것 좀 들어 봐." 그러면 친구들이 대답했죠. "젠장, 뭔 일 났냐?"

"이 기타 소리 좀 들어 봐. 이 사람이 얼마나 대단한지. 들려?" 하고 항변했죠. 저도 그렇게 연주하고 싶었어요. 리드 보컬이 되는 것보다

는 에릭 클랩튼처럼 사이드 맨이 되고 싶었죠. 기타리스트가 되고 싶다는 꿈이 가득했어요.

옆집 이웃이었던 롤랜드 부인이 제게 첫 기타를 사 주셨어요. 가정 형편이 어려웠거든요. 아버지는 안 계셨고, 어머니는 돈을 벌기 위해 필사적이었죠.

기타를 조율하는 방법을 익히는 데 삼 주나 걸렸어요. 그러고 나서 코드를 익혀야 했죠. 피아노로 코드를 치는 법은 조금 알았어요. 이미 청음 능력은 있었죠. 노래도 부를 수 있었고, 성량도 있었고요.

엘비스와 함께했던 스카티 무어(Scotty Moore), 리키 넬슨(Ricky Nelson)과 함께했던 제임스 버턴(James Burton), 진 빈센트와 함께했던 클리프 갤럽(Cliff Gallup)의 연주를 듣고 있으면 황홀했어요. 제가 키스 리처드처럼 돈을 벌 수 있을 거라고는 생각도 못해 봤죠. 그냥 눈뜨면 기타를 연주하고 싶었을 뿐이었어요.

본업이 되진 않았겠지만 앰프랑 일렉 기타를 갖고 있는 친구와 기타를 바꿔서 쳐 보기도 했고, 일요일 오후엔 노동자 계급 클럽에서 작은 공연도 했어요. 무대에 올라가서 연주를 하면 5파운드 정도 받기도 했지만 사실 돈은 중요하지 않았죠. 앰프를 통해 연주하는 건 정말 환상적이었어요. 그 기분을 설명할 길이 없네요. 지금도 흥분되거든요. 일렉 기타를 살 돈만 있었다면 아직도 거기서 연주를 했을 거예요.

어느 날, 누군가 제 방문을 두드리며 이렇게 말했어요. "당신이 기타 치는 소리를 들었어요." 저는 대답했죠. "코드 몇 개 아는 정도죠." 그러자 그들이 말했어요. "제리 리 앤드 더 스태거 리스(Jerry Lee & the Stagger Lees) 밴드에서 같이 연주해 볼래요? 우리 팀 기타리스트 자리가 비었거든요. 녀석이 결혼을 해 버렸어요."그래서 저는 말했어요. "물론이에요. 정말 같이하고 싶어요. 하지만 전 기타가 없어요.""아, 우리가 당신에게 기타를, 일렉 기타를 줄게요."저는 그 길로 곧장 밴드에 들어가 리허설을 했어요. 내 나이 열여섯이었죠.

그래험 내쉬 Graham Nash, 홀리스와 크로스비, 스틸스 앤드 내쉬 소속 뮤지션

앨런 클라크와 저는 함께 노래를 했어요. 1959년, 스키플 밴드를 하던 에벌리 브라더스(Everly Brothers)는 맨체스터 중심에 있는 카페에서 연주를 했죠. 우리는 막 서너 곡의 블루스를 부르고 내려온 참이었어요. 어떤 사내들이 저와 앨런에게 다가와서는 이런 말을 했어요. "당신들에겐 버킹이 필요하네요." 저는 대답했어요. "그러고 싶긴 하지만 ……." 그러자 그가 말했어요. "아니! 퍼킹(fucking)이 아니라, 피트 버킹(Pete Bocking) 말이오."

피트는 우리가 좋아하는 버디 홀리와 진 빈센트 음악 전부를 (씨발) 정말 멋지게 독주할 수 있었어요. 그는 로큰롤 사나이라기보다는 그냥 따분한 회계사 같았는데, 세상에, 연주는 기가 막혔어요. 피트와 함께 드러머인 조이 에이브러햄(Joey Abrahams)과 버치 메팸(Butch Mepham, 당시 제츠(the Jets)라는 밴드 소속이었음)이 왔어요. 그래서 앨런과 제가 둘이서 노래 부르러 가기도 했고, 베이스 연주자, 리드 기타리스트, 드러머와 함께 가기도 했는데, 그들이 뭘 하는 건지 알았죠. 우리는 포톤스(the Fourtones)라는 팀이 되었죠, 비록 멤버는 다섯 명이었지만요.

우리는 작은 카페나 바르미츠바(bar mitzvahs, 유대교의 성인식)에서 연

주를 했어요. 땅콩 값을 받으면서요. 뭐 별거 아니었죠! 우린 기름 값이나 다른 기본 물품들을 살 돈만 받으면 괜찮았어요. 우리가 하고 있는 일을 정말 좋아했기 때문에 아무 상관없었죠.

1961년 내지는 1962년 즈음에는 아버지보다 제가 돈을 더 많이 벌기 시작했죠. 그러자 이 일이 직업이 될 수도 있겠다 싶었어요. 저한테는 약간 충격적이었죠. 보통은 아버지가 했던 일, 할아버지가 했던 일을 물려받아야 한다고 생각하잖아요? 하지만 우리 부모님은 음악을 하도록 허락해 줬어요.

크리시 모스트 Chrissie Most, 영국 출신 음반 제작자, 음반사 사장

전쟁이 끝난 후, 부모님은 런던에서 남아프리카로 이주했어요. 어머니가 중고 가구를 팔아 돈을 많이 벌었죠. 폭격으로 완전히 붕괴된 집들이 수없이 많았고, 퇴역한 군인들은 앉아 있을 만한 가구가 꼭 필요했어요. 그리고 아버지는 뮤지션이었죠.

제가 열여섯이었을 때, 우리 가족은 길게 휴가를 내어 영국으로 돌아왔어요. 그때가 1959년이었죠. 그때 커피 바 중에 한 곳을 꼭 가 보라는 얘기를 들었어요. 젊은이들은 전부 다 거기에 모여 있다고 했거든요. 애들은 커피를 마시며 기타를 쳤어요.

소호에 있는 투 아이즈(2i's)라는 커피 바에 들어서자, 미키 모스트(Mickie Most)가 기타를 들고 거기에 있었죠(2i's는 클리프 리처드 등 오늘날 가장 유명한 음악가들이 처음 공연했던 장소다). 당시 기타리스트들은 어디든지 기타를 메고 돌아다녔죠. 제 생각에 음악을 연주해서 돈을 벌 수 있는 기회가 언제 찾아올지 몰랐기 때문에 그랬던 것 같아요.

어쨌든 우리는 단번에 가까워졌어요. 그리고 첫눈에 사랑에 빠졌지요. 전 열여섯, 그는 열아홉 살이었죠. 몇 시간 후, 부모님이 택시를 타고 절 데리러 왔는데, 미키가 커피 바에서 뛰어나왔어요. 그러고는 차 안으로 고개를 집어넣으며 우리 엄마한테 이렇게 말했죠. "따님과 결혼하겠습니다!"

제프 린 Jeff Lynne, 영국 출신 음악가 겸 프로듀서

우리 집 거실엔 늘 피아노가 있었죠. 하지만 피아노는 악보 읽는 법이나 정규 레슨 같은 것이 너무 거추장스러운 반면에, 기타는 독학이 쉬웠어요. 저는 플라스틱 기타를 들자마자 푹 빠져 버렸죠. 저를 사로잡은 음악은 전부 일렉 기타 사운드로 구성된 것이었어요. 로이 오비슨(Roy Orbison), 델 섀넌(Del Shannon), 두언 에디, 섀도즈, 젯 해리스(Jet Harris), 척 베리 같은 사람들 말이에요.

힐튼 밸런타인 Hilton Valentine, 애니멀스의 기타리스트

1962년에 전 열아홉이었고, 열다섯 살 때까지는 와일드캣츠에 있었어요. 열세 살 때 처음 기타를 잡았고, 거의 독학으로 익혔죠. 길에 있던 어떤 남자한테 서너 번 정도 배운 게 전부예요. 악보는 한 번도 읽은 적이 없고, 사실 지금도 못 읽어요.

우리는 결국 승합차를 갖게 됐는데 사실은 이 일을 직업으로 여기진 않았어요. 저는 공장에서 기계공으로 일하고 있었거든요. 거의 매일 밤, 그리고 토요일, 일요일 점심시간마다 공연을 했어요. 그리고 어쩔 땐 점심시간에 몰래 빠져나가 공연을 하기도 했죠. 뉴캐슬에서는 토요일 점심시간에 '대사관 무도회'라는 청소년을 위한 행사가 있었고, 일요일에는 사우스 실즈에 있는 클럽에서 연주를 했죠.

너무 열심히 일을 했고, 많은 곳을 분주하게 돌아다녔어요. 한번은 공연을 끝낸 후에 갑자기 가슴에 통증이 와서 기절을 했어요. 남동생이 부모님께 말하는 바람에 병원에 갈 수밖에 없었죠. 의사 선생님이 일만 하든지 기타만 치든지 둘 중 하나만 해야 한다고 말하더군요.

테리 오닐 Terry O'Neill. 1960년대를 기록한 작품으로 유명한 영국 사진작가

저는 키스 리처드나 에릭 클랩튼처럼 음악에 미쳐 있기보다는 데이브 클락 파이브처럼 성공을 위한 수단으로 음악을 대했어요. 미국에서 데이브 클락 파이브는 비틀스만큼이나 대단했죠. 보컬 겸 키보드 연주자였던 마이크 스미스(Mike Smith)는 정말 재능이 넘치고 로큰롤을 부르는 목소리에 딱 부합했지만, 그 외 다른 멤버들은 진정한 음악인이라고 볼 수 없었어요. 「글래드 올 오버(Glad All Over)」는 댄스홀에서 반복적으로 쿵쿵거리기나 하는 팝 음악이었죠.

그들이 음악을 시작한 것은 축구 팀을 위해 돈을 마련할 목적이었다는 이야기도 있었어요. 그래서 몇몇 악기나 좀 뚱땅거리며 연주하는 거라고요. 유일한 야망은 돈을 버는 것이었죠. 그들은 런던 북부의 댄스홀에서 연주했는데, 그곳은 좀 더 대중적이고 사람들이 따라 부르기 쉬운 음악을 주로 공연했어요. 정말이지 스톤스(the Stones)나 야드버즈(the Yardbirds)를 볼 수 있는 R&B 클럽 같은 음악적 첨단 설비는 없는 곳이었죠.

링고 스타는 드럼으로 비틀스와 조지 마틴에게 새로운 활력을 불어넣었다.

프랭크 로우 경 Sir Frank Lowe, 광고 대행사 개척자, 로우 하워드 스핑크 회장

　부모님들이 살아온 것처럼 고루하지만 연금은 받을 수 있는 일을 구하고 싶지는 않았어요. 어떻게 해서든 우리의 이름을 알릴 수 있는 것에 온 기대를 걸고 있었죠. 흥분되는 일을 하고 싶었어요. 런던에서 광고업에 종사하고는 있었지만, 저는 그저 우편물실에서 우편물을 배달할 뿐이었어요.

　저의 1960년대는 한 명의 상사를 만나는 것에서 시작되었어요. 그녀는 이중 성(姓, 하이픈으로 연결된 상류 계급의 상징)을 가진 사람이었죠. 제가 그녀에게 책임자가 되고 싶다고 말하자 그녀가 대답했어요. "안돼. 넌 아직 군대에도 다녀오지 않았잖아. 게다가 넌 서른 살이 될 때까지 책임자가 될 수 없어."

　그땐 아직 스무 살도 채 안 됐죠. 그 당시 영국은 정말 굶떴어요. 너~무 굶떴다고요. 그래서 전 그래니 씨와 이야기를 나누면서, 여긴 미래가 없으니 미국으로 이민을 가고 싶다고 말했어요. 당시 저에겐 모아 놓은 돈이 조금 있었고, 나머지는 그녀가 마련해 줬어요. 저는 250파운드와《뉴욕에서 하루에 10달러로 사는 방법》이라는 책 한 권을 들고 팬 아메리칸 항공에 몸을 실은 채 뉴욕으로 건너갔어요. 그리고 브로드웨이에서 약간 벗어난 곳인 53번가에 일주일에 20달러짜리 방을 구했어요. 화려한 곳은 아니었어요. 장담한다니까요. 거기는 페퍼민트 라운지 반대편이었고, 창문 밖에선 네온사인이 끊임없이 번쩍거려서 쉽게 잠들 수가 없는 곳이었죠. 뉴욕에 도착한 첫날 밤, 타임 스퀘어를 걸으며 이런 생각을 했던 게 기억나네요. "세상에! 내가 타임 스퀘어에 있어. 멋진 일이 일어날 거야!"

앨런 존스 Allen Jones, 조각가이자 팝 아티스트. 호크니, 키타이와 함께 수학한 왕립미술원 회원

우연히도 영국왕립예술대학 시절, 같은 반에 1960년대 미술계를 주름잡았던 한 예술가 그룹이 있었는데, 훗날 팝 아트로 널리 알려졌어요. 가장 유명했던 사람은 데이비드 호크니(David Hockney), 피터 필립스(Peter Phillips), 데렉 보시어(Derek Boshier), 그리고 저였죠. 그때는 그냥 학생일 뿐이었지만요. 그리고 우리는 삼 년 뒤 학교를 졸업했어요. 1961년과 1964년 초반은 약간 차이가 있었죠. 1964년이 되자 팝 아트 운동은 체계화되었고 떠들썩했어요.

피터와 호크니는 요크셔 출신이었죠. 우리는 모두 예외 없이 노동자 계급 가정에서 태어났어요. 당시 로널드 키타이의 존재는 상당한 자극이었어요. 스타일적인 면에서는 키타이의 영향을 받지 않았지만, 진짜 살아 있는 미국인이라는 그의 존재 자체가 특별했어요. 우리들 중에 카우보이나 인디언을 침착하게 그리는 행위자가 있다는 것은 별세계에서 온 사람만큼 다른 사람들에게 영감이 됐죠. 아직 아무도 그들의 기호나 언어를 발견하지 못했을 때였으니까요.

패티 보이드 Pattie Boyd, 영국 출신 모델 겸 사진작가

학교를 졸업한 후 누구와도 직업을 갖는 것에 관한 생각을 상의하지 않았어요. 여자애들은 진학하거나 뭔가를 하기로 되어 있었고, 그러고 나선 결혼을 하려고 했죠. 그게 끝이었어요. 하지만 저는 일단 청바지를 입기 위해서라도 집을 떠나야만 했어요. 새아버지는 청바지가 반란 주모자를 대변하는 것이라고 생각했기 때문에 집에서 청바지를 못 입게 했거든요.

제프리 크루거 Jeffrey Kruger, 나이트클럽 사장, 쇼 비즈니스 기획자

저는 성공하지 못한 재즈 피아니스트였어요. 꽤 잘 친다고 생각했는데, 토미 폴라드(Tommy Pollard) 같은 사람들 연주를 듣고는 경쟁할 수 없다는 사실을 알게 됐죠. 하지만 재즈를 사랑했고, 여자애들과 데이트를 할 때마다 재즈 클럽으로 데려가고 싶었어요. 런던에 있는 '스튜디오 51(the Studio 51)'로 여자애를 데려가서는 맥주 냄새로 가득한 그 곳에서 맥주를 마셨죠. 그런데 그런 곳은 여자애들이 싫어하는 데이트 장소죠.

그래서 저는 순수하게 음악만 들을 수 있는 환경의 클럽을 만들기로 결심했어요. 저 역시도 그런 곳을 원했지만 비슷한 사람들이 잘 차려입고 모일 기회를 만들고 싶었거든요. 차림새나 음악 취향 때문에 다른 사람들에게 반사회적이고 반체제적인 사람이라 오해받는 사람들을 서로 만나게 해 주고 싶었어요. 비록 정재계에 이름을 알리고 싶어 하는 사람이 대다수였긴 했지만요.

어느 날 밤, 프린스 오브 웨일스 극장에서 여자애를 데리고 레스터 스퀘어 근처 코번트리 가에 있는 메이플턴으로 가서 식사를 하게 됐어요. 화장실을 가려고 아래층으로 내려갔는데, 비어 있는 넓은 방이 보였죠. 저는 곧장 매니저 토니 해리스에게 "저 공간을 빌리고 싶어요"라고 말했어요. 매우 매력적이었던 그가 물었죠. "어떤 용도로 사용하실 거죠? 거긴 프리메이슨 전용 공간인데요."

그래서 제가 말했죠. "사실은, 저 공간을 재임대하고 싶거든요. 간단한 드링크 바 운영도 겸해서요." 당시 경찰은 밤샘 클럽에 주류 판매 허가를 내주지 않았어요. 저는 주류 판매를 하지 않아도 되는 재즈 클

럽을 운영할 셈이었죠. 그것이 오늘날 '플라밍고(the Flamingo)'가 생겨난 배경이에요. 그 토요일 자정에 말이지요.

우리는 처음엔 주말 이틀만 열었다가 나중에는 일주일 내내 클럽을 열었죠. 제가 미는 사람이든 아니든 모든 공연이 성황이었어요.

맨디 라이스 데이비스 Mandy Rice-Davies, 모델 겸 배우, 작가

짧은 기간 동안 머레이 카바레 클럽에서 춤만 췄어요. 바로 그때 크리스틴 킬러를 만났죠. 전 그녀와 아파트로 이동했고, 그곳에서 많은 사람들, 예를 들어 스티븐 워드(Stephen Ward) 등을 만났죠(정치인과 귀족들에게 여성들을 소개한 브로커가 바로 워드였고, 이들이 바로 프러퓨모 사건의 주요 인물이다).

전 이미 더들리 백작에게 프로포즈를 받은 상태였어요. 에릭은 환갑 노인이었고, 전 열여섯 살이었죠. 그는 오랫동안 저를 쫓아다녔어요. 섹스는 안 했어요. 참 이상한 일이죠. 그가 저한테 샴페인을 보냈는데, 그러고 나서는 그 샴페인을 마시겠다고 찾아왔어요. 저는 술을 마시지 않았고, 담배도 피우지 않았죠. 그렇다고 처녀는 아니었어요. 버밍엄에서 멋진 남자애한테 순결을 잃었죠.

어느 날 밤 백작이 제게 전화를 해서는 제가 그 사람의 가까운 친구들을 몇 명 만났으면 하더라고요. 백작이 말했어요. "속눈썹 붙이지 마." 전 그 말을 마스카라 칠하지 말라는 뜻으로 이해했어요. 그 사람의 아파트로 건너갔고, 한 여자를 만났죠. "윈저 공작부인 월리스 심프슨(Wallis Simpson)을 만나 보도록 해." 그 여자는 엄청 멋있었어요.

패티 보이드 Pattie Boyd, 영국 출신 모델 겸 사진작가

우리는 믿을 수 없을 만큼 새롭고 색다른, 이전에는 결코 일어날 수 없었던 뭔가를 향해 걸어가고 있음을 느꼈어요. 우리는 그 흐름의 중심에 있었고, 그것이 우리를 감싸고 있었죠. 어떤 새로움 말이에요. 런던은 거대한 용광로였어요. 모두 흥분하고 있었고, 아무도 두려움을 느끼지 않았죠.

하류 계층의 사람들도 돈을 벌 수 있었고, 그들은 자신들이 열등하다고 느끼지도 않았어요. 그 흥분은 사진, 그림, 영화와 같은 예술 장르로 표출되고 있었죠. 그들이 무엇을 결정하든, 모두가 중요한 일들을 진행하고 있었어요.

재키 콜린스 Jackie Collins, 영국 소설가이자 배우

저는 늘 무엇이든 할 수 있다고 생각했어요. 보기 드물다는 거 알아요. 결혼하기 전엔 마을을 좀 헤집고 다녔고, 거의 플라밍고에서 살았죠.

크리시 모스트 Chrissie Most, 영국 출신 음반 제작자, 음반사 사장

부모님이 절 매우 보호하는 편이었기 때문에, 다시는 나이트클럽에 갈 수 없었어요. 부모님은 그 일이 휴가지에서의 로맨스일 뿐이라고 말했죠. 다시 남아프리카로 돌아가야 할 시간이 왔을 때, 미키는 작전을 짰어요. 미키가 우리를 배웅하겠다고 사우샘프턴으로 왔고, 선원들이 출입문을 내리기 바로 직전에 제가 부둣가로 뛰어내려갔어요. 부모님은 선상에 계셨고 미키와 저는 함께 도망쳤어요.

물론 계획은 실패했죠. 우리는 그 상황을 모면하려고 뭐라도 해야

했는데 미키는 우리 엄마를 위해 기타를 연주했고, 그게 엄마의 마음을 움직였어요. 엄마는 말했죠. 저에 대한 미키의 마음이 진심이라면 그는 남아프리카로 와서 직장을 구해야 한다고요. 그리고 몇 년이 지나도 우리 둘의 마음이 지금과 같다면 그때 결혼을 하라고 말이죠.

미키의 아버지는 군인이었어요. 매우 엄한 원사였죠. 제 생각에 미키는 런던 북부에서 훌륭한 유년 시절을 보냈을 것 같아요. 일찌감치 집을 나왔기 때문에 가족이나 터전이 없었던 거죠.

몇 달 후, 미키는 기타 하나 메고, 정말 남아프리카에 나타났어요. 라이어넬 바트(Lionel Bart, 초창기 팝 히트작 다수와 뮤지컬 『올리버!』, 영화 『제임스 본드』(1963년 작품, 한국 개봉명 『위기일발』)의 주제곡 「러시아에서 사랑을 담아(From Russia With Love)」를 작곡한 것으로 잘 알려진 영국 출신 작곡가)에게 항공료를 빌려서요. 돈을 벌어야 했기 때문에 저는 그에게 기타 레슨을 하라고 제안했어요. 남아프리카엔 로큰롤이 유행하지 않았기 때문에 우리는 아이들이 무더기로 모여 있는 곳곳을 찾아다녔죠. 그러다가 그에게 물었어요. "밴드를 만들어 볼까?" "누구랑?" 그가 물었죠. "네가 애들을 가르치면 되잖아." 제가 대답했어요.

우리는 읍사무소를 빌렸고, 만 명 이상의 사람들이 사는 도시에 '미키 모스트와 플레이보이스'라는 벽보를 붙였어요. 스프링스(요하네스버그 외곽 도시) 같은 곳 말이에요. 우리는 한밤중에 나무나 가게 유리창에 포스터를 붙였어요. 극악무도한 자유를 누리고 있었지만, 그런 생각을 안 하고 살았죠.

제프리 크루거 Jeffrey Kruger, 나이트클럽 사장, 쇼 비즈니스 기획자

(플라밍고에 대한) 핵심은 밤을 새우는 사람들이었는데, 이들 덕분에 저는 이 두 핵심 인물, 빌리 홀리데이(Billie Holiday)와 엘라 피츠제럴드(Ella Fitzgerald)에게 매료되었어요. 그들은 공연을 마친 후 휴식을 취하러 클럽에 왔거든요.

영국 주둔 미군 병사들이 비번 날에 와서는 이렇게 말했죠. "밤새도록 열어 두세요."

"그렇게 하면 문제가 생길 거예요." 제가 대답했죠.

"아닐걸요." 그들이 말했죠. "우리가 장담하지요. 클럽을 지켜 줄게요. 그리고 다른 녀석들이 문제를 일으키면 손해 배상을 하겠어요."

이 미군들은 아무하고나 어울릴 수 있는 그곳이 제집처럼 편하다는 것을 알게 되었어요. 그들은 흑인이었는데도 백인 여자애들이랑 춤을 출 수 있었고, 아무도 그들을 괴롭히지 못했죠. 그리고 고국에서 부모님과 친구들이 앨범을 부쳐 줬는데, 음악을 들을 장소가 마땅히 없었어요. 플라밍고는 그들이 밤새 편안하게 즐길 수 있는 유일한 장소였고, 그래서 발전을 하게 됩니다.

조지 페임 Georgie Fame, 재즈-블루스 뮤지션, 키보드 연주의 거장

열여섯 살에 런던에서 프로 뮤지션이라는 직업을 얻었고, 에디 코크레인, 진 빈센트와 함께 순회공연을 했죠. 빌리 퓨리 앤드 더 블루 플레임스(Billy Fury & the Blue Flames)에서는 피아노를 연주했는데, 반주 그룹과 빌리가 헤어지게 되면서 조지 페임 앤드 더 블루 플레임스(Georgie Fame & the Blue Flames)라고 이름을 바꿨어요.

1962년 3월, 런던에 있는 플라밍고 클럽에서 일을 시작했죠. 우리는 자정부터 오전 여섯 시까지 밤을 새웠어요. 그야말로 밤새도록 연주를 했죠. 클럽에서 우리 스타일의 곡을 연주하거나 레코드를 신청하는 사람은 한 명도 없었어요. 미군들이 환상적인 분위기로 공간을 꽉 채웠죠.

제프리 크루거 Jeffrey Kruger, 나이트클럽 사장, 쇼 비즈니스 기획자

얼마 지나자 플라밍고에 유명한 사람들이 드나들었어요. 그 첫 번째가 존 리 후커(John Lee Hooker)였어요. 그는 여기서 미군 기지들을 순방하는 중이었는데 마땅히 갈 곳이 없었어요. 그가 말했죠. "제리 루이스와 척 베리를 데려올 건데, 우리가 여기서 공연을 해도 되겠소?" 저는 그런 사람들을 모실 형편이 안 됐지만, 그들이 원한 건 돈이 아니었어요. 그들이 원하는 것은 분위기와 음악이었어요. 그게 가장 중요했죠.

조지 페임 Georgie Fame, 재즈-블루스 뮤지션, 키보드 연주의 거장

플라밍고는 다른 클럽과는 분위기가 완전히 달랐어요. 미 군부대에서 내려온 흑인 병사들이 자주 드나들었죠. 흑인 병사들은 버번위스키를 잔뜩 싸 가지고 왔어요. 플라밍고는 주말마다 런던에 자리한 그네들의 집이었죠. 잘 곳이 없던 그들은 모두 플라밍고로 왔고, 우리와 함께 집으로 돌아갔어요. 어떤 이들은 의자나 바닥에서 자기도 했죠. 미시간 출신의 칼 스미스라는 흑인 미국인 병사가 있었어요. 그는 뉴버리에 있는 공군 기지에서 온 사람이었는데, 의자나 바닥에서 잠을 자거

"플라밍고는 다른 클럽과는 분위기가 완전히 달랐어요. 미 군부대에서 내려온 흑인 병사들이 자주 드나들었죠. 플라밍고는 주말마다 런던에 자리한 그네들의 집이었죠. 칼 스미스라는 흑인 미국인 병사가 있었어요. 잠을 자거나, 모스 앨리슨의 신곡을 연주하곤 했죠. 그는 매달 다른 앨범을 갖고 돌아왔어요." ─ **조지 페임**

나, 모스 앨리슨(Mose Allison)의 신곡을 연주하곤 했죠. 그는 매달 다른 앨범을 갖고 돌아왔어요.

제프 린 Jeff Lynne, 영국 출신 음악가 겸 프로듀서

버밍엄에서는 매주 일해야 했죠. 선택의 여지가 없었어요. 일터에 기타를 가져와서는 다른 물건 뒤에 숨겨 놓고 연습하면서, 들키지 않으려고 애를 썼죠.

저는 델 섀넌과 로이 오비슨의 영향을 받았어요. 특별히 음악 교육을 받지 않았고, 악보도 읽지 못했죠. 그리고 지금도 악보를 읽지 않아요. 제가 아는 누구도 악보를 읽지 못해요. 저는 버트 위던(Bert Weedon)이 쓴 《플레이 인 어 데이(Play in a Day)》(1960년대에 많은 위대한 기타리스트들에게 영향을 준 교습서)를 보면서 배웠어요.

누나가 가지고 있던 앨범을 틀어서 처음 몇 소절을 흉내 내 연주해 보곤 했죠. 전 앨범이 없었어요. 돈이 없었거든요. 다른 사람들에게서 빌렸죠. 그 와중에도 기타를 익히느라 너무 바빴어요. 지역문화센터에 갈 기회가 있었는데, 그곳에서 마이크 쉐리던 앤드 더 나이트라이더스(Mike Sheridan & the Nightriders)가 연주를 하고 있었어요. 제가 정말 좋아하는 그룹이었죠. 그들을 사랑했어요. 훌륭한 정장을 입고 있었는데, 정말 멋져 보였다니까요. 아주 인기가 많아서 만나기가 쉽지 않았지만, 저는 리드 기타리스트에게 말을 걸어 보기로 했죠. 빅 알 존슨(Big Al Johnson)에게 무조건 밀고 다가간 거죠.

"공연이 끝나고 당신 기타를 한번 쳐 봐도 될까요?"라고 그에게 물었어요. 그는 앰프를 켠 채로 무대 밖으로 나와서 제가 연주할 수 있도

록 해 줬어요. 그때 생각했죠. "오, 이런. 내가 이걸 듣고 있다니." 그의 기타를 듣고 있다는 게 너무 놀라웠어요. 프로 뮤지션의 악기는 저에게 예술의 일부 또는 금덩어리 같았거든요.

전 아버지께서 사 주신 기타를 들고 어디서든 연습했어요. 차 안에서든 길거리에서든 길모퉁이에서든 말이죠. 가끔 여자애들이 반주에 맞춰 노래를 불러 주기도 했어요. 그 당시 공영주택단지에 살고 있었는데, 그곳은 기타 연습하면서 시간을 때우기엔 좋은 장소였어요.

심지어 여자애들조차 눈에 들어오지 않았죠. 그때는 정말 눈을 뜰 때부터 다시 잠들 때까지 기타 생각만 했어요. 무엇을 할 수 있는지, 곡 쓰는 법을 어떻게 하면 배울 수 있는지를 생각하는 일이 그때 제가 했던 전부였어요. 전 기타에 몰두했지요. 아주 많이요. 그리고 정말로 제가 원하는 바로 그 수준의 음악을 작곡할 수 있었어요. 앨범을 제작하는 일은 항상 달라요. 한 곡을 다시 연주할 때마다 달라지죠. 원하는 대로 늘 정확하게 연주할 수 없어요. 음악은 때때로 말대답을 하죠.

그런데 제가 드러머가 되고 싶은 건지, 기타리스트가 되고 싶은 건지 결정을 하기가 꽤 어렵더라고요. 드럼 연주도 무척 좋아했거든요. 누나가 구해 온 피아노 의자와 붓으로 드럼을 치듯 퉁탕거려 보기도 했어요. 물론 누나가 나가고 없을 때만 그랬죠. 결국 제가 가장 즐거워하는 건 기타와 화려한 코드 진행이라는 걸 알게 되었어요.

제프리 크루거 Jeffrey Kruger, 나이트클럽 사장, 쇼 비즈니스 기획자
—
이제껏 들어 본 중에 가장 독창적인 음악이었어요. 흑인 병사들은 소리를 더 높여 달라고 절 압박했죠. 우리가 맨 처음 진저 베이커(Ginger

Baker)의 드럼 연주를 들었을 때 벽이 흔들리는 느낌까지 받았어요. 조지 페임, 크리스 팔로우(Chris Farlowe), 그리고 젊은 청년이었던 에릭 클랩튼. 그들은 돈이 아닌 음악을 사랑하는 유일한 음악가였어요. 우리는 이전에는 들어 보지 못한 새로운 음악을 들을 준비가 된 청중이었죠.

테리 오닐 Terry O'Neill, 1960년대를 기록한 작품으로 유명한 영국 사진작가

진지한 음악인, 위대한 블루스와 재즈 뮤지션 들 덕에 음악에 흥미를 갖게 되면서부터 음악을 하는 젊은이들과 자주 어울릴 수 있었어요. 그러다가 우연히 데이브 클락 파이브 같은 밴드들을 알게 됐지요. 데이브는 진정한 사업가였어요. 늘 그랬죠. 요즘은 진짜 은둔 생활을 하고 있지만요. 그에게 음악은 처음부터 늘 돈에 관한 것이었어요. 그는 태생이 기업인이었죠, 드러머가 아니라.

그는 공연을 따내기 위해 명함까지 팠다고 해요. 오로지 재능과 입소문만으로 공연을 따내던 스톤스와는 달랐죠. 데이브 클락이 만든 명함은 사람들 손을 거쳐 버킹엄 궁전까지 전해졌고, 결국 궁전 안에 있는 댄스홀에서 공연할 수 있었죠.

크리시 모스트 Chrissie Most, 영국 출신 음반 제작자, 음반사 사장

부모님이 남아프리카에서 말씀하셨죠. "너흰 우리 없이 순회공연을 할 수 없어. 우리가 표도 팔고, 보안도 맡을 거야."

우리는 차 한 대에 모두 함께 탔어요. 장비를 다 갖춘 스테이션 왜건이었죠. 아버지가 칼이 달린 지팡이를 챙겼어요. 보안 대장인 셈이었

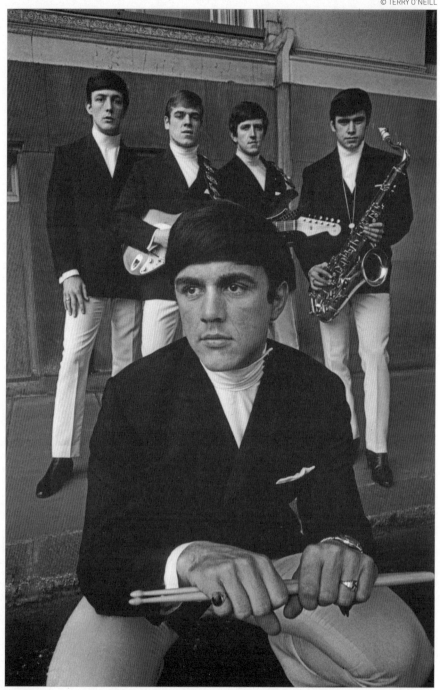

데이브 클락 파이브, 1963년 여름. 이 사진 맨 앞에 앉아 있는 사내의 이름을 따서 밴드 이름을 지었지만, 이 밴드가 신뢰를 얻은 이유는 키보드 연주자이자 보컬이었던 마이크 스미스(뒷줄 가장 왼쪽) 덕분이었다.

죠. 청소년 300여 명이 우리의 첫 공연을 보러 왔어요. 첫 공연부터 수익이 생겼죠.

우리는 밴드 멤버들 개개인에게 2파운드씩 줬고, 미키와 저는 3파운드씩 가졌어요. 우리는 포스터를 통해 관객을 모았는데 그들이 달리 갈 곳이 없다는 걸 알게 되었죠. 이 방식이 통하는 걸 직접 확인하자, 저는 더 많은 공연장을 예약했어요. 어디에서 하는지는 그다지 상관없었어요. 공연장에 전화를 걸어 투어 일정을 짰고, 우리의 순회공연은 점점 인기를 얻기 시작했죠.

그 후 우리는 다이아몬드 산지인 킴벌리로 갔어요. 수많은 흑인과 유색 인종들(아프리카 원주민과 아시아 이주민들)이 나타났죠. 그들은 우리를 들어오지 못하게 했지만, 우리는 강행했고, 그 때문에 미키는 추방 통지서까지 받았어요.

그래서 헨드릭 페르부르트(Hendrik Verwoerd) 총리를 만날 약속을 잡았죠. 당신도 그땐 그렇게 할 수 있었을 거예요. 전 열일곱이었어요. 아빠랑 함께 가서 총리에게 말했죠. "제 남편이 뭘 받았는지 좀 보세요. 우리가 젊은이들에게 좋은 영향을 미쳤다는 걸 모르시겠어요? 그들은 아무것도 가진 게 없어요. 우리가 그들을 거리에서 나가도록 했다고요." 그러자 총리는 추방 통지서를 찢어도 좋다고 말했어요.

그때까지 영국에는 계급 제도가 존재했어요. 당신이 대학에 가지 않았다면 공장에서 일했을 거예요. 하지만 어떤 규칙이 있었던 것 같진 않아요. 자격증과 교육은 필요 없었어요. 그냥 하면 되는 거였죠. 한 가지 알고 있었던 사실은 우리가 다른 사람을 위해서 일한 적은 없었다는 거예요. 결혼 당시, 미키는 우리가 동등한 파트너가 될 거라고 말

"데비 존스(데이비드 보위)와 조지 언더우드는 제 절친이었는데 그들은 열세 살이나 열네 살쯤이었고 저는 열한 살 내지는 열두 살이었어요. 우리 셋은 점심시간에 학교 계단에 앉아서 연주를 하곤 했죠." ─ 피터 **프램튼**

했어요. 그 말대로 결혼한 날부터 우리는 사업(RAK 레코드, 영국 음반 회사) 파트너가 되었죠.

피터 프램튼 Peter Frampton, 더 허드, 험블 파이에서 활동한 영국 출신 음악가이자 작곡가, 가수

아버지는 런던 남부에 위치한 브롬리 기술고등학교의 예술부 책임자셨고, 유명 인사였죠. 학기 말이 되면 버라이어티 연주회인 '브롬리 기술고등학교의 일요일 밤'을 기획하셨어요. 저는 리틀 레이븐스(Little Ravens)라는 밴드를 하고 있었죠. 클래식 음악을 연주하던 피아노 연주자와 클래식 콘트라베이스를 연주하던 베이스 연주자로 구성되었고, 드러머는 따로 없었어요. 우리는 1부 공연은 아이들을 위해, 2부 공연은 부모님을 위해 준비했어요.

헤드라인을 장식한 이들은 조지 앤드 더 드래곤스(George & the Dragons), 조지 언더우드(George Underwood, 음악가, 화가이자 앨범 삽화가)와 데비 존스(Davy Jones, 데이비드 보위, David Bowie)였어요. 데이비드는 노래를 했어요. 그들은 제 절친이었는데 열세 살이나 열네 살쯤이었고 저는 열한 살 내지는 열두 살이었어요. 우리는 서로를 경쟁자로 여기지 않았죠. 아버지는 아침에 학교 문을 살짝 열어 두셨고, 우리는 기타와 악기들을 사무실에 뒀어요. 그리고 우리 셋은 점심시간이 되면 계단에 앉아서 연주를 하곤 했죠.

키스 리처드 Keith Richards, 기타리스트, 롤링 스톤스의 창립 멤버

저는 단순히 그냥 집을 나왔고, 엄마와 아빠로부터 독립했는데, 사실은 런던에 있는 친구 녀석들과 함께 살려고 나와 버린 거예요. 자유라

는 믿을 수 없는 느낌을 만끽했죠. 물론 집세 낼 돈을 충분히 벌어야만
가능한 자유였지만요.

그 당시 영국에서는 빈 맥주병을 주워 술집에 가져다주면 한 개당
2페니 정도 받을 수 있었어요. 우리는 단순히 맥주병을 줍기 위해 파
티가 열리는 모든 장소를 다니곤 했어요. 빈 병의 개수를 세면서 이게
일주일 집세라고 말했죠. 괜찮았어요. 모든 게 멋졌어요. 완전히 미친
생활이었죠.

음식이요? 아, 훔쳤어요. 저는 베이컨, 브라이언은 감자 담당이었어
요. 맞아요. 우린 전문 도둑이었죠. 구멍가게 좀도둑이요. 잡힌 적은
한 번도 없었어요. 한 번도요. 이제는 공소시효가 지났겠네요.

빌 와이먼 Bill Wyman, 베이시스트, 롤링 스톤스의 창립 멤버

1962년에 스톤스는 대충 만든 밴드였어요. 브라이언 존스(Brian Jones)
의 밴드였죠. 그는 다양한 사람들을 밴드에 영입했어요. 믹, 그 후엔
키스였어요. 드러머는 없었죠. 그래서 클리프톤스라는 우리 밴드에 있
던 드러머를 데려왔어요. 1962년 7월부터 12월까지 말이에요. 그들
은 한 달에 두세 번 정도 공연했죠. 그 밴드가 바로 롤링 스톤스(Rolling
Stones)였어요.

우리 밴드 드러머 녀석이 말했죠. "너도 와서 한번 해 봐, 그리고 네
생각을 말해 보라고." 그들은 느리고 조용한 블루스를 연주했어요. 그
당시 우리는 패츠 도미노(Fats Domino)와 래리 윌리엄스(Larry Williams)
그리고 흑인 블루스 음악을 연주하고 있었어요. 그래서 블루스는 잘
알지 못했죠. 12월 8일, 오디션을 보러 갔어요. 믹과 인사를 했고 키보

드 연주자인 이언 스튜어트(Ian Stewart)를 만났어요. 브라이언과 키스는 바에 서 있었는데, 저에게 말을 걸고 싶지 않은 눈치였어요.

저는 모든 장비를 챙겨 갔죠. 제 손으로 만든 베이스 기타를 가지고 있었고요. 1961년에 만든 거였죠. 그 후 앰프를 만들었고, 다음엔 캐비닛도 만들었어요. 리허설 때 이 모든 걸 가져갔죠. 그 일이 저들을 처음으로 고무시킨 계기가 되었어요. 저에겐 이 모든 장비가 있었고, 그리고 담배도 있었지만 저들에겐 없었어요. 그 후 그들은 찰리 워츠(Charlie Watts)에게 말해서 우리 드러머를 잘라 버렸어요.

열망
Ambition

1960년 존 F. 케네디 대통령 당선 당시, 미국인들은 십 년간 지속된 호황을 즐기는 중이었다. 1950년대에는 베이비 붐 세대들이 인구를 20퍼센트 늘려 놨다. 동부의 대학 캠퍼스와 그리니치빌리지에 있는 커피숍에서는 중산층의 백인 대학생들이 사회 개혁에 거부감을 보이는 영국, 아일랜드, 스코틀랜드의 전통 민요에서 영감을 받은 노래를 불러 댔다. 저소득층 주택 단지에 사는 아프리카계 미국인들에게도 음악은 평등을 요구하는 시위의 필수 조건 중 하나였다. 그러나 곧 새로운 시대, 또 다른 음악의 등장으로 인해 시민권을 향한 그들의 투쟁이 새 국면을 맞게 된다.

메리 윌슨 Mary Wilson, 슈프림스의 보컬, 창립 멤버
—

제가 태어났을 때부터 늘 노래를 부르고 다녔다고 엄마가 말했죠. 온갖 뮤지컬 음악을 듣고 늘 흥얼거리며 다녔다고요. 저는 항상 음악에 빠져 있었지만, 막상 그와 관련된 활동은 하지 않았어요. 열세 살이 되었을 때, 장기 자랑에 참가 신청을 했죠. 저는 오빠의 부츠와 검은 가죽 재킷을 빌렸어요. 프랭키 라이먼 앤드 더 틴에이저스(Frankie Lymon & the Teenagers)에 푹 빠져 있었기 때문에 그렇게 차려입었죠. 당시 인기로 따지자면 잭슨 파이브(Jackson 5) 정도였을 거예요. 저는 그 그룹의 노래 「난 비행 청소년이 아니에요(I'm Not a Juvenile Delinquent)」를 정말 좋아했어요. 가사에 맞춰 빙빙 돌았고, 사람들도 열광했죠.

저와 플로렌스 발라드(Florence Ballard), 다이애나 로스(Diana Ross)는 모두 디트로이트에 있는 브루스터 더글러스 임대 주택에 살았어요. 플로렌스는 장기 자랑에서 「아베 마리아(Ave Maria)」를 불렀죠. 우리는 서로에게 다가갔죠. 제가 말했어요. "네 목소리는 진짜 크고 아름다워." 그러자 플로렌스가 대답했죠. "그러는 넌 체육관에 있는 모든 사람들이 '메리!, 메리!' 하고 외쳤잖아." 이때가 1956년인가 1957년이었어요. 우리는 그 자리에서 바로 친구가 되었죠.

알 쿠퍼 Al Kooper, 미국 출신 음악가, 프로듀서
—

저는 1944년 브루클린에서 태어났는데, 맨해튼을 동경하며 자랐어요. 가능한 한 빨리 맨해튼으로 가고 싶었죠. 일찍부터 음악에 상당한 관심을 가졌어요. 여섯 살 때 피아노를 배우기 시작했는데, 금방 푹 빠져버렸죠. 운 좋게도 어머니께선 라디오에서 음악을 연주하셨고, 집에는

늘 음악이 흐르고 있었어요.

절 봐주던 베이비시터 덕분에 로큰롤을 알게 됐어요. 제가 열 살 때쯤, 그 누나는 열네다섯 살이었어요. 부모님이 집을 비우면 십 분쯤 후에 그녀의 친구들이 와서는 음악을 틀고 춤을 췄죠. 그녀는 채널스(the Channels)와 펭귄스(the Penguins)의 곡을 들었죠. 전부 두왑(doo-wop) 스타일의 음악들이었어요. 저는 음악을 들으며 생각했죠. "진짜 이 음악, 짱이다!"

언젠가 아버지가 저를 작은 식당에 데려가셨는데, 제가 주크박스에서 이 음악을 틀었죠. 그때 아버지는 제가 '부두(voodoo) 음악'을 듣고 있다는 걸 알게 되었어요. 1950년대 중반에 엘비스가 나타나는 바람에 기타를 연주하는 것이 더 유행이 됐죠. 그래서 전 연주를 시작했고, 남보다 빨리 시작한 셈이었어요. 신이 제게 음악을 주셨는데, 그걸 깨닫는 데까지는 얼마 걸리지 않았죠.

캐롤린 헤스터 Carolyn Hester, 미국 출신 포크 가수

우리는 대부분 열일곱 내지는 열여덟 살이었고, 1954년에서 1955년 사이에 징병으로 끌려갈 날을 기다리고 있었어요. 그 때문에 우린 매우 과격해졌죠. 아버지는 변호사였는데, 같은 해에 린든 존슨 대통령과 함께 텍사스 주립대를 졸업했고, 그 후에 조지타운 로스쿨에 입학해서 우리 가족은 동부에 있는 워싱턴에서 살게 됐어요.

고등학교를 졸업하고 나서 뉴욕에 갔을 때, 저는 포크 씬(Scene, 예술, 음악, 패션 등의 문화가 녹아 있는 지역을 뜻함)의 일부가 되기로 마음먹었어요. 엄마가 노먼 페티(Norman Petty, 버디 홀리의 프로듀서)라는 이름의 사

내를 만나 봤으면 했기 때문에, 그에게 엽서를 썼어요. 얼마 후에 그에게 전화가 왔죠.

그가 말했어요. "난 포크에 대해선 잘 모르지만 오디션을 볼 수는 있어요." 그리고 또 질문했죠. "앨범을 내는 데는 문제가 없나요?" 전 그때 스무 살이었어요. 그렇게 첫 앨범을 녹음했고, 1958년에 발매되었죠. 아빠도 제 앨범에 하모니카 연주로 참여했어요. 아빠는 제가 포크 뮤지션이 되길 내심 바라셨거든요.

제가 녹음할 때 버디 홀리가 스튜디오에 있었어요. 그는 저를 보러 와서는 척 베리와 패츠 도미노를 만나러 가지 않겠냐고 물었죠. 그 와중에도 그는 제 노래를 흥얼거리고 있었고요.

헨리 딜츠 Henry Diltz, 미국 출신 음악가, 사진작가

엄마는 트랜스월드 항공사 스튜어디스였어요. 우리는 유랑 생활을 하듯 이리저리 이동하면서 살았죠. 육군 항공대 소속이었던 아빠는 제2차 세계대전 때 돌아가셨어요. 그 후 엄마는 재혼을 했어요. 새아빠가 국무부 소속이어서 우리는 1947년에 도쿄로 이사를 갔어요. 전 오 년 동안 일본에서 컸죠. 새아빠는 1958년인가 1957년에 독일로 발령을 받았어요.

당시 전 클래식 음악과 재즈에 빠져 있었죠. 우리 가족은 음악에 상당한 재능이 있었어요. 저와 엄마는 피아노를 연주했고, 새아빠는 첼로를 켰어요. 저는 음악이 너무 좋았어요. 그 후 기타를 치는 친구를 사귀면서 컨트리 음악의 세계로 빠진 거예요.

알 쿠퍼 Al Kooper, 미국 출신 음악가, 프로듀서

재즈를 하기엔 좋은 시기였어요. 재즈는 그냥 저에게 다가왔죠. 그건 제가 정말 좋아했던 거였으니까요. 어떤 면에선 재즈가 제 마음을 감동시킨 거예요. 사람들은 두왑 음악에 맞춰 춤을 췄는데, 그게 그 시절 일종의 펑크 음악이었던 거죠. 블루스와 가스펠의 정수였어요. 원래는 흑인들의 전유물이었는데, 나중에 백인들이 이 음악을 받아들이면서 서서히 연주를 하게 됐어요.

저에게는 음반 계약이 되어 있는 밴드에 속한 친구가 한 명 있었는데 주말에는 그 친구 집에서 시간을 보내곤 했어요. 한번은 우리가 맨해튼에 가서 음반 회사 오디션을 보게 되었는데 그때 제 나이가 열네 살이었죠.

이 밴드가 1958년 당시 「숏 쇼츠(Short Shorts)」라는 곡으로 미국에서 1위를 한 로열 틴즈(Royal Teens)였어요. 저는 부모님 몰래 숨어 다녔죠. 학교를 그만두면 부모님이 절 죽일 것만 같았어요. 다른 친구들은 열여섯 내지는 그 이상이었거든요. 저는 공식적으로는 주말에 브루클린에 있는 친구에게 가 있었지만, 비공식적으로는 펜실베이니아나 시카고 내지는 보스턴에서 녀석들과 로큰롤 공연을 했어요. 이 년 반 정도 그렇게 지냈어요. 그리고 그다음엔 제가 쓴 노래를 음반사에 보냈고, 작사를 하던 두 녀석과 작곡 팀을 만들었죠. 하지만 고등학교를 졸업하고 대학에 입학해야 했어요. 그때가 1959년이었죠.

저는 음악 공부를 하고 싶었지만 주변에 로큰롤을 가르쳐 줄 만한 사람은 없었고, 배우던 음악은 전혀 관심 없는 장르였어요. 일 년 후, 저는 부모님께 학교를 그만두겠다고 말했는데, 잘못한 일이었죠. 부

모님께서는 대학을 가지 않으면 마치 인생이 끝나는 것처럼 여기셨어요. 하지만 전 마냥 그 말에 따를 수가 없었어요. 그래서 말했죠. "이 년만 시간을 주세요. 그래도 돈을 벌 수 없다면 학교로 돌아갈게요."

메리 윌슨 Mary Wilson, 슈프림스의 보컬, 창립 멤버

플로렌스와 전 정말 가까워졌어요. 그때 운동장에서 누군가가 제 앞에 나타났죠. "걸 그룹을 만들고 싶어 하는 애가 있어." 우리는 어떤 집으로 갔고, 거기서 다이애나를 만났어요. 같은 단지에 살고 있었죠. 그러고는 그 남자들을 따라 아파트 쪽으로 걸어갔어요. 폴 윌리엄스(Paul Williams), 에디 켄드릭스(Eddie Kendricks), 또 한 사람, 그들의 매니저가 있었죠. 그때는 프라임스(the Primes)라는 그룹이었는데, 나중에 템테이션스(the Temptations)이 되었죠.

'세상에, 내가 이 사람들이랑 같은 아파트에 살다니. 그리고 우리보다 전부 나이가 많은데, 우리 엄마가 알면 날 죽이려 들 거야' 하고 생각했어요.

남자들 중 한 명이 말했어요. "너희 노래할 줄 알아?" 우리는 그 전에 다 같이 노래해 본 적이 없었죠. 다이애나가 레이 찰스(Ray Charles)의 곡을 부르기 시작했고, 우리는 처음으로 화음을 맞추었죠. 정말 환상적이었어요. 다이애나는 정말 편하게 노래를 불렀죠. 그 전까지 우리는 뭘 하면 좋을지 아무 생각이 없었어요. 고작 열세 살이었거든요. 하지만 노래는 우리에게 아주 자연스러운 결과였죠.

남자가 말했어요. "좋았어. 너희 팀 이름은 프라이메츠(the Primettes)고, 내가 너희 그룹의 매니저를 맡을 거야." 우린 매일 그들이 사는 아

파트로 갔어요. 다이애나는 드리프터즈(the Drifters)의 곡인 「저기 가는
나의 베이비(There Goes My Baby)」를 불렀고, 우리도 합세해 화음을 만
들었어요. 그리고 나서 제가 발라드 한 곡을 불렀죠. 그중 한 곡은 정
말 자연스럽게 느껴졌고 딱 맞아떨어졌어요. 우리는 마침내 걸 그룹
이 된 거예요. 전 태어난 이래로 가장 행복한 기분을 느꼈어요. 우리
조합이 완벽하다고 느껴졌어요. 우리는 학교가 끝난 후에 만나서 열
심히 연습을 했어요. 셋이 하나였죠. 우리는 우리만의 노래를 연출했
어요.

헨리 딜츠 Henry Diltz, 미국 출신 음악가, 사진작가
—

전 또 다른 기회를 잡았어요. 뮌헨에 온 미국 대학생 친구들이 남녀 전
부 합해서 백여 명쯤 있었는데, 그 애들 모두 웨스트포인트나 아나폴
리스에 가려고 공부하고 있었죠. 그 후 저는 전사한 참전 용사의 자손
은 자동으로 입학할 수 있다는 내용을 알게 되었어요. 당장 편지를 보
냈고, 입학 허가가 떨어졌죠. 저는 1958년에 신체검사를 받으러 런던
으로 날아갔어요. 하이드 파크에 있는 작은 호텔에 머물렀는데, 어느
밤인가 클럽엘 갔었죠. 그들은 스키플 음악을 연주하고 있었어요. 참
나, 그땐 그게 뭔지도 몰랐는데 그 음악에 완전히 사로잡혔죠.

전 웨스트포인트 육군사관학교에 입학했어요. 학장이 이렇게 말했
죠. "축하하네, 제군. 정말 드문 기회라네." 처음 석 달은 체력을 기르
고 운동을 해서 멋진 몸매를 만들었어요. 그래서 그곳에 나가 있는 동
안 콜롬비아 레코드 클럽에 가입했죠. 그리고 우편으로 주문한 레코
드들을 받았어요. 그러다 밴조 연주를 듣게 된 저는 당장 그 악기를 연

주해야 했어요. 빠른 시일 안에 웨스트포인트를 떠날 계획을 떠올렸는데 바로 군대였죠. 오, 세상에! 사 년이나 군대에 있었어요. 거긴 기술학교예요. 일주일에 육 일 동안 수학을 배웠어요. 분석과 계산 말이에요. 전 밴조를 사서 하와이로 갔어요.

알 쿠퍼 Al Kooper, 미국 출신 음악가, 프로듀서

로열 틴즈에 있을 때, 음악에 맞는 춤을 익혔죠. 라디오국의 후원을 받고 있었거든요. 그들은 우리를 학교나 헬스클럽에 보냈어요. 또 앨범을 만든 뮤지션들을 학교로 오게 했죠. 학생들 앞에서 노래를 립싱크했는데, 그렇게 함으로써 앨범을 파는 데 한몫했고, 라디오국에도 도움이 됐어요.

로열 틴즈는 퀸즈 지역 어딘가에서 춤을 췄고, 그때 톰 앤드 제리(Tom & Jerry)를 만났죠. 이 그룹은 음악 차트 10위권 안에 진입한 『헤이, 스쿨걸(Hey Schoolgirl)』이라는 히트 앨범을 보유하고 있었죠. 이때가 1959년이었어요. 우리 세 사람이 모두 퀸즈에 산다는 사실을 알고는 친구가 됐어요. 게다가 동갑내기였죠.

당시에는 그들이 어떤 운명에 처해질지 전혀 몰랐어요. 그들은 미래의 사이먼 앤드 가펑클(Simon & Garfunkle)이었다고요! 폴(사이먼)의 아버지가 밴드의 리더였는데, 그는 결혼식, 바르미츠바, 사교계 무도회 같은 행사만 뛰었어요. 한번은 폴이 날 불러서 말했죠. "내가 사십 분 동안 무대에 서서 트위스트 노래를 부를 건데, 네가 리드 기타를 연주해 줄 수 있겠니? 보수가 좋거든. 50달러야." 그래서 우리는 둘 다 일렉 기타를 잡고, 무대 위로 올라갔어요. 지금은 폴이 포크 음악으로 바

데이브 클락 파이브는 언론의 관심을 끌기 위해 1963년 내내 비틀스로 인해 대중음악계에서 환영받게 된 스타일을 모방했다.

꿨지만 그때만 해도 로큰롤을 연주했죠. 우리는 함께 연주를 하는 친구였어요.

메리 윌슨 Mary Wilson, 슈프림스의 보컬, 창립 멤버

디트로이트에서는 주말에 댄스파티가 열렸는데, 우리는 연합 댄스파티를 했어요. 우린 너무 어려서 나이트클럽이나 그 비슷한 곳에는 들어갈 수 없었어요. 돈은 받지 못했던 것 같아요. 우리에게는 매니저가 있었는데 그가 옷을 사 줬고, 그의 여자 친구가 쇼핑을 시켜 줬어요. 우리는 거리에서 노래를 부르던 다른 사람들과는 시작부터가 달랐죠.

부모님은 우리가 항상 어디에 있는지, 즐거워하는 게 뭔지를 아셨고, 음악 덕분에 문제가 생기지 않는다는 걸 아셨기 때문에 좋아하셨어요. 1961년까지 그렇게 지내다가, 더 넓은 곳으로 가야겠다고 결심했어요.

우리는 대중음악을 했어요. 하모니를 엄청나게 좋아했죠. 항상 연습도 많이 했고요. 학교에선 여자애들은 가정, 남자애들은 기술 같은 특별 수업을 받았는데, 우리는 이 특별 수업 시간을 이용해 우리만의 뭔가를 했어요. 바로 노래를 부르는 거였죠. 요즘과는 시대가 많이 달랐어요.

그 후 캐나다에서 열린 국제 대회에도 참가했는데 우리가 우승했어요. 우리는 드리프터즈, 레이 찰스의 노래를 불렀죠.

알 쿠퍼 Al Kooper, 미국 출신 음악가, 프로듀서

처음으로 샀던 앨범이 뭐였더라? 1955년 내지는 1956년 즈음에 크

게 히트한 '백인 뮤지션' 앨범이 있었어요. 캅 레코드(Kapp Records)에서 발매한 피아니스트 로저 윌리엄스(Roger Williams)의 『고엽(Autumn Leaves)』 말이에요. 그리고 두왑 노래인 채널스의 『더 가까워질수록(The Closer You Are)』도 있었죠. 두 장 다 갖고 싶었지만 수중엔 1달러밖에 없었어요. 제 나이가 열세 살 내지는 열네 살, 아니면 더 어렸던 것 같아요. 하나만 선택해야 했죠. 그래서 '흑인 뮤지션' 앨범을 샀어요. 그게 제가 처음 산 앨범이었어요. 45rpm LP였죠. 흑인 음악은 감명을 줬고, 저를 변화시켰어요. 그리고 지금도 그 앨범을 사랑해요.

닐 세다카 Neil Sedaka, 미국 출신 가수 겸 작곡가

전 장학생이었고, 원래는 클래식 피아니스트가 되려고 했어요. 열여섯 살 때, 고교 피아니스트 대회에서 우승했거든요. 브루클린에 있는 링컨 고등학교를 다니면서 자연스럽게 작곡도 하게 되었죠. 저의 영웅은 조지 거슈인(George Gershwin), 어빙 벌린(Irving Berlin), 로저스 앤드 해머스타인(Rogers & Hammerstein), 로저스 앤드 하트(Rogers & Hart)였어요.

고등학교 때 처음으로 로큰롤을 접했는데, 그 음악에 완전히 매료됐어요. 저는 학교에서 별로 유명하지 않았어요. 왕따는 아니고 좀 괴짜 같았는데, 쇼팽이랑 바흐를 연주했던 고루한 아이였죠. 파티에 초대받지도 못했어요. 전 아주 어려서부터 인정받고 유명해지고 싶었어요. 하도 괴롭힘을 받다 보니, 남들에게 제가 특별한 사람이라는 걸 보여주고 싶었나 봐요. 저는 토큰스(the Tokens)라는 그룹을 시작해서 「오늘 밤엔 사자가 잠을 잔다네(The Lion Sleeps Tonight)」를 불렀어요. 그때

이후로 학교에서 제 존재가 보잘것없는 사람이 아니라, 중요한 인물로 탈바꿈했죠.

열세 살이었을 때 콘서트 피아니스트가 되기 위해 토요일마다 줄리어드에서 공부하기 시작했고, 하워드 그린필드(Howard Greenfield, 작사가이자 그래미상 후보에 올랐던 작곡가)의 어머니께서 제가 쇼팽을 연주하는 소릴 들었어요. 하워드는 그 건물 건너편에 살았는데, 곡을 써 볼 생각이 없느냐고 제게 물었죠. 저는 곡 쓰는 법을 모른다고 했어요. 결국 우리는 함께 300곡 이상을 쓰게 되었죠.

로버트 크리스트가우 Robert Christgau, 미국 출신 록 음악 평론가

1962년 6월에 스무 살이 됐어요. 저는 사실 맨해튼에 사는 작가가 되고 싶었지요. 그래서 중개 회사에 들어갔어요. 하지만 나중에 그 회사가 지나치게 욕심을 부리는 바람에 파산하게 됐죠. 제가 다니던 동안에는 괜찮았지만요. 운이 좋게도 제 상사는 화가였어요. 밥은 저보다 열 살이 많았는데 죽는 날까지 저의 절친이었어요. 그는 정말 똑똑했고, 미학적으로 열린 사람이었죠.

저는 돈이 없었어요. 가끔씩 빌리지 게이트(the Village Gate, 그리니치빌리지의 톰슨 앤드 블리커 거리 모퉁이에 있는 나이트클럽) 옆에 앉아서 존 콜트레인(John Coltrane)과 몽크(the Monk)의 음악을 듣곤 했어요. 전 재즈광이었죠. 동시에 미술에 빠져 있었어요. 라디오에서는 인기 순위 40위권 안에 진입한 음악을 틀어 줬고, 덕분에 제 아파트에서는 늘 음악이 흘렀죠. 저는 작은 레코드플레이어와 열 장 좀 넘게 앨범을 갖고 있었어요. 거의 재즈 아니면 레이 찰스였죠. 그렇지만 기본적으로 제 아파

트에 흐르던 음악은 라디오에서 나오는 것이었어요. 1962년에 제게 있었던 가장 큰 사건은 팝 아트였죠. 처음엔 로이 리히텐슈타인(Roy Lichtenstein)이 등장했고, 그 이후에 앤디 워홀(Andy Warhol)이 나타났어요.

1962년 10월인가 11월쯤에 57번가에 있는 그린 갤러리에 갔어요. 자주 갔던 곳이죠. 무료였거든요. 미술관에서 코니 프랜시스(Connie Francis)의 노래 「방학(Vacation)」을 들었죠. "이게 어디서 나는 소리지? 이해할 수 없어. 여긴 미술관이라고!"

한 작품 속에 라디오가 들어 있었고, 플러그가 꽂힌 상태라서 거기서 음악이 흘러나오고 있다는 걸 알게 됐어요. 이건 계시였죠. 저는 존 콜트레인을 보러 갔어요. 아레사 프랭클린(Aretha Franklin)이 오프닝 무대를 맡았는데 진짜 형편없었어요. 하지만 콜트레인은 앙코르 곡까지 불렀어요. 재즈 음악사에 길이 남을 만한 무대였죠. 그 순간을 직접 눈으로 보다니! 만약 당신이 바로 그 분위기 속에 있었다면, 무얼 해도 성공했을 거예요. 저는 황홀했어요. 음악과 미술, 이 두 가지가 저를 향해 오던 두 계시를 가깝게 만든 셈이죠. 음악적 경험과 미술관에서의 통찰 말입니다. 이것은 제 직장 상사였던 밥과 제가 음악과 미술에 대해 갖고 있던 기존의 관점과 사고방식을 완전히 바꿔 놓았죠.

■ 닐 세다카 Neil Sedaka, 미국 출신 가수 겸 작곡가

전 브로드웨이에 있는 브릴 빌딩(Brill Building, 미국의 '노래 공장'이라 불리는 곳으로, 많은 작곡가와 음반업자들이 거주했다)으로 이사했어요. 음반 회사와 아티스트들을 위해 모두가 매일 곡을 썼죠. 라이처스 브라더스

(Righteous Brothers)의 「당신은 사랑이라는 감정을 잃어버렸어요(You Lost That Loving Feeling)」, 쉬퐁스(the Chiffons)의 「어느 멋진 날(One Fine Day)」, 딕시 컵스(Dixie Cups)는 「사랑의 채플(Chapel of Love)」을 받았죠. 「내일도 나를 사랑해줄 건가요(Will you Still Love Me Tomorrow)」는 셔를 스(the Shirelles)를 위해 캐롤 킹(Carole King)이 쓴 곡이었어요. 작은 음반사들의 시대였죠. 기본적으로 브로드웨이 1619번지였던 원래의 브릴 빌딩 맞은편 거리는 1650번지였는데, 그 거리가 더 젊은 음악 애호가와 작곡가 들에게 제공됐어요.

우리는 브릴 빌딩에서 각자 피아노와 책상이 있는 방을 가지고 있었어요. 하루가 저물면 모두 대형 사무실로 모여서 자신의 노래를 연주하며 경쟁했죠. 물론 좋은 의미의 경쟁이었어요. 가장 좋은 곡을 선정했고, 쉬퐁스 같은 가수들이 그 곡을 녹음했어요. 우리는 그곳에서 일주일에 오 일, 오전 열 시부터 오후 다섯 시까지 보냈어요. 가끔은 날이 저물 때까지도 곡이 완성되지 않아서 다음 날에서야 끝난 적도 있었죠.

그때 처음으로 제가 만든 곡을 부르고 녹음했어요. 1958년도의 일이었죠. RCA 레코드사에서는 오디션을 봤어요. 「하트브레이크 호텔(Heartbreak Hotel)」로 엘비스와 막 계약한 상태였지요.

캐롤 킹과 저는 당시에 사귀고 있었지만 함께 곡을 쓰지는 않았어요. 그녀에게 바치는 노래로 「오! 캐롤(Oh! Carol)」을 썼죠. 그러자 그녀가 「오! 닐(Oh! Neil)」이라는 제목으로 답가를 썼어요. 그 곡은 히트하진 않았지만, 정말 표현이 좋은 곡이었죠. 캐롤의 어머니는 절 좋아하지 않았는데, 종종 학교랑 학과 수업을 빼먹게 만들었거든요.

프랭크 로우 경 Sir Frank Lowe, 광고 대행사 개척자, 로우 하워드 스핑크 회장

뉴욕은 황금 같은 것으로 포장되어 있지 않았어요. 더럽고 지저분하기만 했죠. 하지만 악기점 옆을 걸을 때면 마치 집에 있는 것처럼 느끼게 만드는 무슨 소리가 흘러나왔던 게 기억나요. 애커 빌크(Acker Bilk)의 「해변의 길손(Stranger On The Shore)」(미국과 영국 차트에서 1위를 차지했던 클라리넷 독주곡)을 연주하는 소리가 들렸어요.

전 일자리를 구할 수 없어서 엄마가 알고 있던 조크 엘리엇(Jock Elliott)이라는 브로커를 만나러 갔어요. 그는 오길비 앤드 매더(Ogilvy & Mather)에서 쉘(Shell) 사의 회계를 관리하고 있는 거물 사업가였어요. 큰손이었죠. 아무튼 전 약속을 했고 그에게 깊은 인상을 받았어요. 그는 말했죠. "나중에 내 집에서 술 한잔 합시다." 전 차고에 있던 그의 자동차 번호판을 기억해요. 그냥 J였어요. 그리고 전화번호는 '버터필드 8(BUtterfield 8, 번호를 외우기 쉽도록 숫자판에 같이 적혀 있는 알파벳을 조합해 전화번호로 사용한 것)'이었는데, 리즈 테일러(Liz Taylor)와 로렌스 하비(Laurence Harvey)가 출연한 멋진 영화의 제목이었죠.

저는 5번가에 있는 가게에서 카펫 판매하는 일을 하게 됐어요. 정말 성공적이었죠. 뉴욕 사람들한테는 영국 사람이 약간 신기했던 거 같아요. 그러고는 85번가에 있는 아파트를 구했어요. 갈색 사암으로 지은 아파트의 지하층을 얻었어요. 수천 마리의 바퀴벌레와 그 방을 공유했죠. 기묘하게도 조크 엘리엇 씨가 전화해서 이렇게 묻더군요. "일은 어찌 되어 가고 있나?" 그래서 전 대답했죠. "카펫을 팔고 있어요."

"음." 그가 말했죠. "벤튼 앤드 보울즈(Benton & Bowles)에 일자리가 하나 났네." 그래서 저는 그 광고 회사로 갔어요. 어느 미국 국회의

원이 차린 대형 회사였죠. 그곳의 하급 관리자로 취직했던 때가 스물한 살 내지는 스물 둘이었어요. 1961년이었지요. 저는 그곳에서 일하면서 뉴욕 생활을 꽤 즐겼어요. 일 년에 1만 달러를 벌었죠. 원하는 것을 취할 여유가 있었고, 스테이크하우스에도 다닐 수 있었으며, 1달러 99센트로 멋진 식사를 할 수도 있었어요. 재미있었어요. 주말마다 햄프튼스로 나가서 해변에서 잠을 잘 수 있다고 생각해 보세요.

캐롤린 헤스터 Carolyn Hester, 미국 출신 포크 가수

빌리지에서 연주하면서 저는 점점 뉴욕 씬으로 이동했어요. 빌리지는 여러 장소들과 아주 흡사했죠. 개중에는 아이들을 위해 음악이 연주되는 커피 바도 있었어요. 술을 제공하는 클럽에 들어가지 못하는 아이들을 위한 장소였죠. 우리는 다양하고도 환상적인 청중을 사로잡았고, 세대 차이는 없었어요. 외곽과 시내에서 온 사람들이 많았죠. 어느 샌가 저는 아이비리그 대학에서 공연을 하고 있었어요. 그리니치빌리지 씬은 동해안으로 이동하고 있었고, 빌리지에선 뮤지션과 코미디언이 함께 공연하고 있었죠. 1960년 무렵 저는 스물세 살이었어요.

이 르네상스의 일부인 사람들은 톰 팩스턴(Tom Paxton), 에릭 앤더슨(Eric Anderson), 버피 세인트 마리(Buffy Sainte-Marie)였죠. 공연을 하는 동안, 저는 칼리와 그녀의 언니, 그러니까 사이먼 시스터즈(Simon Sisters)와 마주쳤어요. 그래서 전 그들이 함께한 초창기 시절부터 잘 알게 되었죠. 그들은 함께 어울리기 좋았어요. 진짜 뉴욕 사람이었죠. 음악 사업에 관해 이런저런 이야기를 할 수 있어서 재미있었고, 함께 커피숍에 가서 시간을 보냈어요. 정치에 관해서도 이야기를 나눠 봤

는데 정치적으로도 마음이 잘 맞았어요. 그래서 우린 악보와 공연장에서 있었던 이야기를 공유했답니다.

1961년 빌리지에서 밥 딜런을 만났죠. 그날 밤 제가 공연을 하고 있던 클럽에 그가 왔어요. 그는 버디 홀리의 노래를 부르던 제 목소리를 들었죠. 버디가 저에게 노래를 가르쳐 줬었거든요. 밥은 그 노래를 엄청 좋아했어요. 우리 만남의 시작이 된 거죠. 전 클럽에서, 거리에서 딜런과 여러 번 마주쳤어요. 딜런은 저를 알고 싶어 했죠. 하지만 그땐 그걸 잘 몰랐어요. 제가 딜런에게 이렇게 말했죠. "내 다음 앨범에 네가 하모니카를 연주해 줬으면 좋겠어. 기타 연주자는 이미 구했거든. 해 줄래?" 그는 대답했어요. "여기 내 전화번호야. 잃어버리지 마."

제가 그의 연주를 처음 들었을 때, 그와 그의 기타만 기억이 나요. 밴드가 아니고요. 저는 그때 청중석에 있었는데, 관객들은 어렸고, 행복했고, 굉장히 다양한 사람들이 뒤섞여 있었어요. 마치 우리 공연의 관객들처럼요. 정치적인 견해도 같았어요. 좀 더 나이 든 사람들은 아이들을 데려왔지요. 전 다음 날 그에게 전화했어요. 그는 제 앨범에서 하모니카를 연주했는데, 그게 그의 첫 녹음이었대요. 그 후 그는 해리 벨라폰테(Harry Belafonte)의 세션을 했어요.

그는 자신감이 넘쳤고, 긴장하는 법이 없었어요. 원로 솔로 가수 같았죠. 그는 제가 버디 홀리와의 연결 고리라고 말했어요. 우린 버디에 관한 이야기를 나눴죠. 잠시 동안 그를 만나지 않았는데, 언젠가 제가 공연하는 동안 그가 아파트로 찾아와 밤새 곡을 썼더라고요. 제가 돌아왔을 때 이런 메모가 남겨져 있었어요. "고마워 캐롤. 나, 밥이야."

전 영국에서도 공연했어요. 수많은 포크 음악 클럽이 있었죠. 포크 음악은 당시 영국 사람들의 삶에서 많은 부분을 차지했어요. 모든 술집에서 포크 음악이 흘러나왔거든요. 팬들도 엄청났죠. 서비튼에는 제가 연주하는 걸 들으려고 오백 명이 왔어요. 도너번(Donovan)도 왔는데, 당시 그는 청소년이었어요. 꽤 많은 영국 음악가들이 있었죠. 케임브리지에서 영국 포크 페스티벌이 열렸고, 전 BBC에 삼십 분간 단독출연을 했어요.

메리 윌슨 Mary Wilson, 슈프림스의 보컬, 창립 멤버

우리가 열여섯이었을 때, 캐나다에서 열린 대회에서 우승했어요. 우리의 초창기 시절이죠. 디트로이트에서 현지 디제이들과 정말 많은 공연을 했어요. 라디오 방송국이 많았거든요. 그래서 우린 이렇게 말했죠. "와, 우린 할 수 있어. 그러니 저들이 우리가 녹음할 수 있는 장소를 마련해 줘야 해. 둘러보면서 음반 회사를 찾아보자."

우리가 찾은 회사는 모타운(Motown)이었고, 이 회사에는 스모키 로빈슨 앤드 더 미러클스(Smokey Robinson & the Miracles)가 소속되어 있었어요. 우리는 이들을 알게 됐죠. 스모키의 아내인 클로데트를 통해 오디션을 받았는데 그녀는 미러클스의 일원이었어요. 그래서 우리는 그들에게 우리의 노래를 들려줬고 이렇게 물었죠. "어때요? 우린 모타운에 들어가고 싶어요." 스모키가 대답했어요. "내가 오디션을 볼 수 있게 해 줄게."

우리는 모타운으로 찾아가서 오디션을 봤어요. 오디션이 끝나고, 베리 고디(Berry Gordy)가 말했죠. "너희들, 소리가 정말 좋구나. 하지만 고등학교 졸업하고 다시 오거라." 이때가 1961년이었죠. 우리는 우리

만의 유니폼을 입고 있었어요. 우리끼리 의상을 만들어 입었거든요. 치마를 맞춰 입고 테니스 신발과 양말을 맞춰 신었죠. 그런데 우리를 뽑아 주지 않아서 너무 실망했어요. 그는 책임감 있는 사람이었어요. 회사 주변을 기웃거리는 어린 여자애들을 원한 게 아니었겠죠. 그게 우리를 거절한 이유였어요. 하지만 우린 그가 우리를 마음에 들어 하지 않는다고 생각했어요.

알 쿠퍼 Al Kooper, 미국 출신 음악가, 프로듀서

전 남은 일생을 음악에 몸담고 싶었어요. 하지만 제가 앞으로 뭘 계속 하게 될지를 몰랐어요. 그래서 가능한 한 모든 분야를 배워 두고자 했죠. 돌이켜 생각해 보면 그렇게 하길 정말 잘한 것 같아요. 시간이 갈수록 이런 생각이 들었어요. "그러니까 잘하고 있는 거야. 나를 작곡가로 고용하지 않는다면 스튜디오 기타리스트로 일하면 되고, 스튜디오 기타리스트를 뽑지 않으면 밴드에서 연주하면 되니까." 전 단지 음악 사업에 종사해서 돈을 벌고 싶었어요.

메리 윌슨 Mary Wilson, 슈프림스의 보컬, 창립 멤버

모타운엔 많은 사람들이 소속돼 있었어요. 마빈 게이(Marvin Gaye)가 막 들어온 상태였지요. 활기로 가득 찬 분위기였어요. 우리는 방과 후에 매일 히치하이크를 해서 모타운 주위를 서성거렸는데, 얼마 지나지 않아 건물 안으로 들어갈 수 있었어요. "안녕, 스모키!" "안녕, 메리!" 우리는 모든 사람들을 알게 됐어요. 모타운은 접수원을 두고 있는 큰 집이었어요. 우린 그냥 거기에 앉아 시간을 보냈죠. 그러던 어느

이제 한 시대의 상징적 이미지가 되어버린 수지 로톨로와 함께 찍은 밥 딜런의 『프리휠링 밥 딜런』 앨범 커버는
존스마을 모퉁이와 그리니치빌리지 웨스트 4번가에서 촬영되었다. 이 앨범은 미국 차트에서는 22위에 올랐지
만 영국 차트에서는 1위를 차지했다.

날 누군가 "우리 팀 백그라운드 보컬이 없어" 하는 거예요. 당장 나섰죠. "우리가 할게요!" 그게 모타운에 들어가게 된 계기였어요.

베리 고디가 말했어요. "팀 이름을 바꿔야겠는데?" 그는 프라이메츠라는 이름을 싫어했어요. 우린 그 이름을 좋아했지만, 그러고 싶으면 그러라고 했죠. 모두에게 의견을 물어봤어요. 사실 우린 이름을 바꾸고 싶지 않았거든요. 우린 우리가 누구인지 아무도 모를 거라고 생각했는데, 역시나 우리가 누군지 아무도 모르더라고요. 그리고 얼마 되지 않아서 계약서와 새 이름을 받게 됐죠. 이름이 작은 종이에 휘갈겨 있었는데, 그게 바로 '슈프림스(the Supremes)'였죠. 저와 다이애나는 그 이름이 맘에 들지 않았지만, 새로운 이름이 아니면 그들은 우리와 계약하지 않았을 거예요. 그땐 이유를 몰랐죠. 한참 지나서야 그 이름이 모타운에 속해 있다는 걸 알았어요. 우리는 계약서의 세부 내용을 자세히 읽지 않았는데, 맨 아래에 '그룹명은 모타운 레코드사의 소유'라는 문장이 쓰여 있었어요. 몇 년이 지날 때까지도 몰랐죠. 그건 낙인이었어요. 그게 누구 것이냐고요? 여보세요, 그건 우리 이름이라고요!

헨리 딜츠 Henry Diltz, 미국 출신 음악가, 사진작가

하와이에 도착하고 나서, 뉴욕에서 알게 된 사람을 찾으려고 했어요. 그 사람 이름은 사이러스(Cyrus)였는데, 그를 찾으려고 주변에 물어봤죠. "네, 드라마 수업을 듣는 사람인데, 여기 이 비트족 커피숍을 차린 사람이에요." 제 베스파에 밴조를 얹고 알려 준 곳으로 운전해 갔죠. 그러자 그들이 말했어요. "어, 밴조다!"

사이러스는 제 인생에서 가장 친한 친구가 되었죠. 그는 기타를 든

채 큰 사다리에 올라갔고, 저는 바닥에 앉아서 노래를 불렀어요. 우린 길바닥에 무대를 설치했죠. 그러고는 매일 밤 그곳에서 노래를 불렀어요. 정말 좋았죠. 모두 맨발에 반바지와 티셔츠 차림이었고, 특히 여자애들이 많았어요. 몇백 명쯤 되었던 거 같아요. 정말 멋진 여대생들이었죠.

거기서 처음 마리화나를 피웠어요. 많은 포크 가수들이 등장하고 있었죠. 킹스턴 트리오(Kingston Trio)가 포크 음악에서 인기를 얻었어요. 그리고 에벌리 브라더스도요. 마침내 한 녀석이 말했죠. "같이 노래 배워서 트리오를 결성합시다." 우린 '렉싱턴 쓰리(Lexington Three)'라고 이름 붙였는데, 사이러스가 합류하면 '렉싱턴 포'로 활동했어요. 우린 일주일에 고작 몇 달러를 벌었죠. 하지만 매일 밤 공연을 했어요. 매일 밤 공연할 장소가 있으면 실력이 점점 더 늘게 되죠. 우리는 정말 더럽게 좋은 곡들을 몇 곡 만들었고, 결국 우리의 운을 시험하기 위해 캘리포니아로 갔어요. 어느 매춘부 아파트 바닥에서 잤던 처음 며칠 밤이 기억나네요. 1962년 말이었어요. 1962년 12월이요. 그 후 우리는 할리우드 캐피틀 레코드 근처에 있는 작은 아파트를 구했죠.

알 쿠퍼 Al Kooper, 미국 출신 음악가, 프로듀서

돈을 벌기 위해 뉴욕에서 정말 열심히 일했어요. 부모님께 지원을 받고 있었거든요. 전 부모님의 지원에서 벗어나 음악으로 돈을 벌 수 있는 방법을 찾아내려 애썼죠. 그와 동시에 레코딩 세션으로 기타를 연주했어요. 하지만 별일은 일어나지 않았어요. 아무도 듣지 않는, 잘 알려지지 않은 음반이었다는 뜻이에요.

첫 번째 스튜디오 공연은 신나는 일이었어요. 그렇게 많은 일을 했다니 참 이상한 일이죠. 브로드웨이 1615번지에 있는 녹음 스튜디오에서 잡다한 일을 돕고 있었는데, 엔지니어들에게 가르침을 받아 세션 엔지니어링 일을 하게 됐어요.

제가 처음으로 맡은 엔지니어링 작업은 디온 워윅(Dionne Warwick)의 라디오 세션이었어요. 저는 엔지니어링을 했고, 그때 나이 열아홉이었는데 라디오만 맡았어요. 그냥 그걸 했어요. 그 후 디스크 커버용 투명 필름 자르는 일도 했죠. 스튜디오에서 작업을 하는 사람들은 레코드판에 커버를 씌워서 누구의 것인지 표시를 했어요. 그래서 그 일을 전담으로 하는 사람이 필요했는데, 엔지니어들이 저한테 가르쳐 준 거죠.

1960년부터 1964년까지 있었던 일은 흐릿한데, 정말 열심히 일했고, 너무 색다른 일들을 많이 했기 때문이에요. 그때가 1963년이었던 것 같은데, 마피아가 운영하고 있던 나이트클럽을 알게 됐죠. 그 나이트클럽은 8번과 9번 대로 사이 47번가에 있었는데, 스윗 채리엇(Sweet Chariot)은 그곳에서 가스펠 음악만 불렀어요. 전 정말 가스펠 음악을 좋아하거든요. 그래서 밤마다 제 은신처가 된 거예요. 참 기이한 곳이죠. 그곳은 제 생애에 가장 특이했던 곳 중 하나입니다.

메리 윌슨 Mary Wilson, 슈프림스의 보컬, 창립 멤버

영국 주택 구조는 어떤지 잘 모르겠어요. 미국에는 보통 지하실이 있거든요. 모타운 건물에 있는 지하실 공간은 결국 녹음 스튜디오가 됐어요. 안내실 쪽에서 복도를 따라 쭉 안으로 들어가면 작은 방이 몇 개

나오는데, 아마도 침실이었을 거예요. 그리고 사무실이 있고, 재무 부서도 있었어요. 그리고 베리 고든은 여동생이 두 명 있었는데, 모두 중책을 맡고 있었죠. 가족 경영이었어요. 독특한 점은 어머니, 아버지가 회사에서 일하고 있다는 거였어요. 아버지가 뭔가 고치고 있는 광경을 항상 볼 수 있었죠. 그분은 위엄 있는 노인이었어요.

모타운은 공장은 아니었지만 모든 게 집 안에 다 있었어요. 심지어 점심을 차려 주는 사람도 있었고, 가수, 음악가, 노동자 등 모두가 거기서 밥을 먹었어요. 진짜 가족 경영이었죠. 그 후 그들은 그 지역 주변의 다른 집들을 매입하기 시작했고, 우리는 도로 아래쪽 또는 건너편에 있는 다른 건물을 갖게 됐어요.

우리가 근처를 서성거렸다고 뭐라 하지 마세요. 당신도 할 수만 있다면 거기 살고 싶을 거예요. 정말 흥미진진한 많은 사람들이 찾아왔기 때문에 거기 있고 싶을 거예요. 남자애들은 진짜 잘생겼고, 개들이나 우리나 십 대였으니까요. 당신이 그때 당시 그곳에 있었다면 분명히 성장할 기회를 얻었을 거예요.

모타운은 예술가 개발에 상당히 진보적이었죠. 그래서 우린 그곳으로 간 거고, 두 곡 정도 녹음했어요. 그리고 안무를 연습했고, 그 후엔 포웰 여사(Maxine Powell)가 이 무대 장악력과 무대 위에서의 움직임을 유도했어요. 아마도 그곳이 전 세계를 통틀어 안무를 연습할 수 있는 유일한 장소였을 거예요. 문을 열고 들어가면, 우리를 발전시키고 성장시켜 줄 재능 있는 사람들 모두가 거기에 있었던 거죠.

밥 그루언 Bob Gruen, 미국 출신 로큰롤 사진작가

라디오에서 나오는 음악에 빠져 있었어요. 앨범도 몇 장 가지고 있었죠. 로큰롤이 시작된 1950년대 후반부터 그 음악에 빠질 준비가 되어 있었는데, 사람들은 그 음악을 '비행(非行) 음악', '사탄의 음악'이라고 불렀어요. 저는 범죄자같이 느껴지지 않았죠. 그 음악들이 좋은 십 대 소년이었거든요. 그리고 그 음악은 제 감수성의 원천이 되었죠.

닐 세다카 Neil Sedaka, 미국 출신 가수 겸 작곡가

영국 사람들은 이상하리만큼 로이 오비슨, 버디 홀리, 그리고 비록 미국에서 끝이 났지만 진 피트니(Gene Pitney), 리틀 리처드 같은 토종 미국인 로큰롤 연주자들을 존경했는데, 저도 그중 하나였어요.

몇 년 후, 1972년 내지는 1973년쯤 우리는 런던의 새빌 로우에서 쇼핑을 했는데, 그곳에서 믹 재거(Mick Jagger)를 만났어요. 그는 자신이 처음으로 산 음반이 제 것이라고 말했죠. 정말 기분이 좋았어요. 그가 꼬마였을 때 앨범을 샀던 것 같아요.

메리 윌슨 Mary Wilson, 슈프림스의 보컬, 창립 멤버

슈프림스는 항상 화려했어요. 우리는 명가수였죠. 울워스에서 플라스틱으로 된 진주를 사곤 했어요. 항상 우아해 보였죠. 부모님들은 품격 있는 분들이었어요. 다이애나의 어머니는 아름답고 빛나는 분이었고, 우리 엄마는 키가 크고 잘생긴 여성이었어요. 우리는 무대 위에서 존재감이 있었죠. 늘 반항적이었던 태도 역시 많이 개선되었고요.

포웰 여사가 우리 안무 선생님이었는데, 그분은 몸을 쓰는 방법, 포

즈, 절제, 그러한 종류의 모든 것들을 가르쳤어요. 그녀는 정말 훌륭한 선생님이었죠. 그녀에게 배우는 학생들은 항상 그녀의 말을 따르려고 노력했어요. 물론 우리 역시 타고난 재능이 있었으니까요. 그녀는 아마 삼십 대에 모델 학교를 운영했었던 걸로 기억해요. 우리는 그녀를 우러러봤죠. 남자애들도 그랬어요. 그녀가 우리에게 가르쳐 준 건 전부 우리 스스로를 처신하는 방법과 태도였어요. 모타운 소속 아티스트들이 무대 위로 올라갈 때는 모두가 모타운 소속이라는 걸 알아봤죠. 심지어 심보가 못된 녀석들도 그녀에게 자세를 배웠어요.

포웰 여사는 모타운에서 말했어요. "언젠가 여러분들은 왕과 왕비 앞에서 노래하게 될 겁니다. 여러분은 거친 상태의 다이아몬드예요. 그리고 우린 그저 다이아몬드에 광을 내고 있는 것뿐이죠."

닐 세다카 Neil Sedaka, 미국 출신 가수 겸 작곡가

제가 로스앤젤레스 지역 라디오를 청취하고 있었는데, 쇼맨(the Showmen)이라는 무명 그룹의 노래가 나왔어요. 이 곡은 그 지역에서 히트를 쳤죠. 그 앨범에는 제가 「무너진 사랑(Breaking up Is hard to do)」을 쓰는 데 영감을 준 무언가가 있었어요. 가령 선율이라든가 연출과 가사가 그랬어요. 하워드 그린필드는 그 곡에 확신을 갖지 않았는데 제가 고집을 부렸고, 결국 그가 가사를 써 줬어요. 꾸며 낸 이야기였죠. 대부분 노랫말들이 다 지어낸 건데, 전 그게 보편적인 건지 몰랐어요.

이 곡을 쓰고 수정하는 데 몇 주가 걸렸죠. 전 '두비-두 단단'이라는 노랫말 하나를 생각해 냈는데, 노래 전체에 이 선율을 기본으로 깔고, 기타로 반주하며 노래를 불렀죠. 저는 그런 식으로 녹음을 했어요. 이

때가 1962년이에요. 이 곡은 한 번 인기가 식었다가 훗날 느린 발라드 곡으로 재편곡되어 다시 히트를 쳤어요. 명곡은 세월이 흘러도 명곡이라는 걸 보여준 거죠.

'두비-두, 트랄랄라의 제왕.' 이게 제 트레이드마크가 됐어요. 전 트레이드마크답게 계속 '두비-두, 트랄랄라'를 노래에 사용했고, 이 곡들을 '샌드위치 노래'라고 지칭했어요. 처음 인트로인 빵 한 장으로 시작해서 노래라는 고기를 넣고 남은 빵 한 장을 덮어 주는 식으로 곡은 끝나요. 제가 샌드위치 노래라고 이름 짓고 나자, 동료들도 그걸 재미있게 여기더라고요.

메리 윌슨 Mary Wilson, 슈프림스의 보컬, 창립 멤버

우린 모든 지방을 다녔지만, 주로 남부 지역을 다녔어요(「모터타운 리뷰 (Motortown Revue)」는 마사 리브즈(Martha Reeves), 템테이션스, 스모키 로빈슨, 스티비 원더(Stevie Wonder) 등으로 구성된 콘서트 팀이다. 이 팀은 인종차별을 하는 남부 지역 도처에 아프리카계 미국인들이 안전하게 공연할 수 있는 장소인 '취틀린 서킷'에서 공연했다).

허름한 순회공연 버스를 타고 다니면서 비록 여건은 안 좋았지만, 여행은 정말 재미있었어요. 무지하게 신이 났죠. 모두 미친놈들 같았는데, 카드놀이를 하기도 했고, 밤새 화음을 맞추기도 했어요. 버스에 있던 남자들은 음악 선생이었고, 재즈 백그라운드 출신이었죠.

그런데 첫 월급봉투를 받은 기억이 안 나요. 한 번도 월급봉투를 받아 본 적이 없었어요. 무보수로 공연을 했고, 주급조차 받은 적 없었죠. 돈에 관해선 전부 베리 고디가 관리했어요. 우린 그냥 개인 용품

을 살 최소한의 돈만 받았어요. 우린 그저 공연을 하게 되어 마냥 행복 했거든요. 당시엔 감히 한 번도 생각해 본 적은 없었지만, 돌이켜 보면 그들은 정말 우릴 이용해 먹은 거예요. 하지만 우리는 한 번도 물건 값 을 지불해 본 적도 없었어요. 그건 옛날식 견습생 같은 거였죠. 우리는 미성년자였고, 우리 부모님은 글을 읽고 쓸 줄 몰랐어요. 우리에겐 발 언권이 없었죠. 이럴 거면 변호사랑 결혼했어야 했는데 말이죠.

캐롤린 헤스터 Carolyn Hester, 미국 출신 포크 가수

저와 계약한 존 하몬드(John Hammond, 콜롬비아 레코드사의 제작 책임자이자 호평을 받은 음반 제작 감독)는 밥 딜런과 제 음악을 들으러 빌리지에 있는 아파트로 내려왔어요. 부엌에는 커다란 피크닉 테이블이 있었고 하몬 드와 딜런은 나란히 앉았는데, 딜런을 보자마자 맘에 들어 했죠(하몬드 는 딜런이 헤스터의 세 번째 앨범에 참여한 후 콜롬비아 레코드사로 영입했다). 딜런 은 곡을 쓰고 있었어요. 전 그가 제격일 거라는 걸 알았죠.

헨리 딜츠 Henry Diltz, 미국 출신 음악가, 사진작가

1962년 후반, 로스앤젤레스에 도착해서 이틀 밤을 자고, 다음날 카페 트루바도(the Troubadour, 음유시인)에 갔어요. 매주 월요일이면 카페에 서 아마추어의 밤을 마련해 줬죠. 우리는 코드가 화려한 곡을 세 곡이 나 불렀어요. 그때의 충격이 떠오르네요. 무슨 일이 있었냐고요? 네, 있었어요. 그런 스타일의 곡을 들어 본 사람이 아무도 없더라고요.

대부분의 포크 음악은 트루바도에서 공연하는 것을 최종 목표로 삼 고 소규모 클럽에서 연주했지만 우리는 달랐어요. 우리는 한 방에 그

곳에서 연주를 해 버렸죠. 그리고 우리는 그날 바로 에이전트를 구했어요. 국제적인 탤런트 에이전트인 베니 샤피로(Benny Shapiro) 말이에요. 그리고 일주일도 안 되어서 워너 브라더스 레코드사와 계약했죠.

포크 음악은 당시 엄청나게 성공했어요. 그때가 1963년 초반이에요. 회사는 코니 스티븐스(Connie Stevens)와 트로이 도나휴(Troy Donahue)가 나온 영화『팜 스프링스의 주말(Palm Springs Weekend)』에 우리가 참여하길 원했어요. 우리는 감독을 만나러 워너 브라더스로 갔는데 그만 지각을 했죠. "음, 어쩌죠, 늦었네요. 이미 점심 식사하러 나갔어요."

그래서 식당으로 내려갔더니 감독이 다른 책임자들과 함께 있었죠. 우리는 그가 있는 식탁으로 곧장 향했어요. "어이, 우리 미팅하러 왔으니까 거기 음식이랑 짐 챙겨." 제정신이었어요. 그때 우린 아직 마리화나를 피우기도 전이었으니까요.

우리가 트루바도에서 공연할 때는 모두들 숨을 죽이며 연주를 들었죠. 많은 매니저들이 우리에게 관심을 가졌어요. 밥 딜런의 매니저도 그랬죠. 그는 우리를 만나기 위해 동부 연안에서 날아왔는데, 우리는 허비 코헨(Herbie Cohen, 훗날 프랭크 자파(Frank Zappa), 린다 론스태드(Linda Ronstadt), 톰 와츠(Tom Watts)를 키웠다)과 있었죠. 그때가 1963년이었어요. 우리는 리틀 리처드와 공연했고, 결과는 대성공이었죠. 우리는 나오는 음악을 죄다 들었어요. 워너 브라더스에서 두 장의 앨범을 냈는데, 필 스펙터(Phil Spector)와 싱글 앨범 한 장을 냈고 주크박스에는 두 곡이 들어갔어요. 하나는 「정말 멋진 해(Very Good Year)」였죠. 시나트라보다 전에 나온 곡이에요. 다른 곡은 「자유로 가는 길(Road to Freedom)」이었죠. 우리는 현실 세계에서 일어나는 일, 시민권을 위한 가두 행진과 같은 일엔 다소 무지했는데, 베트남 전쟁이 일어나기 전까지 이 상태는 오래 지속됐어요.

캐롤린 헤스터 Carolyn Hester, 미국 출신 포크 가수

당시에는 유명한 예술가라고 할지라도, 흑인이면 호텔 방을 구할 수 없었어요. 제 진짜 속마음은 시민권이 체계를 가져야 한다고 생각하고 있었던 것 같아요. 저는 급진주의자가 아니었기 때문에 그런 생각을 했다는 것에 너무 놀랐어요. 제가 사람들에게 영향을 끼칠 거라고, 또 그 거대 시위 행렬(워싱턴 평화 행진)에 가담할 거라고는 생각지 못했거든요. 그리니치빌리지와 뉴욕에 감사해요.

우리는 미국에서 우리 세대를 향해 우리가 생각했던 것과 우리가 본 빛을 전해 줬어요. 그때 받은 도덕적 유린은 상당히 압도적이었어요. 가끔 너무 흥분한 탓에 밤에 잠을 잘 수 없었죠. 한편 정치적인 사안이었기에 무섭기도 했어요. 영국에서는 이미 그들을 향해 폭탄을 던졌거든요. 영국 시민들은 이미 모두 정치적으로 가담한 상태였어요.

닐 세다카 Neil Sedaka, 미국 출신 가수 겸 작곡가

연주자가 되면서 저는 어떤 식으로든 편견을 갖지 않았어요. 가장 좋아했던 가수는 엘라 피츠제럴드와 사라 본(Sarah Vaughn)이에요. 전 북부 지방에 살아서, 다른 곳에서는 편견이 얼마나 심한지 몰랐어요.

게이 탤리스 Gay Talese, 미국 출신 저널리스트 겸 작가

사람들에게 베트남 참전에 관한 기억은 많이 남아 있지 않아요. 폭격의 시간이었죠. 우주 탐험의 시기이기도 했어요. 러시아와 미국의 경쟁이 엄청났죠. 저는 우주선 발사를 유심히 지켜보고 있었어요. 소련과 경쟁했는데, 소련이 제일 처음으로 개를, 그다음으로 사람을 우주로 보냈어요. 소련의 승리였죠. 두 나라 모두 폭탄을 가지고 있었고, 방사선 낙진 대피소를 만들어야 한다고 생각하고 있었어요. 원자 폭탄에 대한 불안감이 넘쳐 났어요. 그리고 그건 전 연령대의 사람들에게 영향을 미쳤죠.

프랭크 로우 경 Sir Frank Lowe, 광고 대행사 개척자, 로우 하워드 스핑크 회장

전 빌리지에서 시간을 보내면서 아주 예쁜 여자애를 만났죠. 스튜어디스였어요. 영국 사람이었고 유쾌한 성격이었죠. 우린 계속 연락하고 지냈어요. 어느 날 저녁, 그녀가 저를 찾아왔고, 우린 빌리지 뱅가드로 갔어요. 그날 밤, 레니 브루스(Lenny Bruce, 약물중독으로 사망한 스탠드업 코미디언)가 그곳에 있었죠. 전 그가 누군지 몰랐어요. 살면서 가장 당황스러웠던 밤이었어요. 레니 브루스는 난생처음 들어 보는 말을 하면서 모르는 단어를 사용했거든요.

그런 밤을 보내고도 우리의 우정은 지속됐어요. 그녀는 정말 당황했어요. 영국 서리에서 온 멋진 여자였죠. 그 후 전 끔찍한 충격을 받았어요. 국가로부터 편지 한 통을 받았거든요. 내용인즉슨 뉴욕에 있는 징병 사무소로 제 건강 검진 기록을 보내라는 거였는데, 제가 미국 군대의 징병 대상이라는 걸 의미했어요.

전 아주 건강했어요. 군인이 되기에 적합한 젊은이였죠. 그래서 그들은 A1등급으로 판정됐다는 내용의 편지를 제게 보냈어요. 곧바로

"처음 비틀스 음악을 들었을 때, 정말 충격적이었어요. 새로운 음악과 새로운 사람들을 알게 됐어요. 전 저널리즘의 경계를 부수고 있었고요. 저널리즘이 예술의 한 형태가 될 수 있다고 늘 생각했어요. 문학과 법이 변했듯이 말이에요." — 게이 탤리스 친구 조크 엘리엇에게 달려가서 물었죠. "나 어떡해?"

그가 답했어요. "가야지. 국가에서 너한테 서류를 보낸 거면 넌 발탁 됐다는 뜻이고, 후에 서류를 보내지 않으면 탈영한 걸로 간주돼. 내일 이나 모레쯤 떠나야 할 거야. 어서 가라고!" 소속사는 절 마흔여덟 시 간 만에 런던 나이트브리지에 있는 사무실로 돌려보냈어요.

로버트 크리스트가우 Robert Christgau, 미국 출신 록 음악 평론가

미국 사람들은 반항적인 의식을 가지고 있긴 했지만 그보다는 누릴 수 있는 걸 누리고 즐기기를 바랐어요. 그 어떤 정치적인 요인들보다 도 더 중요한 일이었어요. 대다수가 그랬죠.

밥 그루언 Bob Gruen, 미국 출신 로큰롤 사진작가

전 케네디 대통령과 함께 집회에 참여했었죠. 그와 정말 가까이 있었 어요. 그가 제 쪽으로 오는 장면을 찍은 사진도 있어요. 그가 다가왔을 때, 실수로 제 발을 밟았는데, 곧바로 멈추더니 미안하다고 말했죠. 매 우 인간적이고 정중한 말투였어요. 마틴 루터 킹이 연설했던 집회도 봤죠. 전 케네디 대통령의 말과 생각을 믿었어요. 그는 세상은 새로워 질 것이며, 더 나아질 것이고, 사람들은 서로 잘 어울리며, 문제는 해 결될 거라고 말했죠.

게이 탤리스 Gay Talese, 미국 출신 저널리스트 겸 작가

문학과 법이 변했어요. 이전에는《채털리 부인의 연인(Lady Chatterley's Lover)》과《북회귀선(Tropic of Cancer)》과 같은 책들이 외설물이나 포르노물로 간주되어서 몰래 출판됐는데, 공개적으로 출판되기 시작했어요.

린다 가이저 Linda Geiser, 스위스 태생 영화배우

제가 뉴욕에 왔을 때 스물여섯이었어요. 1962년 10월에 왔죠. 영화제작진 앞에서 가슴을 노출해야 한다는 것에 신경 쓰지는 않았는데, 제작진들은 정말 존중을 표했어요. 영화에서 사상 처음으로 여자 가슴을 드러내는 장면이었기 때문에, 논란의 여지가 많았죠.

『전당포(The Pawnbroker)』는 제 가슴이 아니라 홀로코스트 생존자에 관한 영화였어요. 중요한 영화였기 때문에 사람들이 일부 장면을, 특히 제 장면을 잘라 내길 원했죠. 하지만 시드니 루멧 감독은 상당히 완강한 사람이었고, 장면을 자르도록 내버려 두지 않았어요.

생각해 보세요. 전 스위스에서 태어났어요. 십 년을 영화배우로 살았고, 알몸 노출은 부끄럽게 여길 게 아니었죠. 전 시드니 루멧 감독에게 저를 소개해 준 좋은 에이전트를 알고 있었어요. 제 소유로 된 아파트를 구했고요, 웨스트 빌리지에 있는 피냐타 파티라는 작은 가게에서 일자리도 구했죠. 멕시코 물품을 수입해 장사를 하고 페루에서 골동품을 밀수해 왔어요. 그리고 사장이 페루에서 가져 온 옷감으로 옷을 만들어 입었어요.

우리는 모든 것을 창조했는데, 정말 멋졌어요. 당신도 당신 인생을 창조할 수 있답니다.

Part Two

들어 봐

비밀을 알고 싶니?

말하지 않을 거지?

우아, 아~아

더 가까이

네 귀에 속삭여 줄게

네가 듣고 싶은 말을 해 줄게

― 비틀스

오토 아돌프 아이히만(Otto Adolf Eichmann, 제2차 세계대전 홀로코스트 전범)이 전쟁 범죄란 죄목으로 이스라엘에서 교수형에 처해졌다.

세계는 쿠바 미사일 위기를 넘겼고, 영화 제임스 본드 시리즈 제1탄 『007 살인 번호(Dr. No)』가 개봉되었다.

시민권 시위는 점점 확산되고 목소리를 높여 갔다.

1963년을 맞이했을 때, 영국은 살아 있는 사람들이 기억하는 최악의 겨울을 보내고 있었다. 섹스 스캔들로 인해 정치적 온도는 후끈 달아오르고 있었지만, 아가일 공작부인의 이혼이 법정에서 인정되었고, 알몸 상태의 공작부인과 오럴 섹스를 하고 있는 사진 속의 '머리 없는 사내'가 더글러스 페어뱅스 주니어(Douglas Fairbanks Jr.)라는 소문이 돌았다.

언론은 콜걸과 정치인, 귀족 들이 연루된 스캔들을 다루느라 연일 뜨거웠다. 훗날 이 귀족 계급에서 일어난 스캔들은 '프러퓨모 사건'이라고 불렸다.

음악 분야에서는 매니저인 브라이언 엡스타인(Brian Epstein)이 비틀스를 띄우기 위해 부지런히 움직이고 있었다. 비틀스의 첫 번째 싱글 「나를 사랑해 주세요(Love Me Do)」가 영국 음악 차트 17위에 올랐다. 이들은 히트한 싱글과 이름이 같은 첫 앨범 『플리즈 플리즈 미』를 녹음하는 동안, 첫 번째 국영 텔레비전 공연을 앞두고 있었다.

뮤지션 밥 딜런은 호텔 로비에서 반복적으로 마약을 흡입한 덕에 BBC로부터 회사에서 마련해 준 방을 비우라는 통보를 받았다. BBC는 딜런에게 연극에서 노래하라며 런던으로 보냈는데, 바로 그날 밤이 비틀스가 자신들의 데뷔 첫 텔레비전 공연을 한 날과 같은 날이었다.

비틀스를 맡은 홍보 담당자는 얼마 지나지 않아 롤링 스톤스라는 R&B 밴드를 발굴했는데, 이들은 교외의 술집이나 클럽 무대를 다른 이들과 공유하고 있었고, 그중에는 에릭 클랩튼이라는 어리지만 유독 눈에 띄는 기타리스트도 있었다.

밥 딜런과 비틀스는 텔레비전에 모습을 드러내자마자 둘 다 영국 음악 차트 1위를 차지했다. 2월, 「플리즈 플리즈 미」가 히트하면서 그 앨범이 3월 인기 순위에 올랐다.

콜롬비아에 사는 밥 딜런이 그리니치빌리지의 존스와 웨스트 4번가 모퉁이에서 매서운 추위에 몸을 움츠린 채 여자 친구인 수지 로톨로(Suze Rotolo)와 함께 찍은 사진을 커버로 한 앨범 『프리휠링 밥 딜런(Freewhilin' Bob Dylan)』의 발매를 준비하고 있었다. 훗날 로톨로는 "격식에 얽매이지 않은 남부 사람 특유의 감성과 자연스러움 덕분에 문화의 상징이 되었어요. 당시 대부분의 앨범 커버들은 꼼꼼하게 연출된 배경에다 완벽한 포즈를 취하고 있었거든요. 특히 그 사진은 정말 새로운 스타일이 뭔지 제대로 보여줬죠"라고 말했다.

젊은이들은 그렇게 했다.

활동
Action

리버풀에서 런던까지, 악보를 읽을 줄도 몰랐던 독학 뮤지션들은 그들만의 소리를 창조해 내고 있었다. 그들은 구걸하거나 빌리거나 혹은 자기가 만든 기타를 가지고 가까운 주변에서 관객을 모았고, 빈 지하실과 골방을 찾아내 창의력으로 달궈진 온실로 만들었다. 그들을 따르던 부유한 추종자들은 춤추기 위해, 보여 주기 위해, 그리고 자신들의 정체성을 특징짓기 위해 새로운 옷을 추구했다. 그리고 미술가, 작가, 미디어 종사자들은 마치 새로운 종(種)을 발견해 낸 듯한 반응을 보였다.

실라 블랙 Cilla Black, 가수 겸 TV 쇼 진행자

브라이언 엡스타인은 아주 조용하고 수줍음이 많은 남자였어요. 완벽한 신사였죠. 옷차림은 언제나 단정했고, 그리고 그때는 돈도 많았죠. 부유한 가정에서 태어났거든요. 리버풀의 화이트채플에서 음반 가게를 했는데, 모든 사람들이 비트 브라더스(Beat Brothers)의 앨범인 "나의 보니는 바다 위에 누워 있네(My Bonny Lies Over the Ocean, 1961)"만 찾더래요. 비트 브라더스는 그 당시 비틀스가 사용했던 이름이에요.

하지만 실제로 비트 브라더스는 다른 남자 뒤에서 반주만 해 주던 밴드였어요. 아마 스코틀랜드 민요 「나의 보니(My Bonny)」를 로큰롤 버전으로 불렀던 토니 셰리던(Tory Sheridan)인 것 같은데 확실하진 않아요. 음악 역사서를 찾아서 확인해 보세요. 아무튼 브라이언이 이렇게 말했어요. "누가 비트 보이즈지? 아무튼 걔들을 만나러 가야겠어." 그들은 클럽 캐번에서 점심시간에 연주를 하고 있었죠.

에릭 스튜어트 Eric Stewart, 기타리스트, 작곡가이자 연주자, 10cc 리더

제가 처음 활동했던 밴드, 스태거리스(the Staggerlees)는 이름을 엠퍼러스 오브 리듬(the Emperors of Rhythm)으로 바꿨어요. 우린 북부 댄스 오케스트라와 합동 공연이 예정되어 있는 노동자 클럽 공연의 오디션을 보기 위해, 맨체스터에 있는 어느 교회를 개조해 만든 BBC 롱사이트 지부로 갔어요. 오디션에 참가한 팀은 바로 그 밴드, 비틀스와 우리였어요. 우리는 연습한 노래를 전부 연주했죠. 아마도 섀도즈(1960년대 영국에서 가장 성공한 기악 밴드)의 곡과 그런대로 괜찮은 팝, 미국 밴드의 카피곡을 연주했던 것 같아요. 멤버들은 전부 방송국에서 원하는 대

로 정장을 입었죠.

이어서 비틀스가 나왔어요. 첫인상은 참 꾀죄죄한 녀석들이라고 생각했는데, 세상에! 녀석들이 제 혼을 완전히 빼놓았지 뭡니까. 녀석들은 벨벳 칼라에 장신구를 세트로 맞춘 함부르크 시절의 복장을 하고 있었어요. 브라이언 엡스타인은 그렇게 입지 않았지만요. 그리고 청바지 차림이었죠. 폴은 가죽이 조금 섞인 조끼를 입고「틸 데어 워즈 유(Till There Was You)」를 노래했어요. 원래 이 곡은 쇼 튠(show tune, 뮤지컬 악보의 일부분으로 쓰인 대중적 노래)이었죠. 존은「멤피스, 테네시(Memphis, Tennessee)」도 불렀어요. 또 다른 한 곡도 불렀는데, 아마 자작곡이었던 것 같아요. 왜냐하면 한 번도 들어 본 적이 없는 곡이었거든요.

비틀스는 오디션에서 떨어졌어요. 우리가 붙었죠. 우린 넷이서 15파운드 정도 벌었어요. 아니, 다섯이군요. 하지만 상관없었어요. 누군가가 경비를 대 주고 우리는 파티만 하면 되는 식의 아주 멋진 일이었거든요.

실라 블랙 Cilla Black, 가수 겸 TV 쇼 진행자

리버풀과 그 인근에서 비틀스는 좀 특별한 밴드이긴 했죠. 전 아침에 일어나면 캐번으로 가서 비틀스와 함께 노래했어요. 이전에는 함부르크에서 공연을 했다는데, 거기서 초짜 밴드로 많은 경험을 쌓아서 돌아왔죠. 하지만 비틀스가 리버풀에서 최고의 밴드는 아니었어요. 전 리버풀에서 훨씬 대단한 밴드였던 로리 스톰 앤드 허리케인즈(Rory Storm & Hurricanes)의 객원 보컬이었어요. 링고(Ringo Starr)가 이 밴드

의 드러머였죠.

리버풀과 맨체스터에는 밴드가 넘쳐 났는데, 그 많은 밴드들의 실력이 죄다 뛰어났어요. 그래서 우리는 우리끼리만 놀았어요. 아주, 약간 거만했던 거죠. 아시다시피 이런 생각이었죠. "여기서 우리가 이 정도인데 누가 런던이 필요하대?"

피터 눈 Peter Noone, 허먼스 허밋의 가수 겸 작곡가

저는 야간에 맨체스터 음악 학교를 다녔어요. 우리 아버지는 밴드 멤버였죠. 1940년대 영국 공군 밴드요. 비지스(Bee Gees)의 아버지였던 휴이 깁(Hughie Gibb)이 그 밴드에 있었어요. 전 버디 홀리와 에벌리 브라더스를 모방하고 다녔죠. 커다란 사각 뿔테 안경을 가지고 있었는데, 버디 홀리 노래를 부를 때 그 안경을 쓰곤 했어요. 안경을 쓰면 버디 홀리처럼 보일 줄 알았던 거죠. 정말 웃기죠. 열다섯 소년이었으니까요. 우린 이미 수많은 밴드에서 활동했어요. 저는 사이클론스(the Cyclones)에 있었는데, 어느 날 밤 하트비츠(the Heartbeats)라는 밴드의 보컬이 공연에 나타나지 않았어요. 그러자 그 팀의 남은 멤버들이 이렇게 말했죠. "피터 눈이 가수야. 그 녀석이 할 수 있어." 그 당시 가수가 되려면 많은 노래의 가사를 알고 있어야 했거든요.

우린 술집, 클럽, 바르미츠바에서 공연했어요. 공연할 수 있는 장소가 많았죠. 늘 활기찬 물결이 넘쳐 났어요. 모두 너무 어려서 술을 마실 순 없었지만 담배를 피우고 차를 마셨어요. 우리는 '셔먼 앤드 더 허밋(Sherman & the Hermits)'이라고 쓰인 명함도 있었어요. 명함 만드는 사람이 철자를 잘못 찍었지 뭐예요. 명함에는 '결혼식, 바르미츠바,

클럽'이라고 적혀 있었어요. 명함엔 제 전화번호도 있었는데, 멤버 중에 전화기를 갖고 있는 게 우리 집뿐이었거든요.

우리 가족이 음악에 관심이 있었기 때문에, 학교를 다닐 때 음악에 관해선 선생님보다 더 많이 알았어요. 오페라도 전부 꿰차고 있었고요. 야간 학교에서 학생들은 모두 연습실을 배정받았죠. 한번은 제가 연습실에 있는데, 애들이 어쿠스틱 기타로 척 베리 노래를 연주하는 거예요. '이게 뭐지?' 하고 생각했어요. 전 피아노를 쳤지만, 기타가 모든 걸 바꿔 버렸죠. 피아노는 따분한 악기였어요. 엄마들이야 자식들이 꼿꼿하게 앉아서 피아노 치는 걸 원하겠지만요.

기타를 들고 있다는 건 여자애들을 꾀는 데 확실한 통행증이었지만, 그것 때문에 기타를 들게 된 건 아니었어요. 저한테는 완전히 헛소리였죠. 기타리스트들이 밴드를 하고 있었기 때문에 섹스하는 횟수가 많다는 건 확신하지만요. 전 저보다 나이가 많은 여자애들을 좋아했어요. 그건 아주 어려운 일이었죠. 스물한 살짜리 여자애가 열여섯 살짜리 남자 친구를 원하지는 않으니까요.

그 여자애가 존 바에즈(Joan Baez) 곡을 연주했던 게 기억나네요. 지루했어요! 도대체 왜 인기가 많은 거죠? 당시에는 모두가 새로운 음악을 소개하고 있었고, 제 음악은 전부 백인 음악이었죠. 아이들에겐 대단한 모험이었어요. 온갖 종류의 영향을 다 받을 수 있었으니까요.

조지 페임 Georgie Fame, 재즈-블루스 뮤지션, 키보드 연주의 거장

1962년에 런던에 있는 플라밍고에서 일하고 있었어요. 매니저가 일주일간 휴가를 보내 주기 전까진 한 번도 쉬어 본 적이 없었죠. 어머니가

계신 랭커셔로 가자, 공장 안에 결성된 지역 밴드에서 함께 연주하곤 했던 친구 녀석이 이렇게 말했어요. "밤에 맥주나 한잔하러 가자. 거기서 공연하는 밴드가 있는데 연주 좀 하더라고."

우리는 댄스홀로 가서 뒤쪽 좌석에 앉았고, 거기 온 젊은 여자애들은 전부 소리를 질러 댔어요. 무대에는 비틀스가 있었죠. 애들은 전부 제정신이 아니었어요. 비틀스는 아직 히트곡을 내기도 전이었고, 계약할 음반사를 찾는 중이었는데 말이죠.

피터 브라운 Peter Brown, 음악 산업 사업가

그 당시 제 가게에 레코드 부스가 있었기 때문에 그들이 음악을 들으러 자주 오곤 했어요. 존, 폴, 조지가 말이에요. 이들은 음반을 살 형편이 아니어서 미국에서 새로 들여 온 음악을 들으러 가게에 왔었죠.

그래요, 그래서 이 녀석들이 우리 가게로 오게 된 거였어요. 우린 녀석들이 저 아래 캐번에서 공연한다는 걸 알게 되었죠. 브라이언이 그곳에서 그들을 보고 와서는 저녁 먹으면서 불쑥 이렇게 말했어요. "내가 저들의 매니저를 맡게 될 것 같아."

실라 블랙 Cilla Black, 가수 겸 TV 쇼 진행자

그들은 멋져 보였고, 다른 밴드들과 달랐어요. 섹시했죠. 십 대들이 원하는 전부였어요. 네 명 중에 자신의 이상형을 고르면 됐으니까요!

피터 브라운 Peter Brown, 음악 산업 사업가

실라는 저를 음반 가게 주인으로 기억하는군요. 그녀 말에 따르면, 자

기도 앨범을 듣고 싶었는데 제가 꺼지라고 했대요. 하지만 전 그 사건이 기억나지 않아요.

브라이언은 비틀스에게서 분명한 가능성을 봤어요. 어쨌든 브라이언이 음반 가게를 운영하고 있었으니까 정말 음악에 일가견이 있었죠. 우린 전문가였어요. 가게에 들어와서 어떤 앨범을 말해도 하루 만에 그걸 구해다 주는, 뭐 그런 것 말이에요. 그 당시엔 있을 수 없는 일이었어요.

우린 모타운에 관해 전부 알고 있었어요. 어떤 애들이 뜨고 있는지, 로큰롤 바닥도 예외는 아니었죠. 브라이언은 진짜로 비틀스한테 독특하고 특별한 뭔가 있다고 생각했어요. 그는 비틀스의 태도도 맘에 들어 했던 것 같아요. 아시다시피 건방지잖아요. 하지만 리버풀에선 통했어요. 녀석들이 쉽게 발끈하는 게 전문이라는 걸 이해하려면 리버풀에 대해 충분히 알고 있어야 하는데, 우린 그 유머를 알고 있었어요.

실라 블랙 Cilla Black, 가수 겸 TV 쇼 진행자

1962년, 브라이언이 처음 비틀스를 봤을 때 존 레논에게 물었어요. "다른 밴드에서 추천할 만한 사람이 있어요?" 그러자 존이 대답했죠. "아, 빌리 J. 크레이머 앤드 더 다코타스(Billy J. Kramer & the Dakotas), 포어모스트(the Foremost), 게리 마스덴(Gerry Marsden), 게리 앤드 더 페이스메이커스(Gerry & the Pacemakers) 말고도 더 있어요." 그러자 브라이언이 물었어요. "여자는 없어요?"

"네, 실라라고 있어요." 브라이언이 절 찾아온 이유죠.

전 링고랑 제일 친했기 때문에 그에게 "브라이언 엡스타인에게 날

추천해 줘서 정말 고마워"라고 인사했어요. 그러자 그가 말했죠. "내가 널 추천한 게 아니야." 그는 "난 신인이라서 그런 말을 할 수 없어"라는 말, 그 이상도 그 이하도 하지 않았죠. 그래서 제가 물었어요. "그럼 누가 추천해 준 거지?" 링고는 존이 추천한 거라고 말해 줬어요.

전 비틀스와 함께 오디션을 보기 위해 브라이언에게 갔어요. 장소는 캐번이 아니었죠. 머지 강 건너편 버켄헤드에 있는 댄스홀에서 오디션을 봤어요.

브라이언은 열여덟 살의 여자애를 좋아하지 않았어요. 전 최악이었거든요. 존의 키에 맞춰 노래했는데, 샘 쿡(Sam Cooke)이 부른 「서머타임(Summer Time)」을 불렀어요. 그런데 제겐 너무 높은 키였죠. 아마 긴장을 많이 한 탓이었던 것 같아요. 전 무대 뒤로 걸어 내려와서 곧바로 배를 타고 집으로 갔어요. 안절부절 답장을 기다리지는 않았어요. 제가 형편없었다는 걸 잘 알고 있었으니까요. 하지만 여전히 저를 믿었어요. 브라이언 엡스타인이 있든 없든, 언젠가는 해낼 거라는 걸 알고 있었죠. 정말 건방지고 자만심이 넘쳤죠. 이것도 1962년의 일이에요. 비틀스가 유일하게 리버풀 출신의 유명한 밴드였어요. 리버풀은 상당히 고립된 지역이거든요. 런던 같지는 않죠.

피터 브라운 Peter Brown, 음악 산업 사업가

브라이언은 우리가 꽤 성공한 음반 가게를 운영하고 있었기 때문에 음반 회사에 중요한 역할을 한다고 생각했어요. 아마 우리가 음반 구매자들 중 가장 큰손이었을 테니 음반 회사와 거래할 때 얼마간의 영향력을 행사할 거라고 생각했나 본데, 실상은 그렇지 않았죠. 그는 런

던행 열차를 타고 EMI, 데카(Decca), 파이(Pye) 담당자를 만나러 갔지만, 매번 성공하지 못하고 돌아왔어요.

조지, 존, 폴은 역에서 그를 기다리곤 했는데, 어쨌든 저는 그가 돌아올 때마다 보통 저녁을 함께 먹었죠. 꽤 우울한 자리였어요. 정말로요. 브라이언의 생각이 전부 다 옳다고 동의하지 않았기 때문에 약간 반발심도 있었죠.

게다가 저는 가게를 두 군데나 운영하느라 정말 열심히 일했어요. 누군가는 음반을 주문해야 했고, 매출, 예산 등 온갖 일을 맡아야 했는데, 브라이언은 비틀스를 다음 공연장에 데려다 주기 위해 늘 자리를 비웠죠. 저녁을 먹으면서 일이 잘되지 않았다는 걸, 음반 계약을 따내지 못했다는 걸 들어야 했어요. 심지어 런던 음반 회사는 음악을 제대로 듣지도 않았죠.

조지 마틴(George Martin)이 비틀스를 프로듀싱하겠다고 계약했던 1962년(마틴은 처음에 비틀스가 가망이 없을 거라 판단했다), 이들이 스튜디오에 간 첫 날, 조지 마틴은 당시 드러머였던 피트 베스트(Pete Best)가 별로라고 말했어요. 그래서 그때 링고가 영입된 거예요.

실라 블랙 Cilla Black, 가수 겸 TV 쇼 진행자
—
우선 폴이 제일 인기가 있었고, 그다음은 조지, 그다음은 존, 그리고 마지막으로 링고 순이었어요. 링고가 귀엽게 변할 줄 누가 생각이나 했겠어요? 제가 보기엔 정말 잘생겼어요. 저번 주에도 만났는데, 세상에 아직도 멋있었어요.

피터·브라운 Peter Brown, 음악 산업 사업가

그 밴드는 정말로 브라이언을 존경했어요. 그는 아는 게 참 많았거든
요. 음악에 관한 지식이 있었죠. 중요 인사들과도 접촉했는데 특히 그
들이 그를 좋아했던 것 같아요. 또 브라이언은 정말 정직한 사람이었
죠. 그들이 모두 인정할 만큼 그는 실세였어요. 하지만 "내 앞에서 얼
쩡거리지 마!"라는 식의 태도는 물론 리버풀에서만 통했죠. 존이 그
팀의 리더라는 건 의문의 여지가 없다고 생각해요. 브라이언은 존에
게 끌렸고, 그가 브라이언의 결정에 영향을 미칠 수 있다는 걸 알았죠.

폴은 다른 방식으로 그만의 기지를 발휘했는데, 존이 손가락으로만
기타를 연주하는 것과 반대로 그는 매력적으로 연주하는 쪽을 택했어
요. 둘 모두에게 도움이 됐죠. 그리고 조지. 제가 항상 느끼는 거지만,
조지는 어렸기 때문에 다른 멤버들만큼 존경받지는 못했던 것 같아
요. 그래서 항상 이런 불평이 있었어요. "나랑 링고는 뭐냐고?"

테리·오닐 Terry O'Neill, 1960년대를 기록한 작품으로 유명한 영국 사진작가

신문사는 보수가 정말 좋았어요. 병원에서 나오는 윈스턴 처칠(Winston
Churchill)과 베를린으로 향하던 존 F. 케네디(John F. Kennedy)의 전혀
새로운 사진들을 찍어 대는 중에 저는 음악과 클럽에 빠져들고 있었
어요. 그 시절에는 정말로 하루하루가 이보다 더 좋을 수 없었죠. 그래
서 구석구석 쏘다녔어요. 사진부 편집자에게 필름을 주고선 다시 다
음 일을 찾으러 외근을 나갔어요. 가끔은 하루에 일고여덟 번 정도 나
가기도 했죠. 필름을 넘겨주면 머릿속에는 온통 다음에 찍을 사진에
대한 생각밖에 없었죠. 다음에 찍은 사진들도 돈을 벌어다 줬어요. 우

리가 출판했던 목록들이 훗날 얼마만큼의 가치를 가지게 될지 꿈도 꾸지 못했기 때문에, 그때 찍은 사진들이 얼마나 많이 사라졌는지는 사실 상상도 못 하겠어요.

새로운 물결을 만들어 내기 시작한 젊은이들의 사진을 찍게 된 건 신문사 편집장의 생각이었어요. 온 동네를 뒤지기 시작했죠. 거리에는 활기가 넘쳤고 음악, 패션, 즐거운 시간을 보내고 있는 도처의 젊은이들에게 변화가 일어나는 것 같았어요. 기성세대를 당황시키면서 말이죠. 이건 뉴스거리였어요. 그리고 전 바로 그 장소에, 그 시간에, 그 마음가짐으로 거기 있었어요. 제가 유일하게 젊은 사진작가였죠. 다른 사진작가들은 모두 기성세대였어요. 그들은 음악이나 패션에 빠져 있는 어린 녀석들의 사진을 찍으라는 주문과 다른 사람들이 그들에게 많은 관심을 갖게끔 만들려는 의견을 비웃었죠. 그들에게 뉴스거리는 항공기 사고, 은행털이범, 지진과 같은 일이었거든요.

어쨌든 전 제 귀에까지 소문이 들어온 젊은 밴드를 찍어야겠다고 생각했어요. 그들이나 런던의 클럽 '씬'에 대해서 이미 잘 알고 있었죠. 그들은 애비 로드에서 싱글 앨범 「플리즈 플리즈 미」를 녹음하기 위해 조지 마틴과 함께 런던으로 왔어요. 1962년 후반이었던 것 같군요. 조지와 함께 스튜디오에서 그들을 찍었어요. 그때쯤 노조가 결성됐는데, 갈색 작업복과 셔츠에 타이를 맨 기술자들은 초과 수당을 받았고, 휴식 시간을 갖게 되었죠. 조합원들이 휴식 시간을 갖는 동안 전 비틀스의 인물 사진을 찍기 위해 마당으로 나왔어요. 존은 밴드에서 굉장히 중요한 인물처럼 보였지만, 사진에는 폴이 더 잘 나왔죠.

이상하게도 신문사 편집장은 몇 주 동안이나 그 사진을 그냥 가지고 있다가, 아무 사건도 없던 어느 날, 1면에 그 사진을 실었어요.

마이크 펨버튼 Mike Pemberton, 나이트클럽 사장, 레저 산업 사업가

1963년, 제 나이 고작 스무 살 때 뉴캐슬 근처 선덜랜드에 이미 나이트클럽을 소유하고 있었어요. '클럽 11'이었죠. 헬렌 샤피로는 그 당시 엄청 인기 있던 젊은 가수로 순회공연을 다녔는데, 2월에는 선덜랜드 엠파이어 극장에서 노래를 불렀어요. 그녀가 공연을 마치고 연주를 해 준 밴드와 함께 클럽에 왔는데, 그 밴드가 바로 비틀스였어요. 그들은 가죽 재킷에 노타이 차림이었죠. 고급 술집이었기 때문에 타이를 매지 않은 남자들은 저지를 당했어요. 그로부터 두 주 뒤, 그들은 싱글 「플리즈 플리즈 미」로 1위를 차지했죠.

키스 리처드 Keith Richards, 기타리스트, 롤링 스톤스의 창립 멤버

당시에 스톤스가 하고자 했던 건 시카고에서 시작된 전자 블루스 음악에 사람들의 관심을 집중시키는 거였어요. 우리는 무슨 일이 벌어질지 짐작도 못 했어요. 하지만 아무도 그런 음악을 하지 않았기 때문에, 우리의 태도는 이랬죠. "여러분, 여러분들은 이 음악에 귀 기울여야 합니다. 그러면 우리 모두의 영웅인 머디 워터스(Muddy Waters)와 하울링 울프(Howlin' Wolf) 같은 진짜 재즈 연주를 듣게 될 겁니다."

빌 와이먼 Bill Wyman, 베이시스트, 롤링 스톤스의 창립 멤버

제가 스톤스에 합류한 후 공연을 몇 번 했는데 합이 잘 맞았어요. 하지만 리허설이나 공연을 하려고 열차와 버스를 갈아타며 런던으로 오는

스튜디오에서. 작사가이자 팝 기획가이면서 뮤지컬 『올리버!』의 작곡가인 라이어넬 바트와 함께 있는 재거, 리처드, 루그 올덤(뒤쪽).

비용이 제가 번 돈보다 더 들었죠. 그래도 뭐, 돈 때문에 음악을 한 건 아니니까요. 항상 음악을 즐겼고, 정말 흥분됐어요.

우리의 앨범을 만들어야겠다고는 꿈도 안 꿔 봤어요. 당신이 레코드를 내는 것만큼이나 너무 먼 얘기였죠. 우린 텔레비전이나 라디오에 출연한다는 것 역시 상상도 못 해 봤고, 미국에 간다는 생각은 그림의 떡이었죠. 음악을 하는 게 좋았으니까 이렇게 됐네요. 그땐 정말 코딱지만큼 벌었어요. 5실링(25펜스)이었죠. 전 하루 종일 일했고, 찰리 워츠도 그랬어요. 믹은 런던 정치경제대학을 다니고 있었고, 다른 두 녀석은 게으름뱅이였어요. 걔들은 항상 굶주려 있었고, 믹은 학비 보조금으로 근근이 먹고살았어요.

에릭 클랩튼 Eric Clapton, 가수 겸 기타리스트, '기타의 신', '블루스의 거장'

키스와 스톤스는 나이나 경력 면에서 바로 위 선배였어요. 스톤스가 신인이었을 때 그들을 보러 다녔는데, 그때 그들은 완전히 발전된 상태는 아니었지만 그들만의 정체성을 만들고 있었죠. 그들이 런던 서부의 에디스 로드에 있는 아파트에 살 때, 그들과 많은 시간을 보내며 함께 공연도 하고 노래도 부르고 그랬죠. 집은 믿을 수 없을 정도로 역겨웠지만요. 침대 시트를 단 한 번도 안 갈았다니까요. 그래도 꽤 문명화된 생활이라고 생각했어요. 정말로요. 노동자 계급 아이들은 삶의 수준을 그렇게 신경 쓰면서 살지는 않거든요.

조지 페임 Georgie Fame, 재즈-블루스 뮤지션, 키보드 연주의 거장

우리는 런던 주변이나 미군 기지 근처의 클럽에서 공연하곤 했어요.

그리고 밤 열한 시가 되면 모든 장비를 밴에 싣고 런던으로 돌아가서 밤샘 공연을 시작했어요. 우리가 도착할 때까진 재즈 밴드가 무대에서 공연을 하고 있었죠. 우린 하룻밤에 3파운드를 받았어요. 일주일에 10회 공연을 했고 주당 30파운드를 받았죠.

우리는 항상 공연했고, 모든 음악을 섭렵하고, 일주일 내내 연습했어요. 그래서 엄청나게 많은 곡을 연주했죠. 그 후 플라밍고로 내려갔고 거기서 두 타임을 연주했어요. 그렇지만 절대 같은 노래를 반복하지는 않았죠.

플라밍고에서 공연을 마치면 한두 시간쯤 미군들과 와인이나 버번을 한잔 마시며 노닥거린 후 오후 세 시까지 잤어요. 저녁 일곱 시까지는 일하러 나갈 필요가 없었거든요.

밴드를 하는 동안에는 모두 함께 생활했어요. 런던 서부에 위치한 얼스코트 호텔에 방을 구했죠. 직장 여성들 몇 명도 그 호텔에 묵었어요. 플라밍고에서 일을 마친 아침 여섯 시에는 택시를 잡기가 무척 힘들기 때문에 우린 종종 걸어서 집에 돌아와야 했어요.

근처에 밤늦게 밥을 먹을 수 있는 식당은 거의 없었죠. 그때 노던 에그인가 뭔가 하는 곳에서 스톤스를 만났어요. 런던 서부에서 유일한 심야 식당이었죠. 공항에라도 가지 않는 한 커피 한 잔 마실 곳이 마땅치 않았어요.

우리 중 네댓 명은 같은 곳에 살고 있었어요. 1인용 침대가 딸린 작은 방들이 몇 개 있고, 위층에는 매춘부들이 사는 연립 주택이었는데, 그곳에서 우린 음악을 들었어요. 모두가 음악에 너무 집착했기 때문에 온종일 음악 얘기만 했죠. 집주인은 우리더러 올림피아 전시회장

맞은편에 있는 러셀 로드로 이사하라라고 했어요. 지독하게 춥고 눅눅한 지하 방으로 말이죠.

플라밍고에서 공연을 마치고 러셀 로드에 있는 집으로 돌아온 어느 날 밤, 집주인이 문을 쾅쾅 두드렸고 우리더러 래드브로크 그로브로 옮기라고 했어요. 거기까지 걸어서 가야 했죠. 우린 짐이 거의 없었어요. 작은 옷 가방 몇 개랑 레코드플레이어 하나뿐이었으니 단출했죠. 짐들은 바로 새 아파트에 던져 넣었죠. 다시 쫓겨나기 전까지 우리가 몇 달 동안 머문 거처였어요.

에릭 클랩튼 Eric Clapton, 가수 겸 기타리스트, '기타의 신', '블루스의 거장'

전 킹스턴 예술대학을 그냥 때려치웠어요. 그때가 열일곱 살이었는데, 가끔 공연을 했죠. 아주 실력 있는 언더그라운드가 형성돼있었어요. 전 그보다 더 언더그라운드였어요. 스톤스, 브라이언 오거(Brain Auger), 조지 페임을 따랐고, 그들의 사고방식을 좋아했죠.

앨런 파커 경 Sir Alan Parker, 광고 카피라이터, 「벅시 말론」, 「페임」, 「에비타」, 「미시시피 버닝」 감독

전 크로스 스트리트에 있는 알 레코드(Al's Records)에서 앨범들을 사곤 했어요. 런던 북부 이즐링턴에 처음 생긴 레코드 가게였죠. 버디 홀리와 에벌리 브라더스의 음반을 샀어요. 토트넘 로열은 댄스홀의 메카로 뽑혔는데, 이즐링턴에서 버스 몇 정거장만 가면 있었죠. 스트랜드 스트리트에도 라이시엄이라고 있는데, 그곳에선 늘 쓸데없는 싸움이 벌어지는 바람에 연주를 할 수 없게 되어서 아주 짜증이 났어요. 끝이 뾰족한 구두를 신은 미친 녀석들이 다른 녀석들을 사정없이 차 댈 때

우린 모두 구석에 웅크리고 앉아 있었죠.

최고로 멋진 헤어스타일은 엔젤에서 잘라 주는 '페리 코모(Perry Como)' 스타일이었어요. 에섹스 로드 쪽으로 더 내려가면 그 헤어스타일을 '대학생 머리'라고 불렀죠. 학교를 다니는 동안에는 매주 토요일에 일했는데, 번 돈으로 주로 옷을 사 입었어요. 캠든 타운에 위치한 졸리스 쿡트 미트 식당에서 일을 했죠. 치킨 꼬치 요리를 담당했어요. 집에 돌아와선 목욕탕에 들어가 때를 박박 벗겼어요. 언젠가 토트넘 로열에서 유난히 예쁜 여자애랑 춤을 추고 있었는데, 그 여자애가 갑자기 이렇게 말했거든요. "야, 너한테 닭 냄새가 덜 빠졌어."

처음 일을 시작했을 때는 달스턴에 있는 양장점에서 양복을 맞췄어요. '모던 보이'가 그날의 패션 콘셉트였죠. 짧은 재킷을 입고 끝이 뾰족한 구두를 신었어요. 매끄럽지 않은 검은색 트위드 옷감을 골라 바지를 만들었죠. 옷감이 너무 거칠어서 무릎이 까지는 바람에 속에 파자마를 입어야 했지만요. 다행히도 그 때문에 더 이상 무릎이 쓸리진 않았어요.

토트넘 로열에는 토요일마다 상주하는 라이브 밴드가 있었는데, 바로 데이브 클락 파이브였죠. 그 밴드는 이상하게도 드러머의 이름으로 그룹명을 지었어요. 리드 보컬은 마이크 스미스였는데 키보드도 연주했어요. 근데 데이브 클락이 매니저 역할까지 하더라고요.

테리 오닐 Terry O'Neill, 1960년대를 기록한 작품으로 유명한 영국 사진작가

런던과 그 주변 일대는 음악이 연주되는 클럽, 댄스홀, 술집으로 시끌벅적했어요. 신생 밴드들은 전부 오십 명 내지는 백 명가량의 아이들

이 모인 술집 지하실이나 골방에서 첫 무대 경험을 치렀어요. 물론 기타를 멘 남자애들은 여자애들에게 많은 관심을 받았죠. 그래서 그 여자애들의 남자 친구들이 화를 내는 바람에 어떤 때는 밴드 멤버들이 뒷문으로 도망쳐야만 했어요.

로드 스튜어트(Rod Stewart), 롱 존 밸드리(Long John Baldry), 레드 제플린(Led Zeppelin)을 결성시킨 지미 페이지(Jimmy Page) 같은 뮤지션들 모두 크루세이더스(the Crusaders)와 연주하면서 이 술집 또는 클럽에서 인턴 기간을 보냈어요. 실력 있는 사람은 영국에 주둔해 있던 미 공군 기지로 가서 연주하기도 했는데, 미 공군 기지에서 연주하는 일은 음악적 학식이 있는 청중들 앞에서 연주하는 것이라서 그들에게 큰 자극이 됐죠. 다수의 젊은 밴드들은 미 공군 이등병들이 기지에 있는 주크박스에서 트는 앨범을 듣곤 했는데, 영국에서는 들어보지 못한 굉장한 음악이었죠. 병사들은 밴드들이 이 노래를 연주해 주길 원했고, 이 때문에 영국에 R&B 가락이 퍼지기 시작했어요. 제 생각엔 미국이 음악, 영화, 자동차, 상공업 등 다방면으로 우리에게 영향을 끼쳤다고 봐요. 우린 이 모든 걸 원했지만, 우리의 방식으로, 우리만의 스타일로 만들고 싶어 했죠.

모든 아이들은 여러 면에서 틀이 깨어지는 것을 목격했어요. 단지 음악만이 아니라 예술 전체에서 그랬어요. 전 재즈 드러머가 되고 싶었지만, 결국 일주일에 두 번 아트 스쿨에서 카메라 다루는 법을 배우기로 했어요. 학교는 일링에 있었는데, 모퉁이만 돌면 스톤스와 에릭 클랩튼, 그 외 위대한 밴드들이 전부 연주하던 클럽이 있었어요. 아트 스쿨에는 적당한 직업을 구하기 전까지 그냥 시간을 때우고 있는 열여섯에서 열여덟 사이의 애들이 널려 있었는데, 왠지 무정부 상태의 분위기 때문에 그들은 스스로 자신의 관심사를 탐구하거나 실험해 볼 수 있었던 것 같아요. 그때였으면 당신도 아트 스쿨에 가서 두 해 동안 기타를 칠 수 있었어요. 아무도 막지 않았죠.

앨런 파커 경 Sir Alan Parker, 광고 카피라이터, 『벅시 말론』, 『페임』, 『에비타』, 『미시시피 버닝』 감독

전 공립 중등학교(대학 진학 준비 교육 과정의 학교)를 다녔어요. 미술과 영어를 잘했지만 우리 모두가 새로운 '과학 기술 시대'를 준비하고 있었기 때문에 결국 순수 응용 수학, 물리를 택했어요. 대학에 가지 않은 걸 후회하진 않지만 흥미로운 모든 것이 쏟아져 나올 것만 같은 예술 학교에는 가고 싶었어요. 제가 알고 지냈던 조금 흥미롭고 재미있었던 녀석들은 대부분 예술학교를 갔죠. 예술학교는 대학을 갈 수 없거나 가지 않지만 지루한 일은 마다하는 아이들을 위한 장소로 1950년대에 만들어졌어요. 그들은 자립할 때까지 예술학교에서 이 년을 보낼 수 있었어요.

앨런 존스 Allen Jones, 조각가이자 팝 아티스트. 호크니, 키타이와 함께 수학한 왕립미술원 회원

영국왕립예술대학 학생들을 위해 특별히 '현대의 젊은이들(the Young Contemporaries)'이라는 미술 전시회가 열렸어요. 일류 대학 세 곳의 학생들이 참여했고, 큰 영향력을 가진 평론가와 학생들이 작품을 선정했죠.

전시회는 영국에서 선보인 팝 아트 예술의 첫 번째 징후였어요. 그리고 예술 교육과는 아무 관계가 없는 뭔가 일어나고 있다는 걸 알아

채고 느끼기 시작했죠('현대의 젊은이들' 전시회에는 존스, 호크니, 키타이, 데릭 보시어, 피터 필립스, 피터 블레이크(Peter Blake)의 작품이 전시됐다).

우린 너무 열광적이어서 늦은 시간까지 작업했어요. 임직원 휴게실에 들어가서 비품 주전자도 사용했죠. 호크니는 늘 직원들의 편지를 훔쳐 읽었어요. 하지만 우린 고착된 예술계에서 모두 도망치고 있었어요. 모두 함께 불려 가서 엄중한 경고를 받았죠. "창작은 마지막 학년에야 가능하다. 1학년 때는 풍경과 정물 데생에 집중해야 한다."

여름 학기가 끝나갈 무렵, 학교에서 이렇게 말했어요. "우리는 본보기를 만들어 우리의 권위를 확고히 다질 것입니다." 그리고 그 본보기가 제게 떨어졌어요. 저는 대학에서 퇴학당했죠.

맨디 라이스 데이비스 Mandy Rice-Davies, 모델 겸 배우, 작가

우리 세대는 여성이 결혼 전에 독립할 수 있는 첫 세대였어요. 쉽게 일자리를 구할 수 있었기 때문에, 무시할 수 없는 힘이 생겼던 거예요. 모두가 직장을 다녔죠.

1963년에 전 열여덟이었어요. 열여섯에 버밍엄에 있는 집을 나왔고, 런던에서 두 해 정도 살았지요. 열차에서 내린 그날 바로 일을 구할 수 있었고, 내키지 않으면 때려치우고 다른 일을 구하면 됐어요. 그리고 주당 2파운드짜리 아파트를 빌릴 수 있었고요.

더 좋은 아파트로 옮기고 싶으면 더 적게 먹으면 돼요. 역사상 처음으로 십 대들에게 힘이 생긴 거죠. 우리 같은 애들이 200만 명이나 됐어요. 돈은 구매력을 의미했죠. 하지만 그뿐이었어요. 아주 좋았던 적은 없었던 것 같아요. 우리 맘대로 행동하고 즐거운 시간을 보내는 것

뿐이었죠.

하지만 옷은 굉장히 중요했어요. 메리 퀀트가 자기 브랜드를 냈죠. 엄마 옷을 물려 입는 것이 아니라, 우리 옷을 처음으로 살 수 있었어요. 청소년들은 어디서든 댄스파티를 열었어요. 전 치약이나 다른 물건을 홍보하는 텔레비전 광고를 찍었죠.

재키 콜린스 Jackie Collins, 영국 소설가이자 배우

열다섯 살부터 엄청난 자유를 누렸어요. 유명 인사들이 드나드는 가정에서 자란다는 건 다른 사람들에게 겁을 먹어 본 적이 없다는 걸 뜻해요. 전 늘 스스로 리드하고 있다고 생각했어요. 어떤 두려움도 느껴 본 적이 없었죠. 그냥 앞으로 돌진했고, 움츠려 본 적이 없어요.

아주 이른 나이에 결혼을 했기 때문에, 1960년대가 올 때까지진 꽤 조용하게 살았어요. 물론 런던에서 무슨 일이 일어나고 있는지는 알 수 있었죠. 사람들은 자신이 원하는 옷을 입을 수 있었고, 원하는 건 뭐든지 할 수 있었고, 원하기만 하면 누구와도 섹스할 수 있었어요.

패티 보이드 Pattie Boyd, 영국 출신 모델 겸 사진작가

모델 활동은 정말로 직업이라고 여겨지지 않았어요. 그냥 하는 일이었죠. 저에게 직업은 사무실에서 책상 앞에 앉아 하는 일이었어요. 하지만 전 제 일이 마음에 들었어요. 재미있는 일이라고 생각했죠.

결혼할 때까지 집세를 내야 했는데 사진작가들은 우리한테 석 달이나 임금을 지불하지 않았어요. 그래서 우린 회사에 돈을 빌려야 했죠. 늘 그들에게 돈을 빚지는 신세가 되어 버린 거예요.

"모두들 새로운 스타일의 옷을 입고 멋져 보이고 싶었기 때문에 날씬해지고 싶어 했어요. 의사들은 우리가 원하기만 하면 단기간에 날씬해지는 약을 처방했고, 포만감을 느끼고 싶으면 비스킷을 살 수 있었어요. 비스킷을 먹었기 때문에 하루 종일 아무것도 안 먹어도 됐어요." — **패티 보이드**

새 옷을 입었을 때 멋져 보여야 했기 때문에 모두 마른 몸매를 원했어요. 하지만 당시엔 거식증과 폭식증은 존재하지 않았던 단어였죠. 우리가 원하면 의사들은 '날씬해지는 약(Speed)'을 처방해 줬어요. 그리고 슈퍼에서 살 수 있는 비스킷이 있었는데 그걸 먹으면 바로 포만감이 느껴졌죠. 그래요, 전 그 비스킷을 조금 먹고 나선 하루 종일 아무것도 먹지 않았어요.

피터 프램튼 Peter Frampton, 더 허드, 험블 파이에서 활동한 영국 출신 음악가이자 작곡가, 가수

조지 언더우드, 데이비드 보위와 예술학교를 같이 다녔어요. 아빠를 싫어하던 애들이 몇 명 있었는데, 우리 아빠도 그 애들을 싫어했기 때문에 저는 그들과 고작 일 년 정도만 학교를 함께 다녔죠. 아빠는 꽤 자상한 선생님이셨는데도 그 녀석들은 저한테 분풀이를 했어요. 그 당시 열세 살이었는데 학업 성적은 걔들보다 더 우수했죠. 저는 중등학교로 전학했지만 보다 창의적인 기술학교의 자유를 그리워했어요.

부모님이 말했어요. "기타 장난이 심각해지고 있구나. 음악대학 진학을 생각해 보자꾸나." 브롬리 남쪽에 사는 여자 선생님에게 가서 클래식 기타를 배우기 시작했어요. 사 년 동안 레슨을 받았죠. 정말 너무너무 싫었는데, 그래도 그 덕분에 악보를 읽게 됐어요.

조지 페임 Georgie Fame, 재즈-블루스 뮤지션, 키보드 연주의 거장

우리는 부업으로 돈을 좀 벌었어요. 금요일마다 주급을 받았는데, 그때 늘 찰리 워츠와 마주쳤죠. 섀프츠베리 애버뉴로 쭉 내려가면 '세실지'라는 가게가 있었는데, 그곳에서 버튼다운 칼라, 아이비리그 재킷

을 살 수 있었어요. 우린 그 옷을 사는 데 돈을 썼죠. 그 외에는 집세, 밥값, 택시비로 썼어요. 택시는 서너 명이 함께 타거나 아니면 걸어서 집에 갔죠. 나중에 우리 앨범이 히트 치고 나서는 필요하지도 않은 장신구들을 사는 데 돈을 펑펑 썼어요. 저한테는 낡은 재킷이 하나 있는데, 마이클 피시(Michael Fish)가 믹 재거를 위해 만든 옷이었거든요. 근데 믹 재거가 그 옷을 거절해서 제가 샀던 건데, 아주 형편없었어요.

힐튼 밸런타인 Hilton Valentine, 애니멀스의 기타리스트

뉴캐슬의 또 다른 밴드인 채스 챈들러(Chas Chandler)와 앨런 프라이스 콤보(Ala, Price Combo)가 와서 와일드캣츠를 보고는 제게 이렇게 말했어요. "진지하게 밴드 하는 거지? 런던으로 갈래?" 제가 답했죠. "티켓이 어디 있는데?"

와일드캣츠와 앨런 프라이스 콤보는 팬 층이 달랐어요. 와일드캣츠는 존 리 후커, 멤피스 슬림(Memphis Slim), 머디 워터스를 연주하고 있었죠. 우린 북동 지역에서 활동하던 컬트 밴드였고, 와일드캣츠는 R&B 음악으로 알려졌어요. 그리고 그들은 우리가 연주하고 있던 클럽과 대조되는 상류층 클럽이었던 '클럽 어고고(Club-A-Go-Go)'에 등장했어요.

우린 1회 공연에 2파운드에서 5파운드를 벌었고, 그들은 주당 15파운드를 벌었죠. 그래서 우린 앨런 프라이스 콤보를 영입해서 '애니멀스(the Animals)'라는 밴드를 결성했어요. 1962년 말의 일이군요.

애니멀스의 보컬 에릭 버든(왼쪽)과 리드 기타리스트 힐튼 밸런타인. "우리가 밴드명을 애니멀스로 언제 바꿨는지는 모르겠어요. 하지만 런던에 처음 갔을 때 바꾼 것 같아요." ― **힐튼 밸런타인**

테리 오닐 Terry O'Neill, 1960년대를 기록한 작품으로 유명한 영국 사진작가

저는 재즈 클럽과 R&B 씬에서 멀리 벗어나지 않았어요. 댄스홀에서는 저를 반기지 않았지만, 데이브 클락 파이브같이 돈을 많이 벌고 싶어 하는 밴드를 위해선 그런 음악을 연주해야 했죠. 토트넘 로열은 런던과 그 일대에 있는 수많은 댄스홀 중 하나로, 부모님 세대가 춤추러 다니던 곳이었어요. 그랬는데 갑자기 토요일 밤이면 홀에 이천 내지 삼천 명의 아이들로 꽉 찬 거죠. 이 댄스홀은 국내에서 일주일에 100만 명의 아이들을 즐겁게 할 수 있는 곳이었어요.

댄스홀로 손님을 끌어 모으기 위해서는 수백 팀의 밴드가 필요했고, 밴드는 보통 15파운드에서 25파운드까지 벌었어요. 세 시간씩 이틀 밤을, 또는 일주일에 세 번을 공연한다고 생각해 보세요. 밴드 입장에서는 정말 좋은 경험인 셈이었죠. 그들은 맘껏 연주할 수 있었고, 더불어 청중과 노는 법도 배울 수 있는 거예요. 게다가 항상 정신을 바짝 차리고 있어야 하고요.

힐튼 밸런타인 Hilton Valentine, 애니멀스의 기타리스트

의사 선생님 말대로 기술자 일을 그만뒀어요. 우리는 돈을 벌었고(앨런 프라이스가 들어오기 전까지는 네다섯 개의 다른 밴드에서 연주했죠), 돈은 모두 현금이었어요. 그때는 공장에서 벌어들인 돈과 밴드 공연으로 버는 돈이 같았어요. 그게 끝이라고 생각하지 않았죠. 저는 젊었으니까요. 공연하는 건 재미있고, 전 그 일을 계속하고 싶었어요. 그리고 나중에 언제든지 적당한 일을 구하면 되니까요.

그땐 약도, 소녀 팬도 없었지만 맥주가 있었죠, 맥주. 맥주 한 상자,

카드 한 벌, 그리고 길에서 잠을 잤어요. 순회공연을 할 때 그랬죠. 그들은 저를 '인간 타임머신'이라고 불렀어요. 전 밴을 타면 공연장에 도착할 때까지 잠만 잤어요. 어디서든 잘 수 있었는데, 무대에 오를 준비가 끝나면 바로 깼어요. 그땐 밴드의 리더는 없었지만 에릭 버든(Eric Burdon)이 주로 앞에 섰어요. 프라이스는 돈을 관리했고요. 그가 세무직원이나 다름없었으니, 일종의 그의 밴드였죠. 앨런 프라이스 콤보 밴드. 하지만 누구도 밴드가 자기 것이라 생각하지 않았어요. 그 누구도 밴드를 쥐고 흔들지 않았거든요.

크리시 모스트 Chrissie Most, 영국 출신 음반 제작자, 음반사 사장

우리는 일 년 넘게 남아프리카를 돌아다녔어요. 미키는 아프리카 음악을 녹음하는 작은 음반사에서 프로듀싱을 배웠죠. 그는 스튜디오에서 음악을 편집했어요. 우리는 정말 잘 해냈죠. 최고 히트 앨범을 열한 개나 만들었고, 나라 구석구석으로 순회공연을 다녔어요. 사람들은 그를 남아프리카의 로큰롤 제왕 자리에 앉혔어요. 우린 로디지아로 가야겠다고 생각했죠. 그리고 거기 도착해서는 기자회견을 요청했죠. 그때 제 나이가 열여덟이었어요.

언론에서도 우리에게 대단한 관심을 보였죠. 우린 회관을 예약했고 불라와요로 가서 공연을 했는데, 그야말로 폭동이 일어났어요. 군대가 소집되었지만 폭동을 막지는 못했어요. 그냥 방관만 했죠.

군인들은 미키에게 정말 많이 질투를 했는데, 모든 여자애들이 그에게 열광했기 때문이었어요. 군인들 몇이서 미키를 구타할 거라는 소문도 돌았죠. 그래서 우리는 분대장을 초대석으로 모셨고, 모든 군인

들을 불러 모아 앞자리에 앉게 했어요. 말 한마디도 신중하게 해야 했죠. 뭔가 잘못되어 갔어요. 거의 모잠비크 절벽 위에 서 있는 기분이었다니까요. 저는 미키가 발라드 곡 말고 빠른 곡을 연주하길 원했어요. 군중이 춤을 추다가 몸이 달아오르면 더 많은 술이 팔렸거든요.

그 후로 부모님은 우리 사이를 더 이상 막을 수 없다고 생각하셨어요. 결혼을 한 후 아파트에서 살게 됐고, 굉장히 성공한 상태여서 미키는 포르셰를 샀죠. 그리고 나서 전 임신을 했어요. 1962년이었고, 런던으로 돌아간 해였죠.

하지만 그때 미키가 큰 실수를 저질렀어요. 미키는 진 빈센트와 술이 떡이 되게 마시면서, 진이 우리에게 남아프리카 고별 투어의 헤드라이너를 맡아 줬으면 좋겠다고 말했어요. 그래서 우리는 섀런 오스본(Sharon Osbourne)의 아버지이자 진을 관리했던 돈 아덴(Don Arden)에게 연락을 했죠. 그때 우리의 전 재산은 영국으로 돌아가기 위해 모은 것이었어요. 하지만 진 빈센트와 공연 팀의 항공료와 숙박료를 대는 데 엄청난 비용이 들었고, 우리가 가지고 있던 돈을 거기에 다 써 버렸죠. 진 빈센트가 함께 공연한다 하더라도 티켓 판매에는 조금의 차이도 없었어요. 남은 티켓 중에 단 한 장도 더 팔리지 않았죠.

런던으로 돌아갔지만, 우리는 파산했죠. 결국 런던 북부의 작은 아파트를 얻게 됐어요. 한 주에 7기니(현재 돈 약 7달러 35센트)를 내야 했는데 온수도 나오지 않았어요. 쓰레기장 같았죠. 돈 아덴이 제게 말했어요. "런던에 도착하면 나한테 전화해. 내가 패키지 순회공연을 맡고 있는데, 미키를 명단에 올려놓을게."

에릭 클랩튼 Eric Clapton, 가수 겸 기타리스트, '기타의 신', '블루스의 거장'

1963년, 우리는 전쟁 직후 인기를 모았던 셜리 바세이나 매트 몬로 같은 가수들에게 열려 있던 '문'을 막 닫은 참이었어요. 그들은 모두 프랭크 시나트라의 모방품이었거든요.

드디어 우리의 시대가 왔을 때, 우린 펑크 음악을 했죠. 펑크는 원동력이라고 생각해요. 펑크로 인해 우리는 갑판을 깨끗하게 만들고, 다시 출항하게 되었죠. 1963년에요. 그렇다고 파괴적인 방법으로 한 건 아니에요. 그냥 중도 성향의 팝 음악을 그만둔 거죠. 우린 그런 음악을 무시했고, 시카고 블루스와 흑인 로큰롤을 향해 갔어요. 그게 유행이었어요. 전 머디 워터스와 척 베리의 음악을 듣고 있었어요. 키스도 저처럼 그랬죠. 우리에겐 몇 안 되는 우상이 있었어요. 그들은 모두 시카고를 기반에 두고 있었죠.

앨런 존스 Allen Jones, 조각가이자 팝 아티스트. 호크니, 키타이와 함께 수학한 왕립미술원 회원

전 좀 특이한 미술관에서 계약서를 받았어요. 그래서 첫 전시회가 열린 후, 일이 빠르게 진행됐죠. 팝 아티스트들처럼 톡톡 튀는, 마치 독립체 같은 화가들이 나타나기 시작했어요. 하지만 금세 부자가 될 수 있는 통로처럼 보이진 않았어요. 부디 주요 미술관 전시를 향한 길이기를, 그래서 언젠가 주빈석에 앉게 되길 바랐죠.

바로 그때 제 식자공이었던 피터 코크란이 미국에서 팝 아트를 가지고 돌아왔어요. 우린 조금 더 좋은 집에, 전에 살던 곳보다 훨씬 더 고가의 집에 안착했어요. 피터 블레이크도 있었고, 데렉 보시어, 피터 필립스, 호크니, 키타이가 이 흑백사진을 돌려 보면서 그곳에 있었죠.

리히텐슈타인의 작품은, 페달 달린 쓰레기통(발로 작동시키는 쓰레기통)의 페달이 올라가 있는 사진과 페달이 내려가 있는 사진이었어요.

엄청난 해방감이었죠. 옳고 그름을 강요해선 안 돼요. 그건 통제할 수 없는 거예요. 완벽하게 처음 맛보는 것이었고, 우리 모두 이것에 빠져들고 있었어요. 제 시야는 확 트였답니다. 분명한 것은 예술가의 유일한 방해물은 자기 자신의 규제라는 거예요.

비달 사순 Vidal Sassoon, 영국의 헤어 디자이너 겸 사업가

사람들은 어디서든 일자리를 구할 수 있었어요. 보수도 좋았죠. 일단 사람들에게 수입이 생기면 얼마만큼의 힘이 생기는데, 힘을 가진 수십만 명의 젊은이들이 엄마가 원하는 식이 아닌 그들 자신이 쓰고 싶은 곳에 돈을 쓰게 된다면, 그들은 상황을 변화시키는 힘을 가지게 되죠.

앤드루 루그 올덤 Andrew Loog Oldham, 롤링 스톤스를 발굴해 낸 선구적인 음악 산업 매니저

그건 비틀스가 아니었고, 롤링 스톤스도 아니었어요. 그건 비달 사순이었고, 메리 퀀트, 데이비드 베일리(David Bailey), 모델들이었어요. 그들이 변화의 시작이었어요.

펠리시티 그린 Felicity Green, 패션 에디터

1961년, 일간지 〈데일리 미러(The Daily Mirror)〉에 합류했어요. 굉장히 영향력이 있고, 중요한 신문이었죠. 주로 노동자 계급 가족을 대상으로 500만 부가 나갔어요. 그 신문에는 패션 지면이 있었는데, 그 지면은 매우 새로웠죠.

그때 저는 우리에게 사진이 필요하다는 걸 직감했어요. 한 장의 사진은 천 마디 말만큼의 가치를 지녔죠. 그래서 1962년에 존 프렌치(John French), 데이비드 베일리, 테리 오닐 같은 사진작가들을 영입했어요. 테리와 비슷한 작가들 이전에는 사진작가들이 축구 선수와 영화배우들을 주로 찍었죠. 제가 했던 일은 전국지에 실을 패션 사진작가를 고용하는 일이었지요. 인쇄물의 질은 획기적이었어요. 독자들은 정말 좋아했죠. 전에는 보지 못했던 질 높은 미적 수준을 지니고 있었어요.

테리 오닐이 그 첫 번째 인물이었고, 우리는 쌍둥이처럼 지냈어요. 심지어 말투마저 닮게 됐죠. 사진작가들은 특정 유형의 사진을 찍었는데, 섹시하지만 허용 가능한 범위였고, 정도가 심하진 않았어요. 그 사진들은 아름다운 아가씨들을 이용해서 성적인 호기심을 불러일으켰죠.

패티 보이드 Pattie Boyd, 영국 출신 모델 겸 사진작가

사람들은 자신들이 사는 주택과 아파트에 페인트를 칠하기 시작했어요. 색의 폭발, 기쁨의 파열이 일렁거렸죠. 색은 감정과 분위기를 대변한다고 생각해요. 모든 것이 회색빛이었는데, 일순간 총천연색 세상으로 다시 태어났어요. 거의 하룻밤 사이에 바뀐 거예요. 모델 일처럼 말이죠.

남자애들은 머리를 기르기 시작했고, 우린 모두 제각각 다른 옷을 입기 시작했어요. 더 자유로운, 진보적인 옷을 입었죠. 갑자기 모든 것이 조금 더 섹시해졌어요. 당시 〈보그〉 잡지를 보면 화장법이 상당히

메리 퀸트의 머리를 다듬는 비달 사순. "본드 스트리트를 따라 내려가고 있었는데, '비달 사순'이라는 간판이 있었고, 헤어스타일을 찍어 놓은 사진 한 장 때문에 옆길로 새어 버렸어요. 그런 스타일로 머리를 자르고 싶었다는 걸 느꼈죠." — 메리 퀸트

달라졌다는 걸 알 수 있을 거예요.

맨디 라이스 데이비스 Mandy Rice-Davies, 모델 겸 배우, 작가

성욕이 왕성한 상태로 런던에 왔어요. 진짜 혈기 왕성했죠. 매력적인 사람들 안으로 들어갔어요. 배우, 폭력배, 귀족 ……. 사교 파티의 도 가니였죠.

그 당시 제가 했던 일은 그 이후에 일어났던 일의 10분의 1도 못 미쳐요. 저뿐만이 아니라 모두가 그랬어요. 요즘으로 따지면 아무것도 아니지만요. 1961년 3월 말, 전 피터 라흐만(Peter Rachman, 터무니없는 소작료로 악명을 떨친 지주)과 동거를 시작했어요. 그리고 1962년 10월까지 거기서 살았죠. 전 온전히 그와 함께 지냈어요. 맞아요. 그의 정부였죠. 그는 사십 대였고, 전 열일곱이었어요. 실상은 매춘부인 거죠. 그래도 전 그 모든 게 좋았어요. 성욕이 왕성한 젊고 건강한 여성은 저뿐만이 아니었죠. 십 대들의 파티였어요. 사건은 벌어지고 있었고요.

피터는 나이트클럽을 여러 개 가지고 있었어요. 하나는 플라밍고 위층에 있는 디스코텍이었는데, 거기서 폭력배들(크레이스 형제)과 줄리 크리스티(Julie Christie)를 만났어요. 테렌스 스탬프(Terence Stamp)는 이번에 맡은 배역(빌리 버드, Billy Budd) 때문에 머리를 금발로 염색한 상태였어요. 그리고 피터는 테리를 동성애자라고 생각했기 때문에 질투하지 않았죠.

전 연기하고, 춤추고, 모델 일을 했어요. 『새미 데이비스 주니어 쇼(Sammy Daivs Jr. show)』에도 나갔고, 그가 죽을 때까지 친하게 지냈어요. 치약 광고도 했었죠. 로버트 미첨(Robert Mitchum)이 1962년 작품

『지상 최대의 작전(The Longest Day)』 촬영차 런던에 있었을 때, 그와 함께 일을 했어요.

제가 맡은 일은 오전 여덟 시에 사보이 호텔에 도착해서 본드 스트리트로 나가 스카치위스키 한 병, 또는 두세 병을 사다 주는 일이었죠. 그리고 미국산 면도기도요. 가끔은 병 몇 개를 찾아서 가지고 나가기도 했어요. 그중 가장 중요한 일은 스위트룸에 앉아서 문을 열어 두는 것이었는데, 그가 맘에 들어 하는 사람이 지나가면 그 사람을 안으로 불러들였어요. 그리고 그가 충분히 즐기고 나면 전 그들을 내보내야 했죠. 로버트는 사랑스러운 남자였어요.

조니 골드 Johnny Gold, 유명 나이트클럽 사장, 트램프 런던점과 로스앤젤레스점 운영

몬티 마크스(Monty Marks)란 친구 녀석이 하나 있는데, 이 녀석은 주식 시장에서 수백만 달러를 잃었다 벌었다 하는 어떤 남자와 아파트를 같이 쓰고 있었어요. 제가 런던에 있을 때, 우린 매주 일요일이면 그 아파트에서 포커를 쳤죠. 그리고 블래키 시겔(Blackie Siegel)이라는 미국인과 오스카 레먼(Oscar Lerman)이라는 또 다른 녀석과도 카드 게임을 즐겼어요. 오스카는 어떤 여자애한테서 도망치려고 런던으로 왔는데, 결국 여기서 이십 년을 살게 됐죠.

오스카는 '애드리브(Ad Lib)'라는 클럽을 가지고 있었는데, 이곳이 모든 젊은 음악가, 사진작가, 배우 들의 만남의 장소가 됐어요. 그곳에 온 모두가 건방지고, 혈기 왕성한 청년들이었죠. 세상에서 가장 재미있는 장소였어요. 어느 날 오스카가 저에게 말했죠. "이쪽 세계에서 일해 볼 생각 없어? 다른 클럽을 하나 열까 하거든." 제가 클럽에 대해

뭘 안다고 이런 헛소리를 하나 싶었어요. 그러다 육 주 후에, 저는 부지를 보고 덜컥 계약서에 서명을 하고는 클럽 사업에 뛰어들게 됐죠. 우리는 클럽 '돌리스(Dolly's)'를 열었어요.

패티 보이드 Pattie Boyd, 영국 출신 모델 겸 사진작가

우린 다 같이 식당, 카페, 돌리스 같은 클럽에 다니기 시작했어요. 우리 군단 전부 다요. 오시 클락(Ossie Clark), 데이비드 베일리, 데이비드 호크니, 진 쉬림튼 이렇게요. 자유분방함이 묻어나는 걸 느낄 수 있을 거예요. 그 당시 패션 지면을 찾아보세요. 베일리의 사진은 윤곽이 더 뚜렷해지고, 성적인 느낌은 더 대담해졌어요. 그가 당신을 찍어 주면, 당신도 멋지고 섹시해 보일 거예요. 그리고 그는 아주 멋졌어요.

마치 즐기며 노는 시간 같았어요. 정말로요. 저는 그런 특권, 젊음이라는 특권을 가졌기 때문에 다른 것들은 보지 못했어요.

모델들은 패션 촬영을 할 때, 손가락 하나 건드릴 수 없을 것 같았던 대단한 귀족처럼 보이던 이전 시대 모델들과는 반대로, 편하고 친근한, 마치 옆집에 사는 여자애처럼 보여야 했어요. 그런 변화로 인해 당신 친구일 수도 있는 여자애들과는 더 잘 어울리게 됐고, 귀족 집안에서 자란 여자애들의 거만한 시선은 누그러졌어요.

처음 데이비드 베일리와 모델 일을 시작했을 때 저는 약간 겁을 먹은 상태였어요. 〈보그〉에서 일하는 여자들은 그를 사랑하게 된다는 걸 알았기 때문이었죠. 〈보그〉의 편집장인 다이애나 브릴랜드는 그가 기막히게 멋지다고 생각했어요. 〈보그〉의 회랑 주변을 젠체하며 걸어 다니고, 그렇게 오만하고, 자기가 원하는 모든 걸 요구하고 얻어 내는 그

수녀원 교육을 받은 진 쉬림튼은 1960년대에 가장 높은 몸값을 받은 슈퍼모델이었고, 런던 토박이 반항아인 데이비드 베일리는 세계에서 사람들이 가장 많이 찾는 사진작가였다.

런 젊은 사진작가는 지금까지도 그 말고는 없었어요. 하지만 저는 그가 정말로 수줍음이 꽤 많은 사람이라는 걸 알았죠.

그때쯤 그는 진 쉬림튼과 외출하곤 했고, 우리는 킹스 로드에 위치한 캐서롤이라는 식당에 가서 함께 저녁을 먹기도 했어요. 또 제가 처음 아보카도를 먹은 날에도 그와 함께였어요. 그것은 기묘하게 생겼고 색다른 맛이 났죠. 베일리가 말했어요. "이 새로운 채소가 점점 네 맘에 들 거야." 이게 새로운 채소냐고요? 그 시대에 영국에선 그랬죠.

메리 퀸트 Mary Quant, 영국의 패션 디자이너, 미니스커트의 창시자

한 어머니가 앤드루 루그 올덤이라는 소년을 가게로 데려왔어요. "이 아이한테 일을 시켜 주세요. 이 녀석은 학교에 가지는 않을 텐데, 도대체 뭘 시켜야 할지 모르겠어요. 그런데 이 녀석이 당신과 일하고 싶어 해요. 이 녀석을 채용해 주세요."

앤드루는 흐느적거렸어요. 우리 가게엔 필요 없다고 말했지만 그는 원하는 걸 뭐든지 다 하겠다고 말했어요. 뭐든지! 그러고는 고용하지도 않았는데 매일 아침 나타났죠. 그로부터 이 년 동안이나 우리를 위해 일했어요. 바쁘게 뛰어다니며 물건을 팔았죠. 그는 우리가 요구한 무슨 일이든 다 해냈어요.

앤드루 루그 올덤 Andrew Loog Oldham, 롤링 스톤스를 발굴해 낸 선구적인 음악 산업 매니저

메리 퀸트의 가게에 다니면서 동시에 저녁에는 재즈 클럽에서도 일했죠. 또 정말 멋진 마피아 지하 클럽에서도 일했어요. 그곳은 매주 토요일이면 플라밍고라고 불렸어요. 제가 하는 일은 콜라 병에 스카치위

스키를 담는 일이었는데, 그 클럽에는 주류 판매 허가증이 없었어요. 경찰이 온다 해도 걸리지 않았을 테지만요.

메리 퀀트 Mary Quant, 영국의 패션 디자이너, 미니스커트의 창시자

앤드루는 재즈 클럽에서 일했고, 우리는 그와 협상을 했어요. 미국 재즈 연주자들이 런던에 오면 우리에게 보러 오라며 전화를 해 줬죠. 엄청 흥분되는 일이었고, 멋진 시간이었어요.

아마 18개월이 지났을 때였던 걸로 기억해요. 앤드루가 편지를 보냈는데, 프랑스로 가는 공항에서 부친 편지였어요. 편지에는 "정말 고마웠어요. 멋진 시간이었고, 당신과 알렉산더가 할 수 있는 모든 일을 저도 할 수 있을 것 같아요. 그래서 이제 떠날 시간이라고 생각합니다"라고 적혀 있었죠.

앤드루 루그 올덤 Andrew Loog Oldham, 롤링 스톤스를 발굴해 낸 선구적인 음악 산업 매니저

일종의 신경 파괴가 처음 일어났어요. 제가 감당하기에는 너무 벅찼죠. 그러니까 열일곱 살이었는데, 일을 세 개나 했어요. 너무 많았죠. 저는 도망치듯 프랑스로 가 버렸어요.

그곳에서 영국인 관광객을 상대로 크루아제트에서 구걸하면서 여덟 달 동안 칸에 머물렀죠. 구걸하는 건 정말 쉬웠어요. 그 후 유아 납치에 연루되었는데, 그건 정말 도움이 안 됐어요. 아주 시시했고 전혀 위험하지 않았죠. 누군가 제게 말했어요. "잘 들어. 이 여자애가 유괴당하고 싶어 해." 그는 총을 쏠 생각이 전혀 없는 불량배 같았어요. 모든 게 심하게 잘못 돌아가서 우스웠죠.

그래서 영국으로 다시 돌아왔고, 메리 퀀트가 말했어요. "앤드루, 난 너에게 일자리를 줄 수가 없구나. 넌 그냥 나가 버렸어. 하지만 일자리를 줄 수 있는 다른 사람에게 널 보내 줄게." 영국 여왕의 의상 디자이너인 노먼 하트넬(Norman Hartnell)을 홍보했던 사람이었어요. 그는 하디 에이미(Hardy Amies, 엘리자베스 2세의 고급 의상 디자이너)도 홍보했고, 게다가 나이트브리지에 있는 뷰챔프 플레이스에 모델 소속사도 가지고 있었어요.

제가 맡은 일은 기본적으로 신문사에 물건을 배달하는 일이었어요. 아시다시피 모델들 사진이나 뭐 그런 거요. 그리고 모델들의 개를 산책시키는 일이었죠. 쉽게 말해서 전 심부름꾼(혹은 잡일꾼)이었어요. 그때 엄마가 말했어요. "진짜 직장을 구해야 해!" 그래서 저는 레즐리 프레윈(Leslie Frewin)이라는 남자 밑에 가서 일했어요. 1962년 봄 또는 여름의 일인 것 같은데, 이 남자는 산업 홍보 담당자였어요. 그는 영국 남성복 협회 같은 것을 대변했죠.

저는 그와 일하는 것이 견딜 수 없어서, 저녁 여섯 시에 사무실 문이 닫히면 어떻게든 홍보를 원하는 팝 뮤지션 고객을 구하기 시작했죠. 첫 번째 고객은 정말 남자 같은 미국인 무용수 '페페(Pepe)'였어요. 어떻게 계약을 했는지는 정말 기억나지 않네요. 하지만 저에게는 첫 고객이었죠. 그를 홍보해서 5파운드를 벌었어요. 다시 돌이켜 보니 훌륭한 기회였네요.

저는 사람들을 만나고 싶으면, 셜리 배시(Shirley Bassey)를 관리했던 그 남자처럼 나가서 그들의 문을 쾅쾅 두드려 가며 경력을 만들었어요. 일을 얻지는 못했지만, 사람들은 자신이 하는 일에 누군가가 매혹되었다는 것에 호기심이 생겨서 안으로 들어오라고 했어요. 뮤지컬 『올리버!』를 쓴 라이어널 바트가 찾아낸 마크 윈터(Mark Wynter)가 저의 진짜 첫 번째 고객이었어요. 음반 계약을 맺은 진짜 가수 마크는 막 히트하려는 참이었고, 제가 홍보를 했죠. 두 곡이 히트했는데, 하나는 1962년 9월에 나온 「청바지를 입은 비너스(Venus in Blue Jeans)」이고, 다른 한 곡은 「귀여운 그대여, 떠나가 주오(Go Away, Little Girl)」였어요. 이제 제가 클럽의 일부분이 된 거죠.

펠리시티 그린 Felicity Green, 패션 에디터

비달과 전 친구가 됐고, 〈데일리 미러〉에 그의 사진을 실었어요. 우리에겐 유대감이 형성되었죠. 우린 둘 다 규율을 깨트리고 있었고, 그로 인해 굉장히 흥분되는 기분을 느꼈어요. 런던 전역이 폭발하던 시기였죠. 전부 젊은 층을 기반으로 일어난 거예요. 런던에서 시작해서 전 세계로 퍼져 나갔죠. 그때 메리 퀀트가 나타났어요. 그녀는 모든 분야의 여왕이었지요. 그녀는 자기가 입고 싶은 옷을 만들었어요. 킹스 로드에 가게를 하나 열었고, 언론은 그 가게의 문턱이 닳도록 드나들었어요. 훗날 이 현상은 '젊은이의 반란'이라는 이름이 붙었어요. 솔직하고도 정확하게, 반란이 일어난 거죠.

패션은 인생에 관한 거예요. 패션은 사람들의 삶에도 영향을 미치죠. 사람들은 자신들의 옷을 통해 개성을 드러낼 수 있어요. 전에는 어머니가 입던 것을 거의 물려받아 입었지만, 어느 날 갑자기 당신을 위한 옷이 생긴 거예요. 옷이 개성을 가져다주었고, 옷 덕분에 사람들은 자신에게 만족하게 됐어요.

바버라 홀라니키 Barbara Hulanicki, 패션 디자이너
—

브라이튼에 있는 아트 스쿨에 다닐 적에는 지나치게 유행에 민감했어요. 오드리 헵번(Andrey Hepburn)이 신은 신발을 찾는 데 많은 시간을 투자했고, 옷을 사서는 옷감으로 쓰기 위해 무작정 잘라 버리곤 했죠. 아트 스쿨에서 삽화 작업을 했고, 가능한 한 빨리 집을 나왔어요. 런던으로 이사 와서 남편 프리츠를 만났고, 1963년 초에 런던 서부의 크롬웰 로드에 있는 아파트로 이사했어요.

펠리시티 그린 Felicity Green, 패션 에디터
—

모든 혁명가들이 아트 스쿨에서 나왔어요. 이곳엔 활기, 혁신, 용기가 가득했죠. 그들은 정형화된 삶을 거부했어요. 이전 세대가 내버린 곳을 회복시키려 하지 않았죠. 아무도 디딘 적 없던 곳을 가기 위해 본인들만의 길을 가려 했어요.

테리 오닐 Terry O'Neill, 1960년대를 기록한 작품으로 유명한 영국 사진작가
—

뭔가 특별한 일이 벌어지고 있다는 느낌을 받았고, 그걸 기록하는 사람이 되어야겠다고 결심했어요. 1963년, 베일리와 진 쉬림튼은 〈보그〉에서 찬사를 받는 사람들로, 뉴욕에서 파리, 런던에까지 유명해졌어요. 그래서 저는 두 사람의 모습을 업무적으로 찍기 시작했는데, 킹스 로드와 진의 부모님 소유의 농장까지 따라가서 사진을 찍었죠. 테리 스탬프는 그의 첫 영화 『빌리 버드』로 오스카상 후보로 지명됐어요. 마이클 케인은 『줄루(Zulu)』를 찍고 있었는데, 이 영화로 일약 스타가 되었죠. 그 둘은 함께 살았고, 우린 모두 친구였어요.

전 그들과 그들의 여자 친구를 찍었어요. 음악, 패션, 문화, 영화에서 작가와 화가 들은 그들이 하고 싶은 대로 할 수 있었죠. 아무도 묻지 않았고, 자격을 요구하지도 않았어요. 그냥 하면 되는 거였죠.

저는 새로운 기삿거리처럼 이 놀라운 변화를 기록하려고 했어요. 뭔가 웅성거림이 있었지만 그게 뭔지 몰랐고, 지속될 거라고는 생각하지 않았어요.

노동자 계급의 청년들에겐 그건 놀라운 일이었죠. 케인, 스탬프, 베일리 그리고 저 같은 노동자 계급 사내들이 갑자기 너무 멋있어졌으니까요. 상류층 아가씨들이 이들을 원했어요. 미국 아가씨들은 피임약을 가지고 있었고, 우린 영국 사투리를 썼어요. 그 당시엔 섹스 좀 한다고 죽지 않았죠. 클럽 문이 열리면, 우리 노동자 계급 청년들이 클럽으로 들어가서 상류 사회 사람들과 어울렸고, 음악가들, 심지어 왕족들이 폭력배나 기타리스트 들과 사귀었어요.

에디나 로네이 Edina Ronay, 영화배우

1963년에 왕립연극아카데미를 다녔어요. 몇 편의 영화를 만들었죠. 열아홉에서 스무 살 정도였는데 여전히 부모님 집에서 살고 있었고, 테리 스탬프와 사귀고 있었어요. 모두 순진했던 때였죠. 열여덟 살이었던 것 같은데, 그는 완벽하게 아름다웠고 저 역시 그 당시 보기에 나쁘진 않았죠. 전 정말 사람들이 저를 보고 있다고 생각했는데, 사람들은 제가 아니라 그를 보고 있었죠!

테리는 사랑스러운 남자였어요. 그는 마이클 케인과 아파트를 함께 쓰고 있었고 우리는 마이클과 마이클의 여자 친구, 이렇게 네 명이서 함께 자주 다녔어요.

전 테리를 정말 좋아했고 그는 마치 오빠 같은 존재가 되었어요. 그런데 제가 모르는 사이, 마이클이 저를 좋아하게 된 거죠. 그는 진짜 제 타입이 아니었어요. 제 타입은 금발에 금색 속눈썹, 분홍색 얼굴, 키가 아주 큰 남자였거든요. 테리 이후 처음으로 진지한 관계를 맺은 남자는 아주 멋진 프랑스 남자였는데, 결코 잘될 수 없었어요. 그는 프랑스에 살았고 저는 런던에 살았으니까요. 우리가 헤어졌을 때 많이 울었죠.

파티에 갔던 일이 기억나네요. 테리의 형인 크리스 스탬프의 파티였는데, 그는 밴드 더 후(the Who)를 관리하고 있었어요. 정말 잘생긴 남자였는데, 솔직히 말하면, 테리보다 훨씬 섹시했어요. 굉장히 유행에 밝고 멋진 로큰롤 스타일이었죠. 그리고 마이클 케인도 참석했는데, 그는 곧장 저에게 다가왔어요. 여자 친구랑 헤어졌대요. 완전히. 사실은 그가 저녁 식사를 살 형편이 안 돼서 제게 감히 데이트 신청을 하지 못했다고 말했어요. 언젠가 왕립연극아카데미로 저를 데리러 왔는데 그가 입은 스웨터에 큰 구멍이 여러 개 나 있던 기억이 나요. 테리는 『빌리 버드』를 찍고 돈을 많이 벌었죠. 하지만 테리는 진짜로 마이클을 존경했어요. 마이클이 저를 만날 때 『줄루』를 찍었는데, 이 영화로 그는 대스타가 됐어요.

우리는 식당이나 클럽에 다녔고, 신문에서 우리에 대해 '열풍을 이끄는 사람(it crowd)'이라고 소개하기 시작했어요. 당시 픽윅(the Pickwick club), 애드리브, 돌리스가 있었어요. 우리가 클럽에 들어가면 사람들은 멈춰 섰죠. 한번은 픽윅 클럽에 조안 콜린스(Joan Collins)와

갔었는데, 그녀가 이렇게 말했던 게 생각나네요. "주름이 생기면 안 되니까, 웃지 마." 그리고 우린 어느 정도 얘기는 나눴지만, 웃진 않았어요.

재키 콜린스 Jackie Collins, 영국 소설가이자 배우

런던에서는 모든 분야에 혁명이 일어나기 시작했어요. 음악과 패션에서 에너지가 폭발했지만, 제게 1963년은 그저 희미한 시간이에요. 전 그 열기를 별로 느끼지 못했죠. 첫 남편 월리스 오스틴이 정신 병원에 있었거든요. 제가 뚜렷이 기억하는 1963년은 남편의 정신과 의사가 메탐페타민을 처방했고, 그래서 남편이 약물 중독자가 되었다는 사실이에요. 남편은 조울증을 앓았는데, 당시에 의사들은 조울증이 뭔지 몰랐어요. 의사들은 우울증이라고 여겼고, 그래서 남편을 정신과 병동에 입원시켰죠. 무서웠어요. 남편은 화장실 타일 밑으로 약을 숨기곤 했어요. 집에 어린애가 있었기 때문에 전 약을 찾는 탐정의 심정으로 살았어요.

언젠가 제가 의사한테 소리친 기억이 나네요. "당신이 내 남편에게 이 약을 더 처방하면 경찰에 신고하겠어요!"

그 당시 제 삶은 온전히 병원을 들락날락하는 데만 정신을 쏟았고, 엄마도 암으로 돌아가셨기 때문에, 그 후에도 저란 존재는 없는 거나 다름없었어요. 중간에 남편이 엄청난 패션 사업을 벌였고, 제가 모델로 활동하기도 했죠. 약간의 소외감을 느꼈지만, 친구들도 많았고, 가끔 베이비시터를 고용해서 애드리브 클럽에 가곤 했어요.

애드리브 클럽은 놀라웠어요. 비틀스, 스톤스, 클랩튼 등 최고의 자리에 오른 유명한 사람들이 거기 있었죠. 클럽이 꽤 컸는데, 엘리베이터를 타고 올라가면 크고 멋진 비공개 파티에 와 있는 것 같았어요. 진짜 재미있었죠. 친구를 만나러 거길 가면, 그들이 원하면 언제든지, 누구하고도 섹스할 수 있었어요. 저처럼 애 딸린 기혼자만 아니면 말이죠. 결국 저는 1964년에 이혼했어요.

그때의 저처럼 아픈 남편과 아이가 있는 처지의 젊은 여자라면 아내와 엄마로서 책임감이 많을 거라고 생각할 테지만 제 안엔 다른 사람이 있었어요. 저는 매일 글을 썼어요. 도피처가 필요했죠. 가고 싶은 곳, 있고 싶은 곳에 대해 잔뜩 썼어요. 그리고 책을 쓰기 시작했죠. 50페이지쯤 쓰면 다른 아이디어가 떠올랐고, 계속 또 다른 아이디어가 떠올랐어요.

저는 성혁명에 관심이 있었어요. 1960년대를 무척 사랑하는 이유는 여성들이 진가를 발휘했고, 그들이 성적으로 능동적인 모습이 되었기 때문이에요. 바로 이 상황이 《세상은 기혼 남성으로 가득 차 있다》(콜린스의 첫 번째 소설)의 주제였어요. 저는 전부 목격하고 경험했죠. 제 경험을 쓰고 있는 글에 모두 쏟아부었어요.

피임약도 많은 것을 바꿔 놨어요. 여성에게 자유를 줬죠. 여성해방운동이 곧바로 전 세계로 퍼졌어요. 미국 신문을 펼치면 런던에서 무슨 일이 일어나고 있는지 바로 알 수 있었죠.

조니 골드 Johnny Gold, 유명 나이트클럽 사장, 트램프 런던점과 로스앤젤레스점 운영

돌리스 클럽은 순수한 디스코텍이었어요. 120명만 들어갈 수 있었죠. 규모는 작았지만 에너지는 열광적이었어요. 연간 회원권은 5파운드였

죠. 사람들은 현장의 일부가 되기를 원치 않았고, 그 현장을 끌어다 자기 앞에 뒀어요. 그리고 인생에 대한 자신의 길과 목표를, 자신의 패션을 창조해 냈어요. 공립학교에 다니는 소년들은 런던 토박이 말씨를 썼는데, 그게 유행이었거든요. 전 증권 중개인을 구했는데, 그는 가는 세로줄 무늬 정장에 넥타이를 느슨하게 매고 있었어요. 그 당시 사람들은 재킷과 멜빵을 벗고, 점점 청바지와 티셔츠 차림을 하기 시작했죠.

우린 복장 규정이 따로 없었어요. 사람들은 한데 섞여 있었죠. 바로 옆에 대기업의 임원이거나 왕실 구성원이거나 비틀스나 스톤스의 청년들이 있었을 수도 있었죠. 빠른 속도로 계급이 없어지더라고요. 속물근성도 사라지고요. 고위층 사람들은 노동자 계급과 일하고 싶어 했어요. 노동자 계급 사람들이 전성기를 누리고 있었기 때문이죠. 테리 스탬프와 한 아파트에서 살고 있던 마이클 케인 같은 노동자 계급 사람이나 알버트 피니(Albert Finney)처럼 일약 스타로 막 발돋움한 젊은 녀석들과 일하고 싶어 했어요. 오스카 레먼은 거기서 그의 아내를 만났죠. 그는 방 건너편에서 그녀를 봤고, 제게 말했어요. "나, 저기 저 여자랑 결혼할 거야." 그녀가 바로 재키 콜린스였죠.

두 남자, 제임스 핸슨(James Hanson)과 고든 와이트(Gordon White)는 영국 역사상 가장 큰 기업을 만들었어요. 이 둘은 전직 육군 장교였고, 둘 다 귀족이었어요. 고든은 오드리 헵번과 한동안 약혼한 사이였죠. 존 웨인(John Wayne)과 곤드레만드레 취했던 밤도 기억나네요.

우린 범죄자들과도 상대해야 했어요. 그러다 알게 된 사람이 있었는데, 키가 작았고 제가 아는 사람 중에 가장 잔인한 놈이었죠. 마피아한 명을 청부 살인했다는 이야기도 있었어요. 깡패 놈들은 그자가 저에게 결코 총을 쏘지 않을 거라고 했고, 그자도 가지고 있던 총기의 총알을 전부 비웠어요. 대단하죠!

그는 우유에 브랜디를 넣어 마시곤 했어요. 어떤 이유에선지는 모르지만 저에게 우호적이었는데, 제가 그에게 목숨을 빚졌어요. 뭐냐면 브라이튼에서 조니 굴드(Johnny Gould)라는 사람에 대한 소문이 돌았는데, 몇몇 사람이 저라고 착각을 했었어요. 그가 나서서 당사자들과 이야기를 해서 그들의 생각을 바로잡아 줬죠.

아무튼 믿을 수 없는 분위기에다 흥분의 도가니였어요. 당신이 누구를 만났는지, 누구와 우연히 마주친 건지도 몰랐을 거예요. 매일 밤이 쇼 타임이었으니까요. 돌리스에서는 타비스톡 후작과 친구가 되었어요. 그의 아버지는 베드포드 공작이었죠. 진짜 엄청나게 웅장한 워번 애비 저택을 소유한 바로 그 공작 말이에요. 클럽이 문을 닫으면 저는 그 저택으로 갔어요. 아침 다섯 시에요. 그들은 작위 순서대로 앉아 있었는데, 타비스톡이 식탁 가장 상석이었고, 그다음이 공작, 나이트 순이었어요. 그래서 전 "제 자린 어디예요? 화장실인가요?"라고 물었죠. 전 반유대주의자인 그들의 집사와 함께 있었어요. 그런 분위기가 어색하다고 느끼진 않았어요. '여기 오지 말았어야 해' 하는 생각이 들지 않았다는 뜻이에요. 1963년에는 모든 게 다 포용됐어요. 물론 1960년대 이전에는 일어날 수도 없는 일이었죠.

에디나 로네이 Edina Ronay, 영화배우

전 상류층 사람들과 어울려야 하는 운명이었어요. 우리는 런던의 홀랜드 파크 근처에 살고 있는 중산층 가정이었죠. 아버지는 딸이 실직 상태인 노동자 계급의 런던 토박이 배우를 집에 데려오고, 아버지의 안락한 공간을 떠나자 큰 충격을 받으셨죠.

제가 배우가 아니었다면 노동자 계급의 사람들과 어울리지 않았을 테고, 자신의 울타리 안에서 머물렀을 거예요. 하지만 저와 함께 외출했던 상류층 영국 남자들은 늘 지루했어요. 지옥에 있는 것처럼 말이에요. 그런데 노동자 계급 남자들은 재미있었죠.

마이클 케인은 배우로서 정말 문제가 있었어요. 상류층 역할은 그에겐 최고의 배역이었는데 그 역할을 쉽게 따내질 못했죠. 사실 영화 『줄루』에서 장교 역할을 맡게 된 것은 순전히 그의 노력이었을 거예요. 그동안 살면서 만났던 가장 야망 있는 사람이었으니까요. 그래서 무슨 일이 있어도 반드시 해냈을 거예요. 동시에 주변엔 베일리 같은 사람들도 있었어요. 사실 베일리 이후에 테리 스탬프가 진 쉬림튼과 사귀었기 때문에 그녀는 저랑 좋은 친구가 되었어요. 분명 노동자 계급과 만나고 관계를 유지했지만, 이 남자들에게, 특히 마이클에게 마리화나를 피운다는 것은 분명 불가능한 일이었고, 그들은 모두 예의범절을 따지는 사람들이었기 때문에 술에 취해서 그런 종류의 것을 피운다는 게 이상했어요.

바버라 훌라니키 Barbara Hulanicki, 패션 디자이너

노동자 계급들이 목소리를 내기 시작했어요. 모두 런던에 모여 있었고, 남편은 시장에 타격을 줄 가격을 정해야 한다고 결심했죠. 우리는 이름이 필요해졌어요. 그래서 곧 사업체 이름을 '비바'라고 지었죠. 비

〈보그〉지의 사진작가 데이비드 베일리와 그의 뮤즈 진 쉬림튼은 1963년 런던을 세계의 패션 중심지로 만든 커플이었다.

바는 제 동생 별명이에요. 딱히 다른 의미는 없었어요. 단지 조금 여성스러우면서도 중립적인 이름을 원했죠. 우리는 주변 사람들에게 어떠냐고 물어봤어요. 친구 녀석이 청소부 딸에게 붙여 줄 만한 이름 같다고 하더라고요. 그게 바로 우리가 원하던 거였죠.

우리의 사업은 우편 주문으로 시작했어요. 입소문을 타고 카탈로그가 퍼졌죠. 사람들은 카탈로그를 보고, 옷을 주문하는 것에 관해 이야기했어요. 우리는 모든 것을 미리 생산해 놔야 했었는데, 그건 정말 악몽이었죠. 그런 과정들을 겪으면서 많이 배우게 되었어요.

패티 보이드 Pattie Boyd, 영국 출신 모델 겸 사진작가

애빙던 로드에 '비바'라는 아담하지만 굉장히 멋진 가게가 생겼다고 누가 말해 줬던 게 기억나네요. 가게에 있는 옷들이 정말 멋졌어요. 색상이 메리 퀀트가 만든 것과 완전히 달랐는데, 메리의 옷은 컬러 블록들이 화려하거나 기하학적인 디자인이었죠. 바버라가 만드는 옷은 자주색과 회록색으로 색감이 좀 더 어두웠죠.

재키 콜린스 Jackie Collins, 영국 소설가이자 배우

모두 메리 퀀트의 미니스커트를 입고 싶어 했고, 비바의 하얀 부츠를 신고 싶어 했어요.

앨런 파커 경 Sir Alan Parker, 광고 카피라이터, 『벅시 말론』, 『페임』, 『에비타』, 『미시시피 버닝』 감독

1963년에 열아홉 살이었고, 맥스웰 클라크 회사에서 광고팀 하급 카피라이터로 일하고 있었죠. 전쟁 이후에 지어진 공영 아파트 1층에서

부모님과 함께 살고 있었어요. 그때 제가 주당 10파운드를 벌고 있었는데, 아버지 말씀이 어머니에게 1파운드 10실링을 드려야 한다는 거예요. 아버진 그런 점에 있어서 굉장히 엄격하셨는데, 어머닌 아버지가 안 보실 때마다 제 재킷 주머니에 도로 그 돈을 넣어 주셨어요.

제가 하던 일은 '복사본 발송'이었는데, 각 부서에서 승인받은 광고 증명서를 가지고 오는 거였죠. 저는 카피라이터들과 '비주얼라이저(콘셉트를 그림으로 표현해 주는 사람) 그레이 졸리프(Gray Jolliffe, 유머 작가이자 삽화가 겸 만화가)'와 친구가 되었는데, 이들은 제가 밤에 쓸 광고를 주곤 했어요. 그들은 그 광고물에 '10점 만점 중 5점 — 좀 더 열심히 노력하시오'라고 표시했어요. 얼마 후 이들이 주당 12파운드를 받는 중간급 카피라이터로 저를 채용하라며 사장을 설득했죠.

그레이를 만나는 건 예술계에서 집중 훈련 강좌와 같았죠. 그는 카르티에 브레송(Cartier-bresson)부터 마그리트(Magritte), 조지 로이스(George Lois)까지 시각적인 모든 것들을 제게 알려 주었어요. 장님이 눈을 뜨듯 세상이 온통 이미지로 보이기 시작했지요. 이전에는 그냥 지나쳤던 사물이나 풍경들도 모두 다 감각적으로 보였어요.

우리는 하루에 다섯 편의 광고를 찍었고, 저는 곧 중간 크기의 여행 가방을 꽉 채울 만큼의 포트폴리오를 갖게 됐어요. 잘나가는 미국 신설 회사인 PKL(Papert Koenig Lois, 패퍼트 쾨니히 로이스)에 면접을 보러 갔을 때, 카피 팀장인 피터 메일리(Peter Mayle, 이후 《나의 프로방스(A Year in Provence)》의 저자가 되었다)는 광고의 질까지는 아니더라도 양적인 부분에서 깊은 인상을 받았죠.

"얼마를 받고 싶어요?" 그가 말했어요. "13이요." 물론 저는 일주일에 13파운드라는 의미로 말했죠. "15를 줄게요." 그가 말했고, 전 당연히 수락했어요. 아직도 첫 월급날 깜짝 놀랐던 일을 잊을 수가 없네요. 저는 주당 15파운드를 의미한 거였는데, 그는 일 년에 1,500파운드를 말한 거였더라고요!

테리 오닐 Terry O'Neill, 1960년대를 기록한 작품으로 유명한 영국 사진작가

우리가 최고로 좋았을 때는 아마도 이 년 정도였을 거예요. 우리는 즐거웠고, 웃었고, 웃음을 짜냈지만 그 이후로는 어딘가에 정착을 해야 했고, 은행에서 적절한 일자리를 얻어야 했어요.

〈타임(Time)〉지는 '스윙잉 런던(swinging London, 1960년대 자유분방하고 역동적이었던 런던)'이라는 표현을 쓰지 않았고, 1966년에 와서야 청바지가 1960년대의 얼굴이라고 인정했죠. 삼 년이나 늦은 거예요. 다이애나 브릴랜드가 런던의 모습을 '젊은이의 반란'이라고 불렀고, 1963년의 영국은 그 반란의 중심점이었어요.

프랭크 로우 경 Sir Frank Lowe, 광고 대행사 개척자, 로우 하워드 스핑크 회장

1963년은 제게 결정적인 해였어요. 베트남 징병을 피해 미국을 떠나 다시 영국으로 돌아왔죠. 비바와 바버라 홀라니키, 메리 퀀트, 진 쉬림튼과 함께한 모든 것, 모든 사업이 막 부상하고 있었어요. 저는 크롬웰 로드에서 조금 떨어진 곳에 아파트를 가지고 있었고, 멋진 예술 감독과 일했죠. 그가 말하길 "이봐, CDP(Collett Dickenson Pearce & partners, 콜레트 디킨스 피어스 앤드 파트너스)로 오도록 해." 그래서 전 CDP로 갔고, 거기에선 데이비드 퍼트넘(David Puttnam), 앨런 파커, 리들리 스콧

(Ridley Scott)이 광고를 찍고 있었어요

전 암흑기인 나라를 떠났고, 약간 들떠 있는 듯한 나라로 돌아왔어요. 정말 별난 일들이 많이 일어났죠. 광고는 옷 한 벌만으로도 최고로 즐거울 수 있는 일이었어요. 식당으로 걸어 들어가면 꽤 많은 사람들을 볼 수 있는데, "나는 유명해, 당신도 유명하군" 또는 "나는 중요해, 한데 당신도 중요한 인물이군"과 같은 식이었죠. 정말 특별한 시간이었죠.

펠리시티 그린 Felicity Green, 패션 에디터

메리 퀸트를 따라 하는 가게들이 문을 열기 시작했어요. 젊은 사람들은 전엔 본 적도 없었던, 또 이전에는 구할 수도 없었던 옷을 살 수 있었어요. 메리에게서 영향을 받은 젊은 디자이너들이 나타났고, 그들은 자신의 새로운 가게를 열었죠.

메리는 첼시에 1호점을 오픈했어요. 카너비 거리에도 메리의 가게가 생기면서 줄줄이 상점을 늘려 나갔죠. 물론 가게 안에는 언제나 음악이 흘렀어요. 가게 전체의 분위기를 만들어 내는 데 일조했던 건 음악이었죠. 우리는 음악을 들으러 갔어요. 굉장히 열정적이고 활기가 넘쳤죠. 모든 것이 젊은이들에게 향해 있었는데, 기성세대 중에는 이렇게 말하는 사람들도 있었어요. "망측해! 영국은 이제 다시는 전과 같지 않을 거야. 젊은것들이 영국 전체를 손수레에 싣고서 지옥을 향해 가고 있어."

바버라 훌라니키 Barbara Hulanicki, 패션 디자이너

이전의 패션은 여유가 있는 기성세대를 위한 것이었어요. 좋은 옷을 두 벌 정도 사서 한 철 동안 입는 것이 중요했죠. 회전율이 전혀 없었어요. 하지만 이제는 가격이 많이 낮아졌죠. 사람들은 춤추러 가기 위해 매주 새로운 옷을 원했어요. 한 번 입고 내버릴 수 있을 만한 옷이 필요했죠. 베이비 붐 세대들은 평균 주당 8파운드를 벌었어요. 그들은 3파운드짜리 단칸방을 구했고, 식비는 그다지 많이 쓰지 않았어요. 나머지 돈은 몽땅 옷 사는 데에 사용했죠. 젊은 여자애들, 아주 어려서 열대여섯 살인 아이들은 정말 반항적이었어요. 어떤 것이든 허용됐거든요.

모든 게 젊은이들을 위해 존재했어요. 예를 들어 옷들은 몸에 아주 딱 달라붙거나 길이가 매우 짧았죠. 그들은 스스로 돈을 벌었고, 모두들 독립했기 때문에 "상의만 입고 뭐 하는 거니?"라고 잔소리할 아빠가 없었어요.

에디나 로네이 Edina Ronay, 영화배우

제가 처음 옷을 사러 간 곳은 메리 퀀트의 가게였어요. 퀀트의 옷값은 매우 비싼 편이었죠. 상당히 고급 재질이었거든요. 하지만 비바는 혁명이었어요. 최신 유행인 데다가 믿을 수 없을 만큼 저렴한 가격에 맞는 적당한 재질의 옷을 팔았어요. 바버라 훌라니키의 공은 인정받아야 마땅해요. 그녀는 패션을 확산시킨 첫 번째 인물이었죠.

앨런 파커 경 Sir Alan Parker, 광고 카피라이터, 「벅시 말론」, 「페임」, 「에비타」, 「미시시피 버닝」 감독

여자애들은 끊임없이 맹목적으로 무언가를 추구했어요. 무슨 생각을 하는지 알 수 없을 만큼 매우 낙천적이었죠. 이발사는 머리를 자른 후 이렇게 말하곤 했어요. "손님, 주말에 무슨 일 없으세요?" 그건 세 개짜리 콘돔 한 통을 의미하는 거였죠. 1963년 말까지 계산대 아래에 놓여 있던 콘돔의 위치는 보란 듯이 위로 옮겨졌어요. 모두가 섹스를 했기 때문이죠. 이 시절은 전례 없는 섹스의 시대가 되었어요.

에디나 로네이 Edina Ronay, 영화배우

남자들은 만날 때마다 같이 자고 싶어 했어요. 전 남자들과 데이트하면서 그들과 잠자리를 가져야 할지 모른다는 끔찍한 위협을 받기 싫었어요. 그들은 엄청난 포식 동물 같았죠.

정말 많은 애들이 미친 듯이 성관계를 가졌어요. 전 아니었지만요. 마이클 케인은 항상 신사였죠. 여러 면에서 전 그를 존경했고 한편으론 약간 구식이라고 느꼈어요. 전 아주 정숙했지만 그렇지 않은 여자애들이 많았어요.

조니 골드 Johnny Gold, 유명 나이트클럽 사장, 트램프 런던점과 로스앤젤레스점 운영

1963년은 나라 전체가 해방된 기분이긴 했지만, 제가 가장 놀라웠던 건 피임약이었어요. 여자들은 피임약 때문에 섹스 이후의 걱정거리를 덜 수 있었거든요. 여자애랑 잠자리를 갖겠다고 마음먹고 밖에 나가기만 하면, 같은 목적으로 나온 여자애들이 수두룩했어요. 그들은 섹스의 자유를 만끽하려고 했죠. 온갖 규제는 다 벗어 버리고, 자유로운

"결혼 전에 집을 나올 수 있었던 첫 세대였어요. 쉽게 일자리를 구할 수 있었기 때문에 무시받지 않을 만큼 힘이 있었어요. 구매력을 가진 사람들이 200만 명이나 있었어요. 청소년들은 어디서든 파티를 했어요."
— 맨디 라이스 데이비스

분위기에서 할 일이 많았어요. 왜냐하면 우리는 우리의 머리카락을 길게 기르면서 결과에 대해 걱정하지 않았거든요. 우린 어떤 두려움도 느끼지 않았어요. 일어날 수 있는 최악의 경우라면 임질이었을 텐데, 그것 역시 페니실린 주사 한 방이면 해결됐어요.

맨디 라이스 데이비스 Mandy Rice-Davies, 모델 겸 배우, 작가

피임약을 받기 위해선 결혼했다고 말해야 했어요. 기혼 여성들에게만 처방되었거든요. 황동으로 된 가짜 결혼반지를 낀 여자들이 많았어요. 그때 전 열여덟 살의 미혼 여성이었는데 이미 처녀 딱지는 뗀 상황이었죠. 전 위협적인 존재였어요.

마력
Alchemy

혁명은 이날 시작됐다. 1963년 1월 13일 밤, 고의가 아니라 운명적으로. 영국의 두 라이벌. 크게 알려진 바 없는 대형 신인 밴드인 비틀스와 생활고에 시달리던 뮤지션 밥 딜런은 우연의 일치처럼 같은 날 국영 텔레비전 방송국에 등장한다. 이 둘의 등장은 일 년 뒤 두 대륙에 자리 잡고 있던 구체제와 계급, 기존 문화가 완전히 사라지는 신호와도 같았다.

빌 와이먼 Bill Wyman, 베이시스트, 롤링 스톤스의 창립 멤버

선택권이 있던 때로 돌아가 보세요. 기타를 살 수 없는 형편일 때, 전 기타를 직접 만들었지요. 자동차도 마찬가지예요. 제 첫 차를 직접 만들었다니까요. 물론 아빠와 삼촌이 도와주긴 했지만요. 대부분 스스로 만들어야 했어요. 그 뒤에 모든 블루스 기타리스트들도 똑같이 그랬다는 사실을 알게 됐어요.

키스는 죽을까 봐 운전을 하지 못했죠. 아마도 차를 여덟 대쯤 박살 냈을 거예요. 찰리도 운전을 못했어요. 찰리는 헬멧을 쓰고, 장갑에 스카프, 고글까지 착용하고는 자기 집 창고에서 운전하는 척만 했죠. 그는 살면서 운전을 해 본 적이 없어요.

우리는 창문 없는 밴을 타고 공연을 하러 다녔어요. 둘은 앞자리에 타고 나머진 뒷자리에 앉았죠. 컴컴하고 창문이 없는 자리 말이에요. 코너를 돌 때면, 차 안의 물건들이 와르르 쏟아졌어요. 그러다 결국 뜨거운 엔진에 앉게 되어서 엉덩이에 화상을 입기도 했어요.

키스 리처드 Keith Richards, 기타리스트, 롤링 스톤스의 창립 멤버

1963년이 어떤 '기준'이 되는 해였다고, 당시에는 그 누구도 알지 못했어요. 분명히 그해의 공기는 달랐고, 어떤 기운과 조짐이 있었어요. 테리 오닐은 그걸 저보다 더 잘 알고 있었던 것 같았어요. 테리는 언제 어디서든 렌즈 뒤에서 모든 것을 지켜보고 있었죠.

노먼 조플링 Norman Jopling, 영국 출신 음악 평론가

1962년, 앤드루 루그 올덤은 음악 사업 광고 분야에서 확실히 존재감을 드러냈어요. 직업적으로 사교적일 수밖에 없는 사기꾼 무리는 넘쳐 나는 저널리스트들과의 공생 관계를 즐겼죠. 그들은 자신의 고객을 유치하기 위해 칼럼 지면을 채우는 데 전념했어요.

앤드루 루그 올덤 Andrew Loog Oldham, 롤링 스톤스를 발굴해 낸 선구적인 음악 산업 매니저

전 여덟 살인가 아홉 살 때부터 'OOO 제작'이라든가 'OOO 참여'라고 쓰인 글자에 매료됐었어요. 런던 지하철에 붙어 있는 공연 포스터 속의 이 글귀를 보면서 밥 딜런의 매니저인 앨버트 그로스맨(Albert Grossman)에게 마음을 빼앗겼어요. 전 그에 관해 들은 적이 있었거든요. 이유는 모르겠지만요.

BBC 방송국의 한 프로듀서가 그리니치빌리지에서 딜런을 보고는 이렇게 생각했대요. "오, 저 사람을 섭외해야겠군." 그리고 그가 누군지 사람들이 알아보기 전에 잉글랜드로 데려왔어요.

필립 새빌 Phillip Saville, 영국 출신 배우, 프로듀서, 감독

매드 해터(Mad Hatter, 뉴욕 웨스트 4번가에 위치한 바, 훗날 『프리휠링 밥 딜런』 앨범 커버로 쓰인 장소)에 있었던 기억이 납니다. 토니 패스터(Tony pastor's) 재즈 클럽 같은 이름으로도 불렸는데, 아마 그 클럽은 지하에 있었어요. 그곳에서 '짐머맨(Zimmerman)'이라는 사내의 음악을 들었죠.

전 그곳 지하에 앉아 이 젊은이가 연주하는 방법과 태도에 한참을 빠져 있었어요. 점심 먹는 것도 잊어버릴 정도였죠. 그는 몸에 하모니카를 달고 있었는데 연주 솜씨가 기가 막혔어요. 가사는 전부 약간의 정치적 성향을 띤 내용이었고, 옛날 블루스 스타일의 곡이었어요. 어

그리니치빌리지 포크 클럽에서 한 영국인 프로듀서 눈에 띤 무명 가수 밥 딜런이 텔레비전 드라마에 출연하기 위해 영국으로 날아왔고, 리허설을 마친 후 런던 포크 클럽에서 실력을 연마했다.

쨌든 그에게 간략하게 제 소개를 했죠. 바비는 매우 말이 없었어요. 물론 그가 하고 싶은 말들은 모두 그의 노래 속에 들어 있었죠.

몇 달 후, 전 BBC에서 연극을 하고 있었어요. 1962년이었네요. 우린 이 연극에 나오는 한 남자, 세상에 진저리가 난, 하숙집에 살면서 밖으로는 절대 나오지 않겠다고 다짐한 남자에 관해 이야기하고 있었어요. 『캐슬 스트리트에 위치한 매드 하우스(Mad House on Castle Street)』라는 작품이었는데, 극중에 무질서한 시인 역할이 있었어요. 저는 바비 짐머맨을 떠올리면서 이런 생각을 했어요. '이 시인 역할은 바로 그가 맡아야 해!'

그래서 전 그를 다시 찾았고, 앨버트 그로스맨과 연락이 닿았어요. 그리고 그에게 제가 원하는 걸 전부 말했죠. "그래, 좋아요. 밥도 좋아할 거예요." 그래서 우린 밥을 불렀고, 런던에 위치한 메이페어 호텔에서 만났어요. 1962년 가을이었죠. 당시 대부분의 젊은이들처럼 밥도 마리화나를 즐겨 피웠어요. 그는 진짜 무질서한 사람이었는지 늦은 밤 로비에 앉아 쉬면서 마리화나를 피웠죠. 소파 위에 다리를 올리고 마리화나에 불을 붙였어요. 물론 호텔 지배인은 길길이 날뛰었죠.

조니 골드 Johnny Gold, 유명 나이트클럽 사장, 트램프 런던점과 로스앤젤레스점 운영

런던에는 마리화나와 LSD가 많았지만 코카인은 없었어요. 몇 종류의 알약과 이 무시무시한 아밀질산염 약물은 오르가슴을 향상시켜 준다고 알려져 있지만, 썩은 계란 같은 냄새가 최악이었죠. 전 클럽에서 그런 약을 먹지 않았고, 그리고 모두들 자제하려고 노력했어요. 미국인 재즈 가수인 여자와 함께 살게 됐는데, 그녀는 모든 약을 다 하고 있었

어요. 전 뭘 하고 있는지 몰랐지만, 여섯 달 동안 정신이 나가 있었죠. 1963년이 마약 문화의 정점은 아니었지만, 호황기이긴 했죠. 근심 걱정을 없애 주니까요.

앤드루 루그 올덤 Andrew Loog Oldham, 롤링 스톤스를 발굴해 낸 선구적인 음악 산업 매니저

〈멜로디 메이커(The Melody Maker)〉지를 읽으면 딜런이 어떤 사람인지 알 수 있어요. 그의 첫 번째 앨범을 들어 보면 큰 변화의 가능성이 열리고 있다는 걸 알게 되지요(1962년, 딜런의 첫 번째 앨범인 『밥 딜런』은 콜롬비아 레코드를 통해 영국에서만 발매됐다). 음악은 그다지 새롭지 않았고, 단지 우리에게 얘기를 전달하는 듯했는데, 기존의 포크 가수들과는 전혀 달랐어요. 저는 곧장 그가 어디에 머물고 있는지 알아낸 후 문을 두드렸고, 그 안으로 들어갔어요.

그곳에는 밥 딜런과 앨버트 그로스맨이 있었는데, 나중에 딜런이 이렇게 말했죠. "그분이 오고 있는 낌새를 느낄 수 있군요." 음, 그날 그들은 서로를 감지하고 있었고, 저 역시 그들을 관찰하고 있었어요. 제 인생을 바꾼 엄청난 대화가 오갔던 걸로 기억해요. 그건 육체적인 것이자 함정이었죠. 마치 결혼처럼요. 그로스맨이 남편이었다면, 밥은 젊고 현명하고 매력적인 아내였죠. 무슨 말을 하든지 간에 그들은 서로 각자의 문장으로 시작하고 끝을 냈어요. 그들은 그들만의 암호를 가지고 있었죠. 그것이 뭐든 저는 그걸 원했어요. 제 삶을 바꾼 이십 분이었죠. 왜냐하면 4월에 롤링 스톤스를 만났을 때, 그들과 함께할 수 있는 게 뭔지 알게 되었거든요. 딜런과 앨버트와 함께했던 이십 분 덕분에 말이죠.

영국에서는 밥 딜런이 누군지 아는 사람이 없었기 때문에 제가 홍보 담당이 될 수 있었어요. 밥 딜런이 어땠냐고요? 지금이랑 비슷해요. 대화가 통하지 않는 사람. 자신이 어떤 사람인지 알고 있었어요. 살면서 스스로 깨닫게 된 거죠. 다른 사람하고 연주를 함께할 수 없으면 자신의 마음을 벗 삼아 연주를 하면 돼요.

필립 새빌 Phillip Saville, 영국 출신 배우, 프로듀서, 감독

나머지 배역이 정해지고 나서, 카메라 감독, 메이크업 담당, 코디, 프로듀서에게 전화하는 많은 사람과 작가 들까지 모두 모여 첫 만남을 가졌어요. 어쨌든 대본을 읽고 있었고 모든 것이 잘 돌아갔고, 밥의 순서가 되었죠. 그러자 모두가 돌아보면서 말했어요. "저 젊은 남자는 누구야?" 그때 갑자기 밥이 모두들 앞에서 이렇게 말했죠. "나는 이 대사를 못 말하겠어요."

그래서 제가 나섰어요. "좀 쉽시다." 그는 '이 대사를 못 말하겠'다고 했어요. 실제로 그가 한 말이에요. 대본에 대한 경멸의 뜻은 없었고, 그냥 그것을 할 수 없다고 말했어요. 그래서 우린 그를 한쪽으로 데리고 가서 물었죠. "네가 이 일을 하고 싶다고 말했었잖아?" 그가 대답했어요. "음, 난 배우가 아니야." 제가 말했죠. "이제 난 모르겠다!" 그는 배우가 되길 원치 않았어요. 많은 사람들이 (어떤 경우에서든지) 쇼 비즈니스 업계에서 일하게 되면, 카메라 앞에 서는 것을 좋아해야 해요.

작가인지 저였는지 아님 둘이 함께인지 모르겠지만, 우린 이렇게 말했죠. "두 부분으로, 학생들처럼 방 한 개를 나눠 쓰고 있는 두 친구로

만들어 보는 게 어떨까? 배우 한 명에게 대사를 모두 주고, 밥은 가끔 기타를 치면서 이렇게 말하는 거지, '오, 예.'"

로열셰익스피어컴퍼니(RSC, 세계 3대 극단 중 하나)에는 감정 표현이 능숙하며 말쑥하게 잘생긴 데이비드 워너(David Warner)라는 젊은 배우가 있었어요. 우리는 그날 오후에 급히 그를 찾아갔죠 그는 밥의 정체를 잘 몰랐지만, 그 이후에 그들은 아주 좋은 친구가 됐어요.

결국 밥은 마리화나 때문에 메이페어 호텔에서 나가라는 통보를 받았죠. 전 햄스테드에 약간 큰 집에서 살고 있었기 때문에 그에게 같이 살자고 제안했어요. 그는 모든 음악 장비를 챙겨 우리 집으로 들어왔죠. 그때 우리 집에는 두 아이 때문에 스페인 출신 젊은 가정부를 두 명 두고 있었어요.

어느 날 아침, 여섯 시 반이나 일곱 시쯤이었어요. 어디선가 기타 줄 튕기는 소리가 들렸죠. 실내복을 입은 채 자리에서 일어나 층계를 따라 걸었더니 그곳에 그가 있었어요. 층계 맨 위에 앉아서는 기타를 연주하면서 우리 집 두 가정부에게 노래를 불러 주고 있었죠. 그가 불렀던 곡이 뭔 줄 아세요? 「바람만이 아는 대답」이었어요!

전 그때까지 그 노래를 들어 본 적이 없었어요. 아무도 그 노래를 들은 적이 없었겠죠. 그야말로 저는 선택받은 몇 안 되는 사람 중 하나가 된 거였죠. 그 뒤에 우린 아침을 먹었고, 그에게 말했어요. "연극의 시작과 끝에 그 곡을 연주하면 정말 좋겠어요."

노먼 조플링 Norman Jopling, 영국 출신 음악 평론가

어느 어두운 평일 저녁, 맨체스터 광장에 있는 EMI 하우스에 가는 길

에 앤드루 루그 올덤과 마주친 일이 있었어요. EMI에 도착했을 때, 놀랍게도 열광적이면서 어느 정도 히스테릭한 상태의 여자애들이 떼를 지어 몰려 있는 걸 봤죠. 그날 저녁 그곳에 비틀스가 있었던 것 같았어요. 앤드루도 나도 비틀스를 만나려고 EMI에 방문한 게 아니었지만 그 여자애들을 보며 엄청나다고 느꼈어요. 이전에도 광팬들을 많이 봤지만, 이건 많이 달랐죠. 그들에겐 광채가 돌고 있었어요. 우리는 그 자리에 서서 소녀들을 바라보았죠. 그러고는 서로를 쳐다봤어요. 우린 뭔가 마술적인 일이 일어나고 있음을 즉각 알아챘죠. 한 주, 아니 좀 더 지나고 나서, 앤드루가 브라이언 엡스타인의 홍보 일을 맡았다는 소릴 들었어요. 그의 수완은 아주 비상했죠.

앤서니 콜더 Anthony Calder, 롤링 스톤스 홍보 담당자

저는 소호 폴란드 스트리트 가로등 아래에서 앤드루를 만났어요. 우리는 수다를 떨면서 함께 일해야 한다는 데 동의했죠. 그리고 홍보 회사를 차리게 됐어요. 아직은 단지 신출내기일 뿐이었지만요.

그때를 돌이켜 보면 사람들이 모두 마리화나를 피웠어요. 대마는 없었죠. 1963년에 전 코카인을 하고 있었어요. 그것을 구할 수 있었는데 당시엔 아무도 코카인엔 관심이 없었던 것 같아요. 그리고 플라밍고 클럽이 있었죠. 클럽에는 밤을 새우는 사람들과 나중에 클럽에서 시작해 업계에서 뜨기 시작한 수많은 배우들, 롱 존 밸드리 , 조지 페임, 로드 스튜어트, 맨프레드 맨(Manfred Mann)의 폴 존스(Paul Jones)가 있었어요.

사람들은 단지 홍보를 위해 우리에게 왔죠. 대단한 전략은 없었어

요. 아무도요. 단지 열심히 할 뿐이었죠. 뭔가 하고 싶다면 그냥 그걸 하면 됐어요. 우린 매스컴의 주목을 얻으려고 애를 썼죠.

앤드루 루그 올덤 Andrew Loog Oldham, 롤링 스톤스를 발굴해 낸 선구적인 음악 산업 매니저

1963년 1월, 마크 윈터와 함께 연출한 『정말 다행이야(Thank your lucky stars)』라는 텔레비전 프로그램에 비틀스가 출연했어요(이 프로그램은 1월 13일 일요일에 녹화했고, 그날 밤 딜런은 『캐슬 스트리트에 위치한 매드 하우스』라는 작품으로 BBC에 출연했다).

저는 존 레논에게 다가가서 이렇게 말했죠. "누가 당신을 맡고 있나요?" 당시 저는 런던에서 비틀스가 출연했던 텔레비전 스튜디오를 그만둔 상태였어요.

그들은 「플리즈 플리즈 미」를 홍보하고 있었죠. 브라이언 엡스타인은 리버풀이 런던과 멀리 떨어져 있었기 때문에 런던에도 홍보 담당자가 있어야 한다는 제 생각에 동의했어요. 그 당시에 사람들은 장거리 전화가 없었거든요. 저는 일거리를 얻었죠.

보시다시피 저를 좋아해 주고, 알게 된 모든 사람들은 메리 퀀트 밑에서 일했던 제 경력을 높이 샀어요. 그로브노 스퀘어에 위치한 보그 하우스(Vogue House)에 들어가는 방법도 알고 있었죠. 전 이렇게 말하고 다녔어요. "당신을 패션 잡지에 실리게 해 줄 수 있어요." 물론 가능할지는 의문이었죠. 나중에야 할 수 있는 걸로 밝혀졌지만, 당시에는 헛소리였고, 허세였어요. 그렇죠?

음, 전 비틀스랑도 일을 하게 되었고요. 밥이 누군지 아무도 몰랐기 때문에 고작 열흘 정도 하다 말았지만, 밥 딜런과도 일을 했죠. 제가

그의 정보를 입수할 수 있는 유일한 신문은 〈멜로디 메이커〉였어요.

필립 새빌 Phillip Saville, 영국 출신 배우, 프로듀서, 감독

전 밥이 음악가가 아니라 시인이라고 생각해요. 곱슬머리 소년이 읊어 댄 원래 문장 좀 보세요. 그는 저에게 멋진 구절을 읊어 줬어요. "나와 함께 길 위로 나와 진짜 인생이 뭔지 알아볼래? 너도 생각하면 알 수 있어."

밥이 리허설을 하고 있을 때, BBC에는 『모니터(Monitor)』라는 예술 프로그램이 있었어요. 책임자에게 전화를 해서 이렇게 말했죠. "이봐요, 난 밥 딜런이라는 젊은 시인과 일하고 있는데요." 그 프로그램은 상류 계급의 나긋나긋한 말씨를 쓰는 사람들이 운영하고 있었죠. "오, 그러신가요. 다시 전화 드리죠." 십 분 후 전화를 받았어요. "이런 제안을 해 주셔서 대단히 기쁩니다만, 우린 이미 딜런에 관한 다큐멘터리를 만들었어요." 몇 년 후, 그들이 만들었다는 다큐멘터리의 주인공은 밥 딜런이 아니라 딜런 토마스라는 사실을 알게 됐지요.

제가 연극을 올리자 큰 충격이 일어났는데, 밥 딜런 때문이기도 했지만, 권위에 반항하는 주제 탓도 있었어요. 당시 연극은 여전히 무대극 위주였지요. 하지만 우리가 올린 연극은 매우 특이하고 색달랐죠. 그런 차이는 반체제적인 의도도 다분히 깔려 있었어요. 저는 아내를 메리 퀀트에게 데려갔어요. 이미 비달 사순과 아는 사이였고, 그가 머리를 잘라 줬죠. 몇 시간 후, 샴페인 한 병을 사서 들어갔더니, 테렌스 스탬프와 마이클 케인이 거기 있었어요.

믿을 수 없는 에너지의 파도가 휘몰아쳤어요. 비틀스는 모두에게,

특히 젊은이들에게 활기를 불어넣어 줬지요.

지금 막 스무 살이 된 젊은 배우를 인터뷰했던 기억이 나네요. 그는 경험이 거의 없었어요. 제가 그에게 물었죠. "직업이 뭐예요?" 그가 대답했어요. "젊음이요." 그게 상품이었어요. 젊음 말이에요.

테리 오닐 Terry O'Neill, 1960년대를 기록한 작품으로 유명한 영국 사진작가

애비 로드에서 찍은 사진이 1면에 실린 다음 날, 신문이 완전히 동났다는 걸 알게 됐죠. 편집장은 충격을 받았어요. 비행기 추락 사건도, 전쟁도, 여왕의 기사도 아닌 단지 팝 그룹 때문에 신문이 매진됐으니까요. 그 당시 아무도 그들에 대해서는 들은 바가 없었지만, 기타를 멘 잘생긴 소년들이 젊은 세대에게 신문을 사 보게 한 거죠. 누가 믿을 수 있었겠어요? 편집장은 저를 불러 이렇게 말했어요. "가서 더 찾아와!" 그건 어렵지 않았어요. 모든 애들이 밴드에 들어가고 싶어 했던 시대였으니까요.

피터 프램튼 Peter Frampton, 더 허드, 험블 파이에서 활동한 영국 출신 음악가이자 작곡가, 가수

전 테리 니콜슨(Terry Nicholson)을 만났고, 우린 밴드를 결성했어요. 트루 비츠(True Beats)라고 팀명을 정했고, 기본적으로 섀도즈 음악을 연주했어요. 제가 행크 마빈(Hank Marvin, 섀도즈의 리드 기타리스트, 비틀스 이전에 영국에서 가장 성공한 밴드)에게 완전히 빠져 있었을 때는 울월스에 가서 안경을 사서는 행크 마빈과 비슷해 보이려고 안경알을 빼 버리기도 했죠. (갖고 있던 사진을 가리키며) 사진 속 중앙에 조그만 아이가 바로 저예요. 전형적인 사진이죠. 열세 살이었어요. 이 밴드는 제게 두

번째 밴드였죠. 그 후 비틀스가 히트를 쳤어요.

앨런 파커 경 Sir Alan Parker, 광고 카피라이터, 「벅시 말론」, 「페임」, 「에비타」, 「미시시피 버닝」 감독

1963년은 완전히 비틀스의 해였죠. 「플리즈 플리즈 미(2월에 발매한 싱글)」부터 쭉 비틀스 음악에 빠졌고, 전설의 4인방이 추천하지 않은 음악은 거의 듣지 않았어요. 그들이 영국을 순회하고 그 후 1964년에 미국을 순회했을 때, 어떤 기록을 갈아치웠는지 보기 위해 매일 신문을 샀어요. 우리는 아무리 바보 같은 소식이라도 덥석 받아들였죠.

로버트 크리스트가우 Robert Christgau, 미국 출신 록 음악 평론가

비틀스에 대한 이야기를 듣기 전부터 전 그들에 관한 글을 읽었어요. 〈새터데이 리뷰(The Saturday Review)〉 지에 영국 팝 그룹에 관한 기사가 실렸고, 그때 전 이 영특한 녀석들을 알게 됐죠. '이들은 아트 스쿨에 다녔으며, 지금은 로큰롤 밴드에서 활동 중이다.' 그래서 전 이렇게 생각했죠. "내 스타일의 사람들이군." 하지만 전 그들에 대해 들어 본 적이 없었어요. 저는 싱글 「그녀는 너를 사랑해(She loves you)」를 샀고, 지금도 여전히 가지고 있어요. 라디오에서 이 곡을 듣자마자 음반 가게로 달려갔죠. 지금까지도 제가 가장 좋아하는 비틀스 노래예요. 하지만 그 곡이 저라는 사람을 완전히 변화시켰다고 생각하진 않아요. 그 유행가가 히트하던 때에 이미 그 시대를 살고 있었기 때문이죠.

노먼 조플링 Norman Jopling, 영국 출신 음악 평론가

저는 팝 음악의 유행을 분석하길 좋아했는데, 제가 내세운 팝 이론의

대부분이 그랬듯이 1963년 R&B에 대한 제 이론은 단순했어요. 제 또래의 영국 청년들은 로큰롤의 정수를 했다기보다는 로큰롤적인 요소를 띤 음악을 했는데, 그러한 갈증을 R&B가 충족시켜 준 것이죠.

영국에서 R&B는 추가적인 여흥이었어요. 흑인들의 노래이자 가장 트렌디한 음악이었고, 이제 막 알려지기 시작한 첨단 장르였어요. 적절한 시기에 알려진 거죠. 1963년 말이에요. R&B는 대성공을 거뒀죠.

조지 페임 Georgie Fame, 재즈–블루스 뮤지션, 키보드 연주의 거장

방송에서 이런 음악을 틀어 주는 곳이 아무 데도 없었기 때문에 라디오 캐롤라인(Radio Caroline, 해적 라디오)이 생겨난 거예요. 로넌 오라힐리는 이렇게 말했어요. "내가 라디오 방송국을 만들어야겠어."

그가 처음 플라밍고로 내려왔을 때, 굉장히 충격을 받았어요. 플라밍고에는 온통 미군과 위스키에 빠진 놈, 매춘부 들이 득실거렸거든요. 백인과 귀족 몇 명이 다니긴 했지만 손님의 90퍼센트가 흑인 병사였어요.

로넌은 부유한 아일랜드 가정에서 자랐어요. 그는 옛 덴마크 연락선의 설계 도면들을 가지고 있었죠. 그는 이렇게 말했어요. "이건 노르웨이 피오르드에 정박되어 있군. 피오르드에서 견인해 와야겠어. 아무도 틀어 주지 않으니, 북해에 세워 놓고 좋아하는 음악을 전부 틀어 댈 거야." 그러자 모두들 그를 미친 아일랜드 놈이라고 생각했어요.

로넌 오라힐리 Ronan O'Rahilly, 아일랜드 기업가, 클럽 경영자, 라디오 캐롤라인 설립자

전 클럽을 열었고, 아무도 제가 좋아하는 음악을 방송해 주지 않았기

때문에 이름을 '씬(the Scene)'이라고 지었어요. 에릭 클랩튼, 조지 페임, 스톤스도 여기에서 공연을 했죠. 일링에 있는 어느 클럽에서 그들을 본 적이 있었는데, 그들에게 이렇게 말했죠. "여기서 밴드를 구했군요. 리허설 시간을 쏟았는데 상황이 심각해지면 절 찾아오세요."

브라이언 존스는 아주 훌륭한 음악가였지만 믹은 한 곡도 연주하지 못했어요. 그는 그냥 입술을 섹시하게 내밀고 방방 뛰면서 "날 좀 봐"라고 말할 뿐이었죠. 그는 여자에게 더 관심이 있는 것 같았고, 그냥 모든 것이 거저 굴러 들어온 것처럼 생각했죠.

의상은 텔레비전이나 라디오에서 맡았고 방송 시간은 음반사들이 쥐고 있었어요. 또 그들이 무슨 음악을 연주할지도 결정했죠. 음반사들과 정부는 기본적으로 이렇게 말하고 있었죠. "당신들은 우리의 방식대로 따라야 합니다." EMI나 데카 소속 얼간이들은 자신들이 음악계를 장악하고 있다고 생각했어요. 전 그들의 얼굴을 찰싹 때려 주고 싶었죠. 그게 아일랜드 방식이거든요.

전 더블린의 트리니티에서 기계 공학을 배웠어요. 저는 그들이 우리를 건드릴 수 없도록 해안에서 멀리 떨어진 곳에 배를 띄워 놓고 저만의 취향대로 방송을 해야겠다고 생각했어요. 하지만 그보다 더 큰 이유는 물 건너편이 훨씬 신호가 또렷했기 때문이죠.

노먼 조플링 Norman Jopling, 영국 출신 음악 평론가

그래서 여기 이 멋진 음악의 거대 저수지가 발견되기를, 이용되기를, 또 모방되기를 기다렸던 거예요. 백인 음악가들이 흑인들이 창조해 낸 음악에 내내 그래 왔던 것처럼.

"전 그들이 우리를 건드릴 수 없는 해안에서 떨어진 곳에 배 한 척을 띄워 놓고 제가 좋아하는 음악을 방송해야 겠다고 생각했어요. — **로넌 오라힐리**

에릭 스튜어트 Eric Stewart, 기타리스트, 작곡가이자 연주자, 10cc 리더

1962년 말, 우리 밴드 엠퍼러스 오브 리듬은 해체됐어요. 제가 기억하기로는 리드 보컬이 이렇게 말했어요. "우린 음악을 만들지 못할 거야." 그래서 팀은 쪼개졌죠. 전 맨체스터에 있는 오아시스 클럽에 처박혀 있었어요. 그냥 시간만 때우고 있었죠. 거기선 오디션이 많이 있었어요. 음반사들도 거기 있었고요. 그곳으로 간 것도 바로 그 때문이었지요. 친구 두 명이랑 클럽 커피 바에 앉아 있었는데, 웨인 폰타나 (Wayne Fontana)가 제 앞으로 다가왔어요.

그의 밴드인 웨인 폰타나 앤드 더 제츠(Wayne Fontana & the Jets)는 지방에선 인기가 있었지만, 음반 계약이나 뭐 그런 건 한 번도 해 본 적이 없었어요. 그는 행사나 바르미츠바에서 공연하고 있었죠. 우리 모두 그랬어요. 그가 갑자기 다가와서는 말했죠. "나 좀 도와줄래? 우리 팀 기타리스트가 사고가 났는데, 그 녀석 차가 고장 나서 올 수가 없대. 오디션을 봐야 하는데 큰일 났어. 나 좀 도와줘."

좋아. 그래서 어쩌라는 거지? 우린 모두 같은 노래를 연주하고 있었어요. 장비는 여기에 있고, 저기엔 기타가 있고, 그래서 바로 "딩가덩가!(diddley doo-da!)" 그렇게 우린 함께 연주를 했어요. 형편없었지만 모두가 듣고 싶어 했던 노래였죠. 연주를 끝내고 내려와 커피 바로 돌아가서 생각했어요. "좋아. 나도 저 녀석에게 답례를 받아야겠어. 술한잔 사라고 해야지."

그리고 얼마 후 그가 다시 왔어요. 그러곤 이렇게 말했죠. "에릭! 에릭! 나 계약했어! 이 년짜리 계약이야. 그런데 너도 같이하면 좋겠대." 저는 말했죠. "잠깐만, 나도 같이했으면 한다고? 난 너네 밴드가 아니잖아." 그가 말했어요. "음, 이제 너도 우리 밴드야. 이제 너도 제츠라고." 드러머 역시 우연히 방금 나타난 사람이었는데, 그도 원래 밴드 멤버가 아니었지만 함께 공연을 했어요. 이를 지켜보던 필립스의 음반 제작 감독이 우리 네 남자를 보곤 생각했죠. '저들이 뭔가를 해내겠군.'

우린 첫 앨범인 "안녕 조세핀(Hello Josephine)"을 냈어요. 록 버전으로 연주했고, 차트 46위권에 올랐죠. 우리 몸값은 하룻밤 사이에 15파운드에서 50파운드로 뛰어올랐어요. 히트곡을 가지고 있었기 때문에 거의 매일 밤 일을 했죠.

어느 날, 거리를 걸어가는데 막 개봉한 더크 보가드(Dirk Bogarde)의 스릴러 영화 『마인드 벤더스(The Mind Benders)』 홍보를 위한 커다란 포스터가 있었어요. 저는 웨인에게 말했죠. "제츠는 발음이 너무 재미가 없어. 웨인 폰타나 앤드 더 마인드벤더스(Wayne Fontana & the Mindbenders)가 어때?" 그래서 우리 이름이 활동 중반부터 마인드벤더스가 된 거예요.

우린 순회공연을 다니면서 소규모 공연도 계속했어요. 어딘가에서는 '디투어스(the Detours)'랑 같이 출연한 적도 있었어요. 그 후 디투어스는 '더 후'로 바뀌었죠.

그래험 내쉬 Graham Nash, 홀리스와 크로스비, 스틸스 앤드 내쉬 소속 뮤지션

1962년 12월, 우린 홀리스에 있었어요. 아, 우린 좋았죠! 1963년 초엔 캐번에서 공연하고 있었고요. 비틀스가 모습을 드러내고, 그들의 앨범이 수백만 장씩 팔리면서 음반 회사는 이렇게 생각했을 거예요. "쟤들

만 일등을 할 순 없어. 어서 가서 다른 밴드를 찾아보자고."

그들은 돈 냄새를 맡았어요. 잊으면 안 되는 게, 비틀스는 음반 한 장당 고작 1페니를 받았거든요. 우린 단지 음악을 만들고, 밥을 먹고, 섹스를 하고 있었죠.

테리 오닐 Terry O'Neill, 1960년대를 기록한 작품으로 유명한 영국 사진작가

음반 회사는 새로운 시장과 앨범, 휴대용 플레이어를 사는 데 돈을 써대는 현금이 있는 아이들을 위해 분주하게 움직였어요. 그래서 회사는 젊은 밴드를 필요로 했는데, 애들이 엘비스나 시나트라를 사진 않았으니까요. 데이브 클락 파이브 같은 밴드를 보세요. 키보드 연주 겸 보컬인 마이크 스미스 빼곤 다들 재능이 없었지만, 그들이 댄스홀에 모인 수천 명의 관객 앞에서 공연했기 때문에, 음반 회사가 그들에게 관심을 가졌던 거죠.

노먼 조플링 Norman Jopling, 영국 출신 음악 평론가

데이브 클락 파이브요? 음. 글쎄요. 마이크 스미스는 로큰롤 목소리와 잘 맞았지만, 다른 멤버들이 한 건 아무것도 없었어요. 두 해 전, 저는 꿈꾸던 직업을 얻었어요. 데이브 클락 파이브 같은 밴드 뒤에서 새로운 앨범과 악보를 종이에 썼지만, 저는 진지한 곡을 쓰고 싶었어요. 제가 해야 할 임무를 그제야 알아낸 거죠. 그건 바로 R&B 장르의 곡을 만들고, 〈레코드 미러(The Record Mirror)〉지에 실어 그 용어를 확산시키는 일이었어요. 제가 하고자 했던 건 좋아했던 음악과 예술가들에 관해 열변을 토하면서 마음껏 환호해 주는 일이었어요.

전 열아홉이었고, 약간 독선적이었는데, 제 의견이 한 번도 출판물에 반영되지 않았지만 제가 확실히 말할 수 있는 건 소위 말하는 영국인들의 R&B 운동이 소용없었다는 거예요. 전년도에 저는 '일링 재즈 클럽(Ealing Jazz Club)'과 '마르퀴(The Marquee)'에서 알렉시스 코너의 블루스 인코퍼레이티드에 들락날락하는 여러 보컬과 음악인 들을 따라다녔죠. 이 그룹의 사람들을 정기적으로 살펴봤지만, 단 한 명도 제가 원하는 딱 그런 느낌을 주지 못했기 때문에 기대나 실망감도 사라져 버렸어요. 결코 노력이 부족한 탓이 아니었어요.

1963년 4월 어느 날, 편집장이었던 피터 존스(Peter Jones)는 조르지오 고멜스키(Giorgio Gomelsky)에 관한 주제로 장광설을 늘어놓으며 절 괴롭혔어요. 조르지오는 러시아 망명자로, 1950년대 미국 재즈 씬에서 중요한 인물이었죠. 대부분 단명한 일련의 클럽 사업 중에서 그가 마지막으로 연 클럽이 '크로대디 클럽(the Crawdaddy Club)'이었는데, 리치먼드 큐 로드에 위치한 스테이션 호텔에서 일요일 저녁마다 문을 열었어요.

그 클럽에서 가장 최근에 매력을 끈 것은 사실 정기적으로 공연하던 팀인데, 롤링 스톤스라는 R&B 캄보(Combo, 소규모로 재즈나 댄스 음악을 연주하는 팀)였어요. 그들은 그레이트 윈드밀 스트리트에서 좀 떨어진 거리에 있던 조르지오의 피커딜리 재즈 클럽에서 두어 번 정도 공연한 적이 있었어요. 그러다가 로넌 오라힐리의 클럽에서도 밀어주게 됐고요. 조르지오는 롤링 스톤스가 광적인 열정을 가지고 있다고 믿었어요. 또 계약서를 쓰지 않은 스톤스의 비공식적인 매니저처럼 행동했고요. 문제는 피터가 R&B에 대해 쓰지 않는다는 거였어요. 그는 저에게 그에 관한 글을 떠넘겼어요.

피터가 옆으로 다가와 저를 내려다보면 저는 숨기에 급급했죠. 굉장히 아름답고 어려운 레이아웃을 디자인하느라 바쁜 척하면서요. 무슨 일이 다가올지 알고 있었어요. 조르지오는 피터를 성가시게 했고, 피터는 절 귀찮게 했어요.

"피터, 절 믿으세요. 영국의 모든 R&B는 쓰레기예요."

"그냥 걔네들 좀 만나 보면 안 되겠어?"

"쟤들이 뭐가 될지 뻔해요. 쟤들은 쓰레기가 될 거예요."

키스 리처드 Keith Richards, 기타리스트, 롤링 스톤스의 창립 멤버

비틀스가 리버풀에서 더 넓은 세계로 나왔을 때, 우리는 영국에서 미국 흑인 음악을 잘 알고 있는 사람이 우리만이 아닌 걸 알게 됐죠. 비틀스는 소울 지향적인 보컬 음색을 가지고 있었어요. 우린 블루스 연주에 관심이 많았지만 그와 동시에 도시 맞은편에서 무슨 일이 일어나고 있다는 걸 알게 됐어요. 그리고 그 주인공은 우리가 아니었지요. 우린 유행에 밝다고 생각했어요. 정말 그렇게 생각했죠. 리버풀이요? 꼴도 보기 싫어요!

노먼 조플링 Norman Jopling, 영국 출신 음악 평론가

편집장은 저에게 가장 심각한 총을 겨눴어요. "네가 R&B 전문가가 되어 줘야겠어." '되어 줘야겠다'는 총알에 저격당했고, 저는 항복해 버렸죠.

우리가 리치먼드에 도착했을 때, 스테이션 호텔 밖은 인파로 웅성거

렸고, 호텔은 꽉 차 있어서 들어갈 수가 없었어요. 우린 팔꿈치로 사람들을 밀치면서 앞으로 이동했죠. 여러 종류의 신문 기자들과 카메라가 보였는데, 그들은 조르지오를 만나게 해 달라고 요구했어요. 아수라장이 따로 없었죠. 그때 조르지오가 나타나서는 롤링 스톤스가 이미 공연하고 있던 장소로 우리를 그냥 밀어 넣었어요.

그들은 보 디들리 박자에 맞춰 그의 노래를 연주하고 있었어요. 전라이브 공연에서 그런 식으로 연주하는 걸 그때까지 들어 본 적이 없었죠. 그런 느낌도 처음이었어요. 공연장은 흔들렸고, 관객들은 모두 땀에 흠뻑 젖었으며, 소리는 벽에 부딪혀 튕겨 나오고 둥둥거리는데, 완전히 주체할 수가 없었어요. 음악은 저를 가장 높은 곳까지 들어 올린 채로, 곡이 이어지는 동안 내내 정신없이 빠져들게 만들었어요.

키스 리처드 Keith Richards, 기타리스트, 롤링 스톤스의 창립 멤버

전 블루스를 연주하고 싶었죠. 런던 출신 백인이고, 시카고 출신은 아니지만 블루스를 꽤 잘 이해하고 있었어요. 하지만 머디 워터스나 척 베리는 아니었죠.

우리가 하고 싶었던 건 그들의 음악을 이해하고, 그걸 우리만의 음악으로 소화시켜 사람들을 흥분시키는 거였어요. "이제, 진짜 음악을 들어 보라고!" 허무주의 선교사의 헛소리 같은 거죠. 다른 사람들의 흥미를 끌긴 했어요. "이제 우리 음악을 들었네요. 맘에 들어요? 드디어 당신도 진짜 재즈 연주가의 연주를 듣게 된 거예요!"

에릭 클랩튼도 마찬가지였고, 제프 벡(Jeff Beck)도 그랬죠. 모든 재즈 연주자들이 여기 있었어요. 피트 타운센드(Pete Townsend)도 그랬죠.

우린 그냥 영국 전역에 영국인들이 듣지 않았던 이 믿을 수 없는 음악을 퍼트리고 싶었어요 ……. 그리고 우린 그들에게 온 힘을 쏟아 최고의 음악을 선사했어요.

에릭 클랩튼 Eric Clapton, 가수 겸 기타리스트, '기타의 신', '블루스의 거장'

1963년 1월, 루스터스(the Roosters)에 합류했어요. 열일곱 살 때였죠. 그 밴드에 벤 팔머(Ben Palmer)라는 아주 중요한 인물이 있었는데, 그는 뭘 하고 싶은지, 왜 하고 싶은지에 대한 원칙을 아주 엄격하고 지독하게 정해 놨어요. 다른 멤버들에겐 재미있게 노는 게 전부였지만요.

우린 모두 같은 음악을 좋아했고, 그래서 레퍼토리도 일정했어요. 물론 무대 위에서 악기를 집어들 때는 그 레퍼토리 이상의 것을 바치곤 했죠. 호응을 얻기 위해서요. 우리가 어떻게 음악에 활기를 불어넣고, 관객에게 그걸 느낄 수 있게 하는가, 그게 바로 팝의 본질에 관한 거예요. 그런데 벤 팔머는 전혀 신경 쓰지 않았어요. 그리고 제가 합류했을 때, 그는 더 이상 무대 위에서 그 어떤 것도 바라지 않겠노라고 결심하고 있었죠. 결정을 내려야 할 때 핵심은 바로 이거예요. 내 원칙을 고수할 것인가, 아니면 가벼운 수준에서 원칙을 저버릴 것인가?

전 그에게 배운 원칙들로 목숨을 부지하고 있지요. 당신이 가장 잘 알고 사랑하는 걸 하세요. 그러면 잘될 거예요. 이게 저의 아주 단순한 철학인데, 그에게 배웠어요. 벤은 이곳을 떠나서 벌목꾼이 됐죠.

우리는 열심히 배울 준비가 되어 있었지만, 돈 문제로 결국 해체됐어요. 제가 합류했을 당시 리드 보컬이었던 폴 존스는 이미 맨프레드 맨에 영입됐고, 나중에 스타가 됐죠.

"열일곱 살부터 공연을 다녔어요. 클럽만의 사고방식이 있었고, 스톤스나 브라이언 오거 같은 아주 대단한 언더 그라운드가 있었어요. 우린 모두 클럽 뮤지션이었죠. 그 점이 맘에 들었어요. 클럽이 마치 저인 것처럼 생각했 죠." ― 에릭 클랩튼

그 후 전 케이시 존스 앤드 더 엔지니어스(Casey Jones & the Engineers)
에 영입됐어요. 우린 놀이공원에서 놀기 바빴죠. 함께한 6개월이 영원
할 것만 같았어요. 마지막은 진부하게 끝났죠. 갑자기 이런 생각이 들
었거든요. '이걸 계속할 수는 없어.' 제 친구 벤도 계속 말했죠. "왜 이
걸 하고 있는 거지?"

　당시 유명인들은 아직 궤도에 오르기 전이었어요. 시작도 못한 사
람들도 있었죠. 그리고 죄다 우리가 혐오했던 사람들이었어요. 비틀스
는 유명해지려고 애를 쓰고 있었죠. 아직 유명해지진 않았지만, 바로
그 직전이었죠. 제가 보기에도 조금만 더 하면 성공할 것 같았어요. 제
게 유명한 사람들이란 게임 프로 진행자 따위였고, 사람들은 그들을
좋아했어요. 전 그걸 명예라고 생각하지 않았죠. 명예는 프로그램이나
목록의 일부가 아니었어요.

노먼 조플링 Norman Jopling, 영국 출신 음악 평론가

스톤스의 멤버가 완전히 낯설지만은 않았어요. 멤버 두 명이 알렉시
스 코너(Alexis Korner)와 함께 가끔 공연한다는 것을 알게 됐고, 또 소
호의 올드 콤튼 스트리트에서 조금 떨어진 스타 카페에서 보컬을 여
러 번 마주쳤죠.

　믹 재거는 단순하게 'R&B 보컬'이라고 사람들에게 알려졌어요. 전
그의 공연을 보기 전에는 그저 농담이겠거니 생각했죠. 하지만 스톤
스가 함께 만들어 낸 소리는 단순히 코너 급의 병력이라고 할 수 없었
어요. 이건 마력(魔力)이었어요. 완벽한 R&B였는데, 시카고에서도 이
보다 더 신날 순 없을 거예요. 전 거의 충격 상태였어요. 처음 공연을

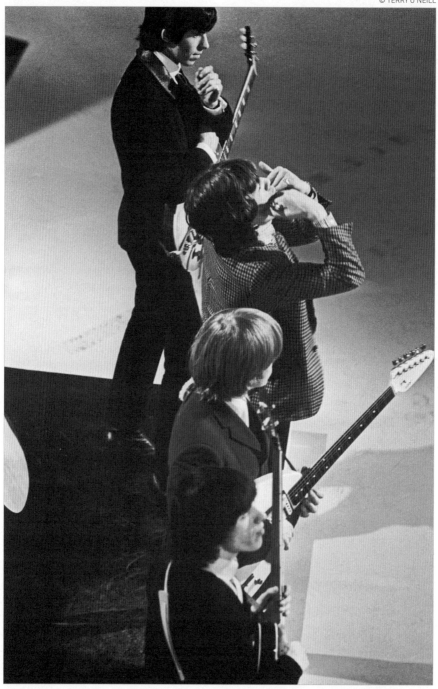

1963년 텔레비전에 출연했던 당시, 롤링 스톤스는 재킷에 타이를 맨 단정한 차림을 갖추려 했으나, 이내 그런 점잖은 이미지를 벗어 버렸다. 그런 복장은 그들의 음악과 태도에 맞지 않았다.

본 후 제 머릿속 스위치는 다시 켜졌고, 이윽고 생각이란 걸 하기 시작했죠. '백인도 R&B를 할 수 있어, 할 수 있다고!'

키스 리처드 Keith Richards, 기타리스트, 롤링 스톤스의 창립 멤버

믿을 수 없는 웅성거림은 계속됐어요. 우리 밴드가 유명해지고 있다는 걸 알게 됐죠. 비틀스는 우리와 몇 년 차이는 있지만 같은 세대였고, 이때는 어디서든 거품이 일었어요. 다른 밴드들 전부가 디투어스 (이후 '더 후'로 바뀌었다)와 게리 앤드 더 페이스메이커스를 좋아했어요. 그 당시 영국에는 기운이 솟구치고 있었어요. 아주 반가웠죠. 꽤 오랫동안 우린 빈둥거리며 기다렸으니까요.

노먼 조플링 Norman Jopling, 영국 출신 음악 평론가

공연이 끝나고 관객들이 흩어졌을 때, 무대 뒤에서 롤링 스톤스 멤버들이 느긋하게 걷고 있었고, 저는 멤버 한 사람 한 사람 소개를 받으면서 조르지오와 이야기를 나누며 서성거리고 있었어요. 가장 열정적인 인물이었던 브라이언은 제게 홍보를 하면서 가장 말을 많이 했죠. "우리를 위해 뭘 해 줄 수 있어요?" 그가 물었어요. 제가 뭐라고 했겠어요? "원하는 건 뭐든지"라고 했죠. 거짓말이 아니었어요.

우리는 밴에 올라탔고, 어느 프로듀서의 집으로 향했어요. 스톤스는 모두 악기를 집어 들고, 연주를 시작했죠. 술을 들이붓고, 모두가 휴식을 취하면서 긴장을 풀었어요. 전 이 사내들과 이야기를 나눴어요. 보컬이었던 믹이 몇 가지 악기에 능숙한 걸 보고 깜짝 놀랐죠. 그가 밴드에서 가장 어려운 일을 맡고 있었어요. 자신의 위치를 고수하면서 그

믿을 수 없는 소리들을 이끌고 있었던 거죠. 그날 저녁, 그는 예의가 바르고, 적당한 거리를 유지했어요.

전 거의 찰리와 키스하고만 이야기했는데, 저처럼 그들도 메리 웰스(Mary Wells)의 광팬이더라고요. 우린 「즐거워하는 소년(Laughing Boy)」에 대한 실망감을 이야기하면서 「당신의 원조자(Your Old Standby)」때는 다시 기량을 되찾을 거라고 기대했죠. 실제로도 그랬고요. 당시 모두가 나누던 대화는 이런 식이었어요.

다음 날 월요일, 저는 피터에게 스톤스가 얼마나 열광적이고 멋진지 전하면서 그들을 격찬하는 글을, 그리고 그동안 잘못 판단했던 점을 쓰겠노라고 했어요. 피터는 그 말을 듣고 아주 기뻐했죠.

제가 사무실로 돌아갔을 때는 수요일이었어요. 일단 쓰고자 하는 것에 대해 굉장히 신중해야 한다는 걸 분명히 느끼면서 기사를 쓰려고 했죠. 사실 그보다 더 신경을 썼던 것은 이 글이 단순한 기사가 아니라는 것, 이 기사에 대한 기대감이 있다는 점이었죠. 피터와 조르지오와 팀 전체의 기대감 말이에요. 게다가 〈뉴 레코드 미러〉 지에서 앨범 발매도 하지 않은 그룹에 대한 특집 기사를 다룬 것은 처음 있는 일이었거든요. 나중에 우리가 〈레코드 미러〉라고 불린 이유이기도 하죠.

롤링 스톤스의 커리어에서 언제 어떤 일이 일어났는지 연대표를 정리하기는 싫었어요. 저는 이미 많은 사람들의 추억을 질리도록 읽었기 때문이죠. 날짜가 계속 나오고, 누가 뭘 했고, 누굴 만났고, 아니면 어떤 말을 했고. 하지만 가장 중요한 것은 그룹이 잘되길 돕는 것이었어요. 그게 제 기사와 저의 목적이었죠. 피터 존스는 그가 가장 좋아하는 의자에 앉아 소호에 있는 드 헴스 바에서 그 주에 있었던 재미있는 사건들에 대해 떠들었어요. 브라이언 엡스타인과 NEMS(North East Music Store, 브라이언 엡스타인이 운영하던 음반 가게) 직원들을 포함해서 앤드루 루그 올덤에게 장광설을 늘어놓고 있었죠. 평소처럼 앤드루는 보도 기사 때문에 바빠 보였고, 피터는 그에게 롤링 스톤스를 체크하라고 어드바이스를 했어요. 아직 음반을 내지도 않은 그룹에 대해 우리 칼럼에서 이렇게 열정적으로 다루는 것은 처음이라는 언급과 함께요.

앤드루 루그 올덤 Andrew Loog Oldham, 롤링 스톤스를 발굴해 낸 선구적인 음악 산업 매니저

시민권 운동이 진행 중이었던 미국과는 달리, 그 당시 영국에서는 정치적인 변화의 기운이 크게 감돌지는 않았어요. 물론 영국은 훨씬 더 모험적이었지만요.

베트남 전쟁의 대학살, 그로 인한 반전의 물결이 미국의 음악과 문화에 영향을 끼쳤다는 사실은 놀라웠어요. 그게 차이였죠. 그때 영국은 그저 목표 없는 십 대들, 피임약뿐이었어요. 그냥 모든 게 장난이었죠. 저는 열아홉 살이었고요.

앨런 파커 경 Sir Alan Parker, 광고 카피라이터, 「벅시 말론」, 「페임」, 「에비타」, 「미시시피 버닝」 감독

1963년이 시작될 무렵에는 우리가 그다지 정치적이라고 생각하지 않았어요. 베트남이나 앨라배마에서 일어나고 있는 일들보다는 그저 비틀스의 새 앨범에 더 관심이 있었죠.

사이공 승려의 투신 보도보다는 영화 『007 살인 번호』에서 물 밖으로 걸어 나오는 우르슬라 안드레스(Ursula Andress)의 사진이 더 관심을 끌었어요. 그때까지도 우리는 우리의 삶과 진짜 현실, 진짜 정치와

는 단절이 있었다고 생각했어요. 영국 총리인 맥밀란(Macmillan)은 죽은 쥐로 만든 코트를 입었죠. 만약 당신이 더플코트를 입고 있었다면, 아마도 CND(핵무기 철폐 운동) 행진에 참여했을 거예요.

당시엔 프러퓨모 사건이라는 엄청난 스캔들이 있었어요. 전쟁에 참전한 우리나라 수상이 소련 해군 무관과 한 여자를 공유했다는데, 한창 냉전 중일 때 벌어진 스캔들이었죠. 하지만 국회에서 거짓말하던 프러퓨모나 냉전국의 해군 장교의 이야기는 우리에게 그다지 흥미롭지 않았어요. 그러나 정치인의 대저택(국회 첫 여성 의원이기도 했던 낸시 애스터(Nancy Astor)의 클리브덴 대저택)에서, 다 알 만한 여자애들이 정치인과 섹스를 했다는 것에 우리는 완전히 넋이 나갔죠. 모든 상류층의 사람들이 줄줄이 연루되어 있을 거라고 생각했어요. 아버지는 매일 선정적인 이야기를 보기 위해 〈데일리 미러〉를 샅샅이 뒤졌어요.

맨디 라이스 데이비스 Mandy Rice-Davies, 모델 겸 배우, 작가

이야기의 발단은 킬러를 두고 플라밍고 밖에서 일어난 치정 싸움이었는데, 얼마 후 총기 사고로 이어졌죠. 그리고 나서 런던 사교계에서 영향력 있는 친구들을 우리에게 소개해 줬던 스티븐 워드의 공판이 있었죠(경찰은 워드를 맨디 라이스 데이비스와 크리스틴 킬러에게 매춘을 알선해서 '부도덕하게 번 돈으로 생활했다'는 혐의로 기소했다. 그는 자신의 마지막 공판이 치러지기 전날 밤, 치사량의 약물을 복용했다).

그때는 차를 어디에 세워도 불법주차라고 단속을 당하지 않던 때였어요. 하지만 기득권자들은 어떻게든 트집을 잡아서 다른 사람에게 뒤집어씌우려고 했어요. 그 누군가는 정부와 상류층을 곤란한 상황에

처하게 한 대가를 지불해야만 했으니까요.

전 칠 일 동안 감옥에서 지냈어요. 유효 기간이 지난 운전 면허증을 갖고 있었기 때문인데, 범죄를 저지른 건 아니었어요. 경찰은 절 처벌하고 싶어 안달이 났어요. 그러더니 이번에는 텔레비전 절도범으로 기소하려고 했는데, 전 이미 피터 라흐만이 죽기 전에 그 집에서 나왔기 때문에 전혀 관련이 없었죠. 전 집을 나온 상태였고, 그 집에는 렌트한 텔레비전이 있었어요. 그가 자물쇠를 바꾸는 바람에 그 집에 들어가고 싶어도 들어갈 수가 없었죠.

경찰은 샅샅이 조사한 끝에 고작 이 년 동안 저와 알고 지낸 남자 다섯 명을 찾아냈어요. 1961년 3월 말에 피터네 집으로 이사를 한 뒤, 1962년 10월까지 아무 데도 가지 않았어요. 전 몸을 파는 여자애긴 했지만 콜걸이 아니라 그의 정부였죠. 100퍼센트 정부 말이에요.

스티븐 워드의 재판에서 제가 빌 애스터 경과 섹스를 한 적이 있다는 발언을 했을 때, 전 정말이지 판사에게 화가 났어요. 판사가 이렇게 캐물었어요. "피고(스티븐 워드)가 같은 집에 있는데도 다른 방에서 성관계를 했다는 뜻입니까?"

이 질문을 듣고 저는 참지 못하고 화를 내버렸어요. 판사는 제가 법정 모독을 했다고 위협하더군요. 화가 완전히 가신 건 아니었지만, 그게 절 좌절시키진 못했죠. 저는 즉시 손을 씻고, 스스로 일자리를 구했어요. 당장에 노래 부르는 일을 시작했죠. 제게 수치를 주겠다는 기득권층의 노력은 바람대로 되지 않았어요. 전 부끄럽다고 느끼지 않았으니까요.

대중은 '섹스'라는 행위가 공개적으로 드러났다는 사실을 재밌어 했어요. 더군다나 상류층의 섹스 스캔들이었으니까요. 더 이상 그들이 구름 위에 사는 고귀한 사람처럼 보이지 않았죠.

키스 리처드 Keith Richards, 기타리스트, 롤링 스톤스의 창립 멤버

전 정말로 다른 애들이랑 노는 걸 좋아했어요. 사람들은 우리가 몰두하면 독보적인 뭔가를 만들어 낼 거라고 생각했지요. 우리는 한 군데서 활동했는데, 재즈를 하는 녀석들이 모든 클럽을 장악하고 있었기 때문에 공연을 따내기가 어려웠어요. 예를 들어 '잉크병(Inkpot)'이란 이름의 클럽은 거지 같은 지하실이었어요. 천장에서 비가 새기도 했고, 지하철역 바로 옆에 있어서 열차가 지나가면 음악 소리가 묻히곤 했죠. 엄청난 번식지이기도 했어요. 그 클럽에 오는 사람들은 매우 절박해 보였어요. 왜냐하면 뭔가를 얻어 내지 않으면 지하 감옥에 일부러 찾아온 의미가 없으니까요.

무대는 피아노 한 대와 앰프 두 대로 꽉 찼어요. 아주 작았죠. 물방울이 뚝뚝 떨어졌어요. 그런 곳에서 공연할 수 있다면 엄청난 학습 장소인 거죠.

우린 리치먼드 스테이션 호텔에 있는 크로대디에서도 연주했어요. 앤드루 루그 올덤이 우릴 보러 온 장소였던 것 같네요. 그는 캐스팅을 하던 도중 우릴 발견했고, 앤드루는 기본적으로 여섯 번째 아니 일곱 번째였나, 뭐 어쨌든, 롤링 스톤스의 멤버였어요.

빌 와이먼 Bill Wyman, 베이시스트, 롤링 스톤스의 창립 멤버

1963년에 전 스물여섯 살로, 다른 사람들보다 나이가 많았죠. 전 하늘

을 날아 본 적이 있었어요. 다른 애들은 비행해 본 경험이 없었고 그래서 전 그들을 진정시켜야 했죠. 우리는 모든 사람들이 우리 주위에서 뭔가를 하도록 만들었고, 사람들이 스타킹을 신는 대신 미니스커트와 타이츠를 입는 것처럼 무언가 변하고 있다는 걸 깨달았어요. 하지만 사람들은 변화가 시작됐다는 걸 눈치 채지 못했죠.

우린 이게 무엇인지, 얼마나 지속될지, 얼마나 특별한 것인지도 모른 채 무엇인가에 빨려 들어가고 있었어요. 아마추어들이었죠. 그냥 날마다 앞에 놓인 일들을 해치웠어요. 우린 반항아가 될 계획도, 패션 종사업자나 사진작가가 되어야겠다는 계획도 없었어요. 사람들은 단지 새로운 생각을 가지고, 자신들의 일상적인 일을 하고 있었던 거예요. 사전에 계획된 것도, 계획을 짠 것도 아니었죠. 그냥 일어난 거라고요.

1963년 3월에 우린 녹음실로 갔고, 다섯 시간 동안 다섯 곡을 뽑았어요. 멋진 블루스 곡이었죠. 음반 회사 일곱 군데로 보냈지만 모두 거절당했어요. 관심이 없었던 거죠. 심란했어요. 우린 그 음악들이 정말 맘에 들었는데, 아무도 좋아하지 않았어요. 세상에, 우린 다시 클럽으로 돌아가야 했어요. 그때 비틀스가 우릴 보러 왔고, 친구가 됐어요. 그들이 기획자와 대중 매체 관계자 들한테 우리에 관한 이야기를 해 줬죠. 엄청난 도움을 준 거였어요.

앤드루 루그 올덤 Andrew Loog Oldham, 롤링 스톤스를 발굴해 낸 선구적인 음악 산업 매니저

1963년 4월, 롤링 스톤스를 처음 만났을 때, 그들은 대체로 귀찮은 존재였어요. 왜냐하면 전 언론사에 있어서 너무 행복했거든요. 입고 싶

은 옷은 전부 다 가질 수 있었고, 사교 활동엔 정말 관심이 없었어요. 제가 원했던 직장 생활을 누리고 있었죠. 아시다시피 전 이들에게 책임감을 느껴야 했는데, 어쩔 수 없었죠. 제 말은, 그래야만 했다는 거예요.

피터 존스는 노먼 조플링이 아직 앨범 발매도 안 한 어느 밴드에 관해 쓴 기사에 대해, 그들을 위해 인쇄를 했다는 것이 정말로 희한한 일이라고 말했어요. 그래서 전 그들의 음악을 들어 봐야 했죠. 정말 신경도 안 썼는데, 제 말은 진짜 R&B 따위에는 하나도 관심이 없었는데 말이에요. 어쨌든 어느 일요일에 리치먼드로 그들을 보러 가야 했어요.

4월쯤이었던 것 같은데, 4월 말쯤이요. 빌 와이먼과 전 그게 21일이었는지 28일이었는지 항상 입씨름을 하죠. 공연을 하던 스테이션 호텔로 들어가려면 횡단보도를 건넌 후 철로 옆길 아래로 내려가야 했는데, 거기에서 상당히 매력적인 커플이 싸우고 있었어요.

제가 지나갈 땐 싸움을 멈췄다가, 지나가고 나니 다시 싸우기 시작했어요. 그리고 공연장으로 들어가는 줄이 없어지자 이 그룹이 나타났는데, 싸우던 남녀 중 한 사람이 믹 재거라는 걸 알았죠.

이 중산층 학생들이 이러한 저급 클럽에서 노예들의 음악을 하고 있다는 사실이 그냥 우습다고 생각했어요. 구멍 난 스웨터를 입고 있는 중산층 예술학교 학생들에게 공연 장소는 그냥 큰, 상당히 큰 공간이었죠.

하지만 제가 스톤스의 매니저가 되고 싶어 한다는 걸 직감했어요. 음악을 하는 사람들을 맡는다는 것은 다시 말해 그들에게 일을 줄 수 있느냐 하는 문제이기 때문에, 전 정말 자격이 없긴 했어요. 제 말은,

아시다시피 "네가 신문에 나오도록 해 줄 수 있어"라고 말할 수 있어야 하지만, 그렇게 하면 뭐가 좋은 거죠? 전 공연할 곳을 원했고, 음반 발매를 원했고, 매니지먼트를 맡길 원했어요.

조지 페임 Georgie Fame, 재즈-블루스 뮤지션, 키보드 연주의 거장

우리는 재무나 음반 발매에 대해 아무것도 몰랐어요. 사람들은 "네가 곡을 녹음하고 싶으면 그걸 발매해야 해"라고 말했죠. 이게 사실이긴 하지만 우리가 음반을 발매할 수 있다는 얘기는 하지 않았어요. 업계에서 자리를 확실히 잡은 음반사로 가야 한다고 생각했고, 늘 그랬듯이 그들은 정해진 멘트처럼 이렇게 말했어요. "계약 조건입니다. 당신은 노래를 만들고, 우린 그걸 출시합니다. 그래서 저작권에 대한 50퍼센트는 우리 몫이고, 나머지 50퍼센트는 당신 몫입니다." 레논과 매카트니처럼 두 사람이 곡을 쓰면, 거기서 나눠서 각자 25퍼센트씩 갖게 되는 거예요. 아무도 우리에게 100퍼센트를 가질 수 있다고 말해 주지 않았어요. 심지어 존 레논과 폴 매카트니는 본인들의 초창기 곡들의 저작권을 갖고 있지도 않아요.

앤서니 콜더 Anthony Calder, 롤링 스톤스 홍보 담당자

앤드루가 돌아와서는 블루스 밴드와 계약할 거라고 했어요. 그래서 전 이렇게 말했죠. "우리가 왜 블루스 밴드를 관리해야 하는데?" 그게 스톤스였죠. 믹과 키스는 쓰레기 더미 같은 곳에 살고 있었는데, 몇 주 동안 씻지도 않은 접시들이 높이 쌓여 있었어요.

앤드루 루그 올덤 Andrew Loog Oldham, 롤링 스톤스를 발굴해 낸 선구적인 음악 산업 매니저

브라이언 존스는 누가 봐도 명백한 리더였고, 제가 인정한 유일한 사람이기도 해요.

저는 파트너가 될 만한 사람을 찾느라 분주히 돌아다녔어요. 제일 처음 브라이언 엡스타인에게 갔지만 그는 제 말을 제대로 듣지 않았어요. 그는 잠재적 파트너로서 홍보할 사람을 고용할 준비가 되어 있지 않았죠. 그 후 〈멜로디 메이커〉의 한 저널리스트로부터 에릭 이스턴(Eric Easton)이라는 중개인에게 리전트 스트리트에 위치한 일주일에 4파운드짜리 사무실을 얻을 수 있다는 정보를 듣게 됐어요.

전 스톤스를 보여 주려고 에릭 이스턴을 데려왔어요. 그리고 나서 스톤스는 다음 수요일에 웨더비 암즈라는 곳에서 연습하고 있었고, 브라이언 존스는 모두와 계약을 했어요.

키스 리처드 Keith Richards, 기타리스트, 롤링 스톤스의 창립 멤버

1963년에 제게 가장 중요했던 일은 처음으로 녹음실에 들어간 사건이었죠. 녹음을 한다는 것은 굉장히 어려운 일이었어요. 그 당시 뮤지션들에게 음반을 내기 위한 과정 중 가장 힘든 게 무엇보다 녹음실에 들어가는 것 그 자체였거든요!

불행한 운명이라는 느낌도 있었는데, 녹음 계약을 맺으면 녹음 작업을 달랑 이 년만 할 수 있었기 때문인지 그런 기분이 들었어요. 기본적으로 그랬어요. 그래서 어느 정도는 그때를 염두하고 있었죠. "앨범을 만든다니, 정말 환상적인 일이로군. 그러나 고작 24개월 동안만 우리의 것일 뿐이야."

사진작가 테리 오닐은 말쑥한 모습의 비틀스나 기타 다른 밴드들과 차별을 두기 위해, 런던의 틴 팬 앨리 앞에 서 좀 더 강렬하면서도 날렵한 스타일의 롤링 스톤스를 사진에 담았다.

그러나 우린 LP의 힘을 느껴 본 적이 없었어요. 그때까지 모든 건 히트 싱글에 기본을 두고 있었죠. 모든 곡이 그랬어요. 육 주마다 새로운 히트곡을 선보여야 했어요. 그리고 서너 곡을 차트 순위에 올리지 못하면 끝나는 거죠.

앤드루 루그 올덤 Andrew Loog Oldham, 롤링 스톤스를 발굴해 낸 선구적인 음악 산업 매니저

키스가 맞게 이해했지만 또 잘못 이해한 것이기도 해요. 그래요. 당신이 추구했던 것, 음반 회사에서 당신에게 준 것, 당신이 싱글을 냈고 그 음악이 성공했다면 회사는 또 다른 싱글을 내 주고, 또 잘되면 회사는 EP를 만들어 줘요. EP는 45rpm이랑 같은 크기에 값은 두 배나 비싸고, 속도가 45에서 33으로 3분의 1가량 느려지기 때문에 한 장에 4곡이 실려요. 맞죠?

그래서 당신이 만약 잘한다면 회사는 LP를 만들어 줄 거예요. 롤링 스톤스는 EP를 만들고 난 후 싱글 차트 9위에 올랐는데, 이 말은 사람들이 6실링이 아니라 11실링을 주고 음반을 산다는 뜻이 돼요. LP가 예술가들을 구했죠. 예술가들 또한 단 삼 분짜리 싱글과는 달리 자신의 특징을 전체적으로 들어 보면서 제대로 인식할 수 있게 하는 LP에 고마워했을 거예요.

에릭 클랩튼 Eric Clapton, 가수 겸 기타리스트, '기타의 신', '블루스의 거장'

우린 모두 뭔가를 느꼈어요. 우리 모두가 갔던 클럽은 '일링' 클럽이나 '마르퀴'예요. 거긴 정말 멋졌어요. 진정한 음악을 보여 주려고 했죠. 그때 전 정말 애송이였는데, 앤드루 루그 올덤이 스톤스를 봤던 장소

인 '크로대디'에서 그들의 공연을 봤을 때가 제겐 멋진 순간이었어요.

매주 일요일이면 그들은 리치먼드에서 공연을 했어요. 보 디들리와 척 베리 음악을 연주했죠. 우리 모두 개인적으로 스톤스를 보고 있었고, 비틀스도 그들을 보러 왔어요. 이 사내들은 모두 같은 옷을 입고 있었어요. 검은 가죽 옷에 같은 헤어스타일을 하고 있었죠. 우린 모두 서로 다른 헤어스타일을 했는데, 그때 나타난 사내들은 모두 비슷하게 보여야 했어요. 모두 같은 옷을 입고 있었고, 누군가가 그들에게 어떤 식으로 옷을 입을지에 대해 말하고 있었어요. 바로 브라이언 엡스타인이었죠. 전 경멸감을 느꼈어요. 그들은 큰돈을 벌고 싶었고, 돈 버는 방법을 알고 있었죠.

비틀스는 경쟁자에 관해 알아보려고 온 거였어요. 하지만 우리 모두를 사로잡은 건, 지금도 여전히 그렇지만, 음악에 대한 사랑이었고, 우리가 듣고 있는 음악이었어요. 그게 모든 걸 좋게 만들었죠. 제 경멸감은 어리석었어요. 하지만 경멸감을 느낀 부분은 그들이 어떻게 보였고, 어떻게 행동했느냐에 기반한 것이었고, 우리가 함께 앉아서 이야기했다면 척 베리나 머디 워터스에 관해 논했을 거예요.

빌 와이먼 Bill Wyman, 베이시스트, 롤링 스톤스의 창립 멤버

믿을 수 없겠지만 우린 너무 순진했어요. 사진작가들도 똑같아요. 음악가나 팝 아트도 똑같죠. 더 후, 카나비 스트리트, 킹스 로드, 그리고 모든 가게들. 우린 전문가가 되려고 노력했어요. 아마추어에서 전문가로 넘어가고 있었죠. 다들 경제적으로 여유가 생겼어요. 브라이언과 키스는 그렇게 궁핍하지 않았어요. 찰리는 6월인가 7월에 일을 그만

됐고, 전 앤드루 루그 올덤을 만나고 나서 다른 일을 그만뒀어요.

저는 전문가가 됐어요. 그리고 이렇게 생각했죠. "이 일을 할 거야. 만약 잘 안 되면 다른 일을 하면 되지. 난 자격증이 있고, 수학을 잘하고, 공군에서 병역 의무를 마쳤잖아. 그러니 난 해낼 수 있어." 제가 아는 모든 사람들이 말했어요. "하지 마! 모든 게 힘들어질 거야. 연금도 받아야 하고, 안정된 직장을 구해야지." 하지만 전 모두의 말에 수긍하지 않았어요. 물론 식구를 부양하는 일이 가장 큰 위험 요소였지요.

조지 해리슨도 앤드루에게 이렇게 말했어요. "리치먼드에 당신이 봐야 할 밴드가 있어요." 우린 4월에 올덤과 계약했고, 음반 계약과 녹음 계약을 했어요. 하지만 당시에 우린 녹음을 해야겠다는 혹은 텔레비전에 출연하고 세계 순회공연을 하겠다는 꿈을 꿔 본 적도 없었어요. 그저 우리가 원할 때, 우리가 원하는 방식으로, 원하는 것을 했죠. 그냥 늘 입던 옷을 입고 나와서 여느 때처럼 공연했어요. 기획사에서 그랬죠. "우린 다신 너희랑 계약하지 않을 거야. 여자애들이 춤추고 싶어 할 만한 음악을 연주하지도 않고, 화장도 안 하고, 기타 색깔도 전부 제각각이야. 너흰 쓸모없어."

처음 〈레코드 미러〉 지에 우리 기사가 크게 실렸을 때, 무릎에 잡지를 펴 놓고는 누군가가 절 알아봐 주길 기대하면서 열차에 한참을 앉아 있었어요. 정말 자랑스러웠거든요. 누가 알아봐 주길 기다렸다니, 정말 순진했던 거죠.

노먼 조플링 Norman Jopling, 영국 출신 음악 평론가

비틀스, 앤드루 루그 올덤, 그리고 저. 우리 모두 4월에 '크로대디'에

서 그 그룹을 봤어요. 앤드루는 그 후 빠르게 움직였죠. 5월 초에 제가 쓴 기사(그들에 관한 최초 논평이자 음악 전문 기자가 쓴 첫 번째 기사)가 나올 때까지 올덤과 에릭 이스턴은 이미 그들에 대한 기본 계획을 세웠고, 그룹을 관리하겠다는 계약을 체결했어요. 얼마 되지 않아서, 데카 레코드사와 테이프 임차권 계약(음악의 저작권이 일정 기간 동안 음반 회사에 임차된다는 계약)을 했어요. 그 당시 데카는 비틀스를 거절했던 걸 쓰라리게 아쉬워하고 있었거든요.

2면에 롤링 스톤스의 기사가 실린 〈뉴 레코드 미러〉 지는 5월 8일 시중에 대대적으로 깔렸어요. 그날 오후 대형 음반 회사 네 곳 중 세 곳에서 전화가 왔는데, 어디로 가면 그 그룹과 만날 수 있는지에 대해 물어보더라고요. 제가 알기론 앤드루 루그 올덤이 그들을 관리하고 있으니 그와 얘기해 보라고 말해 줬죠. 그러면서 조르지오도 아직 그들의 매니저일지 모른다고 생각하고 있었죠.

앤드루 루그 올덤 Andrew Loog Oldham, 롤링 스톤스를 발굴해 낸 선구적인 음악 산업 매니저

사실 조르지오가 스톤스와 음반 계약을 했거나 혹은 어떤 우선권을 가지고 있었다고는 알고 있었어요. 그렇죠? 그래서 전 그를 쫓아내야 했어요. 제가 리치먼드로 가서 그들에게 반해 버렸을 때, "그런데 우리한테 해결해야 할 문제가 있어"라고 말하는 사람은 아무도 없었어요. 우리가 이들을 정말 좋아하고 그들과 계약하길 원한다는 걸 확인하고서야, 그들은 이렇게 말했죠. "그런데 우리한테 약간의 문제가 있어. 브라이언이 이미 우리 대리로 다른 계약서에 서명했어."

브라이언이 계약에 서명한 유일한 사람이었죠. 우린 브라이언 존스

"재거는 그냥 'R&B 보컬'로 대중들에게 알려졌어요. 그의 공연을 보기 전까진 그저 농담이겠거니 생각했죠. 하지만 그의 공연은 마력을 지니고 있었어요." — 노먼 조플링

에게 돈을 벌어다 줄 다른 팀에 합류하기 아주 좋은 기회가 있고, 그와 함께해서는 롤링 스톤스에 미래가 없다는 말을 하려고 미리 연습해 놨어요.

"날 꽁꽁 묶어 둘 수는 없어요. 여기 90파운드를 돌려줄게요." 그가 말했고, 조르지오는 계약을 파기했어요.

노먼 조플링 Norman Jopling, 영국 출신 음악 평론가

앤드루가 조르지오를 의도적으로 내쫓은 건지 아닌 건지는 추측할 뿐이죠. 어쨌든 의심은 가죠. 모함하는 건 올덤 방식이 아니었어요. 그렇게 하는 행동은 자신을 깎아내리는 일이라고 생각해 왔으니까요. 1963년 4, 5월은 그룹의 커리어에 가장 중요한 때인데, 앤드루가 계약하고 나서 이들을 데리고 데카를 만났기 때문이죠.

키스 리처드 Keith Richards, 기타리스트, 롤링 스톤스의 창립 멤버

우리가 만나서 계약을 맺은 그 남자는 일전에 비틀스를 거절했었죠. 그는 비틀스에게 노래 한 곡을 시켜 볼 수도 있었는데, 그냥 보내 버렸대요. 그는 우리를 싫어했어요! 우리의 음악이 어떤 것이고, 앞으로 어떤 영향을 미칠 것인지에 대해 아무 생각이 없었어요. 사실 기성세대였기 때문에 우리 음악을 좋아할 리가 없었죠. 하지만 같은 실수를 두 번은 하지 않겠다는 의지로 우리와의 계약을 성사시켰을 거라고 생각해요.

데카에서 비틀스를 거절한 사건은 모두 알고 있죠. 뭐랄까, 그 음악을 들었더라면 당신도 그들을 거절했을 거예요.

비틀스는 한 번 더 거절당했는데, 결정권을 가진 남자가 리버풀에서 온 비틀스와 에섹스에서 온 그룹, 브라이언 풀 앤드 더 트레멜로스(Brian Poole & the Tremeloes) 중 한 팀과 계약하려고 했기 때문이에요. 그런데 에섹스에서 온 밴드가 리버풀에서 온 밴드보다 계약 조건이 더 좋았나 봐요.

스톤스는 데모 테이프가 없었어요. 우린 독자적인 방식으로 거래했어요. 우리가 비용을 대서 음반을 공급해 주고 저작권 사용료를 더 많이 받는 거죠. 비틀스도 곧바로 계약을 했는데, 그들은 1.5~2퍼센트를 받고 있었어요. 우리는 6~7퍼센트를 받았고, 우리가 받은 것에서 롤링 스톤스에게 그들의 몫을 떼어 줬어요.

제가 이 방법을 어떻게 알았냐고요? 필 스펙터같이 제가 인정하는 사람들이 하는 방법이었거든요. 크리스 몬테즈(Chris Montez)라고 「춤을 춥시다(Let's Dance)」를 부른 아티스트가 있었어요. 그가 영국에 왔을 때, 제가 그를 대신해서 그의 매니저를 만났죠. 그런데 그 매니저가 곡을 쓰고 앨범을 프로듀스하고 노래를 내놓았더라고요. 크리스 몬테즈는 오로지 노래만 불렀어요.

이 방식이 새로웠다는 말을 하는 것이 아니에요. 이런 일이 처음은 아니었거든요. 우린 베이커 스트리트에서 떨어진 어느 뒷골목에 위치한 낡은 올림픽 스튜디오로 가서 녹음을 했어요. 전 그들에게 말했죠. "당신이 생각하기에 가장 상업적이라고 생각하는 노래 서너 곡을 내게 주세요. 그럼 우린 그 곡을 녹음하겠어요." 그러자 그들은 척 베리의 곡인 「컴 온(Come on)」을 골랐어요.

빌 와이먼 Bill Wyman, 베이시스트, 롤링 스톤스의 창립 멤버

비틀스, 서처스(Searchers), 애니멀스, 데이브 클락 등 당시 모든 밴드들은 이삼 년 정도 버틸 거라고 예상했었어요. 그것도 행운이 따라야만 말이죠. 브라이언과 키스는 한 번도 직업을 가져 본 적이 없었어요. 전 심각하게 걱정하진 않았죠.

밴드는 늘 다른 직업을 염두에 둬야 했어요. 밴드로 사는 건 멋지지만 일시적인 활동일 테고, 그게 끝나면 우린 평범한 일상으로 돌아가야 했죠. 모두가, 심지어는 레논과 매카트니도, 모두 음악 활동이 일시적인 거라고 생각했어요.

태풍의 눈 안에 들어와 있는 것 같았죠. 돌이켜 보니 우린 바로 그 중심에 있었는데도, 주변에서 일어나고 있는 일에 대해 정말로 무지했어요.

메리 퀀트 Mary Quant, 영국의 패션 디자이너, 미니스커트의 창시자

비틀스는 대단히 좋은 고객이었어요. 그들은 옷, 모자, 미니스커트 등 모든 걸 잔뜩 사 갔어요. 아주 멋지고, 상냥했고, 재미도 있었죠.

우리는 도로 아래에 조금 멋진 아파트를 가지고 있었어요. 그 집들 중 한 곳이 댄스홀이었는데 파티를 열기에 좋은 장소였죠. 사람들이 공연하고 춤추고 놀았어요. 그들도 꽤 자주 들렀죠.

많은 친구들이 음악인이고 사진작가였으니 파티가 종종 열리곤 했어요. 우리가 이 씬을 독점하고 있다는 느낌을 받을 수밖에 없었어요. 모든 게 완전히 새로웠고, 달랐죠. 사람들은 멋진 차를 가지고 있었어요. 재규어 E 타입 같은 그런 거요. 전 새로운 컬렉션을 줄줄이 디자인하고 팔았어요. 늘 다음 신상품과 소품 들에 공을 들였고, 새로운 것을 만들어 냈죠.

영원히 사라지지 않는 흥분의 시간이었고, 사실 조금은 뒤처지지 않을지 약간 공포스럽기도 했어요. 음악이든 뭐든 간에 그 시대에 활동했던 사람이라면, 누구라도 그런 압박을 느꼈을 거예요.

노먼 조플링 Norman Jopling, 영국 출신 음악 평론가

그해 봄, '머지비트(Merseybeat, 리버풀 출신 밴드 비틀스를 위해 머지 강 강둑에 세워진 음악 전문 잡지가 붙여 준 용어)'라는 용어가 영국 팝을 장악하고 있었어요. 비틀스의 두 번째 싱글 「플리즈 플리즈 미」가 2위에 올랐고, 이들의 NEMS 동료인 게리 앤드 더 페이스메이커스의 데뷔 싱글 「하우 두 유 두 잇(How Do You Do It)」이 비틀스를 이기고 1위를 차지했어요.

그러고 나서 5월 초, 비틀스의 「프롬 미 투 유(From Me to You)」가 1위에 오르면서 다시 자리가 바뀌었죠. 다음으로 비틀스의 「비밀을 알고 싶니(Do Yon Want to Know a Secret)」라는 곡이 차트에 오를 준비를 하고 있었어요.

그해 4월, 사진작가 데조 호프만(Dezo Hoffmann)은 리버풀 스코우스랜드에서 어떤 일이 일어나고 있다는 사실을 편집장에게 겨우 납득시켰어요. 증거가 산더미처럼 쌓여 있었죠. 비틀스의 LP는 이미 1위를,

싱글은 2위를 차지한 상태였고, '토미 로(Tommy Roe)/크리스 몬테즈' 순회공연을 지원하던 이들이 저명인사로 승격되었죠. 언제 어디에서 든 이미 소녀 팬들은 소리를 지르고 있었어요.

그래서 소규모의 NRM 팀은 리버풀행 열차를 탔어요. 데조는 우상의 사진을 담은 릴을 가지고 오는데, 심지어 지금도 현실적인 매력이 뿜어져 나와요. 다림질하는 폴, 차를 만드는 존, 그리고 캐번에 내려가 머리를 자르는 사진도 있어요. 거기에 덤으로 팬 수십 명과, 다른 여러 리버풀 밴드들의 사진도 있죠.

피터 눈 Peter Noone, 허먼스 허밋의 가수 겸 작곡가

전 맨체스터 교외의 엄스턴에 있는 할머니 댁에서 지냈는데, 저와 우리 팀 베이스 연주자는 뒷마당과 들판에서 음악을 들었어요. 어느 날 우린 할머니 댁에서 나와 들판을 가로질러 산울타리를 넘었는데, 그곳에서 비틀스가 연주하고 있었죠. 의회에서는 그들을 여름 정기 공연에 명단을 올려놓은 상태였어요. 비틀스는 이미 유명해서 자신들의 레퍼토리를 연주했어요. 그리고 전 "빌어먹을!(Shit!)"이라고 말했어요. '와우(Wow)'는 그때 사전에 없던 말이었거든요(여전히 만화책에서나 볼 법한 말이네요). 베이스를 연주하는 친구 녀석은 이렇게 말했어요. "우린 개판이었네." 그는 장비를 이미 메고 있었어요. 전 이렇게 말했죠. "쟤들 하는 거 보고 배워서 매일 연습하자."

저는 비틀스를 보고 깨달았어요. 일 년이 채 못 되어서 우린 미국 차트에 진입했어요. 프로가 된 순간이었죠. 그렇게 된 거예요. 그들이 자신을 표현한 방식이 제게 영감을 주었어요. 사람들은 이미 모든 음악

"비틀스를 봤을 때가 뭔가 해결되는 순간이었어요. 그 후 일 년이 채 못되어 우린 미국 차트에 진입했어요. 우린 일 년 동안 365번 콘서트를 했죠. 비틀스는 우리를 허접하다고 생각했어요. 우리 같은 수준이 아니었어요."
— 피터 눈

을 알고 있어요. 그건 굉장히 좋은 거예요. 능수능란했죠. 모두가 춤을 춘다거나 뭐 그러고 있었어요. 당시 존 레논이 그 밴드의 리더였죠. 그가 대장(Herman)이었고, 나머지는 그냥 멤버(Hermits)였어요. 그들은 양복을 입었고 부츠를 신고 있었어요. 모두 잘 차려입고 밴을 타고 떠날 준비를 했어요. 그들은 그냥 너무 신나게 열정적이었어요. '젠장,' 저는 생각했어요. '저렇게 하는 거군.'

뭔가 깨닫게 된 그 순간 이후, 매일 연습을 했죠. 우리는 심각해졌고, 다른 사람들도 마찬가지였어요. 저는 멤버들을 이끄는 키스 홉우드(Keith Hopwood)에게 말했죠. "넌, 일을 그만둬야 해." "무슨 소리 하는 거야? 난 전화 엔지니어야." 그가 말했죠.

전 직업이 없었어요. 여전히 학교를 다니고 있었죠. 우린 억세게 운이 좋았는데, 티트링햄이라는 여자분이 이웃들의 원성에도 불구하고 자기네 앞방에서 연습할 수 있도록 허락해 줬어요. 고작 열여섯 살이었지만 나이가 더 많은 남자들을 쥐고 흔들었죠. 남성 밴드에서는 늘 그래요. 누군가가 전부 장악하죠. 전 다른 애들보다 더 많이 배웠고, 좀 더 혈기 왕성했어요. 게다가 부모님이 만들어 준 은행 계좌도 있었거든요. 가끔씩 우린 하루에 두 번 공연하기도 했어요. 맨체스터 광장에서 점심시간에 공연을 했더니, 여자애들이 그 시간에 춤을 추러 왔어요! 물론 우리도 그렇게 했고요. 저녁엔 공연을 하러 리버풀로 갔어요. 전 늘 운전을 했어요. 운전면허는 없었지만, 제 밴이 있었죠. 우린 돈을 벌려고 토요일 내내 신문과 맨체스터 유나이티드 축구 경기 프로그램을 팔았어요. 우린 신문을 집어서 건네주고 프로그램을 집어주면서 토요일 밤엔 공연장에 도착했어요. 정말로 북부 지방 노동자 계급이 하는 짓이었죠.

그래험 내쉬 Graham Nash, 홀리스와 크로스비, 스틸스 앤드 내쉬 소속 뮤지션

1963년 5월 말쯤에 BBC 라디오국에서 녹음을 하기 위해 런던으로 내려갔어요. 생방송 무대였죠. "앗, 도입부 부분을 망쳤는데, 다시 하면 안 돼요?"라는 건 결코 있을 수 없는 상황이었어요. "지금 생방송이라고요. 생방송!"

전 침대 일곱 개가 딸린 방에서 묵었어요. 우린 그 당시 돈이 없었고, BBC에선 숙박 지원을 하지 않았어요. 우린 팔로폰(Parlophone) 사에 계약이 되어 있는 상태였죠.

거기서 삼 일 정도 머물렀어요. 애비 로드에서 녹음이 있었죠. 오전에 세 시간, 오후에 세 시간 녹음하고 휴식 시간을 가졌어요. 세션이 끝나면 한 여성분이 다과와 작은 돈 봉투를 내왔어요. 실제로 우린 애비 로드에서 돈을, 그러니까 급료 봉투를 받았어요. 이 시간이 제일 좋았죠. 우린 음악을 만들고, 차도 마시고, 돈도 받았죠.

애비 로드에 있는 모든 음악 기사들은 작업복을 입고 있었고, 모든 장비엔 위생 처리가 되어 있었어요. 애비 로드에 머물고 실제로 녹음한 것은 미친 짓이었어요. 우리 첫 히트곡은 그곳에서 첫 녹음을 할 때 만들어진 거예요. 애비 로드에서 우린 앨범 전체를 녹음했어요.

피터 눈 Peter Noone, 허먼스 허밋의 가수 겸 작곡가

우린 프로듀서를 만나러 런던으로 갔고, 라이브 테이프를 틀었어요. 그런데 테이프가 거꾸로 재생이 되는 거예요. 그가 이렇게 말했죠.

"이봐, 너희가 어디서 왔든지 간에 다시 돌아가라고. 내 시간을 뺏기 전에 이 미친 테이프의 작동 방법을 알아 와." 정말 공격적이었어요. 너무 화가 나서 이 일을 때려치울 뻔했죠. 우리가 그들에게 얼간이처럼 보인 거예요. 제가 생각해도 바보 천치 같았죠.

다음 기회가 왔을 때 전 이렇게 말했어요. "그 사람들한테 가지 말자. 그들을 우리가 공연하는 곳으로 부르자." 그때 미키 모스트가 말했어요. "싫어, 너희가 연주하는 걸 들으려고 맨체스터로 가진 않을 거야."

그래서 다시 말했죠. "우리가 표를 사 드리고 미들랜드 호텔에서 묵도록 예약해 놓을게요." 호텔은 맨체스터 광장에 있었어요. 가 본 적은 없었지만 그 장소에 있는 걸 알고 있었죠. 그래서 미키는 알겠다고 했고, 올덤에 있는 '비치콤버(the Beachcomber)' 클럽으로 왔어요. 우린 클럽에 온 모든 여자애들한테, 유명한 미국인 음반 프로듀서가 우릴 보러 왔다고 말했죠. 물론 그는 미국인이 아니지만, 미국인처럼 보이게 하고 올 줄 알았어요. 그는 원래 그런 사람이었으니까요. "소리 질러!" 우린 여자애들한테 말했어요. 그래서 노래를 부르는 동안, 완전히 부적절한 부분에서 관객들 모두가 소리를 꽥꽥 질러 댔어요. 한심한 일이었지만, 미키는 그런 걸 좀 좋아했어요. 그는 이런 모습을 보고 우리를 런던으로 데려갔죠.

도로 북쪽으로 코번트리와 버밍엄 사이 A5 고속도로에 블루 보어라는 카페가 하나 있어요. 버밍엄을 거쳐 런던에 갈 때마다 지나칠 수밖에 없는 곳이죠.

많은 밴드들이 거기에서 약속을 잡곤 했어요. 블루 보어(the Blue

Boar) 카페에서 크림(Cream)의 멤버인 잭 브루스(Jack Bruce)와 로버트 팔머(Robert palmer)를 알게 되었어요. 사십 년이 지나 로버트 팔머를 우연히 만난 적이 있어요. "블루 보어에서 우리가 만났을 때, 사람들이 전부 샌드위치 같은 거 만들고 있었던 거 기억나?" 남부 사람들에게 샌드위치라는 뜻의 '버티(Butty)'를 북부 사람들은 베이컨을 부르는 말로 써요. 영국인 모두 공통으로 이 음식을 먹었어요.

우리 밴드에는 터프가이가 한 명 있었어요. 우리한테 시비를 거는 사람이 나타나면 제 어머니의 커피 테이블 다리를 뽑아 덤벼들었죠. 우리가 피시 앤드 칩스 가게에 갔을 때, 머리가 길다는 이유로 모든 사람들이 우리를 때려눕히고 싶어 했어요. 믿을 수 없는 일이었죠. "너희가 여자야, 남자야?" 그래서 우리는 대답했죠. "넌 이런 테이블 다리를 가지고 다니는 여자애를 본 적 있나?" 그러고는 마지막엔 경찰을 만나게 되죠.

어쨌든 우리가 런던에 도착했을 때 일이에요. "다음 주 일요일 아침 녹음실 예약되나요?"라고 미키가 물었어요. "잠깐만요. 정오에 애니멀스가 예약했네요. 오전 아홉 시에 올 수 있어요?" 멍청이같이 우린 그러겠다고 했어요. 오후 세 시로 예약했어야 했는데. 그럼 샤워나 뭔가를 하며 여유 있게 갈 수 있었을 텐데 말이에요. 우리는 맨체스터 어딘가에서 공연을 마치고 밤새 운전해서 아침 아홉 시에 녹음실로 갔어요. 그리고 열두 시에 애니멀스가 왔어요.

힐튼 밸런타인 Hilton Valentine, 애니멀스의 기타리스트

우린 한 세션, 즉 세 시간 동안 앨범 절반을 끝냈어요. 블랙풀(영국의 북

동 지역 도시)에서 내려오는 도중이었죠. 토요일 밤 콘서트를 하고 있었고, 다음은 와이트 섬(영국의 남부 연안에 위치)에서 일요일 밤 공연이 잡혀 있었어요. 그래서 블랙풀에서 런던까지 밤새 이동해서 녹음을 하고, 다시 여섯 시간 동안 밴을 타고 와이트 섬까지 간 다음, 공연하는 곳까지 페리를 타고 갔어요. 우리가 녹음할 때, 소리의 균형을 맞추는 데 상당한 시간이 걸렸어요. 하지만 시간이 얼마 없어서 우리가 연주했던 걸 다시 들어 볼 수조차 없었죠. 그리고 미키는 이렇게 말했어요. "됐어. 다음 곡 갈까?"

"멋있으려고 애쓰지 않았어요. 생각조차 안 했어요. 멋있어 보여야 하는 그 순간을 생각하긴 했죠."
— **키스 리처드**

Part Three

이봐, 널 보러 갈 거야

이봐, 농담하는 거 아니야

이봐, 너에게 보여 줄 거야

난 네 것이고, 넌 내 것이라는 걸

— 롤링 스톤스

1963년 여름, 세상은 변하고 있었다.

케네디 대통령은 미국에 시민권 법안을 통과시키겠다고 약속했고, 독일을 순방해 50만 베를린 시민들 앞에서 최근에 세운 베를린 장벽에 대해 비난했다.

마틴 루터 킹은 링컨 기념관 계단에서 「나는 꿈이 있습니다」를 연설했으며, 크렘린은 처음으로 여성을 우주로 보냈다.

우편번호 제도가 미국에 도입되었고, 마블 코믹스(Marvel Comics)는 만화 시리즈 《엑스맨(X-Men)》을 발간했다. 영화 역사상 가장 비용이 많이 들었지만 사면초가에 몰린 영화 『클레오파트라(Cleopatra)』도 마침내 개봉되었다.

영국은 여전히 프러퓨모 사건에 시달리고 있었고, 대중은 영화 『대열차 강도(Great Train Robbery)』에서 도망치는 강도의 대담함에 경탄했다.

그리고 젊은이들의 반란은 그 기세가 대단했다.

밥 딜런의 앨범 『프리휠링 밥 딜런』이 그해 봄 영국에서 엄청난 성공을 거두었다. 미국 차트에서는 시들했지만 자신의 음악을 평가받아 보겠다는 심산으로 TV 토크쇼 『에드 설리번 쇼(The Ed Sullivan Show)』를 그만두고 뉴포트 포크 페스티벌에 참여하거나, 8월에 열리는 워싱턴 행군에서 존 바에즈(Joan Baez)와 노래를 부르면서 전국에 유명세를 떨쳤다.

체제 전복적인 새로운 팝 쇼였던 『레디, 스테디, 고!(Ready Steady Go!)』가 영국 상업 텔레비전에 들어오면서 말 그대로 전통이 흔들렸다.

롤링 스톤스는 첫 싱글을 발매했고, 비틀스 열풍이라는 말이 생겨났다.

보수적인 음반 회사들은 결국 기업 내부의 구조 변화를 의식하게 되었고, 양복과 넥타이를 벗어 버렸다. 그리고 온건한 미국 음악을 리메이크하지 않는 인재들을 찾아 지방 도시를 누비기 시작했다.

생동감
Alacrity

1963년 봄과 여름 내내, 직관적이고 열망적인, 그리고 욕정에 가득 찬 젊은이들에게서 뿜어져 나오는 막을 수 없는 힘이 영국의 관습과 순응을 거부하고 있었다. 처음에 그것이 못마땅하고 초조했던 부모, 정치인, 사업가들도 결국 이 불가피한 변화에 백기를 들었다. 보수적인 음반 회사는 새로운 시장을 개척하려 했고, 텔레비전 방송국은 최고의 시청률을 내려고 경쟁했으며, 영화 제작자들은 칼과 샌들을 섹스와 미니스커트로 바꿨다.

노먼 조플링 Norman Jopling, 영국 출신 음악 평론가

플라밍고가 신나는 클럽이긴 했지만, 왜 그랬는지 거기서 완전히 마음이 편치는 않았어요. 하지만 그해 5월에 맘에 쏙 드는 클럽을 하나 찾아냈죠. 문을 연 지 한 달밖에 안 된 '씬'이라는 클럽이었죠. 소호에 있는 그레이트 윈드밀 스트리트에서 떨어진 햄 야드라는 작은 마을에, 〈레코드 미러〉 사무실에선 오 분도 채 걸리지 않는 위치에 있었어요.

그곳은 아일랜드 기업인이자 몽상가였던 로넌 오라힐리와 그의 동업자이자 상냥한 남아프리카인 라이어넬 블레이크(Lionel Blake)가 함께 운영하고 있었어요. 라이브 공연으로 관객을 끌어들이는 특징이 있었고, R&B를 기본으로 연주해야 한다는 음악 방침이 있는 곳이었죠. 그런데 운영 허가증이 없었어요.

햄 야드를 어슬렁거리다가 씬 클럽의 거무칙칙한 입구를 발견했고, 입구에 서 있는 두 남자에게 제 소개를 했어요. 씬은 그다지 크지 않고 지저분했으며, 구석구석은 진짜 암흑처럼 캄캄했어요. 술이 제공되지 않는 바 하나와 댄스홀, 그 정도였죠. 그곳은 거의 늘 절제되어 있었어요. 편안하고 수수하고 완전히 가식이 없는 분위기였죠. 음악에 초점을 맞춘 곳이었기에, 뻔뻔하게 유행을 따른다거나 노골적으로 멋지게 차려 놓진 않았어요. 모두가 똑같은 것을 좋아하고 있었는데, 문제가 있다면 그 뿐이었죠. 옷을 잘 차려입든 단출하게 입든 관계없이, 그냥 자기가 원하는 대로 입을 수 있었어요.

그곳은 이성을 만나기 위한 부킹 클럽이 아니었어요. 일반적으로 그곳엔 여자애들보단 남자애들이 훨씬 많이 있었죠. 다음 해, 아마도 18개월쯤 됐을 무렵, 씬 클럽은 런던에서 가장 열광적이고 인기 있는

클럽이 되었어요. 씬에서 라이브 공연을 하는 밤은 아주 멋졌죠. 제가 생각할 때 영국 역대 최고의 블루스 목소리를 지닌 크리스 팔로우 앤 드 더 썬더버즈(Chris Farlowe and the Thunderbirds)의 공연, 플라밍고에서 전속 공연 중이던 조지 페임 앤드 더 블루 플레임스도 여기서 라이브 공연을 했어요.

6월엔 롤링 스톤스가 매주 목요일마다 총 네 번, 씬에서 공연했죠. 그리고 공연 일정은 좀 불규칙하긴 했지만, 루스터스가 에릭 클랩튼과 톰 맥기네스(Tom McGuinness)의 피처링으로 함께 공연했죠. 에릭은 케이시 존스 앤드 더 엔지니어스와도 공연했어요. 그해 가을, 순회공연 중이던 보 디들리가 마치 신이 강림한 것처럼 씬에 나타났죠.

저는 거의 매주 토요일 아침 사무실에 들어갔는데, 어느 토요일, 당시 씬의 디제이였던 녀석이 저를 한쪽으로 데려가더니 귓속말로 에릭이라는 애가 진짜 뛰어난 블루스 기타리스트라고 말해 줬어요. 전 에릭이 너무 멋져 보이는 바람에 그냥 그가 싫어졌어요.

며칠이 지나자 너무 부끄러웠죠. 그래서 언젠가 공연을 마치고 발이 묶인 에릭을 제 스쿠터 뒷자리에 태워 런던 남부에 있던 그의 거처 근처로 데려다줬어요.

빌 와이먼 Bill Wyman, 베이시스트, 롤링 스톤스의 창립 멤버

5월 10일, 첫 앨범을 녹음했어요. 그때까지는 모두들 일을 하고 있었기 때문에 저녁에 녹음을 했죠. 두 시간 정도 걸렸어요. 녹음을 하는데 오래 걸리진 않았죠. 우린 실력 있는 밴드였거든요.

"우린 첫 앨범을 싫어해요. 라이브로 그 음악을 연주하기를 거부했어요. 우리가 듣기에 소리가 좋지 않아서 연주하지 않았어요. 우린 그런 식으로 돈 만드는 기계가 아니거든요." — **키스 리처드**

앤드루 루그 올덤 Andrew Loog Oldham, 롤링 스톤스를 발굴해 낸 선구적인 음악 산업 매니저

굉장히 지독한 일이었어요. 녹음하는 거요. 별로 좋지 않았어요. 세 시간 만에 끝났죠. 그 당시엔 모든 것을 세 시간 안에 해치워야 했어요.

그들은 너무 신경이 예민했는데, 아시다시피 전 분명 녹음 프로듀서는 아니었지만, 녹음한 결과물을 음반 회사로 보냈고, 발매를 언제 하면 좋을지 매주 화요일에 회의를 했어요. 그리고 비틀스를 거절했던 딕 로우(Dick Rowe)라는 남자를 만나게 됐어요. 그들은 녹음 상태가 별로 좋지 않다면서, 데카 스튜디오에서 재녹음할 것을 권했죠.

우리는 망했다고 생각했어요. 데카 스튜디오에서 재녹음한 결과가 성공적이면 우리의 독립 제작 거래와 앨범에 관한 지배력은 무용지물이 될 것이고, 결국 제 꿈도 날아가 버릴 거라고 생각했죠. 그들은 비틀스처럼 될 거였고, 우린 단순한 매니저로 전락하고, 그들은 데카에서 직접 녹음하는 아티스트가 되는 거예요. 그래서 전 "신이여, 제발"이라고 기도하면서 녹음실에 앉아 있었어요. 왜냐하면 전 독립 제작자가 되어서 음반 회사에 지시하고, 앨범을 넘겨주면서 이렇게 말하고 싶었거든요. "이봐, 이건 다음 싱글이야."

다행히도 재녹음 시도는 실패했어요. 우리가 했던 것보다 진짜 훨씬 별로였거든요. 그래서 그들은 우리 앨범을 택했죠. 우린 독립적으로 거래했는데, 이것으로 우리의 가까운 미래가 설계되었지요. 롤링 스톤스의 남은 미래도 함께 설계된 거죠.

노먼 조플링 Norman Jopling, 영국 출신 음악 평론가

롤링 스톤스는 예측했던 대로 「컴 온」이라는 타이틀 곡으로 첫 앨범

을 선보였는데, 제 귀에는 사실 가장 실망스러운 곡이었죠.

브라이언 존스가 정기적으로 〈레코드 미러〉 사무실에 드나들면서 그의 전문 분야였던 R&B의 모든 문제에 관해서 머릿속에 든 모든 지식을 끄집어낸 덕분에, 그를 통해 알아낸 스톤스의 최신 정보를 특집 기사로 썼어요.

스톤스에 관해 첫 번째로 썼던 기사와는 반대로, 이번 글은 지나치게 과장된 홍보성 글이었죠. 「컴 온」은 그야말로 그들의 마력을 담고 있지도 않았고 그런 척하는 것도 불가능했어요. 저는 신문에다 그들의 앨범을 헐뜯을 수도, 열변을 토해 낼 수도 없었어요. 그래서 이렇게 썼죠. '이 앨범은 외우기 쉽고, 간명하면서 상업적으로 잘 만들어졌지만, 대중들이 시간을 내어 들을 만큼의 광적인 R&B 사운드는 아니다. 이들은 소규모로 차트 진입을 해야 하는 상업적인 블루스 그룹이다.'

키스 리처드 Keith Richards, 기타리스트, 롤링 스톤스의 창립 멤버

우린 6월 7일에 발매한 첫 번째 앨범이 맘에 안 들었어요. 그 음악을 라이브로 연주하는 것 자체를 거부했죠. 좋은 소리를 낼 수가 없었기 때문에, 그 곡을 연주하지 않았어요. 우린 그런 식으로 계획된, 돈 찍는 기계가 아니었죠.

그게 제가 하는 일이에요. 전 앨범을 만들죠. 라이브로 연주할 수 없다면 그 곡을 녹음하지 않겠다고 생각했어요. 우린 늘 그런 방식에 반대해 왔거든요. 어쨌든 우리는 그 앨범이 부끄러웠는데, 20위 안에 들었죠. 신곡을 녹음했을 뿐인데, 기록을 하나 세운 거예요. 결국 스튜디오로 들어가서 영혼을 팔아야 했어요. 바로 그때 우린 선택의 기로에

"롤링 스톤스는 그냥 거리에서 흔히 보던 사내들이었어요. 처음 우리가 돈을 받았을 때, 우린 모두 나가서 새 기타를 사고 비틀스 부츠를 샀어요." — **키스 리처드**

놓여 있었죠.

앤드루 루그 올덤 Andrew Loog Oldham, 롤링 스톤스를 발굴해 낸 선구적인 음악 산업 매니저

그래서 다음 무대는 이들이 R&B로 언급되는 것을 넘어 어떻게 언론의 주목을 받게 만들 것인가였어요. 저는 플릿 스트리트에서 가장 영향력 있는 사람 중 한 명인 팻 돈캐스터(Pat Doncaster)라는 저널리스트와 함께 그 문을 열고 싶었어요. 그는 매주 목요일 〈데일리 미러〉에 칼럼을 연재했어요. 그는 당시 월터 윈첼(Walter Winchell, 미국 가십 저널리즘의 원조)처럼 신과 같은 존재였어요.

키스 리처드 Keith Richards, 기타리스트, 롤링 스톤스의 창립 멤버

우리는 사람들의 이목을 끌기 위해서 의도적으로 설정을 했죠. 넥타이를 매지 않은 채 사보이 볼룸에 가면 쫓겨난다는 걸 알지요? 예상대로 우린 쫓겨났고, 기자들은 사진을 찍었어요. 언론과의 게임이었죠. 웃겼어요. 앤드루는 거기에서 있었던 일에 이 얘기 저 얘기 덧칠을 했어요. 그냥 쫓겨난 건데!

앤드루 루그 올덤 Andrew Loog Oldham, 롤링 스톤스를 발굴해 낸 선구적인 음악 산업 매니저

우리가 계획했던 다른 속임수는 그루피(Groupie, 사생 팬 혹은 열성 팬)들을 사무실 근처로 오게 하는 작전이었어요.

당시 차트에 진입하기 위해서는 우리가 직접 앨범 사재기를 해야 했어요. 영국에는 차트에 반영되는 음반 가게가 마흔여섯 군데뿐이었는데, 차트 20위권이나 30위권에 들어가려면 목요일부터 토요일

까지 각각 서너 장씩 사야 했죠. 음반 가게들이 월요일에 음악 관련지에 판매 기록을 보고했고, 비로소 우린 차트 안에 진입할 수 있었어요.

여자애들은 훌륭했어요. 아시다시피, 우린 이 애들한테 앨범을 사라고 돈을 줬는데, 그 애들이 이렇게 말하더군요. "아녜요. 아녜요. 아녜요. 우린 스톤스를 사랑해요. 우리가 앨범 값을 낼 거예요." 여성 팬들 덕분에 차트 맨 꼴찌로 진입할 수 있었지만, 이건 시작에 불과했죠. 왜냐면 차트에 진입하면 음반 회사가 이렇게 나올 테니까요. "와, 더 많은 앨범을 제작해야겠어."

원한다면 사기라고 말해도 좋아요. 하지만 이건 그냥 제가 맡은 예술가가 사람들의 관심을 받게 하는 수많은 방법 중 하나일 뿐이에요(「컴 온」은 영국 차트 21위에 진입했다).

키스 리처드 Keith Richards, 기타리스트, 롤링 스톤스의 창립 멤버

테리 오닐이 소호에서 사진을 찍어 줬는데, 소호 거리를 따라 걷고 있는 사진이에요. "오, 이 멋진 애들 좀 봐." 우린 모두 비틀스 부츠를 신고 있었죠. 처음에 돈을 많이 벌게 됐을 때, 모두 함께 가게로 가서 새 기타와 비틀스 부츠를 샀어요. 해냈구나! 하는 쾌감이 있었죠. 전 완전 새로운 여행 가방을 샀어요. 제게는 첫 여행 가방이었고, 우리는 그걸 촬영할 때 썼어요.

제프리 크루거 Jeffrey Kruger, 나이트클럽 사장, 쇼 비즈니스 기획자

믹 재거가 BBC에서 오디션조차 받지 못했다고 말했을 거예요. 우린 그들에게 플라밍고 클럽에서 공연하라고 했는데, 거기서 음악을 들은

한 프로듀서가 이렇게 말했어요. "저 쓰레기들은 뭐요? 어디서도 오디션을 따내지 못할 거요. BBC에선 저런 음악을 연주할 수 없소."

테리 오닐 Terry O'Neill, 1960년대를 기록한 작품으로 유명한 영국 사진작가

리치먼드에서 스톤스라는 밴드를 봤는데, 그들은 정말 멋졌어요. 앤드루는 이들이 유명해지길 원했고, 우리 편집장은 더 많은 밴드의 사진을 원했어요.

하지만 전 런던 중심부를 돌아다니느라 너무 바빠서 이들의 사진을 찍으러 갈 시간이 없었어요. 그러자 그들이 저를 찾아왔죠. 전 공원에서 그들을 찍었고, 스튜디오 근처에서 이들의 사진을 찍으려고 소호 거리 주변을 지나, 틴 팬 앨리 쪽으로 함께 걸었어요. 사무직 여직원들을 데려와 그들 곁을 에워싸게 했죠. 템스 강둑이나 그라피티를 배경으로 그들을 세워 놨는데, 당시엔 그렇게 하면 훨씬 윤곽이 뚜렷해 보였거든요. 제가 추구했던 건 위험함이었어요. 왜냐하면 그들은 반항적이었고, 색달랐거든요.

앤서니 콜더 Anthony Calder, 롤링 스톤스 홍보 담당자

타블로이드 신문에 실린 한 장의 멋진 사진 덕분에 공연을 하던 중에 곧장 이들의 음악이 1위에 올랐어요(평상복 차림에 무표정한 모습을 클로즈업해서 찍은 단체 사진은 1963년 비틀스 같은 다른 밴드와 비교되면서 이 밴드를 약간 위협적인 존재로 만들었다). 테리의 아이디어였죠. 그러자 모두가 우리를 따라 했어요. 앤드루와 언론의 관심이 없었다면 스톤스는 존재하지 않았을 거예요. 그들은 해체되었을 거라고요.

키스 리처드 Keith Richards, 기타리스트, 롤링 스톤스의 창립 멤버

테리는 이렇게 말했어요. "백치미 있는 여자애들 몇 명이랑 같이 찍자." 저에겐 언제나 여자 친구가 있었지만 항상 제게 싫증을 냈죠. 제가 늘 음악을 연주하느라 바빴으니까요. 순회공연을 다니고 돌아와서는 다른 여자 친구를 만들고, 또 헤어지고, 또 만들고 계속 그런 식이었어요.

테리 오닐 Terry O'Neill, 1960년대를 기록한 작품으로 유명한 영국 사진작가

너무 열심히 일할 필요가 없었어요. 그들은 그대로도 멋있었으니까요. 키스가 특히 그랬어요. 키스의 무심한 듯 태연한 모습은 …… 아니, 그냥 키스는 원래 멋있게 태어났어요.

키스 리처드 Keith Richards, 기타리스트, 롤링 스톤스의 창립 멤버

멋있으려고 애쓰지 않았어요. 생각조차 안 했어요. 멋있어 보여야 하는 그 순간을 생각하긴 했죠. 멋진 남자를 보는 즉시, 전 그를 알아보죠. 하지만 동시에 다른 사람들이 저한테 멋지다고 말한다면? 대성공이죠! 하지만 전 그냥 예의 바르게 행동하려고 했고, 저급해 보이고 싶지 않았어요.

앤드루 루그 올덤 Andrew Loog Oldham, 롤링 스톤스를 발굴해 낸 선구적인 음악 산업 매니저

전 정말 키스가 좋아요. 그와 함께 일하는 것이 늘 좋았죠. 모든 걸 함께했어요. 그리고 테리는 거기서 아주 중요한 역할을 했죠.

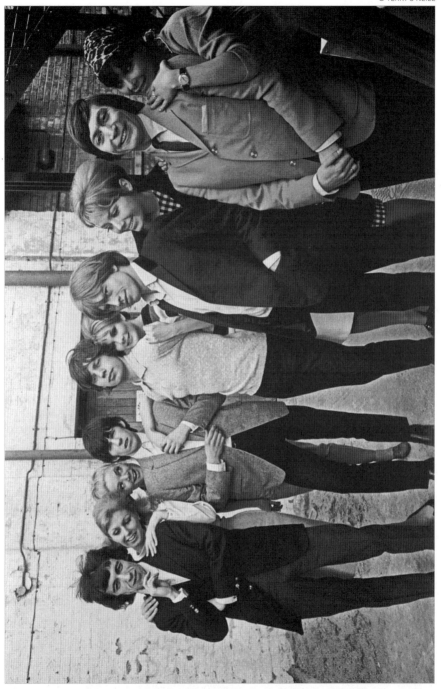

"테리 오닐은 롤링 스톤스가 '그 자체로 멋있었다'고 기억하고 있어요. 전 그냥 예의 바르게 행동하려고 했고, 저급해 보이고 싶지 않았어요." — **키스 리처드**

이 사진을 보냈을 때, 편집장은 미쳐 날뛰었어요. "얘넨 못생겼잖아. 비틀스같이 곱상한 밴드를 찾아와."
— 테리 오닐

테리 오닐 Terry O'Neill, 1960년대를 기록한 작품으로 유명한 영국 사진작가

제가 이 사진을 보냈을 때, 편집장은 미쳐 날뛰었어요. "얘네는 못생겼잖아. 저번 그 애들(비틀스)처럼 곱상한 밴드를 찾아오라고!"

편집장이 거부하는 바람에, 다른 밴드를 찾으러 나갔지요. 블레이저 셔츠와 옆에 단추가 달린 터틀넥 셔츠를 입고 있어서 말쑥해 보이는 데이브 클락 파이브를 찾아냈어요. 데이브 클락 파이브 사진을 어디서 찍었는지는 까먹었네요. 아마 신문사 근처였나, 사보이 호텔 뒤편에서 찍은 것 같군요. 그들은 아주 말쑥하고 체격이 정말 좋았어요. 치과 의사나 유럽 웨이터처럼 유행에 뒤처진 새하얀 셔츠를 입고 있었죠. 사실 스페인에서 휴가를 보내는 동안 데이브 클락이 그런 아이디어를 떠올린 거라는 소릴 들었어요.

데이브 클락 파이브 사진과 제가 찍은 스톤스 사진이 '미남과 야수'라는 제목으로 두 페이지에 함께 실렸어요. 데이브 클락 파이브가 정말이지 해결책 역할을 한 거예요. 처음엔 비틀스가, 그 후 딜런이 나타나면서 텔레비전은 대중적이면서도 미국에서도 인기가 있을 만한 영국 사내들 몇 명을 요구했어요.

『에드 설리번 쇼(The Ed Sullivan Show)』같은 TV 쇼는 자극적이라고 여겨지는 가사를 검열했어요. 그래서 데이브 클락 파이브의 「글래드 올 오버」같이 즐겁게 손뼉 칠 수 있는 노래들이 주로 나갔고, 광고주들의 기분을 상하게 하지 않았어요. 영국은 섹스에 관한 음악 일색이었지만 미국은 그럴 준비가 되어 있지 않았죠. 국영 방송은 행복하게 웃고 있는 얼굴을 원했어요. 하지만 영국은 달랐어요. 영국 밴드들이 미국 공습을 시작했을 때, 영국은 이미 변화를 마친 상황이었죠. 로큰

롤은 더 강해졌고 노골적이었어요. 그렇게 된 데에는 스톤스의 영향이 컸죠.

노먼 조플링 Norman Jopling, 영국 출신 음악 평론가

이전까지 영국 음악 산업의 중심은 한 군데뿐이었어요. 음악을 만들고 싶으면 일단 런던으로 와야 했죠. 하지만 런던이 리버풀을 발견한후, 다른 더 많은 도시에서, 특히 북부에서 축구팀만이 아니라 엄청난비트 그룹들을 양성하고 있다는 사실을 알게 됐어요. 수많은 리버풀그룹 대부분이 계약했을 거예요.

차트를 공습한 다음 도시는 맨체스터였어요. 프레디 앤드 더 드리머스는 3위에 올랐고, 홀리스는 데뷔 싱글 「나와 같지 않아요(Ain't That Just Like Me)」(1963년 5월 발매)로 인기를 얻고 있었어요.

우린 열차를 타고 맨체스터로 올라갔고, 곧바로 홀리스를 만났어요. 저는 에릭 헤이독(Eric Haydock)과 그래험 내쉬와 특히 친하게 지냈어요. 제가 좋아했던 그들의 열정에는 뭔가가 있었어요. 그들은 그들이 사는 도시와 맨체스터의 팝 문화 전체를 자랑스러워했죠. 우리를 '트위스티드 휠(the Twisted Wheel)'이라는 클럽에 데려갔고, '토거리(Toggery)'라는 옷 가게에도 데려갔어요. 그 지역 밴드들은 거기서 옷을 사 입었거든요. 홀리스는 유행에 맞게 비틀스 스타일의 첼시 부츠를 신고, 태브 칼라 셔츠와 어두운 색의 정장, 가죽 스웨이드 옷을 입고 있었지만 말이죠. 1963년 6월까지 영국 음반 시장에서는 솔로보다는 그룹 밴드가 인기가 있었어요. 런던이 아닌 지방 전역으로 시장이확장되면서, 유행은 팝에서 백인들의 R&B로 옮겨 가고 있었어요. '틴

팬 앨리(Tin Pan Alley, 1930~1940년대에 유행한 가벼운 느낌의 백인 노래)'의
종말을 고하게 된 거죠.

빌 와이먼 Bill Wyman, 베이시스트, 롤링 스톤스의 창립 멤버

신문에서는 우리를 네안데르탈인이라고 표현했어요. 당시 유행했던
모든 것을 반대하고 있었으니까요. 올덤은 말끔하게 단장시키려고 했
지만 우린 따르지 않았죠. 처음 텔레비전에 출연한 1963년 7월 7일
이후, 여론의 질타가 끊이지 않았어요. 우린 매번 그런 선입견과 싸워
야 했어요. 큰일이었죠. 음반을 팔기 위한 유일한 방법이었으니까요.
영국 전역에 우리의 모습이 방송되었어요. 앤드루는 우리를『정말 다
행이야(Thank Your Lucky Stars)』(디제이 한 명과 청소년 세 명이 공연과 싱글을
립싱크하면서 되짚어 보는 TV 쇼)에 출연시켰어요. 하지만 우리가 모두 캐
주얼 차림으로 갔기 때문에 프로듀서가 그런 모습으로는 출연할 수
없다고 했어요. 그러고는 앤드루에게 가서 정장을 사 입히라며 돈을
주려고 했죠.

"쟤들 꾀죄죄한 게 지저분하고 냄새나. 벼룩이 뛰어다니는 것도 보
이겠어."

키스 리처드 Keith Richards, 기타리스트, 롤링 스톤스의 창립 멤버

『정말 다행이야』는 처음으로 출연한 TV 쇼였어요. 우린 유니폼으로
하운즈투스체크 재킷을 입어야 했어요. 단 한 번의 쇼를 위해서 말이
죠. 신기하게도 다음 날 재킷이 전부 없어졌어요. 버린 건지 어쨌는지
잘 모르겠어요.

우린 그 재킷과 바지를 입고, 담청색 셔츠에 좁은 편물 넥타이를 매고 서 립싱크를 했어요. 그리고 무대 밖으로 물러나 있었는데 그때 장발 때문에 항의가 있었거든요. 음, 원래 우린 머리를 자를 형편이 못 됐어요. 우리의 스타일은 사실 우연히 그렇게 된 거였죠.

찰리는 그래픽 디자이너로 일하고 있었기 때문에 머리를 길렀어요. 나머지는 일하지 않고, 하루 종일 침대에서 빈둥거렸죠. 믹은 학생이었네요. 한번은 일하는 데 곤란을 겪은 적이 있었어요. 제가 분홍색 셔츠에 풀오버를 입고 공연을 했는데, 다음 날 매니저 사무실로 불려가서는 이런 얘길 들었죠. "이제 분홍색 셔츠는 그만 입고, 머리도 자르도록 해." 마치 학교 다닐 때처럼 꾸지람을 들었어요. 그때 전 한 살짜리 아기도 있었고, 결혼도 했고, 어떻게든 살아 보려고 애쓰고 있었고, 할부 대금과 대출금을 갚아 나가는 처지였죠. 직장을 갖는 일이 저에겐 무엇보다도 절실했어요.

우리가 TV 쇼에 출연했을 때, 음악 잡지들은 뭔가 범상치 않은 일이일어나고 있다는 기사를 썼어요. TV 쇼 이후 사람들이 진짜 우리를 알아봤다니까요? 전부 예쁜 여자애들이어서 약간 흥분됐어요. 여자애들은 사진을 찍어도 되냐고 부탁했죠. 그 애들은 우리와 어울려 다녔고, 우리에게 시간을 내줬어요. 베일리가 〈보그〉에 싣기 위해 촬영한 여자애들처럼 모두 유행하는 옷을 입고 있었어요. 화장은 거의 하지 않고, 긴 생머리를 하고 있었죠.

런던에 살고 있어서 더 많이 알려진 다른 멤버들과는 달리, 저는 가족과 함께 런던 교외의 베커넘에서 살았기 때문에 딱히 런던에서 시간을 보내거나 거리를 돌아다니지 않았어요.

키스 리처드 Keith Richards, 기타리스트, 롤링 스톤스의 창립 멤버

젊은 여성들이 갑자기 우리를 향해 속옷을 던지기 시작했어요. 무대 위로 말이죠. 일 년 전에는 섹스도 못하는 처지였는데, 갑자기 여자애들이 스스로 속옷을 벗어 댄 거예요.

앤서니 콜더 Anthony Calder, 롤링 스톤스 홍보 담당자

그때를 돌이켜 보면 에이즈나 헤르페스 같은 게 없었어요. 두려움이 없었죠. 피임약이 있었으니까요. 여자애들은 모든 사람과 섹스를 했고, 그 모든 사람들은 또 다른 이들과 섹스를 했어요. 그때 앤드루가 "당신 딸을 록 스타와 결혼시키겠습니까?"라는 이야기를 시작했고, 이 말은 타블로이드 신문의 주제가 됐어요.

키스 리처드 Keith Richards, 기타리스트, 롤링 스톤스의 창립 멤버

이건 인종, 여성, 남성에 관한 놀라운 사건이었죠. 갑자기 인기가 많아져서 "여러분들은 대체 누구시죠?"라는 질문 뒤에, 바로 이어서 여자애들이 소리를 지르고 죽을 것만 같았고 무대 위로 물건을 던져 댔어요.

그저 너무나 평범하다고 느꼈어요. 지루했거든요. 늘 저를 위한 뭔가가 있다고 느꼈지만, 동시에 모두가 꿈을 꾸고 누구나 인생을 꿈처럼 살 수 있었죠. 그런 생각을 하는 건 이상한 일이에요. 그래요, 하지만 한편으로는 정말 제가 특별하다고 생각했어요. 정말 특별한 무언

"브라이언 존스는 위협을 느꼈어요. 왜냐면 제가 오기 전까지 그가 스톤스를 이끄는 위치에 있었거든요. 어떤 밴드든 간에 매니저가 생기기 전까진 그룹의 리더가 있잖아요." — **앤드루 루그 올덤**

가가 있다고요. 하지만 어떤 분야에서요? 음악적인 기교 면에서요? 아니요. 전 악보를 읽을 줄도 몰라요.

전 그 해에 머릿속에서 제가 잘 해내고 싶은 것, 다른 사람들이 듣고 싶어 할 법한 소리를 들었던 것 같아요. 그냥 제가 미쳤구나 싶었어요. 그 소리가 들렸거든요. 그 소리를 옮겨 적으려고 했고, 음악 용어로 그림을 그리는 법을 배우려고 했죠. 침묵이 우리의 캔버스였어요. 계속 무엇이든 배웠어요. 우리가 어디로 향하는지 생각하고 고민할 시간이 없었죠.

뭔가 다른 일이 일어나야만 했어요. 하지만 하룻밤 사이에 멋지게 변할 수는 없는 거죠. 이상한 기운, 우리는 이상한 기운의 소용돌이에 빠져 있었어요. 다른 사람들도 똑같이 말할 거예요. 확신해요. 우린 모두 그런 경험을 겪었어요.

노먼 조플링 Norman Jopling, 영국 출신 음악 평론가

1963년은 음악에 관심이 있는 비슷한 또래의, 마음이 잘 맞는 친구들을 만나기 좋은 해였어요. 이들은 음악 사업에 얼쩡거리기 시작했죠. 영국 음악이 마침내 1950년대를 버리고 1960년대다운 색깔을 반영하기 시작한 해였어요. 제 개인적인 취향이 시대정신에 맞춰 입증되는 해이기도 했고요.

우선 저는 시대정신에 맞추는 것에 관한 머리기사를 쓸 자격을 얻어야 했어요. 비틀스 현상, 그들이 깨어나서 따라왔던 혹은 빠져 있던 모든 것에 감사했지만, 비틀스 사운드와 머지비트 사운드, 둥둥대는 사운드는 제 레코드플레이어에서 재생된 적이 없었고, 제가 자주 다

니던 클럽과 술집에서도 거의 연주되지 않았죠.

1963년에 활동한 영국의 그룹과 솔로 음악가들 중에 제가 인터뷰했거나 사귀었던 사람들은 모두 자기들이 미국인들만큼 훌륭하지 않다는 걸 알고 있었어요. 하지만 영국 음악이 충분히 발전하면서 미국 음악인들과 같은 예술 공연장에 서기까지는 고작 일 년이 채 걸리지 않았죠.

빌 와이먼 Bill Wyman, 베이시스트, 롤링 스톤스의 창립 멤버

우린 TV에 출연하지 않아도 인기가 있었지만, TV 쇼에 출연한 덕에 지방까지 알려졌어요. 런던 밖에서도 공연해 달라는 제안을 받았죠. 그 전까지는 재즈 클럽에서 연주하던 밴드였을 뿐이었죠. 그곳에 도착해 블루스를 연주했는데, 우리 음악 자체가 대부분 느린 블루스 곡이었기 때문에 사람들은 춤을 출 수가 없었어요. 그들은 멀뚱히 서서 우리를 쳐다봤죠. 그때 우리는 댄스홀에서는 좀 더 빠르고 대중적인 곡을 연주해야 한다는 걸 알았죠. 사람들은 우리가 비틀스를 모방했다고 말했어요. 말도 안 돼요. 비틀스는 깔끔했지만 우린 꾀죄죄했어요. 그들은 잘생겼지만 우린 아니었거든요.

앤드루 루그 올덤 Andrew Loog Oldham, 롤링 스톤스를 발굴해 낸 선구적인 음악 산업 매니저

제가 믹과 키스와 더 가깝게 지내자 브라이언 존스는 위협을 느꼈어요. 왜냐하면 제가 오기 전까지 그가 스톤스를 이끄는 위치에 있었거든요. 제 말은 그러니까, 어떤 밴드든 간에 매니저가 생기기 전까진 그룹의 리더가 있잖아요. 매니저를 만나고 나면 그룹의 리더는 "오, 감

사합니다, 하나님. 제가 더 이상 이 일을 할 필요가 없어요"라고 하거나, 정신적으로 약간 짜증을 내며 자신의 감정을 잘 다스리지 못하는 경우로 나뉘죠. 브라이언은 감정을 잘 다스리지 못하는 쪽이었어요. 그는 밴드 멤버들을 지휘하는 일을 좋아했어요. 그래서 저와 에릭 이스턴과 회의하는 동안에 믹과 키스를 찻집에 앉혀 놓고 돌아와서는 그곳에서 있었던 일을 전하는 걸 즐겼죠.

빌 와이먼 Bill Wyman, 베이시스트, 롤링 스톤스의 창립 멤버

우리 밴드에는 경계선이 있었어요. 믹은 중산층이었죠. 부유한 가정에서 자랐고, 좋은 집에서 살았는데, 다른 집들과는 떨어져 있는 정원이 딸린 집이었어요. 그리고 공립학교를 다녔죠. 브라이언 존스의 아버지는 항공 기사였고, 아주 고급 인재였어요. 키스는 노동자 계급이었어요. 저도 마찬가지고요. 우린 가난했어요. 일곱 살 때부터 담배를 피우고 강도짓을 했죠. 찰리도 노동자 계급이었는데, 집에서 나오기 전까지 조립식 집에서 살았어요(영국 정부는 공습을 받아 수많은 주택들이 무너졌기 때문에 귀환병과 그들의 가족 들을 위해 수십만 채의 싸구려 집 혹은 '조립식 집'을 지었다). 우리 밴드에는 계급 경계선이 있었어요. 상류층 둘에, 가난에 찌든 노동자 계급 셋으로 나뉘었죠. 하지만 음악적으론 하나였어요. 우리는 우리 같은 사람들을 위해 기준을 만들었어요. 흔한 연예계 규칙, 즉 겉치레, 복장, 유니폼, 화장법 등등을 결코 따르지 않았죠. 우린 그 모든 것에 저항했어요. 그러자 사람들이 우리를 모방하기 시작했죠. 프리티 씽즈(Pretty Things)와 애니멀스를 생각해 보세요. 모든 것이 서서히 변했어요.

우린 척 베리가 쓴 「컴 온」이라는 레코드 하나만 가지고 있었죠. 약간 상업적인 곡이었어요. 그리고 이 싱글을 연주하지 않은 유일한 밴드였죠. 이 망할 곡을 라이브로 연주할 수가 없었거든요. 이 곡을 싫어했어요. 그 곡을 대중화할 수도, 홍보할 수도 없었어요. 앤드루는 미쳐 갔어요.

"너희 싱글을 연주하라고!"

"싫어. 우린 그 곡이 싫다고! 연주 안 할 거야!"

앤드루가 우릴 보러 공연장에 온다는 걸 미리 알았을 때나 가끔 그 곡을 연주했죠. 그 후 우린 평상복 차림으로, 우리가 가지고 있던 옷을 입고 또 다른 TV 쇼에 출연했어요. 그 쇼가 바로 『레디, 스테디, 고!(Ready Steady Go!)』였어요.

테리 오닐 Terry O'Neill, 1960년대를 기록한 작품으로 유명한 영국 사진작가

앤드루 루그 올덤처럼 많은 젊은이들이 정말로 패션에 관심이 많았어요. 우린 말쑥한 이탈리아 정장과 신발에, 유럽풍의 홑여밈 재킷을 입고, 평직으로 짠 넥타이를 매는 걸 좋아했죠. 저스틴 드 빌뇌브나 앤드루 루그 올덤 같은 몇몇 사람들은 정장을 구입한 뒤, 스타일, 즉 주머니가 몇 개 달려 있는지, 단추 등이 얼마나 달려 있는지를 선택할 수 있는 재단사에게 찾아가 5파운드를 주고 그렇게 맞춰 입었어요. 더 멋을 낸 모습이었죠. 재단사는 사람들이 요령껏 옷을 변형해 입는 걸 금세 알아챘어요. 젊은이들이 스타일북에서 너무 많은 특성을 골라내는 바람에 재단사들은 손해를 보고 있었죠.

스톤스는 그냥 아주 평범해지길 원했어요. 정말 쿨하게 옷을 입은 최초의 그룹이었죠. 간편하게 옷을 입고, 그들 고유의 느긋함을 내보이면서 말이에요. 우린 당신들의 스타일을 변화시키고 싶지 않다고 말했지만, 이미 스톤스의 패션은 어떤 혁명, 정체성과 개성에 관한 변혁의 선두에 있었죠.

그들은 폴로셔츠 차림으로, 아니면 체크무늬 셔츠에 깃을 푼 상태로 그 위에 스웨터를 걸쳐 입고 텔레비전에 출연했어요. 믹은 대학생처럼 프레피룩을 입어서 캐주얼했어요. 브라이언과 키스는 더 보헤미안 사람 같았죠. 가죽 재킷 때문에요. 하지만 빌은 차려입는 걸 좋아했어요. 빌은 정말 멀끔했어요. 그들은 다른 밴드들처럼 균일한 옷으로 맞춰 입지 않았죠. 그냥 자기 개성대로 골라 입고 막판에 만난 사람들처럼 보였는데, 멋있었어요. 그들을 하나로 만든 건 패션이 아니라 음악이었죠.

겉모습은 정말로 많은 걸 변화시켰어요. 예를 들어 산업과 텔레비전에서 일부 사람들은 정말로 혼란스러워했지만, 그걸 따라 하는 젊은 아이들은 멋지다고 느낄 뿐이었어요. 오로지 자신의 개성을 드러내기 위해 차려입는 신여성들은 남들의 눈에 띄게 옷을 입었어요. 1920년대 여성들은 빅토리아 시대 이후와, 에드워드 7세 시대, 거기에다 어머니의 금욕주의적인 청교도 패션까지 거부하면서 복식 문화를 바꿨죠. 제1차 세계대전 역시 많은 것을 바꿔 놨어요. 남성들이 전쟁터에서 죽었기 때문에, 소녀들의 삶도 바뀌었죠. 여성은 투표권과 권력을 가지게 되었어요. 1960년대 초반, 전쟁이 끝난 후의 반응도 마찬가지였어요. 새로운 세대는 그들이 도래했음을 알리고 싶어 했죠.

여성들은 유행을 따르고 싶어 했어요. 마릴린 먼로(Marilyn Monroe)

와 8사이즈(77사이즈) 몸매는 어머니 세대에서 원했던 모습이었어요. 여성들은 〈보그〉에 실린 모델처럼, 오드리 헵번이 연기한 반항적인 여동생처럼, 섹시하면서도 세련되어 보이길 원했어요. 춤을 추기 위해 짧은 스커트를 입고, 거리를 걸을 때 뽐낼 수 있게 부츠를 신었죠. 패션으로 그들의 섹시함을 뽐내면서, 당시 문화의 한 부분에 있다는 사실을 알렸죠. 옷은 다름 아닌 자신들의 또 다른 정체성이었어요. 메리 퀸트와 바버라 홀라니키가 대중들이 직접 옷을 사는 유일한 디자이너였죠. 사람들이 그들의 스타일을 모방하기 시작했어요. 그들은 메인 스트리트의 소매업자에서 멀리 떨어진 곳에 집이 필요했죠. 그래서 카나비 스트리트가 생겨난 거예요. 소호에 위치한 그곳은 임대료가 싸서 부티크를 열기 좋았거든요. 1963년에 싸고 '힙'한 옷을 사고 싶은 사람들은 모두 카나비로 갔죠.

메리 퀸트 Mary Quant, 영국의 패션 디자이너, 미니스커트의 창시자

1963년까지 첼시에 있던 가게는 정말로 인기가 좋았어요. 노동자 계급 여성만을 위한 옷이 아니었거든요. 첼시에 사는 모든 사람들을 위한 거였죠. 그들은 부모님과 함께 살았고, 저축을 했는데, 몇몇은 예술가이거나 디자이너, 조각가였고, 몇몇은 자기 돈을 가지고 있었어요.

모든 사람들이 왔어요. 이를테면 오드리 헵번, 레슬리 카론(Leslie Caron), 브리지트 바르도(Brigitte Bardot) 등등 모두가 왔어요. 전 이들과 개별적으로 작업을 같이 했어요. 레슬리는 정말 아름다웠고, 모든 게 제 마음에 쏙 들어서 그녀를 위해 디자인하고 싶었어요. 각선미. 온통 다리에 관한 것이었죠. 색상보다 다리에 훨씬 더 신경을 썼어요. 미니

스커트는 아주 일찍, 그러니까 1950년대 말에 출시했는데 1963년이 되어서야 굉장한 인기를 끌게 됐죠. 미니스커트 때문에 대혼란이 일어났어요. 사람들은 격분했죠.

미니스커트가 왜 그렇게 충격적인지 이해할 수 없었어요. 그동안은 불투명한 타이츠로 다리가 늘 가려졌거든요. 미니스커트는 젊은이들이 자신을 주장하는 하나의 방식이었어요. 젊음은 쉴 새 없이 변하고 있었고, 그때까지 젊은이들은 자신들의 목소리를 내지 못했죠. 예전의 밀실 공포증을 느끼게끔 하는 갑갑한 옷들에서 해방된 여자들은 일터에서 나와 밤새 춤을 출 수 있었어요. 과거에는 하루에 일곱 번 옷을 갈아입어야 한다고 생각했었고, 코르셋과 그 비슷한 것을 입어야 했죠. 미니스커트는 그 모든 것에 필요한 자극제였다고 생각해요. 그리고 재즈도요. 그 두 가지가 결합제이자 기폭제였어요. 미니스커트를 입는다는 건 일종의 훈장이었죠. 전에는 없었던 옷이고 정말 짧았기 때문에, 그걸 입고 춤을 추려면 큰 용기를 내야 했어요.

패티 보이드 Pattie Boyd, 영국 출신 모델 겸 사진작가

어느 날, 남자 친구와 쇼핑을 갔는데 어떤 여자가 제 쪽으로 걸어오더니 이렇게 말하는 거예요. "네가 지금 어떻게 보이는지 아니? 그 옷, 엄청 혐오스러워!" 그 여자가 그런 짧은 치마를 난생처음 본 거라고 확신했기 때문에, 저는 그저 웃음만 터뜨리고 말았죠.

메리 퀀트 Mary Quant, 영국의 패션 디자이너, 미니스커트의 창시자

우리 가게의 옷들이 너무 도발적이어서, "음란하다"며 많은 사람들이

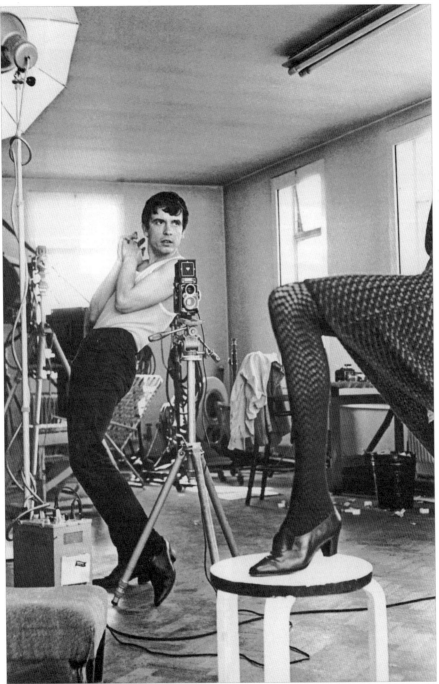

데이비드 베일리는 패션 사진계에서 무서운 신예였다. 그는 노동자 계급의 매력과 대담함으로 〈아메리칸 보그〉 지의 편집장 다이애나 브릴랜드를 만족시켰다.

굉장히 분노했어요. 우린 첼시에서 완전 대혼란을 일으켰죠. 치마가 너무 짧고 섹시해서 단정한 옷을 입는 사람들이 가만있지 않았거든요. 그들은 분노로 가득 차 창문을 두드렸죠. 보기 드문 일이었어요.

알렉산더와 전 밤낮으로 일을 했어요. 저녁마다 사람들이 문을 두드렸죠. 놀라운 일이었어요. 전 미니스커트를 정말 좋아했어요. 이건 정말 놀랍고, 강렬한 성공작이었죠. 킹스 로드는 패션쇼 무대처럼 되었죠. 그 거리 한쪽에서 어느 미국 잡지사가 사진을 찍었고, 그 후 다른 편에서는 또 다른 잡지사가 사진을 찍었어요. 그들은 서로 각자 자신들의 사진을 가져갔죠.

저스틴 드 빌뇌브 Justin de Villeneuve, 영국의 사업가

킹스 로드는 '스윙잉 런던'이 되기 훨씬 전부터 인기가 많았어요. 전 골동품 판매업자가 됐고, 그때 제 이름을 저스틴 드 빌뇌브로 바꿨죠. 비달의 가게에서 하던 일은 그만뒀고요, 다른 일을 하고 있었어요. 저는 골동품 시장에 좌판을 깔고 얻어 온 물건들을 선보였죠. 물론 어디에서 난 건지는 묻지 마세요! 제 파트너는 상류층이었죠. 우린 손발이 척척 맞았어요. 저는 최신 유행에 맞게 옷을 차려입은 이스트엔드 소년이었고, 그는 아버지가 장군이고 자신은 육군 대령 출신인 무시무시한 영국인이었어요. 그가 아는 게 많아서 물건을 구할 수 있었어요.

전 마크 볼란(Marc Bolan)과 친구가 됐는데, 당시에 그 이름으로 불리지 않았고, 나중에 티렉스(T Rex)의 멤버가 됐어요. 그리고 캣 스티븐스(Cat Stevens)과도 친구가 됐죠. 이 녀석들이랑 자주 어울려 다녔어요. 저는 그때까지 사업가로 좀 유명했어요. 많은 걸 할 수 있었죠. 만

약 당신이 무언가를 원한다면 그걸 이루어 줄 수 있을 정도로요.

이 녀석들은 막 시작하고 있었고, 전 음반 프로듀서를 알고 있었어요. 하지만 그때는 모두가 약간씩 서툴렀죠. 지금처럼 영향력이 크지도 않았어요. 그들을 좌판이나 아파트로 데려갔어요. 전 늘 아파트가 있었거든요. 노팅힐에 위치한 린덴 가든스에 아주 멋진 아파트였죠. 당시엔 지금처럼 화려하지 않고 지저분하고 위험했어요. 매춘 알선업자, 창녀, 마약 밀매업자 들이 살았죠.

전 항상 무슨 일이 일어나고 있는지 파악하고 있었어요. 그 후 트위기(Twiggy, 보이시한 스타일의 1960년대 슈퍼모델)를 만났죠. 그리고 전 성공할 줄 알았어요. 그녀는 제 동생 토니의 미용실에서 일을 하고 있었는데, 전 동생을 앙투안이라고 불렀어요. 그리고 동생은 모델이 되고 싶어 하는 이 여학생을 제게 소개시켰죠. 그녀는 당시에 고작 열세 살이었는데, 너무 어렸어요. 하지만 아시다시피 열여섯 살에 세계에서 가장 인기 있는 모델이 되었죠.

테리 오닐 Terry O'Neill, 1960년대를 기록한 작품으로 유명한 영국 사진작가

모두들 트위기가 1960년대를 대표하는 소녀라고 생각하지만, 실제로는 1966년에 혜성처럼 등장했지요. 저스틴의 부탁으로 제가 그들을 데리고 쇼핑하러 킹스 로드로 나갔어요. 저스틴은 앤드루 루그 올덤처럼 위풍당당하고 대담하며 똑똑한 젊은이들과 마찬가지로 뛰어난 사업가였죠. 그가 가진 뻔뻔함과 능력이 트위기를 슈퍼스타로 만든 거예요.

하지만 진짜로 세상의 눈을 뜨게 하고 스윙잉 런던을 유명하게 만

든 사람은 진 쉬림튼이었어요. 그녀가 최초의 슈퍼모델이었죠. 데이비드 베일리는 그녀의 사진을 〈보그〉에 실었고 그 둘은 뉴욕, 파리, 밀라노, 런던에서 찬사를 받았죠. 둘은 이를테면 마리오 테스티노(Mario Testino)와 케이트 모스(Kate Moss) 같은, 아니면 포시와 벡스(빅토리아와 데이비드 베컴, Victoria and David Beckham) 같은 관계였어요. 전 잠깐이지만 진과 사귀었어요. 테리 스탬프도 그녀와 사귀었죠. 믹 재거는 그녀의 동생인 크리시와 사귀고 있었어요. 유명인의 시대가 탄생한 시기였죠. 전에는 유명인이라 하면 할리우드에 있는 사람들이나 왕족이 떠올랐죠. 하지만 1963년 이후부터는 우리가 유명인이었고, 우리, 즉 사진작가, 모델, 배우, 축구 선수, 미용사, 의상 디자이너, 그리고 물론 밴드, 비틀스, 스톤스 등이 뉴스거리였어요. 패션, 미술, 음악은 모두 분리되어 있었는데, 1963년에 갑자기 하나로 뭉치더니 구별하기 어려워졌어요. 그러니까 제 말은 버튼과 테일러를 생각해 보세요. 1963년 이전엔 그런 식이었어요. 배우는 배우와 결혼을 했죠. 그런데 갑자기 록 스타와 모델이, 사진작가와 배우가 사귀었죠. 세계들이 충돌하고 합병되기 시작한 거예요. 역사상 이 순간이 바로 마력이 넘치던 순간이에요. 역사가들에겐 이론이 있겠지만, 제겐 그냥 혁명이었고, 우리의 세상이었어요. 전 세계가 젊은 사람들의 손에 달려 있었죠. 1963년은 우리에게 빅뱅이었어요.

노먼 조플링 Norman Jopling, 영국 출신 음악 평론가

1963년 영국 팝은 대단한 인기를 누렸고, 그해 하반기까지 그 인기가 지속됐어요. 비틀스는 여전히 LP와 EP 부문에서 차트 1위를 했죠. 「프

롬 미 투유」가 싱글 차트에서 5주 동안 1위에 머물렀다가 내려왔지만 따끈따끈한 신곡 「그녀는 너를 사랑해」라는 곡이 모든 경쟁자들을 날려 버리고 전 세계 모든 차트의 정상을 차지했어요. 1963년 여름에는 서핑 뮤직이 차트에 진입했는데, 비치 보이스(Beach Boys)가 「서핑 USA(Surfin' USA)」이라는 곡으로 40위 안에 진입했죠.

1963년 5월 18일부터 6월 9일까지 비틀스는 게리 앤드 더 페이스메이커스, 로이 오비슨과 함께 처음으로 자신들의 이름을 내걸고 영국의 주요 도시에서 순회공연을 했어요. 「프롬 미 투 유」가 공연 초반에는 최고였어요. 이십사 일 동안 스물한 개의 공연장에서, 사흘만 쉬고 공연한 거죠. 미친 일정이었어요. 그 당시에는 M1이 영국에서 유일한 고속도로였는데, 길이가 60마일(약 95킬로미터)밖에 안 됐어요. 여행은 사람을 녹초로 만들었죠.

앤드루 루그 올덤 Andrew Loog Oldham, 롤링 스톤스를 발굴해 낸 선구적인 음악 산업 매니저

「컴 온」 이후 우린 아무것도 녹음하지 않았어요. 제 말은, 많은 그룹들이 스톤스가 알고 있는 R&B 곡들을 이미 섭렵하고 있었어요.

당시 전 믹과 키스와 함께 지내고 있었죠. 엄마가 또 절 쫓아냈거든요. 첼시 아파트는 아니고요. 우욱, 웩, 그 방은 정말 끔찍했다니까요. 그래서 믹과 키스는 이사했고, 전 그곳으로 옮겼고, 침상도 들여놨어요. 믹이 엄마한테 답장을 쓸 수 있다면 가사도 쓸 수 있고, 키스가 코드 세 개를 연주할 수 있다면 곡을 쓸 수 있을 거라는 전제하에, 그 집에서 그들과 곡 쓰는 일을 시작했죠. 그들은 자기들이 할 수 있을 거라고 생각해 보지 않았기 때문에 웃어넘겼지만, 곧 이 일이 얼마나 중요

한지 알게 됐어요.

실라 블랙 Cilla Black, 가수 겸 TV 쇼 진행자

비틀스는 첫 앨범을 녹음할 당시 자작곡을 연주하지 않았어요. 하지만 그다음에 그들 자신의 곡을 직접 만들었기 때문에 세상에서 그들을 평가하는 시선이 달라졌죠. 영국인들은 더 이상 미국 음악에 의존하지 않았어요. 그게 차이점이었습니다. 자작곡은 촉매 효과가 있었어요.

비키 위컴 Vicki Wickham, 영국 출신 매니저, 프로듀서 겸 작곡가

1963년에는 모두가 서로를 알았어요. 클럽이 몇 개 없었기 때문에 아는 사람들이 죄다 거기에 있었거든요.

저는 BBC의 가벼운 오락물 라디오 프로그램을 시작으로 프로듀서를 도와 일을 했어요. 그의 비서였지요. 우리는 음악, 밴드, 배우, 음향 효과를 담당했어요. 그리고 정말로 공연을 만들고 편집하는 일을 잘하게 됐어요. 얼마 후 '이거 멋진데'라는 생각이 들었죠. BBC에서 성공하려고 애를 썼지만 잘 안 됐어요. 그때 제 나이가 스물하나였죠.

레디퓨전 텔레비전(Reddiffusion TV, 영국의 상업 텔레비전 방송국)의 책임자였던 엘칸 앨런(Elkan Allan)과 사귀었던 제 여자 친구가 그에게 우릴 소개해 줬어요. 그가 말했죠. "바닥부터 시작해야 해요. 우리가 시험 중인 파일럿 프로그램이 몇 개 있는데, 순조롭게 진행이 되면 높은 자리로 올려 주겠다고 약속하지요." 그래서 전 그와 일하러 갔고, 시험 방송 중이던 프로그램 하나가 『레디, 스테디, 고!』였어요.

8월 9일 첫 방송은 브라이언 풀 앤드 더 트레멜로스의 무대로 시작했어요. 그들은 「트위스트 앤드 샤우트(Twist & Shout)」를 불렀어요. 리메이크 곡이었죠. 자작곡을 써 본 적이 없었던 것 같아요. 당시엔 영국의 엘비스인 빌리 퓨리의 앨범이 라디오에서 잘나가고 있었어요. 그는 정말 섹시했고, 어렸으며, 진짜 그만의 아우라가 있었어요. 여자애들이 정말 좋아했어요. 엄청 성공했지요.

테리 오닐 Terry O'Neill, 1960년대를 기록한 작품으로 유명한 영국 사진작가

『레디, 스테디, 고!』는 영국 텔레비전 사상 최초의 계급 없는 오락 쇼였어요. 야회복 재킷, 옥스브리지(Oxbridge), 옷에 꽂는 배지와 격식을 버리고, 그냥 배우와 관객이 하나가 되어 뒤섞였지요. 흐름에 맡겼던 거예요.

키스 리처드 Keith Richards, 기타리스트, 롤링 스톤스의 창립 멤버

계급은 깨부술 수 있는 것이었죠. "부숴 버리자!" 모두가 똑같이 생각하고 한목소리로 말했어요. 사람들이 어느 정도는 이 목소리의 기운을 느끼기 시작했죠.

1963년, 비틀스는 우리보다 훨씬 더 대단했지만 우리와 좋은 친구로 지냈어요. 우린 같은 에너지를 갖고 있었거든요. 선두 주자인 사람들과 친구가 된다는 건 행운이라고 모두 생각했어요. 경쟁 관계가 아니었어요. 환상적이었죠.

모두가 진귀하고 순진했어요. 순진하지 않을 만큼 나이 먹은 사람도 없었고요. 제가 정말 그랬다고 상상할 수 있을지는 모르겠지만, 정말

"애니멀스는 거친 녀석들이었어요. 아주 수상쩍었어요. 앨런 프라이스는 상당히 영특했고, 채스 챈들러는 덩치 가 좋았죠." **— 조지 페임**

이지 순수하고 진실되게 그들을 좋아했어요.

테리 오닐 Terry O'Neill, 1960년대를 기록한 작품으로 유명한 영국 사진작가

요즘 시대 밴드들이 서로 도와 가며 노래를 바꿔 부르고, 함께 즉흥 연주를 하고, 심지어 서로를 위해 자기네 공연은 포기하는 일을 상상할 수 있나요? 결코 없죠. 각자 분장실에 틀어박혀서 조명, 음향, 누구 이름이 제일 위에 실리는지, 왜 자신들은 바나나 케이크를 먹고 다른 애들은 오렌지를 먹느냐는 등의 문제로 매니저와 옥신각신하고 있겠죠. 1963년에는 밴드들이 경쟁자가 아니라 친구였어요. 아마도 그들은 음악을 직업이라기보다는 어딘가에 정착하기 전에 잠깐 하는 일로 여겼기 때문일 거예요. 상업적인 경쟁은 없었고, 그저 자아를 실현하는 일이었어요. 게다가 고향을 떠나 다른 지방에서 연주하고, 순회공연을 다니면서 자신의 연주로 새로운 관객이 흥분하는 모습을 볼 수 있다는 생각만으로 짜릿했어요.

조지 페임 Georgie Fame, 재즈-블루스 뮤지션, 키보드 연주의 거장

어느 날 로넌 오라힐리가 저를 찾아와 뉴캐슬에서 환상적인 밴드를 발견했다고 말했어요. 그들을 씬 클럽에서 공연시키고 싶다고 말이에요. 전 클럽으로 들어갔고, 그곳에서는 애니멀스가 펄쩍펄쩍 뛰면서 노래를 부르고 있었어요. 애니멀스는 거친 녀석들이었어요. 아주 수상쩍었죠. 앨런 프라이스(Alan Price)는 상당히 영특했고, 채스 챈들러는 덩치가 좋았죠. 조르디 소년들(Geordie, 탄광촌 주민들에게 붙여진 지역 별칭으로, 뉴캐슬 북부 도시 주변에 사는 노동자 계급 청년들을 가리킴)과 우린 좋은

친구가 되었죠.

힐튼 밸런타인 Hilton Valentine, 애니멀스의 기타리스트

런던에서 '씬' 클럽을 경영하던 로넌 오라힐리가 우리 공연을 보러 뉴캐슬로 왔어요. 우리의 매니저이자 뉴캐슬에서 클럽 '어고고'를 운영하던 제프리는 스톤스, 야드버즈, 소니 보이 윌리엄슨(Sonny Boy Williamson)과 같은 밴드들의 출연을 계획하고 있었어요. 오라힐리가 야드버즈와 조지 페임을 초창기부터 관리했기 때문에 일주일 동안 야드버즈를 클럽 '어고고'에 출연시키는 데 동의했고, 우린 '씬'에서 공연하기 위해 런던으로 갔어요. 일종의 맞교환이죠.

우리가 밴드 이름을 애니멀스로 언제 바꿨는지는 모르겠어요. 하지만 런던에 처음 갔을 때 바꾼 것 같아요. 애니멀스라는 이름으로 런던 첫 공연을 했거든요. 미키 모스트가 우릴 보러 런던으로 왔어요. 그게 런던으로의 첫 여행이었죠. 우린 신예 밴드였고, 대단한 일이었어요.

크리시 모스트 Chrissie Most, 영국 출신 음반 제작자, 음반사 사장

우린 파산해서 온수도 안 나오는 작은 아파트를 구했어요. 쓰레기장 같았어요. 게다가 전 임신 중이었죠. 미키의 어머니가 이렇게 말했어요. "나한테 애기를 맡기고, 미키랑 공연하러 가렴." 우린 시작부터 모든 것을 함께했기 때문에 미키는 혼자 공연하러 가길 원치 않았죠. 하지만 사실은 공연 자체를 원하지 않았어요. 미키는 프로듀서가 되는데 집중하고 싶어 했어요. 그때 애니멀스를 발견했고, 미키가 저에게 와서는 이렇게 말했죠. "우리가 스튜디오를 예약해야 해. 그러면 재들

이 뉴캐슬에서 내려올 거야."

우리는 둘 다 형편이 안 좋았기 때문에 아파트 월세를 내는 대신 스튜디오 사용료를 내기로 했어요. 앨런 프라이스는 납작한 모자를 눌러쓰고, 동키 재킷(Donkey Jacket, 노동자들이 입는 두꺼운 재킷)을 입고 있었어요. 정말 옷차림이 형편없었죠. 하지만 미키는 그들의 실력이 상당하다고 생각했기 때문에 계약을 했죠.

테리 오닐 Terry O'Neill, 1960년대를 기록한 작품으로 유명한 영국 사진작가

전 애니멀스가 뉴캐슬에서 런던으로 오고 있다는 소릴 들었고, 그들이 열차에서 내리자마자 찍을 준비를 했어요. 먼저 그들과 함께 쇼핑하고 나서 스튜디오로 데려갔어요. 납작한 모자와 동키 재킷은 비즈니스에 어울리지 않았으니까요. 너무 노동자처럼 보였거든요. 하지만 중절모에 양복 차림으로 노닥거리는 건, 그들에겐 그저 나이가 많은 노동자 계급 사람들이 하는 짓거리에 불과했어요.

힐튼 밸런타인 Hilton Valentine, 애니멀스의 기타리스트

그곳은 옥스퍼드 거리에 있었고, 원래는 바이올린 연주자들이 연습하는 장소였어요. 우린 거기서 오래 머무를 수가 없었죠. 그들이 우리에게 너무 시끄러우니 나가달라고 했거든요. 무슨 일이 일어났던 건지 모르겠어요. 분명한 건 우리가 있을 장소가 아니었다는 거죠.

평범하지 않은 시작이었어요. 사진 찍는 것 말예요. 그런데 그게 시작이었어요. 우린 음반 계약이 되어 있는 상태도 아니었고, 나중에서야 했죠. 그리고 야드버즈 공연을 했고, 뉴캐슬로 돌아갔다가 얼마 후

"중절모에 양복 차림으로 노닥거리는 건, 그들에겐 그저 나이가 많은 노동자 계급 사람들이 하는 짓거리에 불과했어요." – 테리 오닐

에 다시 런던으로 왔어요. 런던에 일이 있었기 때문에 아예 런던으로 이사를 했죠. 그게 모든 일이 일어난 시초라고 할 수 있겠네요.

우린 켄싱턴 서부에 살았어요. 화려하게 들리겠지만 가구도 없는 집이었죠. 그래서 간이침대를 갖다 놨고, 난방 장치라곤 작은 전기 히터뿐이었어요.

비키 위컴 Vicki Wickham, 영국 출신 매니저, 프로듀서 겸 작곡가

우린 모두 서로를 알고 있었어요. 부탁을 하면 누구나 들어주었죠. 집에서도 서로 부둥켜안는 사람이 없었는데, 갑자기 모두가 격하게 저를 끌어안아 줬어요. 정말 기막히게 좋았어요. 다정하고 푸근했어요. 아주 멋진 시간이었어요. 사람들은 상냥했고, 멋지고, 쉬웠고, 서로에게 참견하지도 않았죠.

제가 곁눈질로 훔쳐본 사람은 앤드루 루그 올덤이었어요. 그는 저에게 자기가 입은 셔츠를 만든 곳을 알려 줬어요. 그건 정말 중요했죠. 앨범을 하나 산 후, 사람들이 그 앨범의 디자인과 작품을 보고 토론할 수 있게 토요일쯤 그 앨범을 가져가던 심리와 같은 거죠.

예술가들은 정장을 입기 시작했어요. 애니멀스만 빼고요. 걔들은 정장을 안 입었어요. 스톤스의 첫 번째 앨범처럼 앨범 커버가 멋지고 자극적이면, 음악에 관해 호기심을 불러일으킬 만한 대화를 나눴어요.

테리 오닐 Terry O'Neill, 1960년대를 기록한 작품으로 유명한 영국 사진작가

우리가 어디로 가고 있는지에 대해 고민하고 생각했던 사람은 없었어요. 우린 좋은 시간을 보내고, 열심히 일하고, 열심히 노느라 너무 바

"뉴캐슬에서 런던으로 온 애니멀스라는 밴드에 관해 들었어요. 스튜디오로 데려가기 전에 쇼핑부터 시켰죠. 외모가 형편없었거든요. 막노동꾼 같았어요." ― 테리 오닐

빳죠. 저에게 그다음 이야기가 있었고, 늘 그다음 표제 사진이 있는 것처럼, 다른 사람들에게도 다음 노래와 다음 음반 계약이 기다리고 있었죠.

얼마 지나지 않아 저는 플릿 스트리트에서 가장 높은 보수를 받는 젊은 사진작가가 됐어요. 젊은 세대, 영화배우, 밴드, 가수, 모델 들이 뉴스거리였죠. 전 그들 모두를 알고, 그들과 클럽에 가고, 식사를 하고, 경우에 따라선 기사 1면에 실어 주면서 그들을 만들어 내기도 했어요.

저는 그들만의 시공간 속에 그들을 연대순으로 정리하고 싶었어요. 새로운 이야기로 다루고 싶었죠. 젊다는 것, 그리고 문득 우리 방식으로 사는 얘기를 세상이 듣고 싶어 할 것 같았어요. 우리 삶은 설계도, 대책도, 계획된 직업도 없었어요. 우린 웅성거림을 위해, 그리고 돈을 위해 그 순간을 살고, 마시고, 쇼핑하고, 사랑했어요. 돈은 우리가 고향을 떠나 아파트를 구하고 멋진 옷을 사기 위한 수단이었어요. 일주일에 5파운드면 집세를 내고 새 옷을 살 수 있었죠.

비키 위컴 Vicki Wickham, 영국 출신 매니저, 프로듀서 겸 작곡가

여자 넷을 포함해 저까지 다섯 명이 나이츠브릿지에서 살았어요. 한 아파트를 같이 썼죠. 저는 그곳에서 제일 안 좋은 방이었어요. 룸메이트들은 아주 평범한 직업을 갖고 있었어요. 결혼이 최고라고 생각했죠. 저만 약간 다른 일을 하고 있었고, 일주일에 7파운드 10실링을 벌었죠.

스튜디오는 웨스트엔드의 킹스웨이 아래쪽에 있었어요. 일찍 그곳

에 가서 전화를 걸고, 누가 차트에 있는지, 누가 화제에 올랐는지 확인
했죠. 매일 밤 클럽에 갔고, 새벽 두세 시가 되어서야 집으로 돌아왔어
요. 술을 많이 마셨죠. 몇 명은 마리화나나 대마초를 피웠지만 그보다
더 센 건 안 했어요. 헤로인이나 더 센 걸 피운 사람은 진저 베이커뿐
이었어요.

우리가 힘이 있다는 걸 아는 사람은 아무도 없었어요. 그건 그냥 우
리가 했던 일이에요. 사람들은 우리에게 수작을 걸었지만 별 볼일 없
었죠. 우리는 앤드루 루그 올덤과 친해졌고, 그는 제가 처음으로 만난
매니저들 중 한 사람이었어요.

앤드루 루그 올덤 Andrew Loog Oldham, 롤링 스톤스를 발굴해 낸 선구적인 음악 산업 매니저
―
스톤스가 소호의 지하실에서 연습하던 8월, 그들에겐 노래도 없고 아
무것도 없었어요.

테리 오닐이 찍은 사진 속에 스톤스가 있군요. (오른쪽 사진 참조) 사진
에서 전 선글라스를 끼고 있고요. 필 스펙터를 따라 하고 있죠. 닮았다
는 소리도 못 들었고 그래 보이지도 않는군요. 아무리 노력해도 필 스
펙터처럼 보일 수 없었어요. 왜 그런지 진짜 미스터리네요.

아리스토텔레스 오나시스(Aristotle Onassis)는 아주 어릴 때, 성공을
위해 필요한 것은 '좋은 주소'와 '선탠'이라고 말했어요. 사는 곳이 지
하실인지 다락방인지는 중요하지 않았죠.

전 피부를 태우려고 계속 프랑스로 갔어요. 여의치 않으면 얼굴에
크림을 발랐어요. 너무 많이 발라서 오렌지처럼 보일 때까지요.

테리가 찍은 사진 속에 스톤스가 얼마나 젊었는지 보세요! 빌 와이

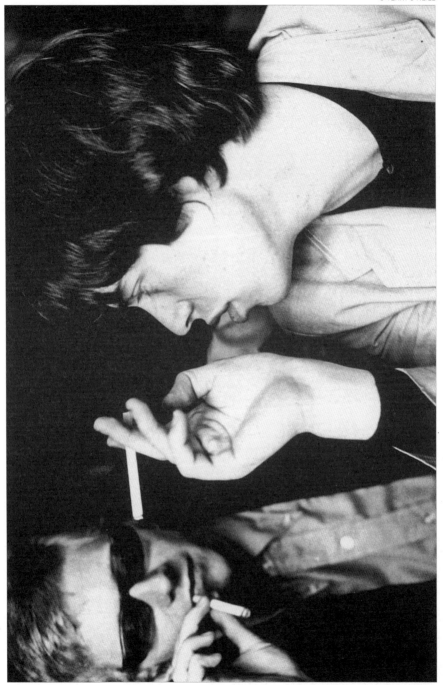

스톤스의 매니저 앤드루 루그 올덤과 믹 재거. "비틀스와 스톤스의 큰 차이점은 비틀스는 미국에서 성공했다는 거예요. 롤링 스톤스는 미국이 만들어 줬고요." **— 앤드루 루그 올덤**

먼은 늘 다른 사람들과 좀 떨어져 서 있었어요. 유일하게 군 복무를 마친 사람이었죠. 실제로 유일하게 바깥에 화장실이 딸린 집에서 자랐을 거예요. 1963년에 빌은 스물일곱 살이었어요. 우린 열아홉 내지는 스무 살이었고요.

테리 오닐 Terry O'Neill, 1960년대를 기록한 작품으로 유명한 영국 사진작가

앤드루는 정말 그냥 꼬마였지만 똑똑했고, 요령이 있고, 자기 자신을 위해 청춘을 바쳤어요. 스톤스가 그에게 관리를 처음 맡길 때, '앤드루는 브라이언 엡스타인과 일했어. 그는 비틀스가 명성을 얻게 만들어 줬으니 우리한테도 똑같이 해 줄 거야'라고 생각했대요.

하지만 앤드루는 일꾼이었어요. 그는 스톤스를 위해 사기를 치고, 밀어붙이고, 정보를 뿌리고, 사건이 일어나도록 만드는 일을 멈추지 않았어요. 키스가 그를 스톤스의 여섯 번째 멤버라고 말한 건 옳은 소리죠.

앤드루 루그 올덤 Andrew Loog Oldham, 롤링 스톤스를 발굴해 낸 선구적인 음악 산업 매니저

연습 때 한 거라곤 아무것도 없었고, 작업 중인 노래도 없었죠. 전 연습실을 나와 버렸어요. 제 재능을 기부하려고 했던 건 아니었으니까요. 길거리로 나와서는 오른쪽으로 돌았어요. 오른쪽으로 돈 바람에 우리 인생이 완전히 뒤집혔죠. 왼쪽으로 돌았다면 아무 일도 일어나지 않았을 거예요. 연습실 밖으로 나와서 오른쪽으로 돌아 길모퉁이로 가서는 레스터 스퀘어에 위치한 톡 오브더 타운 극장 옆에서 택시에서 내리는 존과 폴에게 달려갔어요. 그들은 술에 취해 있었어요. 당

키스 리처드는 스톤스의 젊은 매니저인 앤드루 루그 올덤(이 사진에 찰리 왓츠와 함께 찍혔음)을 일곱 번째 스톤
스라고 했다. "난 그가 좋아요. 그가 이 일을 전부 해낸 거예요." — **키스 리처드**

시에는 아직 술이 비싼 시절이라 공짜 술은 아주 중요했죠. 저를 보고는 그들이 물었어요. "무슨 일이야, 앤디?"

이보르 노벨로 시상식에서 처음으로 상을 받은 터라 그들은 아주 행복한 상태였어요. 그래서 전 이렇게 말했어요. "너희도 알다시피 나한테는 녹음할 곡이 아예 없어."

"우리가 해결해 줄게, 너한테 줄 곡을 하나 써 놨거든."

그래서 그들이 연습실로 내려왔고, 정말로 롤링 스톤스에게 「너의 남자가 되고 싶어(I Wanna Be Your Man)」라는 곡을 불러 줬어요. 그들은 곡이 절반만 완성된 상태인 척하더니, 스톤스 앞에서 그 곡을 다 완성해 버렸어요. 그리고 말했죠. "아직 브릿지 부분은 못 썼어." 그래요, 열흘 전에 이미 다 녹음까지 한 상태였어요. 링고가 메인으로 노래를 불러서 말이죠. 그래 놓고는 우리한테 개수작을 부린 거예요. 아시다시피 존이랑 폴이 메인으로 부른 게 아니고, 링고가 부른 것이었으니까요.

아주 대단한 사기꾼들이었어요. 정말 그랬어요. 그러니까 …… 전 괜찮았지만, 스톤스에는 아주 좋은 교훈이 된 셈이었죠. 존과 폴은 누구한테든 노래를 팔 수 있었어요. 말주변이 좋았거든요. 이중적인 연기를 했어요. 사기꾼이면서도 순수하고 단순했죠. 브라이언 엡스타인은 그들의 노래를 팔러 다니지 않았어요. 그건 그의 품위를 떨어뜨리는 일이었죠.

그들은 귀가 들리지 않는 사람에게도 노래를 팔 수 있었어요. 존이 노려보면 어떻게 멍청하게 싫다고 말할 수 있겠어요? 반대로 폴은 매력적인 남자였어요. 둘은 당근과 채찍이었죠. 1963년 초반에 그들은

런던에 도착해 쇼핑을 하고 있는 에릭 버든(왼쪽)과 앨런 프라이스.

헬렌 샤피로와 공연을 했어요. 그녀가 주인공이었죠. 존과 폴이 그녀에게 「미저리(Misery)」를 줬는데, 그녀의 음반 제작 감독이 그 곡을 거절했어요. 그다음 날, 순회공연 버스에서 그들은 그 곡을 케니 린치(Kenny Lynch)에게 팔았죠.

하지만 「너의 남자가 되고 싶어」 덕분에 마술이 일어났어요! 브라이언 존스가 기타를 집어 들고는 자기 방식대로 「너의 남자가 되고 싶어」를 연주하더니, 스톤스에 맞게끔 노래를 편곡한 거예요. 즉석에서요! 그 사건 때문에 전 거의 신경 쇠약증에 걸렸어요. 제 말은, 그냥 그 모든 것을 어찌해야 할지 몰라서 파리에서 머문 삼일 동안 신발이나 사 왔다는 소리예요. 전 그냥 너무 흥분해서 꼼짝할 수도 없었거든요.

비키 위컴 Vicki Wickham, 영국 출신 매니저, 프로듀서 겸 작곡가

제가 처음 앤드루 루그 올덤을 만난 건 스톤스가 『레디, 스테디, 고!』 프로그램에 출연했을 때였는데, 전 술집 근처로 갔고, 앤드루는 빨간 머리에 멋진 미스터 피시 셔츠를 입고 술 한 잔을 손에 든 채로 밖에 있었어요. 그는 겨우 인사를 하더니 벽에서 미끄러졌어요. 너무 취해서 의식을 잃어버린 거예요. 그게 앤드루와의 첫 만남이었어요. 완전히 아기였어요. 열아홉 살이었죠.

전 앤드루를 사랑했어요. 그는 거만하고 골칫덩어리였죠. 그는 처음으로 소형 난로를 달고, 창문을 선팅한 미니를 탔어요. 우린 잘 지냈어요. 공통점이 없다는 게 공통점이었어요. 우린 많은 시간을 함께 보냈고, 예술가들을 만나러 다녔어요. 식당도 갔죠. 전 돈이 없었기 때문에 앤드루와 음반 회사 사람들과 함께 식당에 가면, 그들이 늘 음식 값을

계산했어요.

앤드루 루그 올덤 Andrew Loog Oldham, 롤링 스톤스를 발굴해 낸 선구적인 음악 산업 매니저

테리 오닐이 잘 알고 지내던 패션 사진작가 테렌스 도너번(Terence Donovan)이 제가 메리 퀀트 밑에서 일할 때 이렇게 말했어요. "오, 앤드루, 너 알코올 중독자 맞지?" 전 대답했죠. "지금 뭐라는 거예요? 술 근처에도 안 갔거든요." 그가 말했어요. "너, 수전증 있는데." 도노반이 제대로 알아본 거죠.

힐튼 밸런타인 Hilton Valentine, 애니멀스의 기타리스트

공짜 술은 늘 환영이었어요. 우린 전부 노동자 계급이었기 때문에 술은 식사의 일부였어요. 술을 안 마시면 사람이 아니에요.

조지 페임과 에릭 클랩튼이 공연을 마치고 클럽에 있으면 우린 그들과 어울려 놀았죠. 일링에 클럽이 하나 있었거든요. 또 런던 중심에 크롬웰풍의 '마르퀴'라는 클럽이 있었어요. 비틀스와 스톤스는 거기와 '애드 리브' 클럽에 주로 있었어요. 우린 음악 얘기, 여자 얘기를 하며 술을 마셨죠.

전 비틀스를 정말 좋아했어요. 질투심 같은 건 없었어요. 우린 그 순간 모두 함께 있었어요. 노동자 계급과 관련된 것이었죠. 족쇄는 끊어졌어요. 우린 모두 나가서 살벌하게 놀아 댔고, 죽어라 파티를 열었어요. 굉장히 쾌락적인 시간이었죠. 게다가 우린 돈을 받고 있었어요. 하고 싶은 건 다 할 수 있다는 기분이 들었죠.

비키 위컴 Vicki Wickham, 영국 출신 매니저, 프로듀서 겸 작곡가

처음 스톤스가 『레디, 스테디, 고!』에 출연하자 완전히 마법이 일어났어요! 주위를 서성거리는 사람들도 많이 있었고, 차 대접도 여러 번 받았고요. 그리고 그들과 조금 얘기해 볼 수 있는 엄청난 기회가 생겼어요. 그들은 「컴 온」을 불렀던 것 같아요. 그들은 그냥 이렇게 생각했던 것 같아요. '이게 바로 음악이 있어야 하는 이유지. 술집에 있어야 하는 이유라고. 그리고 우린 그 아래가 아니라 위로 가야 해.' 식은 죽 먹기였어요. 정말 별 게 아니었죠. 익숙한 사람들과 있을 때 그들은 매우 편안해했어요.

빌 와이먼 Bill Wyman, 베이시스트, 롤링 스톤스의 창립 멤버

평상복 차림으로 다녔어요. 우리가 가지고 있던 옷을 입고서요.

앨런 파커 경 Sir Alan Parker, 광고 카피라이터, 『벅시 말론』, 『페임』, 『에비타』, 『미시시피 버닝』 감독

텔레비전을 많이 보진 않았지만 그해에 선풍적인 인기를 끌었던 쇼는 '주말은 여기서 시작합니다'라는 광고 문구를 내걸었던 『레디, 스테디, 고!』와 『그것은 그 주일이었다(That Was the Week That Was)』였어요(후자는 뉴스와 정치 풍자 쇼로, 데이비드 프로스트가 진행했고, 더들리 무어와 피터 쿡이 주연을 맡았다. 존 클리즈와 로알드 달이 작가였다). 두 프로그램 모두 고루한 영국 방송의 틀을 깼고, 십 년 동안 훌륭한 본보기가 되었어요.

테리 오닐 Terry O'Neill, 1960년대를 기록한 작품으로 유명한 영국 사진작가

스톤스는 『레디, 스테디, 고!』에 출연하려고 킹스웨이 스튜디오에 막

나타났어요. 자신들이 평상시에 입던 옷을 입고 말이죠. 그리고 일은 진행됐어요. 전 빈둥거리면서 그들과 무대 뒤에 있었죠. 믹은 헤어 드라이를 받고, 키스는 전구 소켓을 빼서 면도를 하고, 브라이언은 빌의 머리를 망가뜨리는가 하면, 앤드루와 키스는 차를 마시고 있었어요. 전 그날 멋진 보도 사진을 찍었죠. 믹은 털모자가 달린 코트에 코듀로이 바지를 입고 얼굴을 찌푸리고 있었어요. 키스는 그냥 멋있어 보였죠. 그때도 늘 그랬고, 지금도 늘 그래요. 그 당시 그들은 『레디, 스테디, 고!』를 찍는 것 말고는 다른 선택지가 없었어요. 자신이 좋아하는 일을 하는 젊은이들을 위한, 젊은이들에 의한, 젊은이들과 함께하는 첫 번째 쇼였어요. 정말 끝내줬어요!

비키 위컴 Vicki Wickham, 영국 출신 매니저, 프로듀서 겸 작곡가

우린 스케줄이 너무 빡빡했어요. 제가 하는 일은 사람들이 있어야 할 때 무대 위에 있는지 확인하는 일이었죠. 공연 시작 전에 오 분 남았다고 알려 주며 그들 손에서 헤어 드라이기를 내려놓으라고 말해야 했어요. 네, 아슬아슬했죠. 샌디 쇼(Sandie Shaw, 7곡의 히트곡을 보유한 1960년대 영국의 팝 가수)도 한번은 공연을 통째로 못 했어요. 대기실에서 누군가랑 이야기를 하다가 공연 전체를 놓친 거죠. 중요한 얘기도 아니었는데.

관객은 무대의 일부였고, 뮤지션들은 관객들 사이에 섞여 있으면 좋겠다는 게 우리 생각이었죠. 사람들은 춤을 추고 싶어 했어요.

그 당시엔 모든 게 자기 일이었어요. 그냥 다 함께 일을 했어요. 대본을 쓰고, 뮤지션들을 섭외했죠. 쇼에 필요한 모든 것이 준비되었는

사진 촬영 전 모자 가게에 들러 중절모를 써 보는 애니멀스의 에릭 버든.

평범하지 않은 시작이었어요. 사진 찍는 것 말이에요. 그런데 그게 시작이었어요. — **힐튼 밸런타인**

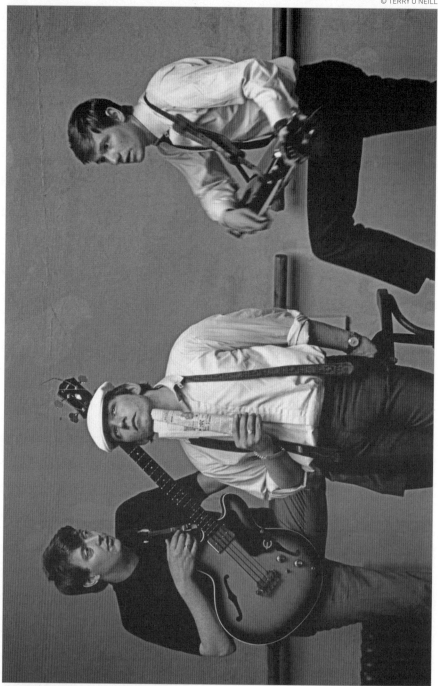

"그 스튜디오는 원래 바이올린 연주자들이 연습하는 장소였어요. 우린 거기서 오래 머무를 수가 없었죠. 그들이 우리에게 너무 시끄러우니 나가달라고 했거든요." — 힐튼 밸런타인

우린 음반 계약이 되어 있는 상태도 아니었고, 나중에서야 했죠. 그게(사진 찍는 일이) 모든 일이 일어난 시초라고 할 수 있겠네요. — 힐튼 밸런타인

지 확인했고, 우린 그냥 전부 다 했어요. 전 에디터였는데, 사실 에디터가 뭘 뜻하는 건지 지금도 모르겠어요. 생방송이어서 편집할 게 없었죠. 하지만 에디터는 관객 선택을 돕고, 뮤지션을 섭외하죠. 우리는 클럽을 돌아다니며 관객이 될 사람들을 초대했어요. 모두 멋져 보였고, 춤도 잘 췄고, 밴드와 뮤지션들은 당시에 우리가 좋아했던 사람들이었어요.

"여기 이 표시 밖으로 나오면 안 돼요"라는 건 없었어요. 1963년에 우린 립싱크를 했어요. 음악인들은 악기 조율 상태를 걱정할 필요가 없었죠. 립싱크에 능숙한 사람은 없었어요. 1963년 텔레비전에선 그랬어요.

테리 오닐 Terry O'Neill, 1960년대를 기록한 작품으로 유명한 영국 사진작가

모든 긴장이 풀렸고 『레디, 스테디, 고!』 프로그램에선 그 어떤 규칙도 없었기 때문에 저는 리허설을 하는 동안 관객 사이에 있었어요. 그때 전 믹이 그 밴드에서 가장 중요한 중심 역할을 하고 있다는 걸 알았죠. 그가 메인 보컬이라서 그렇게 생각한 건 아니에요. 제 말은, 스톤스가 브라이언의 밴드였고, 믹은 악기가 없었지만 자신의 몸을 사용할 줄 알았어요. 음악에 맞게 곡을 연출했죠. 몸을 움직이고 포즈를 취하면서 입술을 쭈욱 내밀거나, 몸을 밀어젖히면서 말이에요. 이미 상당한 카리스마를 내뿜고 있었죠. 쇼맨이었어요. 다른 밴드들은 그냥 가만히 서서 노래했지만 믹은 움직였어요.

비키 위컴 Vicki Wickham, 영국 출신 매니저, 프로듀서 겸 작곡가

비서에서 에디터가 되는 데에는 서너 달이 걸렸어요. 사람들을 쥐고 흔드는 능력이 탁월했던 저였기에 아무도 제 승진에 이의를 제기하지 않았죠. 예술가들은 모두 같은 또래였기 때문에, 제가 "감정을 잘 다스려라"라고 조언하는 것을 나쁘게 듣지 않았어요.

처음 비틀스가 나왔을 때 더스티 스프링필드(Dusty Springfield, 영국의 블루스 앤드 소울 가수, 음반 "더스티 인 멤피스(Dusty in Memphis)"는 잡지 〈롤링 스톤스〉에서 그 시대 최고의 앨범으로 꼽혔다)와 같이 나왔던 것 같아요. 그녀는 비틀스의 음악, 헤어스타일, 외모에 관해 인터뷰했고, 그들은 본인들의 노래를 립싱크했어요. 우린 그들이 얼마나 뜰지 몰랐지만, 그 쇼를 보기 위해 기다리는 줄이 지하철 역 입구까지 길게 늘어져 있었죠.

젊은이들이 건물 안으로 들어오려고 해서 경찰을 불러야 했어요. 믿을 수 없었어요. 당시에 비틀스는 자기들이 그렇게 뜰 거라고는 정말로 생각 못했고, 우리도 정말 몰랐거든요. 1963년이었어요. 아주 멋졌고, 위험했는데, 그런 점이 매력적이었어요. 누군가 다칠 것 같진 않았지만, 당시 상황을 한마디로 표현하자면 바로 이거죠. "와우, 사람들이 정말 이 문을 부수거나 보일러실을 통해 들어올 기세야."

실라 블랙 Cilla Black, 가수 겸 TV 쇼 진행자

브라이언 엡스타인은 제가 런던으로 가서 조지 마틴과 녹음하길 원했어요. 제가 스튜디오로 갈 수 있는 유일한 때는 여름휴가뿐이었는데, 타이피스트라는 직업을 포기할 수 없었거든요. 그런 일은 생각도 하지 않았어요. 전 사리 분별은 할 줄 아는 여자였거든요.

제가 리버풀에서 살았던 곳은 아주 가난한 지역이었어요. 그러니까 비틀스가 살던 곳보다 훨씬 더 가난한 곳이었죠. 아빠는 부둣가에서 일하는 하역 인부였고, 엄마는 시장에서 헌 옷을 팔았어요. 제가 근면한 건 부모님 덕분이죠. 저는 주 오 일을 사무실에서, 저녁엔 클럽이나 커피 바에서 커피를 나르고 노래도 불렀어요. 그렇게 제 월급의 절반 정도가 되는 꽤 많은 돈을 벌었죠.

형편없는 오디션을 치른 후에 블루 엔젤 클럽에서 노래를 했고, 브라이언 엡스타인이 들어와서 다시 절 불렀어요. 그리고 이렇게 말했죠. "왜 오디션에선 이렇게 노래하지 않았어요?" 그때는 키가 안 맞았다고 말했고, 그는 런던에서 온 조지 마틴에게 절 보냈어요.

열아홉살 때, 애비 로드 스튜디오로 가서 「러브 오브 더 러브드(Love of the Loved)」를 녹음했어요. 폴의 곡이었죠. 그는 캐번에서 비틀스가 공연할 때면 그 노래를 부르기도 했어요. 녹음된 적 없는 비틀스의 곡을 부른다는 건 큰 기회였지만 그 곡은 크게 히트하진 못했어요.

브라이언은 우리 모두를 고용했기 때문에 그를 믿어야 했어요. 신데렐라 이야기처럼, 어느 날 왕자님이나 요정 할머니가 올 거라고, 그리고 그 형상이 브라이언 엡스타인의 모습으로 제게 온 거라고 항상 믿고 있었어요. 그래요, 전 정말로 뭔가 있을 거라고 믿었죠. 그 시절에는 어떻게 시작해야 하는지 몰랐지만 곧 런던을 집어삼키고, 미국에서도 인기를 얻었죠. 브라이언은 바흐에서부터 비틀스까지 모든 걸 알고 있었어요. 전 9월에 『레디, 스테디, 고!』에 출연했어요. 제 다음 노래 「마음을 가진 사람(Anyone Who Had a Heart)」은 1위를 했고요.

노먼 조플링 Norman Jopling, 영국 출신 음악 평론가

브라이언 엡스타인의 새로운 홍보 담당자인 토니 배로(Tony Barrow)가 브라이언의 최근 흥행 제조기인 실라 블랙의 일로 제게 전화를 해서는 그녀와 인터뷰할 생각이 있느냐고 물어봤어요. 전 궁금했어요. 실라의 「러브 오브 더 러브드」에는 진짜 아무 생각이 없었지만, 그녀에 관해선 흥미로운 점이 있었거든요. 그래서 섀프츠베리 애비뉴로 가서 몬마우스 스트리트 근처의 작은 카페에서 그녀를 만났어요.

피터 브라운 Peter Brown, 음악 산업 사업가

브라이언은 아버지 같은 존재여서, 그들의 복지에 전적으로 관여했어요. 비틀스는 가족이었고, 실라도, 게리 앤드 더 페이스메이커스도 가족이었죠. 하지만 다른 음악가들은 실라와 비틀스가 가지고 있던 건방진 허세는 없었어요.

노먼 조플링 Norman Jopling, 영국 출신 음악 평론가

그녀는 남자 친구 바비(훗날 실라의 남편, 엡스타인이 사망한 후 매니저가 되었다)와 함께 있었는데, 우린 기다란 의자가 비좁게 놓인, 약간 흠이 나 있는 포마이카 테이블에 마주 앉았어요. 식탁 위엔 커피와 빵이 놓여 있었죠. 실라는 정말 아주 믿음직스럽고 생기발랄하고 견실해서, 보는 즉시 호감이 갔죠.

실라 블랙 Cilla Black, 가수 겸 TV 쇼 진행자

처음엔 런던이 맘에 안 들었어요. 사람들이 쌀쌀맞았거든요. 그때 펠

리시티 그린이 머리를 자르라며 저를 비달 사순에게 보냈어요.

일단 그는 런던 토박이였죠. 다른 지역 출신은 아니었지만 노동자 계급이었어요. 그런 점이 어느 정도 좋았죠. 그 후 테리 오닐을 만났어요. 그도 런던 말씨를 쓰긴 했지만 노동자 계급이었어요. 모두가 한데 어울렸죠.

마치 조각 그림 맞추기 퍼즐 같았어요. 비틀스를 만났더니 리버풀이 터졌고, 런던 토박이들도 폭발했어요. 갑자기 노동자 계급이 정말로 세상에 나서게 된 거예요. 심지어 라디오도 변해야 했고, 텔레비전은 확실히 변했어요. 우리가 리버풀에서 왔을 때는 라디오 방송 진행자들이 야회복 재킷을 입고 나비넥타이를 맨 채로 뉴스를 읽고 있었어요. 그러니까 왜 그래야 하죠? 아무도 볼 수 없는데 말이에요.

뉴스에선 앵커들이 왕실 영어를 써야 했어요. 여왕이 쓰는 영어가 뭔지 전 정말 모르겠지만, 모두가 다른 방식으로 말을 했어요. 하지만 모든 것이 변했죠. 치마는 점점 더 짧아졌고, 하룻밤 사이에 1950년대가 지나가 버렸어요.

바버라 훌라니키 Barbara Hulanicki, 패션 디자이너
▬
우린 실라 블랙을 위해 5파운드짜리 무대 의상과 속이 들여다보이는 티셔츠를 만들었어요. 그녀가 왔길래 "5파운드짜리를 택해야 할지, 저렴한 옷을 선택해야 할지 모르겠어요"라고 물었어요. 그러자 그녀가 "저렴한 옷으로 해요. 결국 그게 그거예요"라고 했죠. 그녀는 자기가 무슨 말을 하는지 알고 있었어요. 멋진 여자였어요.

우리에겐 엘리트 계층 사람들도 드나들기 시작했죠. 하지만 스톤스

와 비틀스 같은 엘리트 계층이 아닌 사람들도 왔죠. 그들은 여자 점원들을 만나고 싶어서 찾아왔어요. 점원들이 아주 매력적이었거든요. 그렇게 오는 사람들은 인기가 많지 않은 밴드 멤버들이었죠.

펠리시티 그린 Felicity Green, 패션 에디터

전 바버라 훌라니키의 옷 입는 방식과 표정이 맘에 들었어요. 그래서 아이디어를 하나 제안했어요. "나에게 견본을 하나 만들어 줄래요?"라고 물었죠. 그러자 그녀는 견본을 만들어 보내 줬고 우린 옷감을 구해서 견본을 완성했어요. 전 견본이 마음에 쏙 들어서 신문에 크게 실었어요. 하지만 반응을 완전히 과소평가했죠.

바버라 훌라니키 Barbara Hulanicki, 패션 디자이너

우린 깅엄 체크무늬 면 원피스로 크게 성공했어요. 〈데일리 미러〉의 패션 디렉터였던 펠리시티 그린이 전화해서는 〈데일리 미러〉에 소개할 옷을 우편 주문하겠다고 하면서 이렇게 말했어요. "생트로페에 사는 브리지트 바르도가 입는 것 같은 체크무늬 면 원피스를 만들어 주세요."

우린 샘플을 만들어서 사진을 찍었죠. 한 치수밖에 없었어요. 아주 작았어요. 일반적으로 우린 옷을 8사이즈와 10사이즈, 두 가지만 만들었죠. 여자애들은 정말 작았어요. 전쟁 당시 고기를 먹을 수 없었거든요. 영국 여자애들은 막대기처럼 아주 긴 다리를 가졌죠. 전 체크무늬 면 원피스가 출시된 날을 잊을 수 없어요. 모든 우편물을 받는 주소가 한 개 있었는데, 우편물을 가지러 갔더니 남편 피츠(Stephen Fitz-

Simon)가 마대 자루 두 포대를 질질 끌고 모퉁이를 돌아 나오면서 이렇게 말했어요. "아직 더 있어." 전부 우편환이었어요.

옷은 25실링이었어요. 그때까지 우리는 옷 한 벌에 반 페니를 벌었어요. 부엌에 우편환 수천 장이 쌓여 있었죠. 사업용 계좌를 만들기 위해 은행에 우편환을 전부 가져갔지만 은행에서 처리할 수 없었어요. 서류를 작성해야 했는데, 일이 너무 많았던 거예요.

비키 위컴 Vicki Wickham, 영국 출신 매니저, 프로듀서 겸 작곡가

그때는 음악만 중요했어요. 음악이 좋으면 그 사람이 어떻게 말하든, 어떻게 행동하든 문제가 되지 않았어요. 그냥 음악 외에는 아무것도 중요하지 않았어요. 그게 공통 분모였죠.

당시엔 상표가 없었어요. 비바가 사람들에게 알려진 첫 번째 상표라고 생각하지만요. 신문에서 갈색과 흰색이 섞인 줄무늬 치마와 재킷 사진을 발견했죠. 진짜 예쁘다고 생각했어요. 바버라 훌라니키한테 전화를 했죠. "그 옷 아직 있나요?"

바버라는 너무 바빠서 외출할 수 없었어요. 늘 바느질을 하고 있었죠. 가게로 가서 차를 엄청 많이 마시면서 옷이 만들어질 때까지 기다리는 동안에만 그녀를 볼 수 있었어요.

그때는 젊은 사람들이 자신의 머리를 어떻게, 누구한테 자를지에 관심을 갖던 시기였어요. 물론 여전히 엄마한테 머리 자르기를 맡긴 사람들도 많았지만요. 옷은 저렴하면서도 최신 유행을 이끌었어요. 사람들한테 "우와, 멋지다"라는 소릴 듣는 데에 굳이 많은 돈을 들일 필요가 없었죠.

바버라 훌라니키 Barbara Hulanicki, 패션 디자이너

우편 주문을 받으면서 물품이 많이 생겼어요. 독특한 드레스와 소품들이었죠. 저는 "아파트 밖에 가게를 하나 엽시다"라고 말했죠. 그리고 몇 명한테 전화를 했어요. 우리 가게에서 일할 여자애 한두 명을 고용해 장사를 시작했죠. 음악을 틀고 옷과 소품을 다 팔았어요. 그렇게 몇 주가 지났죠. 한밤중에 손님들이 도착했는데, 가게에 남아 있는 물건이 하나도 없었던 적도 있었어요. 전부 팔렸던 거죠.

우리는 사업을 시작하자마자 대성공을 거뒀어요. 그동안 엄청 굶주렸던 시장에 물건을 대느라 정신이 없었던 거죠. 늦은 오후에 배달을 준비했어요. 점원이 아무아무 드레스와 아무아무 블라우스 주문이 들어오고 있다고 알려 줬죠. 그러면 소녀들은 앉아서 배달이 오기를 몇 시간씩 기다렸어요. 가끔은 밴이 오는 바람에 재고가 맞지 않을 때도 있었는데 그럴 때 여자애들은 절망했어요. 그들은 뭔가 새로운 옷을 원했고, 그걸 입고 춤추러 가고 싶어 했죠. 그들은 맹렬했고 언제든 현찰을 쓸 수 있었어요. 그리고 그때 비틀스가 나온 거예요.

프랭크 로우 경 Sir Frank Lowe, 광고 대행사 개척자, 로우 하워드 스핑크 회장

많은 사람들이 비바에서 만나곤 했어요. 음, 그곳은 환상적이었죠. 가게에 들어가서 소파에 앉아 커피 한잔 마시면서 친구들과 수다를 떨고, 여자애들이 탈의실을 들락날락하고, 아주 색다른 경험이었어요.

비달 사순 Vidal Sassoon, 영국의 헤어 디자이너 겸 사업가

영국 사람들은 절실하게 변화를 원했고 또 요구했어요. 토요일 오후

에 킹스 로드로 내려가 보면 온 거리가 작업실이 된 것 같았죠. 메리 퀀트의 가게뿐 아니라 대부분의 거리가 그랬어요. 모두가 멋진 헤어 스타일을 하고 있었고, 메리 퀀트의 옷을 입고 있었죠. 그리고 모두 서둘러 런던으로 몰려 오고 있었어요.

제1차 독립 혁명 이후 거의 이백 년 뒤에 일어난 제2차 미국 독립 혁명은 평등, 선거권, 시민권, 문학, 영화, 예술에 있어서 창의성을 구속하는 법률과 제약의 폐지를 위해 투쟁했다. 포크 페스티벌부터 영화 무대에 이르기까지 끊임없이 신문이나 영화에 노출시키면서, 국가는 심장을 드러낼 준비를 했다.

게이 탤리스 Gay Talese, 미국 출신 저널리스트 겸 작가

1963년, 전 나이 서른에 기혼자였어요. 우린 서로에게 홀딱 반해서 달아났죠. 아내는 랜덤하우스(Random House) 출판사의 하급 편집자였고, 전 1953년에 원고 심부름꾼으로 〈뉴욕 타임스(The New York Times)〉에 들어가 기자가 됐어요. 그러면서 외부 기고도 많이 했죠. 신문사 월급에 비해 분에 넘치게 살고 있었기 때문에 돈이 필요했어요. 〈에스콰이어(Esquire)〉지 수당이 가장 많았고, 제 글을 편집하지 않았죠.

전 이사 갈 준비를 했지만 집세 내는 일이 걱정이었어요. 〈뉴욕 타임스〉에서는 고정 수입을 받고 있었죠. 1963년 런던에서 기고한 글 중에 피터 오툴(Peter O'Toole, 얼마 지나지 않아 그는 영화 『아라비아의 로렌스(Lawrence Of Arabia)』에서 스타가 되었다)을 다룬 것도 있었어요.

비틀스 음악을 언제 처음 들었는지는 모르겠군요. 하지만 그때 그들은 런던에 있었고, 전 그들에 대해 알고 있었죠. 장발에 정장을 입은 기괴한 외모의 어린 밴드였어요. 전 뭔가를 감지했어요. 처음 그들의 음악을 들었을 때 충격적이었죠. 새로운 음악과 새로운 사람들이 등장했음을 알아차릴 수 있었어요.

케네디 대통령이 선출됐을 때와도 같은 느낌이었어요. 젊은 남자가 백악관을 차지했을 때, 우리 세대 사람들은 젊음으로 국제적인 힘을 가진 케네디와 함께 우리의 시대가 왔다는 느낌을 상당히 많이 받았어요. 쿠바 미사일 위기가 그에게 좋은 시험대가 되었죠.

케네디는 언어의 대가였어요. 아주 멋졌죠. 전 그의 연설을 다뤘어요. 부업에 관심이 있었거든요. 우주 비행사에 관한 글을 쓰면서 케이프 커내버럴(Cape Canaveral, 우주 로켓 기지로 아폴로 11호, 컬럼비아 호 등을 쏘

아 올렸다. 1963년 케네디 대통령 서거 때 케이프 케네디라고 개칭했다가, 1973년 다시 케이프 커내버럴로 고쳤다)을 다뤘어요. 그들은 스타였고, 케네디도 스타였어요. 그리고 이제 비틀스가 전형적으로 선보인 새로운 음악이 퍼지고 있었죠.

프랭크 로우 경 Sir Frank Lowe, 광고 대행사 개척자, 로우 하워드 스핑크 회장

1963년은 제가 미국에서 돌아왔기 때문에 인생에서 가장 멋진 해라고 할 수 있죠. 만일 제가 징집 대상으로 뽑히지 않았다면 전 미국에서 돌아오지 못하고 영원히 그곳에 머물렀을 거예요.

그 전까지만 해도 흥에 넘치는 미국에 비해 영국은 따분했죠. 하지만 언젠가부터 노동자 계급이 영국 전역을 장악하면서 모든 것이 변했어요. 왜냐하면 그들은 잃을 것이 없었거든요.

게이 탤리스 Gay Talese, 미국 출신 저널리스트 겸 작가

거리에 나가면 패션에 변화의 바람이 불고 있다는 걸 느낄 수 있었죠. 비틀스는 자신들의 패션이 있었어요. 거의 모든 면에서 젊은이 특유의 외모와 새로운 스타일이 생겨났죠. 미국에서는 대통령 덕분에 한층 불이 붙었어요. 케네디 대통령이 굉장한 인상을 남겼는데, 시가를 피우고 모자를 쓰지 않는 대통령 고문들이 이런 풍조를 부추겼어요. 당시 모두 모자를 썼지만, 케네디는 쓰지 않았죠. 우리 아버진 남자가 모자를 쓰지 않으면 제대로 옷을 갖춰 입은 게 아니라고 말씀하셨어요. 하지만 케네디가 그 생각을 바꿔 놨죠.

우린 그의 성적 취향도 알고 있었죠. 그는 여자 버릇이 좋지 않았어

요. 지금은 모두가 그 사실을 알게 됐죠. 그에겐 섹시하지 않은 섹시한 부인이 있었어요. 그녀는 겉모습만큼은 섹시했고 패셔너블했죠. 특히 여성 패션도 많이 바뀌었어요. 사람들은 첨단 유행이었던 미니스커트에 전형적인 전통 패션, 디자인이 잘된 정장이나 코트를 걸쳤어요. 젊은이들은 모조품을 구하기 쉬웠고요. 패션 디자이너가 만든 양복을 입을 형편이 되는 사람이 몇이나 있었겠어요? 경제는 늘 패션에 영향을 끼치죠. 세상이 젊은이들 중심으로 바뀌고 있다는 걸 느꼈어요. 케네디는 역사상 가장 젊은 대통령이었고, 문화 전반에 영향을 끼쳤죠.

노마 카말리 Norma Kamali, 미국 패션 디자이너

저는 FIT(Fashion Institute of Technology, 뉴욕에 있는 패션학교)를 막 졸업한 상태였고, 모든 일이 무의미했어요. 문득 여행을 가야겠다고 생각했죠. 그때 〈타임〉지의 광고 하나가 제 시선을 끌었죠. 바로 노스트웨스트 항공사에서 사람을 구한다는 거였어요. 당시 항공사에서 일하는 건 오늘날 애플에서 일하는 것과 같았죠. 꿈의 직장이었어요.

제가 디자이너가 되고 싶어 하는 줄은 저 자신도 몰랐어요. 정말로요. FIT에서 배운 패션은 몽땅 맘에 안 들었거든요. 모두 『매드 맨』같았어요. 모자와 가방 스타일을 맞춰야만 했죠. 전 그에 따르지 않고, 전혀 다른 조합을 했어요. 제 생각에 그것들 전부가 너무 무의미했거든요. 항공사에서 누군가 제게 이런 말을 해 줬어요. "런던에 가면 첼시라는 지역에 하숙집이 몇 군데 있는데, 하룻밤에 6달러면 묵을 수있어요. 멋진 지역이고 정말 아름다워요." 하지만 전 먼저 파리로 갔어요.

파리 노르망디 호텔 로비에서 벳시라는 친구를 기다리고 있었는데, 이 호텔에 단체 투숙객으로 묵고 있는 듯한 영국 사내 몇 명이 있었어요. 스티브 윈우드라는 남자는 밴드에 있었는데, 그들 일행 모두 제가 프랑스 사람이라고 생각했는지 저와 벳시에 관한 농담을 했어요.

우린 영어로 이야기했죠. 그러자 그들이 놀라면서 말했어요. "오, 이런, 우리랑 함께 갈래요? 파리 주변이랑 변두리를 돌아볼 참이거든요." 그래서 우린 그들과 함께 나갔고, 그들이 이렇게 말했어요. "런던에 가면 스피키지(The Speakeasy)라는 클럽이 있는데, 거기로 오세요. 전부 거기 모여 있거든요."

우린 아무도 몰랐어요. 아직 아무도 유명하지 않은 상태였으니까요. 너무 일렀죠. 스톤스와 비틀스가 아직 뉴욕에 오지 않은 때였거든요.

앨런 존스 Allen Jones, 조각가이자 팝 아티스트. 호크니, 키타이와 함께 수학한 왕립미술원 회원

우린 뉴욕에 있는 첼시 호텔 1층에 살았고, 다른 층에는 스튜디오가 있었어요. 상당히 신나는 일이었죠. 와, 여기는 미국이고, 내가 여기에 있구나. 우린 너무 신이 났고, 집으로 돌아갔을 때 런던 또한 중심지가 되어 있을 줄은 몰랐어요. 우리는 워홀과 인사를 나눌 정도의 사이였지만, 당시 현장에서 그는 여전히 그냥 다른 예술가일 뿐이었죠.

제가 정말 걱정하고 있던 것은 베트남으로 끌려가는 문제가 아니라, 미 군복을 입은 채 미국 공군 기지에서 부모님에게 돌아가는 일이었는데, 부모님이 화를 낼 것이 분명했죠(미국에서 영주권을 취득한 영국 국민은 징병 가능성이 있었다). 전 진짜 징병 영장을 받았거든요. 하지만 징병관이 이렇게 말했어요. "시간 낭비했군." 전 당시 스물여섯 살 백인 기

혼 남성이었어요(18세부터 26세까지의 미국 남성이 징병 대상이었는데, 존스는 이미 나이 제한에 걸린 상태였다. 게다가 대학에 다니는 남성과 기혼자는 종종 징병에서 배제되거나 징병 유예를 받았다).

전 일 년 동안 미국에서 살았어요. 임신한 아내는 향수병에 걸렸었죠. 뉴욕에서 사교육을 시키며 쌍둥이를 키울 형편이 못 됐어요. 그래서 런던으로 다시 돌아왔죠.

노마 카말리 Norma Kamali, 미국 패션 디자이너

런던에서의 첫날 밤에는 스피키지 클럽이 있는 마거릿 스트리트로 갔어요. 우린 클럽으로 내려갔죠. 그곳은 관에 커튼을 씌워 놓은 것처럼 조용하고 어두웠어요. 커튼을 젖히고 들어가면 뮤지션들이 전부 있었어요. 그래요, 말 그대로 '전부' 다 있었다는 뜻이에요.

하지만 충격을 받진 않았어요. 왜냐고요? 저는 그들이 누군지 몰랐으니까요. 저는 다시 항공사로 돌아왔어요. 뉴욕에선 그들이 누구였는지 관심 있게 기억되는 이가 한 명도 없었어요. 그것은 단지 영국의 모타운이었어요. 선택받은 음악이었죠. 당시 미국에서도 영국 음악을 듣는 사람들이 하나둘씩 생겨나기 시작했어요. 저는 지미 페이지(훗날 레드 제플린의 멤버가 된다)와 몇몇 사내들을 만났죠. 어린애들이었어요. 전 뉴욕에서 온 사람이었으니, 사실 그들은 제가 누군지조차 잘 몰랐죠.

이 사건은 앞으로 제가 어떤 인물이 될지를 결정하는 큰 계기가 됐어요. 우린 부모님 세대와는 다르다는 걸 알았지만, 얼마나 심오하게 다른지를 알기까지는 십 년 내지는 이십 년이 걸렸죠. 그래서 그 시절엔 극도로 열정적인 삶을 살았고, 전 매일 모든 것에 자극을 받았어요.

『어라운드 더 비틀스』 촬영 중 한 장면.

런던에선 전에 없었던 새로운 일이 매일 일어났고, 우리는 그 일을 했죠. 그리고 시간이 지나고서야 그 당시에 있었던 매일매일의 일들이 이해되고, 납득이 되었어요.

칼리 사이먼 Carly Simon, 미국의 싱어송라이터, 작가

대학교 2학년이던 1963년, 언니와 함께 여행을 했어요. 그때 언니 루시는 기타를 연주했는데, 데이비드라는 포크 가수를 만났죠. 그는 제가 바라 왔던, 그리고 꿈꿔 왔던 사람이었어요. 그는 마서스 비니어드(Martha's Vineyard)에 있었고, 그의 부모님과 우리 부모님은 친구였어요.

언니 루시에게 코드와 피킹을 알려 준 사람이 바로 데이비드였죠. 그 둘은 아주 어릴 때 학교를 같이 다녔어요. 마서스 비니어드에서도, 학교에서도 친구로 지냈죠. 데이비드가 언니에게 코드를 가르쳐 줬고, 언니가 배워 오면 제가 언니를 보고 따라 했어요.

1963년, 여름, 우린 코드 서너 개를 알게 됐고, 함께 기타를 치면서 나이트클럽에서 노래를 부르는 일을 구할 수 있을 거라고 생각했어요. 그리고 매사추세스 프로빈스타운(Provincetown)에 위치한 '무어스(the Moors)'라는 장소까지 히치하이킹을 하려고 했죠. 그런데 아무도 우릴 태워 주지 않았어요. 우리는 쌩하니 지나치는 사람들에게 소리를 질렀어요. "무어스에서 우릴 보게 될 거야. 우리는 스타가 될 거고, 당신들은 우리 무대를 우러러보겠지! 우리와 친해지고 싶어질걸!"

우리는 무어스에 가서 오디션을 봤어요. 원래 있던 밴드가 징병이 되어 베트남에 가는 바람에 발탁이 되어 공연을 했죠. 우리에게는 네

댓 개의 곡이 있었어요. 존 바에즈의 포크송을 불렀죠. 당시에는 존 바에즈가 아주 인기 있었거든요. 「웨스트 버지니아(West Virginia)」라는 곡이었죠. 우린 둘 다 노래를 불렀는데, 사람들은 우리를 동성애자 가수라고 생각했어요. 행동이 그렇게 보였대요. 그들은 우릴 사이먼 시스터즈라고 불렀어요. 하지만 그때 우린 동성애자가 뭔지도 몰랐죠.

연주 목록을 늘리면서 남은 여름을 보냈고, 그해 가을 우리 매니저인 찰리 클로즈(Charlie Close)가 그리니치빌리지에 있는 비터 엔드에서 오디션을 보게 했죠. 제가 대학교 2학년 때의 일이에요. 우린 연주를 잘할 수 있는 레퍼토리 곡들을 열 다섯 개 정도 갖게 됐어요. 그리고 많은 사람들 앞에서 연주를 했죠. 우디 앨런(Woody Allen), 조앤 리버스(Joan Rivers), 빌 코스비(Bill Cosby,), 딕 카벳(Dick Cavett)이 그곳에 있었어요.

게이 탤리스 Gay Talese, 미국 출신 저널리스트 겸 작가

1963년엔 야망과 투지가 철철 넘쳤어요. 하지만 전 자유롭게 살고 싶었어요. 작가가 되고 싶었죠. 〈뉴욕 타임스〉에 매여 있고 싶지 않았지만 돈을 벌어야 했고, 직장이 필요했어요. 얼마 후, 여러 곳에 투고를 하면서 여분의 돈을 벌게 되자, 신문사를 곧바로 그만두었죠.

피터 오툴을 인터뷰하기 위해 런던으로 갔는데, 그는 제가 만났던 사람 중에 가장 재미있는 사람이었어요. 그는 세계적인 영화배우였고, 또 굉장히 똑똑했죠. 그가 생각하는 기준은 놀라웠어요. 그는 미술, 오페라, 시를 알고 있었는데, 정말 지적으로 호기심이 많고 멋진 사람이었죠.

피터를 소개하는 글을 쓴 후, 저는 런던에 있는 그의 커다란 집에서 지냈어요. 그는 제 아내도 초대해 줬죠. 〈에스콰이어〉에 기고할 기사의 자료 조사 때문에 일주일 정도를 거기서 지냈어요. 그는 제가 한 사람으로서 제 개인적 삶에 대해 너무 조심스러워한다는 점을 납득시켰어요. "가족계획을 당장 그만두세요", "돈에 관해 걱정하지 마세요. 성공할 수 있어요." 저는 그의 말에 설득당해 버렸어요. 이 사람은 배우가 되기 위해 닥치는 대로 일했죠. 큰 배역을 맡기 전에는 아주 작은 배역도 많이 맡았더라고요.

노마 카말리 Norma Kamali, 미국 패션 디자이너

1963년 말에 런던으로 갔어요. 킹스 로드를 따라 걸으면서 주위를 둘러봤는데, 갑자기 가게들이 눈에 들어왔죠. 그곳은 색달랐어요. 다른 방식으로 옷을 입은 사람들이 보였죠. 아주 짧은 치마를 입고 있었어요. 우린 무릎을 덮은 치마를 입고 스타킹을 신고 있었는데요! 세상에, 믿을 수 없는 광경에 전 정말 흥분했고, 맘에 들었고, 완전히 신이 났어요. 그리고 비틀스 노래 「네 손을 잡고 싶어(I Wanna Hold Your Hand)」가 생각났어요. 당시에 막 발매된 음반이었던 것 같은데, 언제 처음 들었는지는 모르겠지만 킹스 로드를 걷고 있을 때 그 노래를 들었던 게 기억나요. 가게에서 흘러나왔거든요. 아주 새로운 멜로디였죠. 아니, 모든 게 아주 새로웠죠. 급진적인 새로운 색의 폭발과는 달리, 나이 든 여자들은 온통 어둡고 회색 계열이었죠. 그런데 흑백에서 총천연색으로 폭발이 일어난 거예요. 제가 보고 있는 걸 믿을 수가 없었어요. 거기 있는 내내 오싹했죠. 그리고 전 경외심을 품었어요. 드디

어 제 별을 찾았다는 걸 알게 되었죠. '난 여기와 정말 어울려!'라고 생
각했거든요. FIT와는 맞지 않다는 걸 깨달은 거예요. 이곳의 모든 것
이 마치 고향 집에 온 것처럼 느껴졌어요. 제가 있을 곳이었죠. 그곳은
저를 완전히 자유롭게 만들어 줬어요. 제 머릿속엔 아이디어가 샘솟
고 있었고요.

헨리 딜츠 Henry Diltz, 미국 출신 음악가, 사진작가

우린 여전히 정장을 입고 있었어요. 유니폼이오. 재즈, 포크, 희극이
있었고, 우린 스테이션왜건 네 대를 가지고 있었으며, 모두 대학을 다
녔어요. 니나 시몬(Nina Simone)과 허비 만(Herbie Mann)과 연주를 했어
요. 포크 음악을 했죠. 버스 투어 공연을 계약했고, 사십 일 하고 하루
동안 버스에서 지냈는데, 그때 가스펠 펄스(Gospel Pearls)라는 가스펠
그룹도 함께 있었어요. 300파운드 정도 나가는 여자들이었는데, 노래
를 무지하게 잘 불렀죠. 남쪽에 호텔이 하나 있었는데, 흑인들 때문에
거기서 묵을 수가 없었어요. 몇몇은 그곳에서 묵을 수 있지 않았냐고
요? 아뇨, 우린 항상 함께 다녔거든요.

　그 당시는 모두가 마리화나를 피웠어요. 주에 45달러를 받아서 몽
땅 다 써 버렸죠. 엄청 재미있었어요. 우리 세대 사람들은 우리가 전도
유망하고, 모든 해답을 알고 있다고 생각했죠. 모두 마리화나를 피웠
지만, 도어스(the Doors)의 한 녀석이 말한 것처럼 마약을 한 게 아니라
성체를 먹은 거였어요. 통찰력을 갖고 싶었거든요. 1963년 뉴욕에서
저는 약을 하기 시작했어요.

로버트 크리스트가우 Robert Christgau, 미국 출신 록 음악 평론가

전 정당의 당원이었지만 GDP가 떨어지거나 그들 부모의 수입이 줄어든다거나 하는 일을 전혀 겪어 본 적 없는, 몽롱해져서 제멋대로인 쾌락주의자들보다는 열세였죠. 우린 경제 성장만을 겪어 왔죠. 아주 형편없는 직장을 구해도, 아껴 쓰면서 돈을 모아서 5개월씩 쉬었어요.

1963년의 분위기를 요약하자면, 아무나 《W. B. 예이츠 시선》 같은 몇 권의 책을 뒷주머니에 꽂고 다닐 수 있었고, 은행에서 900달러를 빌려서 다섯 달을 길바닥에서 지낼 수 있었어요. 그것이 자유였고, 자유가 그냥 그곳에 있었어요. 제가 직장을 얻고 싶으면 내일이라도 당장 구할 수 있었어요. 전혀 문제가 되지 않았죠. 일자리에 관한 어떤 고민도 없었어요. 그리고 그런 경제적 요인은 사회 분위기를 결정하는 데 중요한 요인이 되었죠. 간단한 일을 한다는 건 언제든지 그만두고 다른 곳으로 떠나기도 쉽다는 뜻이었으니까요.

게이 탤리스 Gay Talese, 미국 출신 저널리스트 겸 작가

1963년에 로미 슈나이더(Romy Schneider)라는 영화배우에 관한 작품을 썼던 게 기억나네요. 성적 충동에 저항하지 않게 되면서부터, 우리는 그냥 마구 섹스를 했어요. 비엔나에 있었을 때였나. 저는 한 여인과 이야기를 나눴고, 그녀는 공격적이지 않았지만 대화하는 중에 자기가 어머니를 미워한다는 얘기를 털어놓더군요. 우린 곧장 침대로 갔어요.

그냥 그랬어요. 세상은 변했죠. 그리고 이틀 후 제 아내가 찾아왔고, 영화는 비엔나에서 로마로 이동했고, 우린 출연자를 포함해 많은 사람들과 저녁을 먹었어요. 전 로미와 춤을 췄죠. 성관계를 가진 사람과

춤을 추는 건 굉장히 쉬웠고, 제 아내는 그 사실을 눈치챘어요. 충동을 실현하는 것이 그 시대의 정신이었어요. 저항은 없었죠. 성적인 혁명이 시작되고 있었어요.

린다 가이저 Linda Geiser, 스위스 태생 영화배우

제가 만약에 감독이나 대단한 남자를 유혹하는 여자애들을 봤더라면, 그 여자애들을 감탄하며 바라봤겠지만, 여러 남자와 성관계를 갖는다는 건 좀 구역질이 났어요. 우린 콘돔을 좋아하지 않았기 때문에 여성용 피임 기구를 사용했죠. 두어 번 정도 남자 친구를 속이고 바람을 피웠을 때 별로 죄의식은 없었지만, 그럴 가치가 없다고 느꼈어요. 전 늘 자유롭고 싶었고, 원하는 걸 하고 싶었어요. 한 가지는 알고 있었죠. 영화배우가 되고 싶었다는 것. 결혼은 하고 싶지 않았어요.

로버트 크리스트가우 Robert Christgau, 미국 출신 록 음악 평론가

그때는 결혼을 하지 않더라도 여자 친구와 성관계를 가질 수 있었어요. 제가 아는 모두가 그랬거든요. 순결이라는 가치관에서 벗어났죠. 친구들 중에 완전히 방탕한 녀석은 없었어요.

하지만 1960년대 초반에는 아무나하고 가볍게 성행위를 한다는 걸 믿지 않았어요. 섹스에 관한 노래를 부를 수 있다는 건 굉장히 중요하다고 생각해요. 이전에는 없었던 성적인 노랫말에 성행위에 대한 명백한 표현이 어느 정도 들어 있고, 그렇게 해야 한다는 건 엄청난 일이었어요. 진짜 말 그대로 엄청난 일이었다고 생각해요. 고상한 체하던 것들이 문화 전반에서 완전 자취를 감췄죠.《채털리 부인의 연인》과

헨리 밀러(Henry Miller)의 작품들은 정말 중요했어요. 이 책들이 금지됐다는 게 우스운 거죠.

저는 그 당시 적어도 두 주마다 섹스를 했어요. 쉽고 우발적인 관계를 가졌죠. 제가 생각하기에 1963년에 중요한 사건은, 성적인 관습이 변했다는 것뿐만 아니라 성행위가 그 자체로 인정받았다는 사실이죠.

게이 탤리스 Gay Talese, 미국 출신 저널리스트 겸 작가

1963년, 〈에스콰이어〉에 브로드웨이 감독 조슈아 로간(Joshua Logan)에 관한 글을 썼는데, 그는 결혼한 동성애자였어요. 전 그 사실을 알고 있었죠. 그 사실을 언급하지 않았지만, 한 대목에서 그가 『타이거 타이거(Tiger Tiger)』쇼의 스타였던 클라우디아 맥닐(Claudia McNeil)이라는 영화배우와 싸웠다는 걸 썼어요. 클라우디아는 조슈아의 말 때문에 화가 났어요. 그는 이렇게 말했죠. "넌 지금 여왕인 척 행동하고 있잖아." 그러자 그녀가 말했어요. "'여왕'은 당신이겠죠." 그 당시 '여왕'은 동성애자를 지칭하는 말이었어요. 그리고 〈에스콰이어〉는 소송 당할 것을 걱정하며 말했어요. "우린 그 용어를 쓸 준비가 되어 있지 않아요."

전 말했죠. "그 말을 써도 괜찮은지 그에게 물어볼게요." 조슈아는 멕시코로 휴가를 간 상태였어요. 제가 전화를 걸자 그는 이렇게 말했죠. "안 돼요. 당신이 그 말을 사용하지 않았으면 좋겠군요."

"그럼 그 말 대신 뭘 쓰면 좋겠어요?" 그러자 그가 답했죠. "'황후'라고 넣으면 어떻겠소?"

게이라는 말은 어디에도 있지 않았어요. 잔인하게 말한다면 그들은

여왕이었고, 색정이었어요. 어쨌든 1963년은 성 혁명의 전조였어요.

테리 오닐 Terry O'Neill, 1960년대를 기록한 작품으로 유명한 영국 사진작가

1963년엔 우리 주위에 너무 많은 변화가 일어났어요. 젊은 군중 속에서 브라이언 엡스타인이나 배우들처럼 동성애자인 이들을 알았지만, 그 문제를 다루거나 관심을 가지지 않았어요. 당신이 미쳐 날뛰는 양성애자이고, 동성애자가 추파를 던지는 것만 아니라면 그게 문제라고 생각하지 않았죠. 하지만 그들은 그렇지 않았어요. 남성 동성애자는 자신들의 존재를 들킬까 봐 아주 조심스러워했죠. 그들은 다른 사람들과 어울리려고 하지 않았는데, 사회의 나머지 일원들, 경찰이나 정치인들과 같은 사람들에게 너무나 맹렬하고 폭력적인 혐오를 당해야 했거든요.

동성애에 무심한 자들은 젊은이들뿐이었어요. 거의 관심이 없었고, 아주 조금의 위협도 느끼지 않았죠. 그건 섹스, 정절, 간통도 마찬가지였어요. 약간의 죄책감을 느끼긴 했지만, 큰 문제는 아니었죠. 이를테면 여자 친구의 제일 친한 친구와도 섹스를 할 수 있었어요. 제일 친한 친구의 헤어진 여자 친구와도 사귈 수 있었죠. 어떤 것도 문제가 되지 않았어요.

그 시절 섹스는 음악이나 옷처럼 유행이 있었어요. 하지만 이건 런던에서만 포용되는 일이었을 거예요. 지방에서 비슷한 일이 일어났다면 두들겨 맞았을 수도 있죠.

게이 탤리스 Gay Talese, 미국 출신 저널리스트 겸 작가
—

미국에서 간통이 유행했다고는 생각하지 않지만, 딱히 욕하는 분위기
도 아니었어요. 할리우드와 케네디의 제휴는 저 같은 젊은 사람들의
관심을 끌게 한 사건이었죠. 케네디의 불륜은 기본 상식이었는데, 제
가 기자라서 그런 건 아니에요. 하지만 우리 아버지와 아버지뻘 사람
들은 그 사실을 믿지 않았어요. 전 그 사람들을 알고 있었고, 제 주변
에선 누구나 다 알고 있는 일이고, 그게 그렇게 수치스러운 일은 아니
었어요.

우린 외도를 했고, 때론 그 때문에 이혼하기도 했죠. 전 그런 일이
없었지만요.

린다 가이저 Linda Geiser, 스위스 태생 영화배우
—

워홀을 포함해 사람들 한 무리가 다 같이 외출을 했어요. 소호가 처음
으로 문을 열었거든요. 로프트(공장 등을 개조한 아파트)에서 살지 못하게
된 날이었죠. 그 공간은 지방 판매 외무원용 객실이라서, 집주인이 밤
중에 와서는 우리를 내쫓아 버렸어요. 당시 가장 큰 변화가 있었다면,
소호가 예술가들의 숙소로 변하고 있는 시기였어요.

저는 온갖 것을 하고 있던 젊은이 무리에 속해 있었어요. 앤디 워홀
도 그중 하나였죠. 어느 날 그가 우리에게 타이츠를 입으라고 말했어
요. 그러고는 워홀과 그의 그룹이 우리한테 그림을 그렸죠. 우린 이 우
스운 운동에 참가하게 되었어요. 일종의 행진 같은 거였는데, 웨스트
브로드웨이 지하철 플랫폼 위를 걸어 다녔죠. 그 후 제 소속사에서 연
락이 왔는데 오디션이 있다는 거예요. 영화 오디션이었죠. 소속사 직

원이 이렇게 말했어요. "아무개 배우가 그 역을 맡고 싶지 않대요. 이 역할에 유명한 배우가 필요하진 않지만, 얼굴이 나와야 해요."

전 영화 『전당포』가 논란의 소지를 일으킬 영화라는 걸 단번에 알았는데, 알몸 노출이나 강제 수용소에 관한 첫 번째 영화였고, 특히 알몸 노출은 상영될 수 없다는 걸 알고 있었거든요. 하지만 몇 초 동안 제 가슴을 보여 준 것에 대해서는 괜찮았어요.

시드니 루멧 감독은 오직 자신의 방식대로 하길 원했어요. 그는 할리우드에 있었는데, 이렇게 말했죠. "난 할리우드에서 일하기 싫어. 거긴 프로듀서들이 내 영화를 잘라 내면서 자기들 맘대로 굴거든." 편집에 대한 권한을 감독이 아닌 그들이 가지고 있었어요. 그가 말했죠. "뉴욕에서 영화를 만들겠어." 그리고 그는 촬영을 시작했어요.

로드 스타이거(Rod Steiger)는 월급쟁이가 되고 싶지 않았어요. 로드는 차를 구했죠. 캐딜락이었어요. 이 미친 바보 같은 차를 타고 주변을 서성였죠. 나중에 영화에도 스치듯 나왔어요. 그는 우리를 차에 태우고 미친 듯이 달리곤 했어요. 그리고 그 일을 아주 자랑스러워했어요.

전 일주일에 3,000달러를 받았어요! 고작 육 주 동안 말이에요! 가게에서 일할 때에는 한 시간에 25달러를 벌었는데, 일주일에 100달러 이상도 못 벌었거든요. 브로드웨이에선 일주일에 120달러를 받았죠.

시드니 감독은 영화 시작부터 알몸 노출이 있을 거라고 제게 말했어요. 아빠는 엄청 화를 내셨어요. 전 아빠에게 말했죠. "아빠, 이건 혁명이에요!" 그 장면을 촬영하는 데 그리 오래 걸리진 않았어요. 전체 장면을 찍는 데 아마 한 시간쯤 걸렸을 거예요.

영화의 배급이 문제가 될 거라는 건 곧장 알았죠. 일반적으로 보통 사람들이 흔히 다니는 길가의 영화관에선 개봉될 수 없었는데, 시드니 감독은 그 점을 받아들이지 않고 있었거든요. 오래된 체제에 반대하는 반항심이 있었어요. 젊은이들은 그들의 방식대로, 새로운 것을 하고 싶어 했어요.

밥 그루언 Bob Gruen, 미국 출신 로큰롤 사진작가

1963년에 전 열여덟이었고, 막 고등학교를 졸업하려는 참이었어요. 롱아일랜드에 살고 있었죠. 로체스터(Rochester, 뉴욕 북부에 위치한 기술학교)에 진학하고 싶었어요. 전 사진에 관심이 있었고, 그곳이 최고의 사진 전문 학교라고 알고 있었거든요.

고등학교 시절부터 포크 음악을 듣기 시작했죠. 제 친구는 기타를 연주했는데, 저한테 기타 연주하는 법을 알려줬어요. 위버스(the Weavers)가 기억나네요. 그리고 그해 언젠가 친구 녀석이 딜런의 앨범을 가지고 와서는 이렇게 말했어요. "이 음반은 꼭 들어야 해. 이 사람 진짜 굉장해." 전 웃다가 바닥에 자빠졌어요. 그러고는 이렇게 말했죠. "이 사람은 가수도 아니야. 장난하냐?" 하지만 친구가 말했죠. "그가 뭘 말하는지 들어 봐."

로버트 크리스트가우 Robert Christgau, 미국 출신 록 음악 평론가

스물한 번째 생일이었던 1963년 4월 18일까지, 전 맨해튼 집의 다락방에서 살면서 히치하이킹 여행으로 주변 지역을 돌아다닐 준비를 했고, 9월 중순까지 여행을 다녔어요. 1만 5,000마일(약 2만 4,000킬로미터)을 다니면서, 친구네 집 거실 바닥에서 잤죠. 전국을 돌면서 다양한 친

구들 집을 방문했거든요. 버클리랑 로스앤젤레스에서 몇 시간을 보냈는데, 전엔 캘리포니아를 가 본 적도 없었어요.

미국의 모든 개념이 제게는 아주 중요했어요. 다트머스에서 영국 문학을 읽었고, 미국의 개념을 정말로 몰랐다고 느꼈기 때문에 미국 소설을 읽게 됐죠. 그리고 미국이 궁금해지기 시작했어요. 늘 라디오를 틀어 놓고 살았죠.

전 AM 라디오로 음악을 경험했어요. 비치 보이스의 「서핑 USA」가 그해에 막 나오기 시작했는데, 그 노래는 미국에 대한 이상향을 담고 있었어요. 유토피아적이었죠.

전 팝 아트도 그만큼 좋아했어요. 힘이 느껴지고, 부조화가 좋았죠. 팝 아트가 풍자적이라고 생각하는 사람들도 있었어요. 하지만 전 그렇게 생각하지 않았고, 팝 아티스트들이 너무도 충격적인 시도를 하고 있다는 걸 알고 있었죠. 앤디 워홀이 풍자나 찬양만 한 건가요? 가끔 풍자적인 요소도 있었지만 본질적으론 축전이었고, 그게 발전해서 커져 버린 것이었어요. 반항의 시기였고, 그래요, 틀림없이 반항하려는 의도가 있었어요. 제가 예민한 건지도 모르겠지만, 일종의 시민권 운동 정신이 녹아 있었죠.

앨런 존스 Allen Jones, 조각가이자 팝 아티스트. 호크니, 키타이와 함께 수학한 왕립미술원 회원

대학 동창인 피터 필립스와 자동차 여행을 했어요. 그 친구는 이 년 동안 미국 생활을 지원해 주는 하크니스 장학금을 받았죠. 그리고 그동안 얼마간은 사는 곳에서 멀리 떨어진 곳까지 여행해야 했어요. 그래서 피터가 제게 전화해서는 이렇게 말했죠. "내가 공짜 차를 받게 됐

는데, 자동차 여행 같이 할래?" 우린 3개월 동안 키웨스트에서부터 서부 연안, 솔트레이크시티를 거쳐 나이아가라까지 내려갔어요. 앨라배마까진 안 갔어요. 그곳은 자유의 기수들과 시민권 투쟁이 있는 지역이었죠. 뉴욕 번호판을 달고 거기까지 내려가고 싶진 않았어요.

우린 해안가를 계속 달렸어요. 캘리포니아 남쪽에서 저녁을 먹으러 들어갔는데, 통로가 두 개 있었죠. 하나는 백인을 위한 통로였고, 하나는 흑인을 위한 통로였어요. 그걸 그다지 심각하게 받아들이지 않았기 때문에 흑인 쪽 통로로 걸어 내려갔는데, 우리는 곧 그 차이를 알게 됐어요. 전혀 즐거운 상황이 아니었죠.

한번은 박살이 난 차를 만났죠. 뒷자리에 백인 여성이 타고 있었고, 흑인 운전수가 자동차 후드를 위로 올렸어요. 우린 멈춰서 도와줄까 물었어요. 운전수가 깜짝 놀라더라고요. 뒷자리에 앉아 있던 미국 여자가 말했죠. "아녜요! 그냥 다음 마을에 있는 주유소 사람들에게 말해 주세요."

게이 탤리스 Gay Talese, 미국 출신 저널리스트 겸 작가

시민권 운동은 자유의 기수들과 함께 1963년에 시작됐어요. 전 그에 대해 취재를 하고 있었죠. 뉴욕에서는 인종 폭동이 일어났어요. 하지만 그때는 아직 "우리는 승리하리(we shall overcome)"까지는 아니었어요(마틴 루터 킹의 연설 제목이자 오래된 흑인 영가의 제목에서 따온 말이다). 그때는 마틴 루터 킹이 아직 리더로 부상하지 않은 상태였죠. 그리고 흑인에 대한 공포와 불신이 있었어요.

헨리 딜츠 Henry Diltz, 미국 출신 음악가, 사진작가

우린 베트남 전쟁 외에 밖에서 일어나고 있는 일에는 정말로 무관심했어요. 음악에만 관심이 있었죠. 서부 연안에는 나중에 「샌프란시스코로 간다면(If You're Going to San Francisco)」을 부른 스콧 매킨지(Scott McKenzie)가 있었어요. 아름다운 고음을 냈죠. 밴조를 아주 아름답게 연주하는 다른 사내도 있었어요. 아일랜드 포크 밴드인 크랜시 브라더스(Clancy Brothers) 멤버 중 한 명이었어요. 트루바도가 중심지였죠. 전 엄밀히 말하면 예비역이었기 때문에 징병에 대해 걱정할 필요가 없었어요. 신경도 안 썼죠. 대학의 분위기도 보태졌어요. 그런 분위기는 '우리 대 그들' 분위기를 더욱 굳혔어요. 상황이 바뀌었죠. 왜 우리가 외국으로 가서 알지도 못하는 사람을 쏴야 하죠? 무턱대고 그냥 쏘라니요? 책임을 맡은 사람들이 틀렸다는 많은 증거들이 세상에 공개되고 있었어요. 우린 환각제를 마시고 있었죠. 그리고 낡은 세상을 거부했어요. 그래요. 방탕했어요. 아홉 시에 출근해서 다섯 시에 퇴근하는 일은 해 본 적이 없어요.

로스앤젤레스의 트루바도에서 두 블록 떨어진 곳에 트로피카나 모텔이 있었는데, 모든 사람들이 거기에 투숙했어요. 우린 트로피카나에 살았고, 트루바도에서 연주했어요. 하룻밤만이 아니라 일주일 내내 연주했죠. 클럽이나 대학 연주회가 많았어요. 그러고는 밴을 타고 주 경계를 넘나들며 이 도시 저 도시를 여행했어요. 일주일은 포크 클럽에서 공연하고, 대학 몇 군데에서 공연한 다음 뉴욕으로 이동했고, TV쇼에도 두 번 출연했어요. 어린 딜런이 등장했던 기억이 나네요.

알 쿠퍼 Al Kooper, 미국 출신 음악가, 프로듀서

포크와 로큰롤은 서로 많이 달랐죠. 그리고 그들은 서로를 좋아하지 않았어요. 전 둘 다 좋아했는데 말이에요. 그래서 힘들었죠.

빌리지에서 딜런의 음악을 들었어요. 딜런의 목소리는 제가 듣기에 정말 훌륭했어요. 그때 폴 사이먼이 말했어요. "밥 딜런 노래 들어봤냐?" 전 대답했죠. "응. 하지만 잘 모르겠더라." 그러자 그가 말했어요. "가창 실력은 잊어버려. 기타 연주는 정말 좋더라. 그러니까 노래 부르는 건 잊어버려."

칼리 사이먼 Carly Simon, 미국의 싱어송라이터, 작가

무대 뒤에서 서로에게 쉽게 노래를 배웠던 시절이 그립네요. 그냥 기타를 꺼냈고, 남의 눈을 신경 쓰는 사람도 없었죠. '비터 엔드(the Bitter End, 그리니치빌리지에 있는 클럽)'에 있던 대기실에서는 스타였던 사람이 없었어요. 서로에게 노래를 가르쳐주는 게 그냥 굉장히 편했어요. 서로 평등한 관계였고, 마치 대학교 캠퍼스 같았죠. 그냥 이 방 저 방 돌아다니면서 말했죠. "이봐, 내가 새로운 곡을 하나 썼는데, 한번 들어봐 줘."

저를 비롯한 친구들 모두에게 중요한 문제는 가수가 되느냐 작곡가가 되느냐 정도였어요. 그건 새로운 의식이었는데, 음악을 통해 구속받지 않게 되는 거였요. 사람들이 딜런을 왜 그렇게 중요하게 여기는지는 단지 재능 때문이 아니라, 우디 거스리(Woody Guthrie, 가장 전통적인 미국의 가락이라는 별명을 갖고 있다)를 한층 더 발전시켰기 때문이라고 생각해요. 단지 암울함에 관한 노래가 아니라 내면에서 우러난 노래

칼리와 루시 사이먼은 포크록 레퍼토리를 들고 그리니치빌리지 클럽 몇 군데와 아이비리그의 대학 캠퍼스를 돌며 공연을 했지만, 1971년 칼리가 솔로로 활동하기 전까진 한 곡만 잠깐 히트를 쳤다.

였어요. 그건 새로운 기운이었죠.

　1963년에 혼자서 노랠 부르던 딜런은 훌륭한 솔로 가수들을 위해 길을 닦았고, 우드스탁(the Woodstock)의 시대를 열었어요. 그들은 정치적이지 않았어요. 그는 '오늘 밤 너와 함께 여기에 머무를 거야'를 노래했죠.

스티비 닉스 Stevie Nicks, 플리트우드 맥의 가수 겸 작곡가

　10학년으로 올라갈 때, 캘리포니아 주 아르카디아로 전학을 갔어요. 1963년에 전 열여섯 살이었죠. 그때 아주 멋진 기타 선생님을 만났어요. 한 달 정도 레슨을 받은 후, 선생님이 스페인으로 떠나면서 우리 부모님께 쓰던 기타를 팔았어요. 그 기타는 제 침대 옆에 놓였죠. 전 아직도 그 기타를 가지고 있어요. 기타를 받던 바로 그날, 곡을 썼죠.

　그때 한 남자애와 막 헤어졌었는데, 글쎄 그가 저랑 제일 친한 친구와 만나기 시작한 거예요. 저의 위대한 첫사랑이자 스타 쿼터백이었던 그는 모든 것이 멋졌어요. 전 솔트레이크시티 출신이라서 다른 애들과 달리 좀 특이했죠. 아르카디아는 굉장히 사교적이었는데, 전 힉스빌 스타일로 옷을 입고 있었어요. 또 허접한 가방을 가지고 있어서 눈에 쉽게 띄었죠. 영국은 바뀌지 않았지만, 전 저였고, 귀여웠고, 그때 스티브를 만난 거였죠.

　우린 한 달 동안 데이트를 했어요. 아무 일도 일어나진 않았지만 그와 함께 있는 시간은 환상이었죠. 그가 없었다면 저는 노래를 쓰지 못했을 거예요. 전 그와 평생에 한번 있을까 말까할 정도로 깊은 사랑에 빠져 있었어요. 피임약 같은 건 없었지만 뭔가가 변하고 있었어요. 아무하고나 자지는 않았지만, 우리는 차 안에서도 사랑을 나눴죠. 전 그 일을 절대 못 잊을 거예요. 환상 그 자체였어요.

그리고 저에게 기타가 생겼고, 제 첫 번째 노래를 써 나갔어요. "난 슬프지만 우울하진 않아, 다른 사람을 사랑한 소년이여" 등등. 마치 어제 일처럼 기억이 나네요. 당시 전 부모님과 아주 친했어요. 부모님 앞에서 그 노래를 연주하다가 기타 위로 눈물이 뚝뚝 떨어졌죠. 부모님은 제가 학교를 다니는 동안 가능한 많이 지원해 주셨어요.

저는 코드를 열 개 정도 익혔는데, 지금까지 제가 알고 있는 코드는 그게 전부예요. 레슨이 더 필요하다고 느끼지 않았고, 계속 곡을 쓰기 시작했어요. 그게 저의 낙이었죠. 저는 제 인생이 어떻게 흘러가는지 기록하고 싶었지만, 그때 제 친구 역시 스티브와 깨졌어요. 그가 절 배신하긴 했지만 여전히 그를 순수한 사람으로 기억해요. 그 친구와는 절친이 되었죠. 그들에게 화가 나지는 않아요. 저는 실연을 통해, 작곡이 나의 길이 될 거라고 생각할 수 있었거든요.

그리고 음악적 사건이 있었어요. 이건 엘비스나 시나트라와는 아주 다른 일이었어요. 그들은 연예인이잖아요. 열다섯 살짜리 아이들에게 영향을 받았고, 그들이 저를 끌어들였어요. 이건 혁명이었어요. 젊은 이들이 자기 목소리로, 하고 싶은 말을 하고, 길거리나 카페에서 춤을 췄어요.

닐 세다카 Neil Sedaka, 미국 출신 가수 겸 작곡가

시대의 흐름은 새로운 음악이었어요. 어떤 것에 대해 더 진지하게 생각하는 분위기였고, 시대의 문화는 옷과 예술에서 변하고 있었죠. 그

런데 전 거기 속하지 못했어요. 아웃사이더였죠. 제 앨범은 오 년 동안 전 세계 10위권에 들었어요. 1958년부터 1963년까지 잇달아 10곡의 히트곡을 남겼죠. 그 후 1963년엔 비틀스와 롤링 스톤스가 나타나서 대중음악을 변화시켰어요.

1963년 4월, 제가 처음 비틀스의 음악을 들었을 때, 전 아내와 배를 타고 신혼여행 중이었죠. 퀸 엘리자베스 호에는 주크박스가 있었는데, 거기서 "당신이 찾는 뭔가가 있나요 ……"가 흘러나왔어요(비틀스의 노래 「프롬 미 투 유」의 한 소절로 1963년 4월에 발매되었다).

알 쿠퍼 Al Kooper, 미국 출신 음악가, 프로듀서

닐은 겁을 먹었어요. 닐의 동료들은 자신들의 곡을 비틀스에게 녹음 하게 해서 많은 돈을 벌었지만 닐은 그러지 않았죠. 그들은 모두 같은 식으로 곡을 쓰고 있었고, 매주 10위권 안에 자신들의 곡을 올렸죠. 우린 모두 같은 건물(브릴 빌딩)에 있었어요. 전 열아홉 살이었고, 퀸즈에서 부모님과 함께 살면서 뉴욕으로 매일 출근했고, 밤이면 집으로 돌아갔어요. 저와 두 명의 동료는 생계를 위해 곡을 썼죠. 우리에겐 '세 현자(the Three Wise Men)'라는 별명이 붙었어요.

닐 세다카 Neil Sedaka, 미국 출신 가수 겸 작곡가

비틀스와 스톤스 음악을 들었는데, 전 비틀스가 더 맘에 들었죠. 폴이 웃으면서 노래를 부르는 것이 건전해 보였거든요. 물론 노래의 짜임새도 좋았고요. 스톤스는 몸을 비비 꼬고, 혀를 쑥 내밀면서 노래를 했잖아요. 전 비틀스가 더 맘에 들어서 그런 스타일로 곡을 쓰기 시작했

어요.

반항아들과 깔끔한 청년들의 대결이었던 거죠. 약간 부자연스럽긴 했어요. 존은 리버풀에서 온 아웃사이더 타입이었어요. 믹 재거는 변두리 중산층 출신이었죠. 둘의 출신지가 바뀐 것 같은 느낌이잖아요. 미소 띤 미국 출신 솔로 가수들의 시대는 갔어요. 그들은 더 반항적이고, 채색을 하고, 애매한 곡을 쓰고, 더 비유적인 가사를 썼어요. 반면에 제 스타일은 보다 낙천적인 '트랄랄라'송이었어요.

전 완전히 반해 버렸고, 다음 단계로 접어들었어요. 비틀스 음악은 미국 브릴 빌딩을 장악한 영국 음악이었고, 폴은 브릴 빌딩의 영향을 꽤 받았다고 저에게 말해 줬죠.

칼리 사이먼 Carly Simon, 미국의 싱어송라이터, 작가

1963년에 저는 프랑스 남부로 갔어요. 사이먼 시스터즈의 멤버로 활동해야 한다고 압박하는 엄마랑 언니한테 반항 중이었거든요. 연예계로 진출하라는 압력을 받고 있었기 때문에 남자 친구와 달아나 학교로 돌아가고 싶었어요. 조니 홀리데이(DJ)와 전 LP를 많이 사서 들었어요. 수많은 프랑스 음악에 빠져 지냈죠.

제 목소리가 좋다는 건 알고 있었어요. 그건 자신 있었지만, 무대 위로 올라가는 건 또 다른 문제였어요. 제가 좀 엄청 말을 더듬었거든요. 학교에서도 큰 소리로 책을 읽으라고 시키면 심하게 말을 더듬는 바람에 아이들이 전부 다 쳐다보곤 했으니까요. 두 가지 선택지가 제 앞에 놓여졌죠. 주디 콜린스(Judy Collins) 같은 사람들과 다양한 이들을 만날 수 있고, 음악을 만들 수 있다는 건 좋았어요. 하지만 그게 결코

즐겁지 않았어요. 전 공연하는 게 싫었거든요. 너무 부끄러웠으니까요. 언니 때문에 질질 끌려다니고 있다고 느꼈어요.

그때 저는 남자 친구와 결혼하고 싶었어요. 그는 작가였죠. 제 미래를 그려 봤어요. 많은 지식인들과 함께 부엌에 앉아 있는 모습 말이에요. 저는 말을 많이 하진 않고 커피를 내려 그들에게 대접하겠죠.

하지만 그런 일은 일어나지 않았어요. 우리(사이먼 시스터즈)는 돈을 많이 벌지 못했기 때문에 부모님께 용돈을 타 쓰던 상황이었어요. 공연으로는 한 주에 25달러를 벌었고, 가끔 50달러를 벌기도 했었지만 우리는 둘이라 별 볼 일 없었죠. 한 주 공연하고 한 달을 쉴 때도 있었어요. 우리는 가스라이트(the Gaslight, 그리니치빌리지, 맥더걸 스트리트에 있는 카페)에서 연주했어요. 늘 오프닝 밴드였죠.

알 쿠퍼 Al Kooper, 미국 출신 음악가, 프로듀서

폴 사이먼의 이야기가 놀랍네요. 우리가 처음 만났을 때 그들은 로큰롤 연주자였고, 팔 년 동안 로큰롤을 했어요. 톰 앤드 제리의 로큰롤 히트곡을 가지고 있었죠. 그 후 1963년에 폴과 아트는 포크 가수로 변신했어요. 그들의 진짜 이름인 사이먼 앤드 가펑클로 활동했죠. 제 생각에 밥 딜런 때문에 음악 장르를 바꾼 것 같아요.

폴 사이먼은 일렉 기타로 연주하기 시작했고, 저도 그 일렉 기타 소리가 더 좋았어요. 폴은 손가락으로 피킹을 했는데 제게 손가락으로 피킹하는 법을 알려줬죠. 그 일 덕분에 제 삶이 바뀌었어요. 제 손으로 티켓을 사서 밥 딜런의 공연을 봤죠. 폴 사이먼 덕분에 관심을 갖게 된 거예요. 콘서트장에서 딜런을 보고는 그에 대한 생각이 많이 바뀌었어요. 저는 그 목소리에 눌리고 싶지 않았기 때문에 다른 방향으로 선회했어요. 그는 타운홀을 꽉 채웠고, 점점 더 부상하고 있었어요.

밥 그루언 Bob Gruen, 미국 출신 로큰롤 사진작가

이때는 베트남 전쟁을 비롯해, 우리가 '항의 시위'를 외치기 시작했던 때였어요. 시민권 운동이 일어났던 시기였죠. 필 옥스(Phil Ochs)는 시민권에 관한 노래를 불렀어요. 로큰롤은 반항이었어요. 시민권 운동은 훨씬 더 진지했죠. 목적이 있었으니까요.

닐 세다카 Neil Sedaka, 미국 출신 가수 겸 작곡가

사람들이 제게 다가와 말했어요. "예전에 인기 있던 닐 세다카 씨 아니세요?" 저 역시 로큰롤 스타일로 곡을 쓸 수 있었지만, 사람들은 제 음악을 사지 않았어요. 시기가 맞지 않았죠. 1963년 당시에 가장 영향력 있는 음악인은 밥 딜런이었어요. 포크 음악이 대세였거든요. 빌리지에 있는 클럽을 갔는데, 파격적이면서 느슨하고, 마약에 취한 듯한 분위기였어요. 제 식은 아니었죠. 이제 브릴 사운드가 한물간 거예요. 곡들의 판매가 점점 줄어들더니, 아예 팔리지도 방송되지도 않았어요.

칼리 사이먼 Carly Simon, 미국의 싱어송라이터, 작가

우린 미국 전통 포크 그룹인 카터 패밀리(Carter Family)와 공연을 했는데, 그들은 옷을 모두 맞춰 입고 의자에 앉아서 만돌린과 아코디언을 연주했어요. 그게 유행이었다고 생각해요.

우리의 인상은 혼란스러웠어요. 우린 안무가였던 한 여성을 만났고,

이분이 슈프림스와 모타운 그룹들처럼 우리가 불렀던 곡들의 안무를 짜 줬어요. 저는 곧바로 하기 싫다고 거부했죠. 끌리지도 않은 것에 또 질질 끌려가고 있구나, 생각했어요. 그건 우리가 아니라는 생각을 했죠. 우린 무용실에서 만나서 스텝을 밟았어요. 저는 낯선 춤에 아주 부정적으로 반응했죠. 버트 바카락(Burt Bacharach)과 춤을 췄는데, 그들은 우리가 하고 있는 것을 보고 모두 어리둥절해했어요. 바카락은 디온 워윅과 마찬가지로 우리한테 아주 훌륭한 영웅이었죠.

그러고는 뉴어크 위쪽으로 떠났어요. 1963년엔 대학 공연을 다니고 있었거든요. 비터 엔드로 돌아왔고, 춤 스텝을 배우러 연습실로 갔고, 거기서 바카락을 만났어요. 사실 그가 우리한테 「원스(Once)」라는 곡을 줬어요. 이것저것 많은 곳에서 이상한 영향을 받고 있다는 걸 느꼈죠.

크리시 모스트 Chrissie Most, 영국 출신 음반 제작자, 음반사 사장

미키는 두 주마다 미국에 있는 브릴 빌딩으로 갔어요. 브릴 빌딩에는 브로드웨이에서 활동하는 모든 작곡가들이 모여 있었죠. 그는 캐롤 킹, 닐 다이아몬드(Neil Diamond), 닐 세다카, 그밖에 다른 작곡가들을 전부 만났어요. 그렇게 해서 모든 곡을 얻어 왔던 거예요. 그들은 주문과 동시에 곡을 썼죠.

앨런 존스 Allen Jones, 조각가이자 팝 아티스트. 호크니, 키타이와 함께 수학한 왕립미술원 회원

뉴욕, 저를 위한 도시, 그곳으로 가고 있다는 경험, 그곳의 열기의 수준은 굉장했어요. 1960년대에 전 여전히 그린 카드(Green Card, 미국 초

"시대의 흐름은 새로운 음악이었어요. 더 반항적이고, 색깔을 입히고, 애매한 곡을 쓰고, 더 비유적인 가사를 썼어요. 전 연달아 열 곡의 히트곡을 남겼고, 그 후 비틀스와 스톤스가 나타났어요……. 졸지에 아웃사이더가 됐죠. 제 앨범은 더 이상 팔리지 않았어요." — 닐 세다카

기의 영주권이자 취업을 보장하는 카드)를 가지고 있었고, 계속 왔다 갔다 했어요. 심호흡을 할 때 이런 기분이죠. 미국에서는 기회를 얻을 수 있었어요. 영국에선 사람들이 늘 제가 어느 학교를 나왔는지 알고 싶어 했고요.

첫 여행 후 런던으로 돌아왔어요. 전 이렇게 말했죠. "그냥 그린 카드를 받아야겠어요." 전 뉴욕으로 이사를 가야 했죠. 그건 중대한 일이었어요. 왕립학교를 중퇴하고 가르치는 일을 하던 중에 우등생이었던 금발 여성과 결혼했어요. 최고의 학생이었던 아름다운 금발 여성을 낚아챈 거죠. 물론 해선 안 될 짓이었어요. 그녀는 열아홉 살이었는데, 저보다 네 살이나 어렸죠.

그린 카드를 받으러 미국 대사관으로 갔어요. 전 확신에 차 있었는데, 대사관 직원이 이렇게 말했죠. "6개월 이내에 징병으로 발탁될 가능성이 있어요." 베트남 전쟁이 정말로 일어나고 있었거든요. 정신이 번쩍 들었죠. 뉴욕을 오가던 호크니가 해 준 말이 생각났어요. "징병 위원회 심사에서 양말을 짝짝이로 신어. 그러고도 일이 잘 안 되면 나이아가라로 가는 버스를 타(그럼 캐나다로 국경을 넘을 수 있어)."

닐 세다카 Neil Sedaka, 미국 출신 가수 겸 작곡가

전 끝났구나 생각했죠. 그때가 스물세 살이었고, 여전히 공연을 하고 있었죠. 에벌리 브라더스, 패츠 도미노, 그들 모두 오 년 정도 활동했어요. 패턴이 있는 것 같았어요. 제 음악은 더 이상 팔리지 않았죠. 전 비틀스와 스톤스에게 넋을 잃었어요. 그리고 청중들은 저와 관련된 트랄랄라, 두비두 같은 낙천적인 곡을 더 이상 들으려고 하지 않았어요.

칼리 사이먼 Carly Simon, 미국의 싱어송라이터, 작가

비틀스 앨범을 들었어요. 비틀스 멤버 전원이 저를 위해 사인해 준 앨범을 받았죠. 디제이였던 친구가 저를 위해 받아 준 거예요. 나중에 그걸 기부했는데 정말 미친 짓이었죠. 제가 그랬다는 게 믿기지 않아요. 라디오에서 그들과 관련된 노래는 뭐든 전부 들었어요. 모두들 비틀스한테 푹 빠져 있었죠.

닐 세다카 Neil Sedaka, 미국 출신 가수 겸 작곡가

우리 모두 변해야만 한다는 것에 대해 고민했어요. 자기 성찰을 더 해야 하고, 안락한 분위기 또는 계속해서 같은 스타일의 곡을 쓰는 것을 피해야 한다는 걸 알고 있었죠. 1963년, 영국은 더욱 향락주의적인 경향을 띠었고, 아무도 당시에 일어나고 있는 일을 정확히 이해하지 못했어요. 그들은 어렸어요. 애송이들이었죠.

제 안에 뭔가 더 있다는 걸 알긴 했죠. 전 창조적인 사람이었고, 스타일을 변화시키고 싶어 했고, 발전하고, 성장하고 싶었거든요. 전 여전히 브릴 빌딩을 오가고 있었고, 좀 더 많은 상업적 감수성을 가지고 있었어요.

노마 카말리 Norma Kamali, 미국 패션 디자이너

런던에 갔을 때 비바와 킹스 로드에서 옷을 사 왔는데 거기 옷은 정말 환상적이었어요. 매주 승무원 일을 해서 번 돈 80달러를 썼고, 친구들에게 옷을 사다 주기도 했죠. 그러다 얼마 후, 저도 모르게 커다란 옷가방에 옷을 엄청 많이 넣어서 가져왔다는 걸 알게 됐고, 그렇게 해서

사업을 시작하게 된 거예요. 51번가의 지하실에 작은 가게를 열었고, 런던에서 사 온 옷을 팔기 시작했죠. 사업이 번창하면서 저만의 옷을 만들기 시작했어요. 하지만 런던에서 보고 겪은 경험 때문에 전 완전히 다른 식으로 패션을 생각하게 됐어요. 어떤 것이 가능성이 있는지 알았고, 제가 원하는 건 뭐든지 할 수 있었죠.

뭔가 새로운 일이 벌어졌을 때, 그걸 마냥 즐길 수도 있겠죠. 매일 옷을 입었던 방식은 그 전에는 보지 못했던 무언가의 표현이었고요. 사람들은 매일 예술의 한 조각을 걸치고 다녔어요. 첫 여행에서 돌아왔을 때가 기억나요. 전 항상 바늘과 실을 가지고 있었죠. 무릎까지 오는 치마를 입고 있었는데, 짧은 치마로 만들면서 치맛단을 전부 둘러 박았던 게 기억이 나네요. 저를 본 차들이 멈추어 섰고 제가 마치 창녀인 것처럼 떠들어 댔어요. 전에는 다리를 드러낸 사람이 아무도 없었거든요. 치마 길이는 둘째치고, 스타킹을 신지 않고, 가터벨트를 착용하지 않은 맨다리는 전례에 없던 일이었죠. 뉴욕에선 그런 식으로 옷을 입은 사람이 아무도 없었기 때문에 용감해야 했어요. 사람들은 제가 제정신이 아니거나 미쳤다고 생각했어요. 마약을 해서 정신이 몽롱한 게 아니라 그냥 미친 사람이었던 거예요. 그때 마약에 취해서 정신이 몽롱한 채 돌아다니는 사람이 있기 전이었거든요.

그 사건 덕분에 제가 사람들에게 받아들여진 거예요. 전에도 그런 성향은 있었지만 이전에는 그렇게 입으면 안 됐거든요. 엄마 세대처럼 옷을 입을 필요는 없었어요. 모두 유행 따라 옷을 입을 수 있었죠. 스타일 감각을 가진 누구나 그렇게 할 수 있었어요. 민주적인 개념의 패션이 시작됐어요.

칼리 사이먼 Carly Simon, 미국의 싱어송라이터, 작가

세상은 많은 이미지들이 교차했어요. 자기가 누구인지, 어떤 부류의 사람인지 알아내려고 애썼죠. 전 이미 히피(hippie)가 되어 가고 있었고, 우린 모두 빌리지로 내려가 귀를 뚫고 머리를 허리까지 길렀어요. 당시 반전 운동이 활발히 진행되고 있었죠. 사람들은 커피 바에서 반전 운동에 관해 이야기했고, 시위에 참가하기 위해 워싱턴으로 향하고 있었어요.

밥 그루언 Bob Gruen, 미국 출신 로큰롤 사진작가

우리 부모님은 불경기를 겪으며 자란 세대였어요. 제 시대는 훨씬 더 어려운 시대였고요. 1963년은 꽤 풍족했죠. 사람들은 집을 지었고, 재정적으로나 기회의 측면에서도 완전히 다른 세상이었어요. 저는 아홉 시에 출근해서 다섯 시에 퇴근하는 일을 하고 싶지 않다는 생각뿐이었지, 제가 하고 싶은 게 뭔지는 정말로 몰랐어요. 아무 계획이 없었죠. 그냥 부모님이 저를 괴롭히지 않고, 아침에 늦잠을 잘 수 있는 삶을 원했어요.

저는 의미가 담긴 노래를 좋아했는데, 로큰롤은 속마음을 아주 크게 표현할 수 있는 자유가 있었죠. 그래서 그쪽으로 마음이 기울었어요. 밥 딜런의 「구르는 돌처럼(Like a Rolling Stone)」은 훨씬 더 깊고 강렬한 감정이었어요. 기타로 딜런의 곡을 연주하는 법을 배웠죠. 노래가 부르고 싶어졌거든요. 그 외에는 어떤 것도 원치 않았어요. 재미 삼아 기타를 연주하고 사진을 찍었어요.

닐 세다카 Neil Sedaka, 미국 출신 가수 겸 작곡가

케네디의 죽음은 전 세계에 충격을 안겼고, 우리에게도 큰 변화를 불러일으켰어요. 인간은 언젠가는 죽는다는 걸 깨달았던 거죠. 시민권운동이 끝났어요.

스티비 닉스 Stevie Nicks, 플리트우드 맥의 가수 겸 작곡가

케네디 가에 관해 쓴 자작곡이 있어요. 그 노래는 꿈에 관한 것이었죠. 전 모든 준비를 마치고 누군가 방문을 노크하며 이렇게 말하길 기다렸어요. "모두가 널 기다리고 있어." 그 남자는 바로 마틴 루터 킹이었어요. 그리고 케네디 가 사람들이 모두 모여 이렇게 말했죠. "여기 피아노가 있어."

케네디가 암살당했을 때, 전 음악을 연주하고 있었어요. 비틀스의「네 손을 잡고 싶어」를 듣고 있었죠. 특히 이 곡이 아주 매력적이라고생각했어요. 제가 들었던 포크 음악이나 로큰롤과는 달랐거든요.

전 한 트럭 분량의 싱글들을 사 모았어요. 컨트리 음악, 에벌리 브라더스의 것들 말이에요. 그러다가 그해 말에 R&B 음악에 흠뻑 빠졌어요. 가족들과 드라이브를 가던 날, 차 뒷자리에 앉아 필 스펙터가 프로듀싱하고 로네츠(the Ronettes)가 부른「내 사랑이 되어 주세요(Be My Baby)」를 따라 부르고 있었어요. 부모님이 "이 R&B 러브 송은 어디서났어?" 하고 물어봤어요. 할아버지는 아마추어 컨트리 가수였거든요. 나중에 할아버지한테 앨범을 드리자 질투의 눈빛으로 절 쳐다보셨죠. 우리 가족은 제가 성공할 줄 알았어요.

로버트 크리스트가우 Robert Christgau, 미국 출신 록 음악 평론가

아마도 그 음악은 청소년들이 주로 들었는데, 전 청소년이 아니었고 존 레논도 마찬가지였어요. 비틀스는 이 음악을 바꾸지 않았고, 딜런 역시 바꾸지 않았어요. 그들 없이도 이미 일은 벌어지고 있었죠. 비틀스가 우리에게 보여 줬던 것 또는 보여 주려고 했던 건 뭘까요? 영국 가수들의 침공은 그동안 잊혀졌거나 묵살되어 온 미국 음악의 매력을 재발견한 비틀스와 스톤스, 그리고 대중들의 것이에요. 제가 이야기하고 있는 노래들은 대부분 아프리카계 미국인들에게서 유래한 노래죠.

파장

Aftershocks

1963년 가을까지 영국에서는 혁명적이고 제멋대로 행동하는 패기가 젊음의 선지자들을 위한 새로운 현실, 즉 성공, 명예, 악명에 자리를 내주고 있었다. 그리고 이러한 것을 얻기 위해서는 대가를 치러야 했는데, 책임감, 고된 노동, 그리고 순수함의 상실이었다. 혁명은 기대치를 올려놓았고, 호르몬은 제한적이었다. 상업적인 요구와 새로운 출세 제일주의는 야망의 형태를 띠기 시작했는데, 이는 이 세대가 한때 가장 기피했던 것이다.

빌 와이먼 Bill Wyman, 베이시스트, 롤링 스톤스의 창립 멤버

1963년 가을까지 우리는 고작 싱글 두 곡을 만들었어요. 앨범은 없었죠. 첫 번째 싱글인 「컴 온」은 20위를 했었죠. 「너의 남자가 되고 싶어」는 12위를 했고요. 그게 다예요. 우린 대중에게 알려진 밴드였지만 영향력도, 후원도, 역사도 없었어요.

비틀스는 1위를 했어요. 우린 다른 밴드들보단 더 실력이 있고 더 신이 났기 때문에 라이브 공연은 전석 매진이 됐어요. 비틀스만 빼면 말이죠.

우리 공연에 온 관객만큼 비틀스 공연에도 사람들이 몰렸어요. 두 번째 싱글 「너의 남자가 되고 싶어」가 발매되었을 때 우리는 순회공연을 시작했어요.

피터 브라운 Peter Brown, 음악 산업 사업가

그들은 소년, 아니 꼬마였어요. 1963년에 말이에요. 조지 해리슨은 고작 열아홉 살이었어요. 앤드루 루그 올덤도 1963년에 열아홉 살이었죠. 그는 스톤스를 맡아서 관리했는데, 그때 이미 브라이언 밑에서 일하고 있었어요. 우리 모두 일을 하고 있었고, 테리 오닐은 사진을 찍고 있었죠. 경계가 없었어요.

데이비드 퍼트넘(영화 『미드나잇 익스프레스』, 『킬링 필드』 등의 제작자)은 꼭 인터뷰하도록 해요. 그는 지금 거물이 되었죠. 런던 교외 출신인데, 자신이 조리 있게 말을 하지 못한다고 생각해서, 늘 고객을 상대하지 않는 일을 했었죠. 그런데 1963년에 상황이 바뀐 거예요. 단지 '멋지다'는 이유만으로 사무실 앞자리에 앉게 된 거죠. 그는 한창 성장하고 있

『플리즈 플리즈 미』가 발매된 지 일 년도 채 안 되어, 비틀스는 『에드 설리번 쇼』에서 7,300만 명의 미국인 관객 앞에서 공연한 후, 영화 『하드 데이즈 나이트』와 『어라운드 더 비틀스』 녹화를 위해 영국으로 날아갔다.

던 광고업계에 종사하고 있었기 때문에 세상의 변화를 더 빠르고, 깊게 인식하고 있었어요.

테리 오닐 Terry O'Neill, 1960년대를 기록한 작품으로 유명한 영국 사진작가

광고계는 사회에서 일어나는 갑작스러운 변화를 포착하는 데 굉장히 민첩했어요. 데이비드 퍼트넘, 리들리 스콧, 앨런 파커 같은 거물급 인사들 모두 처음에 광고업계에서 경험을 쌓다가 다른 창조적인 분야에서 멋진 일을 해낸 경우죠.

처음에는 어리고 보잘 것 없었는데, 어느 순간 그들의 청춘이 자산이 된 거였죠. 1962년 런던에서 컬러 주간지 〈선데이 타임스(The Sunday Times)〉가 발행됐어요. 초기에는 그다지 흥미를 못 끌었지만, 다음 해인 1963년에는 지구에서 가장 멋진 잡지가 되었어요. 진 쉬림튼 패션 사진, 그다음 면에는 아프리카 전쟁 지역에 관한 포토 에세이, 그다음 면에는 유행하고 있는 젊은 밴드의 프로필, 그다음에는 가구 디자인이나 철의 장막 속의 삶을 조사한 기사가 실렸어요. 모든 사건들이 그 당시의 중요한 관심사였고, 유행하는 내용이었으며, 또 멋지게 디자인됐죠.

영리한 광고 회사는 이 새로운 기회를 포착하고, 그 흐름에 발맞춰 광고에 실은 다음 새로운 대중에게 내놓았어요. 사람들은 중산층 가정주부들에게 어필해야 하는 세탁기를 팔 때에도 예술적이고도 기발한 방식이 더 통한다는 것을 알게 됐죠. 광고 회사는 젊은 사람들의 사고방식을 캐내려고 했어요.

데이비드 퍼트넘 경 Lord David Puttnam, 영화 제작자

1963년에 전 스물두 살이었어요. 열여섯 살에 학교를 마치고 콜렛 디킨슨 피어스 앤드 파트너스 광고 회사에서 재무 담당 임원의 보조로 일을 했어요. 1963년 당시 연봉이 1,200파운드였는데, 나쁘지 않았죠. 결혼해서 한 살짜리 딸과 함께 방 두 칸 월세 아파트에서 살았어요. 우린 단세트 레코드 플레이어, 45rpm LP 몇 장, 흑백텔레비전, 라디오, 그룬딕 테이프 레코더를 가지고 있었죠. 그룬딕 테이프 레코더로 라디오에서 나오는 음악을 녹음해서 다시 들을 수 있었어요.

전 흰색 양복을 입고 머리는 긴 편이었어요. 회사 사람들은 저를 숨겨 두었어요. 어느날 사무실 문을 열고 몇몇 클라이언트들에게 저를 보이기 전까지 말이에요. 재무 담당자가 말했죠. "이 멋진 젊은이가 보이시나요?"

앨런 파커 경 Sir Alan Parker, 광고 카피라이터, 「벅시 말론」, 「페임」, 「에비타」, 「미시시피 버닝」 감독

저는 1963년에 독서량이 매우 적었는데, 똑똑하고 나이 많은 제 동료들이 그것을 끊임없이 상기시켰죠. 그들이 인용하는 책을 제가 못 알아들었기 때문에, 따라잡아야 할 것이 정말 많았어요. 어쨌든 1963년 중반까지는 《캐치 22(Catch 22)》에 나오는 요사리안의 재담과 《시계태엽 오렌지(A Clockwork Orange)》속 알렉스의 소름 끼치는 폭력을 쉽게 인용할 수 있었고, 심지어 영화로 상영되기 전에 이미 《입크리스 파일(The Ipcress File)》의 결말을 알고 있었어요.

데이비드 오길비(David Ogilvy)가 쓴 《어느 광고인의 고백(Confessions of an Advertising Man)》은 브룩스 브라더스 버튼다운 셔츠 차림으로 가

장자리에 넓은 장식이 달린 브로그 구두를 신는 우리 같은 젊은 광고업자들에게 필독서였어요. 우린 매디슨 스트리트에서 제법 떨어져 있었지만, 적어도 광고쟁이처럼 보이긴 했어요. 우리는 화장실과 술집에서 그가 말한 경구를 지껄여 댔어요. "월급을 적게 주면 멍청한 애들만 네 밑에서 일하게 된다", "사람들은 술을 마실 때 더 생산적이다", "브랜디 두세 잔이면 카피 문구가 한없이 발전한다"라는 구절을 특히 좋아했죠. 당연히 이 구절들은 광고업에 종사하는 사람들의 유명한 주문이 되었지요.

데이비드 퍼트넘 경 Lord David Puttnam, 영화 제작자

갑자기 젊음이 유행이었죠. 사장님은 우리를 자랑하고 싶어 했어요. 되짚어 보니, 1963년이 바로 그 중심이 되는 해였던 게 분명해요. 세상은 변하고 있었는데, 우리의 취향대로 변하고 있었죠. 우리가 중요했어요. 1963년은 제 인생 최고의 해였어요. 전 〈보그〉의 패션 사진작가인 테리 더피(Terry Duffy), 데이비드 베일리, 토니와 리들리 스콧과 일하고 있었어요.

앨런 파커 경 Sir Alan Parker, 광고 카피라이터, 『벅시 말론』, 『페임』, 『에비타』, 『미시시피 버닝』 감독

데이비드 베일리는 '잘 만들어진 노동자 계급 런던 토박이 소년'의 전형이었고, 전 그가 찍은 사진들을 이즐링턴의 제 방에 붙여 놓았어요.

원래 사투리는 계급을 알려 주는 징표였지요. 사투리를 써서 말하면 멍청하다는 증거였거든요. 그런데 갑자기 이 모든 생각이 변했어요. 언젠가부터 사투리를 쓴다고 해도 어느 누구도 별말을 하지 않았

죠. 스카우스(Scouse, 리버풀 출신 사람들을 가리키는 속어)와 그쪽 말씨를 쓰던 비틀스 덕분에 심지어 사투리가 매력적으로 들리기까지 했어요.

저한테는 광고 일을 했던 게 행운이었어요. 항상 새로운 걸 추구하고, 한없이 끝도 없는 평등주의자들의 세계였죠. 창작 부서에서는 사투리를 신경 쓰는 사람이 한 명도 없었어요. 학위가 있는지 여부도 관심 없었죠. 중요한 건 포트폴리오와 얼마나 광고를 잘 뽑아내는가였어요. 데이비드 퍼트넘과 찰스 사치(Charles Saatchi) 같은 동년배 인사들은 모두 좋은 학교를 다니지 않았지만 실력을 인정받았죠.

하지만 재무 담당 임원은 다른 부류들이었죠. 그들은 우아해야만 한다는 전제 조건이 있었어요. 어쨌든 그들은 우리 같은 머저리(노동자 계급)들은 가까이하지 않는 고객을 상대해야 했어요. 재무부서 사람들 다수가 전 육군 장관이었고, 창작 부서는 분명히 '다른 계급'이었기 때문에, 그들에겐 이런 것들이 이상한 일이었을 테죠. 하지만 지금은 그 일을 우리가 맡고 있다니까요!

제가 영화 일을 하긴 하지만, 1963년 영화에 '신예의 출현'이 많았는지는 잘 모르겠군요. 전 성실한 영화과 학생이 아니어서 제가 놓쳤던 미술 수업을 따라가려고 노력했어요. 회사의 선배 작가가 펠리니 감독의 『8과 2분의 1』을 보라고 권했는데, 그 영화는 솔직히 너무 어려웠어요. 마찬가지로 그해에 개봉한 사실주의 영국 영화는 이름과는 다르게 너무 비현실적이었어요. 『욕망의 끝(This Sporting Life)』이라든가 『거짓말쟁이 빌리(Billy Liar)』같은 영화 말이에요. 『욕망의 끝』은 특히 이해할 수 없었는데, 북부 사람들, 노동자 계급, 혹은 스포츠 세계를 다루는 것이 거의 부정확했어요. 음, 『아라비아의 로렌스』는 세 번이나 봤는데, 다른 곳에서 찾지 못했던 영감을 만회해 주었던 것 같아요.

테리 오닐 Terry O'Neill, 1960년대를 기록한 작품으로 유명한 영국 사진작가

1963년에 영화를 보러 자주 가진 않았던 것 같아요. 보통은 토요일 저녁에 부모님들이 영화 보러 다녔고, 우리는 여자 친구들과 영화를 봤죠. 1963년에 개봉했던 『클레오파트라』 세트장에서 엘리자베스 테일러(Elizabeth Taylor)를 찍었던 게 기억이 나요. 하지만 사실 영화보다는 밴드 연주를 듣기 위해 클럽을 더 자주 다녔어요. 수많은 젊은 밴드들이 인정받으며 순회공연을 펼치고 있었지요. 그러던 도중 기획사들이 밴드 멤버들에게 공연을 권했어요. 그들은 주로 미국 중도 성향을 선호했지만, 스톤스 같은 영국 밴드들도 출연하고 있었어요.

노먼 조플링 Norman Jopling, 영국 출신 음악 평론가

에벌리 브라더스는 그해 가을 영국에서 순회공연을 하고 있었고, 돈 아덴(셰런 오스본의 아버지)이 기획자였죠. 그는 보 디들리를 데려왔고, 첫 번째 메이저 순회공연을 롤링 스톤스와 미키 모스트로 채웠어요. 물론 여전히 캐스팅이 빈약했죠. 처음 며칠간은 죽을 쒔어요. 그래서 그는 결국 리틀 리처드를 불렀어요.

크리시 모스트 Chrissie Most, 영국 출신 음반 제작자, 음반사 사장

미키는 연주만큼 프로듀싱을 잘했어요. 우린 애니멀스를 위해 스튜디오를 빌렸지만, 여전히 집세를 내야 했죠. 돈 아덴, 미키 모스트, 모터

맨(the Motormen)과 공연을 다니기 시작했어요. 우린 포르쉐를 몰고 다녔죠.

하루는 믹 재거가 여자 친구를 만나기 위해 런던으로 가려는데 태워 줄 수 있냐고 물었어요. 그때 믹의 여자 친구는 모델 진의 여동생이었던 크리시 쉬림튼이었어요. 우린 어떻게든 믹을 포르쉐 뒷자리에 태웠어요. 포르쉐는 좌석이 두 자리였거든요. 믹을 내려 주고 나서 미키가 이렇게 말했어요. "저 남자는 너무 못생겨서 창피해."

"아냐." 저는 말했죠. "믹은 섹시해."

"섹시하다고?" 미키가 소리쳤어요.

그리고 우린 서로를 잡아 죽일 것처럼 열띤 논쟁을 벌였죠. 혈색은 안 좋았지만 믹은 여전히 성적 매력을 발산하고 있었어요. 앤드루 루그 올덤은 아주 훌륭한 매니저였고, 믹을 중요하게 여겼어요. 여자애들은 스톤스 가운데서도 특히 믹을 향해 소리를 질러 댔죠. 믹은 무대 위에서 스스로를 어필하기 시작했어요.

돈 아덴은 에벌리 브라더스에게 거금을 지불했고, 보 디들리는 가장 인기 있는 가수였지만 일단 티켓이 팔린 후에는 그들은 필요 없었죠. 돈은 롤링 스톤스에게 환호할 사람들을 준비했고, 다른 사람들한테는 무대 뒤에서 에벌리 브라더스에게 야유를 퍼부으라고 시켰어요.

조지 페임 Georgie Fame, 재즈-블루스 뮤지션, 키보드 연주의 거장

돈 아덴을 위해 공연을 몇 번 했지만 그렇다고 해서 돈이 절 힘들게 하진 않았어요. 정작 절 힘들게 하던 사람은 제 매니저였죠.

투어를 돌던 매주에 한 번씩 롤링 스톤스 멤버들은 각자 〈뉴 레코드 미러〉에 실을 장문의 칼럼을 썼어요. 믹은 이렇게 썼죠. '리틀 리처드는 객석이 꽉 찬 공연장에서 두 번 연주했는데, 관객 모두를 광란에 빠뜨렸다 ……. 관객을 향해 최면을 거는 듯한 그의 영향력은 마치 전도사를 만났을 때의 모습을 연상시켰다.'

다음은 빌의 글이에요. '몇 주 전 비틀스가 우리에게 준 싱글 곡을 녹음하기 위해 하루를 쉬었다. 브라이언은 「너의 남자가 되고 싶어」를 스틸 기타로 연주했다. 그것은 영국 음반 사상 완전히 새로운 사운드였다 ……. 새로 산 밴이 마지막 주에 도착했는데, 열성적인 팬들 때문에 벌써 만신창이가 되었고, 매일 밤 차 부품들이 사라진다.'

키스의 글은 이랬어요. '우리에게 담배를 보내 준 소녀 팬들에게 감사를 표하고 싶다. 브라이언은 담배를 끊겠다고 선언했다. 실제론 그냥 담배 사는 걸 끊게 된 것이다 …….'

찰리의 글을 요약하면 이런 내용이에요. '미키 모스트는 늘 굉장한 오프닝 공연을 선사했다 …….'

찰리의 말은 옳았어요. 미키 모스트는 엄청난 오프닝 공연 연주자이자 다재다능하고, 진정한 로큰롤 연주자였어요. 미키는 상황 판단이 빠르고 호감이 가는 사내였죠. 1950년대 후반부터 데카에서는 모스트 브라더스(Most Brothers)라는 밴드로 싱글 녹음을 하고 있었어요. 하지만 차트에 진입한 곡은 없었죠. 그 후 남아프리카 소녀인 크리시를 만났고, 남아프리카에서 자신의 운을 시험해 보기로 결심했죠. 미키는 남아프리카에서 연달아 11곡을 곧바로 1위에 올려놨어요.

미키는 앤드루 루그 올덤이 개척했던 것과 비슷한 일을 하게 됐어요. 바로 음반을 프로듀싱해서 메이저 음반 회사에 파는 일이었죠. 미키는 훌륭한 음반을 만드는 프로듀서가 되고 싶다고 말했어요. 미키의 바람은 얼마 지나지 않아 실현되었죠. 그것도 엄청나게 말이에요.

키스 리처드 Keith Richards, 기타리스트, 롤링 스톤스의 창립 멤버

에벌리 브라더스, 리틀 리처드, 보 디들리. 이들은 육 주 내내 지치지도 않고 공연을 했어요. 정말이지 대단했죠!

우린 이제 막 클럽에서 이름을 알리기 시작하던 참이었어요. 그렇다고 클럽을 뒤흔들 정도는 아니었지만 우리를 지지하는 팬들이 많이 있었어요. 결국 공연을 마무리하고 런던으로 돌아가야 하는 날이 오고 말았죠. 에벌리 브라더스는 "네가 공연을 마무리하는 게 좋겠다. 네 차례야"라고 말했죠. 하지만 저는 리틀 리처드의 음악을 듣고 나선, 매일같이 리틀 리처드와 보 디들리 음악을 들었어요. 그들은 최고로 뛰어난 전문가였고, 이들의 목소리는 천사 같았어요.

앤드루 루그 올덤 Andrew Loog Oldham, 롤링 스톤스를 발굴해 낸 선구적인 음악 산업 매니저

키스는 순회공연을 하는 것이 마치 공부를 하러 대학에 가는 것과 같다고 했는데, 그 말은 정말 맞는 말이에요. 그러니까 보 디들리, 에벌리 브라더스와 육 주 동안 함께한 공연은 진짜 훌륭했어요. 미키 모스트가 그 공연에 영향을 많이 끼쳤어요. 하지만 미키와 스톤스의 보수가 제일 적었죠. 하룻밤 공연에 고작 50파운드를 받았거든요. 그러니까 각자에게는 하루에 10파운드도 채 못 간 거예요. 그들은 이언 스튜

어트가 운전하는 밴을 타고 돌아다니면서 숙박료와 아침 식사 비용마저도 내야 했어요. 브라이언은 이 차에 안 탔어요. 브라이언의 여자 친구 부모님이 차를 빌려줬거든요.

정말 돈이 없었죠. 레코드가 팔려도 레코드 회사는 일 년에 한 번 정산해 주기로 계약서를 썼거든요. 게다가 프랑스나 벨기에 등 다른 나라에서 팔린 레코드의 저작권료는 18개월이나 지난 다음에야 받을 수 있었어요. 그리고 스톤스는 그때까지 자작곡이 단 한 곡도 없었고요.

빌 와이먼 Bill Wyman, 베이시스트, 롤링 스톤스의 창립 멤버

에벌리 브라더스는 야유를 받았어요. 많은 팬들이 우리를 보러 거기 온 거예요. 사람들은 더 이상 에벌리 브라더스를 좋아하지 않았죠. 그들은 굉장한 밴드였기 때문에 엄청나게 수치스러웠겠죠. 우리는 곧 영웅이 됐어요. 언론에선 우리가 환상적인 공연을 했다고 떠들어 댔어요.

키스 리처드 Keith Richards, 기타리스트, 롤링 스톤스의 창립 멤버

믿을 수 없었어요! 우리가 흑인 음악을 연주하는 흑인 재즈 연주자가 되어 있었어요. 관객과 노는 방법을 터득했다고요. 리틀 리처드와 보디들리를 보고 느꼈죠. 한 수 배워 간다고!

우린 공연장을 기어 다니며 다른 멤버들의 공연을 봤죠. 공연장은 2,000석 규모로 모두 오래된 곳이었어요. 우린 적당한 장소를 찾아내 리틀 리처드의 공연을 지켜봤어요. 리틀 리처드는 아주 별났어요. 가장 멋진 친구 중 하나예요. 전 늘 이 친구들에게 엄청난 격려를 받았어

요. 그들은 무대 위에선 스타였고, 저는 무대 뒤에서 그들에게 중요한 것들을 많이 배웠어요.

어차피 무대 위에서는 한 가지 일밖에 안 해요. 하지만 무대 뒤의 상황과 서로에게 어떤 반응을 보이는지는 예측불허죠. 무대 뒤에선 계급 따위는 없었어요. 다른 가수의 대기실로 걸어 들어가서 이렇게 말할 수 있었죠. "그거 어떻게 연주하는 건지 알려 줘. 그 노래 악보 좀 보여 줘. 그 노래 누구한테 받았어?" 정말이지 아무 거리낌이 없었어요. 보 디들리도 우리와 똑같은 사람이었죠. 엄청난 신사였지만요.

그리고 머디 워터스를 만났죠. 녀석들이 완전히 절 바꿔 놨어요. 그들이 스스로를 어떻게 관리하고, 존중하는지를 봤죠. 그건 바로 제가 되고 싶은 모습이었어요. 물론 제 이미지는 완전히 달랐지만요. 키스 리처드는 완전히 맛이 간 얼간이였고요. 전 그걸 감수해야 했어요. 제가 말하고 싶은 건 리틀 리처드는 완전 별나긴 했지만 늘 공손했고, 항상 다른 사람들에게 시간을 내줬어요. 그 누구에게도 "문 닫고 꺼져!"라고 말하지 않았죠. 전 항상 그걸 기억하려고 노력해요.

그건 단순한 예절 차원의 문제가 아니었어요. 그들은 자신이 무엇을 알고 있는지, 자신이 누구인지에 대해 굉장히 확실했던 거예요. 그들은 으스댈 필요조차 없었죠. 재능 면에 있어서는 확실했어요. 전 고작 열아홉 살, 청소년이었고요. 그리고 그들은 늘 제게 다정했죠. 유일무이한 사건이었어요. 제가 거기에 있었고 절대 만날 수 없을 거라고 생각했던 사람들과 연주하고 그들에게 배울 수 있었다는 것에 감사해요. 제가 동경하던 사람들과 어느 날 갑자기 함께 일하고 같이 경쟁하면서 있게 된 거죠. 우리를 동료로 받아들여 준 거장들 덕분에 제 인생은 그 순간부터 최고의 순간을 보내게 됐죠. 그들 덕분에 저는 자신감을 많이 가질 수 있었어요.

빌 와이먼 Bill Wyman, 베이시스트, 롤링 스톤스의 창립 멤버

개런티를 가장 많이 받은 그룹은 에벌리 브라더스였어요. 어마어마했죠. 두 번째가 보 디들리였어요. 우리의 우상이었죠. 우리는 밤마다 보 디들리의 노래를 연주했어요. 그 후 그들은 리틀 리처드를 영입했죠. 우린 대기하는 동안에 그들이 연주하는 곡들과 연주하는 방법을 지켜보면서 시간을 보냈죠. 전국 투어 내내 그랬어요. 보 디들리는 우리에게 큰 감동을 줬어요. 하지만 어린애들은 우리 얘기로 열변을 토했죠. 우리는 세 곡을 불렀는데, 밖에서 사람들이 떼로 몰려와서 환호하고 있었어요. 재미있었죠. 우리 모두 그걸 보고 웃었어요. 관객들이 제 재킷을 찢었어요. 찰리는 단추를 잃어버렸고요. 아주 화가 많이 났을 거예요. 머리를 한 움큼 뽑아 갔다고 생각해 보세요. 우린 절대 스카프를 매지 않았어요. 여자애들이 스카프 끝을 잡아당겨서 목 졸려 죽을 뻔했거든요.

앤드루 루그 올덤 Andrew Loog Oldham, 롤링 스톤스를 발굴해 낸 선구적인 음악 산업 매니저

그래요, 1963년 말에 「너의 남자가 되고 싶어」가 나왔고, 여전히 우리를 위한 문은 열리지 않았어요. 롤링 스톤스에게는 아주 일시적인 시간인 셈이죠. 「낫 페이드 어웨이(Not Fade Away)」는 1964년 2월 내지는 3월까지 싱글 차트 5위권에 진입하지 못했어요.

그러니까 이 상황이 의미하는 바는 우리가 매번 버밍엄 위쪽으로 올라가 있었다는 것이고, 그곳은 위험한 지역이었던 거죠. 거긴 비틀스 구역이었거든요. 우리 공연을 보고 열광하는 관객은 여전히 60퍼센트가 남자애들이었다고 말해 주고 싶네요. 그리고 "그들이 성공할 것 같아요?"에 관한 대답은 조용했어요. 그러니까 여전히 배심원들이 나가 있는 상태였죠.

앤서니 콜더 Anthony Calder, 롤링 스톤스 홍보 담당자

1963년은 그냥 섹스, 마약, 로큰롤이 전부였어요. 우린 인기를 얻고 있었죠. "이거 할 수 있어? 아니면 우리 좀 도와줄래?", "우리 이 앨범 있는데. 그걸로 뭐 할 수 있어?" 우리는 쉴 없이 달렸어요. 마약 사건으로 스톤스가 무너졌고, 그 후 마리안 페이스풀(Marianne Faithfull)도 치명타를 입어서 흥분된 상태였어요. 우린 비틀스 홍보를 했죠. 앤드루와 전 재능이 있었어요. 사업가적인 면에서요. 우린 그 일을 사랑했어요. 냄새를 맡을 수 있었죠. 우린 실라 블랙을 찾아냈고, 그 이후로 지미 페이지, 로드 스튜어트, 에릭 클랩튼, 제프 벡, 피터 프램튼을 발굴했죠. 앤드루는 제프 벡을 띄우려고 했어요. 전 에릭이 더 잘한다고 생각했고요.

피터 프램튼 Peter Frampton, 더 허드, 험블 파이에서 활동한 영국 출신 음악가이자 작곡가, 가수

빌 와이먼이 속해 있던 밴드 프리처스(the Preachers)는 저에게는 갈림길이었어요. 빌은 스톤스에도 속해 있었지만, 이 밴드에서는 제작과 관리를 맡고 있었죠. 프리처스는 플라밍고에서 매주 토요일 밤 전속 공연을 제안받았어요. 전 토요일마다 음반 가게에서 일하고 있었고요.

그가 "우리 밴드에 들어올래? 우리 모두 준프로야."라고 물었죠. 전 고작 열세 살이었어요. 그래서 "좋아!"라고 대답했죠.

우린 학교를 다니면서 공연을 시작했어요. 주말이면 버밍엄에 갔어요. 이웃 사람들이 우리 엄마한테 이렇게 말했죠. "어떻게 그걸 허락할 수 있어요?" 그러자 우리 엄마가 대답했어요. "나이아가라 폭포가 흐르는 걸 막을 순 없지요."

우린 하룻밤에 레스터와 버밍엄에서 두 차례 공연했어요. 다른 멤버들은 저보다 나이가 많아서 모두들 절 보호해 줬죠. 영어 선생님이 구내식당에서 만난 우리 아버지한테, 월요일 아침 영어 시간마다 제가 자꾸 존다고 불평을 했어요. 아버지는 선생님을 엄중히 타이르며 이렇게 말했죠. "앞으론 나한테 그런 얘기 하지 마세요. 그런 얘기 듣고 싶지 않습니다."

그 후 빌이 참여했고 우린 런던으로 가서 데카 스튜디오에 들어갔어요. 1963년 말이었죠. 그렇게 짧은 시간 안에 너무 많은 일이 일어났어요. 우린 싱글, 그러니까 두 곡을 녹음했어요. 이때가 제게 있어서는 엄청난 시기였어요. 글린 존스(Glyn Johns, 전설적인 영국 녹음 기사로, 최근 로큰롤 명예의 전당에 올랐다)가 참여했거든요. 처음부터 제일 꼭대기에서 시작한 거죠. 스톤스의 베이스 연주자가 밴드를 관리하고, 존스가 프로듀싱했으니까요.

우린 스톤스와 『레디, 스테디, 고!』에 출연했어요. 열네 번째 생일을 맞기 전이었죠. 가만히 앉아서 키스 리처드가 사운드 점검을 하는 모습을 지켜봤던 게 기억이 나요. 쇼가 끝나고 방송이 나가기 전에 촬영한 테이프를 돌려 보러 갔어요. 열세 살인 저는 믹과 키스 사이에 서

"스톤스는 우리에게 돈을 받으면 곧장 미스터 피시에게 가서 옷을 사라고 말했어요. 우린 야망이 있었고, 돈을 벌었죠. 아버지보다 더 많이 벌었어요." ― **에릭 스튜어트**

있었고, 그 둘은 저를 쳐다보고 있었죠. 좀 이상했어요.

하루는 데이비드 보위가 연주하는 걸 보러 갔는데, 그는 콤래이즈 (the Comrades)라는 큰 지역 밴드에서 색소폰을 연주하고 있었죠. 데비 (보위의 애칭)는 저한텐 롤모델이었어요. 그는 특히 포즈를 잘 취했죠. 정말 멋졌어요.

여름 방학 동안 밴드 더 허드(the Herd)가 프리처스에서 활동 중인 저를 보러 와서는 자기들과 함께 앉으라고 요청하더니, 그해 여름에 밴드의 리듬 기타 연주자가 비게 됐는데, 저에게 그 자리를 제안하고 싶다고 말했어요. 전 이렇게 답했죠. "완전 좋죠. 하지만 아빠가 뭐라고 말씀하실지 모르겠어요. 전 학교로 돌아가야 하고, 음악대학에 진학하기로 한 상태거든요."

아버지는 매니저와 이야기를 나누면서 거래를 했어요. 아버지가 이렇게 말했죠. "이보세요. 난 이런 제안 하나도 설레지 않는답니다. 열다섯 살에 학교를 졸업하면 우체국에서 정규직으로 일할 수 있고, 그럼 일주일에 15파운드는 벌 수 있거든요. 주당 15파운드를 확실히 보장할 수 있어요?"

허드는 그 조건에 동의했어요. 전 15파운드씩 받았죠. 그 밴드에서 절 간절히 원했거든요. 이 밴드가 받던 금액은 전부 해서 고작 40파운드였어요. 우린 『톱 오브 더 팝스(Top of the Pops)』(BBC 텔레비전 쇼)에 출연했어요. 데비 존스는 집에서 텔레비전을 보다가 이렇게 말했대요. "피터잖아! 저 녀석 텔레비전에서 뭐 하고 있는 거람? 학교에 있어야 할 녀석이."

제프 린 Jeff Lynne, 영국 출신 음악가 겸 프로듀서

1963년은 다른 느낌의 기운이 감돌았어요. 갑자기 모든 게 허용되고, 음악이 모든 걸 집어삼키고 있었죠. 전 프로가 될 수 있길 바랐어요. 제가 능력이 있다는 걸 알고 있었기 때문이죠. 왜냐면 전 뭐든 굉장히 빠르게 습득했거든요. 제 꿈은 저만의 밴드를 만들어서 공연하는 것이었어요. 바라는 건 그것뿐이었어요. 일하러 가지 않고, 밴을 타고 공연을 하러 가는 인생을 꿈꿨죠.

사무실에서 재미있는 일을 하면서 창고에서 기타를 연주하고 있는데, 마침 신문에서 이런 기사를 봤어요. '나이트라이더스(Nightriders)에서 리드 기타리스트 모집 중.' 저는 그 자리가 바로 제 자리라고 확신했어요. 와, 딱 나잖아!

저를 위한 자리라는 건 의심의 여지가 없었어요. 그건 제 거였어요. 떨리는 마음으로 오디션을 보러 갔죠. 그 밴드는 제가 가장 좋아하는 로컬 밴드였거든요. 근데 그 밴드에 들어갈 수 있다니! 리드 싱어인 마이크 쉐리던(Mike Sheridan)이 몇 달 전에 밴드를 떠나는 바람에 그들은 보컬과 리드 기타리스트가 필요한 상황이었어요. 전 드러머 앞의 방에서 오디션을 봤어요. 그리고 그 자릴 따냈어요. 이렇게 될 거라고 누가 상상이나 했겠어요?

1963년에는 직접 작곡을 해 보려고 했어요. 거금을 들여 115기니짜리 펜더 에스콰이어를 샀지요. 돈이 엄청 많이 들었어요. 복스 AV30 앰프도 샀는데, 할부로 샀기 때문에 매주 고지서가 날아왔어요. 상황은 매주 더 나빠졌죠. 수요일마다 새벽 여섯 시에 일어나서 아버지가 볼 수 없게 고지서를 숨겼어요. 전 빚을 지고 있었지만, 나이트라이더

스에 합류하기만 한다면 몇 주 안에 그 돈을 전부 갚을 수 있을 거라고 생각했어요. 이미 매주 15파운드를 벌고 있었고, 평균 임금보다 훨씬 많은 액수였어요. 하지만 빚을 졌다는 사실은 제게 큰 걱정거리였어요. 귀신처럼 쫓아다녔죠. 전 가게 직원한테 사과해야 했어요. 뻔뻔스럽게 돈을 갚지 않고 있다가 한 방에 갚아 버렸어요. 어쿠스틱 기타도 한 대 더 샀고요.

에릭 스튜어트 Eric Stewart, 기타리스트, 작곡가이자 연주자, 10cc 리더

당시 마인드벤더스(Mindbenders)에서 활동하면서 부모님보다 많은 돈을 벌게 됐어요. 물론 돈을 번다는 건 좋은 일이었지만, 사실은 돈보다는 무대에 서는 일이 즐거웠을 뿐이죠.

스톤스는 우리에게 돈을 받으면 곧장 메이페어 패션 디자이너인 미스터 피시(Mr. Fish)한테 가서 옷과 앨범을 사라고 일러 줬어요. 우리는 그렇게 했죠. 그리고 런던과 카나비 거리를 휘젓고 다녔어요. 우린 매일 옷을 샀고 비틀스 모습을 흉내 내고 있었죠. 파란색 정장에 가죽조끼를 입었어요.

힐튼 밸런타인 Hilton Valentine, 애니멀스의 기타리스트

우리는 공연을 계속 했는데, 개런티가 최저 25파운드, 많이 받으면 50파운드까지 올라갔어요. 분명 런던에 있을 때였죠. 마약이 성행하기 시작한 해였던 것 같은데, 맨체스터에 있는 '트위스티드 휠(the Twisted Wheel)'이라는 장소에서 공연을 했어요. 순회공연을 하는 클럽이었죠. 그때 처음 마리화나를 피웠어요.

이때가 시작이었어요. 1963년 말, 우리가 유명해지기 전이었죠. 마리화나를 한 모금 빨자 정신이 몽롱해지면서 속이 메스꺼워서 토가 나올 것 같았어요. 그래서 대기실에서 나와서는 위층으로 올라가 캄캄한 거리로 나가니 바로 옆에 가게 출입구가 있었어요.

거기서 정신이 들더니 구토를 했고 마음을 추슬렀어요. 그때 이런 소리가 들렸죠. "이봐, 여기서 뭐 하는 거요?" 경찰이었어요. "밴드에서 공연하고 있는데, 술을 너무 많이 마신 것 같아요"라고 말했죠. 그러자 경찰이 말했어요. "아, 공연장으로 다시 돌아가는 게 좋겠네요." 그래서 다시 돌아갔고, 마이크를 연결한 후 첫 곡을 시작했어요. 그리곤 곧바로 생각했죠. '앞으로 이런 목소리는 다시 들을 수 없을 거야.' 제 목소리가 믿을 수 없을 만큼 높이 올라갔어요. 메스꺼움이 사라지니까 약에 취해 마냥 신이 나 버렸죠. 한 번 토하고 나면 그다음은 엄청 기분이 좋아지는 나쁜 시나리오가 펼쳐졌어요. 기분이 좋은 다음엔 다시 기분이 축 처지고요.

그 후로 마리화나를 피우는 게 습관이 됐어요. 중독된 거라고 말하고 싶진 않지만 정신이 몽롱해 있을 때 소리가 더 잘 나왔어요. 물론 그것 때문에 마리화나를 피워야겠다는 건 아니었어요. 피우지 않은 날도 많았죠. 하지만 피울 수 있는 날은 피웠어요. LSD를 피우곤 도로에서 기절했죠. 브라이언 존스가 제게 권했어요.

에릭 스튜어트 Eric Stewart, 기타리스트, 작곡가이자 연주자, 10cc 리더

우린 여행을 많이 했어요. 순회공연이었죠. 앨범 녹음은 나흘 만에 다 했어요. 런던에 있는 클럽들, 그러니까 마르퀴, 애드 리브, 돌리스, 플

라밍고에 들어가기 전에 예행연습을 했어요.

우린 우리의 생활을 통제했고, 야심이 있었고, 돈을 벌었어요. 전 400파운드짜리 차를 살 수 있었죠. 진짜 고급 차요. 우리 가족은 한 번도 자가용을 가져 본 적이 없었거든요.

열여섯 살에 추천서를 받으러 교장 선생님께 찾아갔어요. 그 당시엔 교장 선생님이나 구직자를 대변해 줄 전문가의 추천서가 필요했어요. 물론 그때는 음악인이 되는 건 추천서가 필요 없다는 사실을 몰랐어요. 그러니까, 전 그냥 추천서를 받아 와야 하는 줄 알았던 거죠.

선생님이 말했어요. "무슨 일을 하고 싶니?" 전 대답했죠. "뮤지션이요." 선생님은 "장난은 그만둬라" 하고 말했어요. 제 말은, 이전에는 저처럼 록 스타가 되려고 추천서를 받으러 온 사람이 아무도 없었다는 거예요. 당시 선생님들은 열여섯 살짜리 청소년을 위해 은행이나 공장 책임자 같은 고용주들에게 제시할 수 있게끔 추천서를 써 줬거든요. 교장 선생님은 이렇게 말했어요. "오, 빌어먹을. 네가 추천서를 써 오면 그때 서명을 해 주마." 교장 선생님 이름은 오건이었어요. 선생님은 추천서에 서명을 하고는 이렇게 말했죠. "행운을 빌어 주마, 스튜어트."

몇 년 후 학교 앞을 지나가게 되었죠. 밴드에서 돈을 많이 벌고 있었고, 저만의 자가용, 포드 제퍼를 몰고 있었어요. 당시 십 대가 본인 소유의 자동차를 가진다는 건 엄청난 일이었죠. 자동차는 성공을 의미했거든요. 학교 앞에서 교장 선생님이 비를 맞으며 서 계셨어요. 그래서 전 차를 멈추고 창문을 내린 후 말했죠. "안녕하세요, 오건 선생님." 그러자 선생님이 눈이 휘둥그레져서 절 쳐다봤어요. 그때가 열여덟 살이었거든요. 경이로운 일이죠.

그때쯤 마약이 등장했어요. 키스 문(Keith Moon)은 마약 한 줌을 먹고 취해 있었죠. 키스는 몇 알씩 먹었던 것 같아요. 크롬웰리안의 화장실에서 제 옆에 서서는 이렇게 말했죠. "에릭, 좀 먹어 볼래? 파랗게 변하는 것 같아. 보라색 같기도 하고 ……."

"아냐, 됐어. 난 스카치랑 콜라나 계속 마실래." 저는 사양했고 그는 한 모금 털어 버리고는 바로 뻗었어요.

피터 브라운 Peter Brown, 음악 산업 사업가

모두 암페타민(Amphetamine, 각성제의 일종)에 빠져 있었어요. 비틀스도, 브라이언도 모두 마약을 했죠. 하지만 전 안 했어요. 저는 와인을 마시는 게 더 좋았어요. 사실은 런던을 자주 왔다 갔다 하다가 리버풀로 돌아왔을 때 파티에 지쳐서 딱 한 번 시도해 본 게 다예요. 새벽 기차를 타고 와야 했거든요. 지치기 시작해서 각성제를 먹었어요. 하지만 운이 좋게도 마약에 빠지지는 않았죠. 정말로 많이 하지 않았어요.

젊은 밴드 녀석들은 애드리브, 돌리스 등 다양한 클럽에서 어울려 놀았어요. 그러면 저쪽 구석에선 스톤스, 이쪽 구석에선 비틀스 멤버 몇 명과 놀 수 있었죠. 분위기가 완전 좋았어요. 우리는 어딜 많이 돌아다니지도 않고 그냥 좋은 시간을 보내며 놀았죠. 연주되는 음악을 들으면서 모두 술을 마시고 담배를 피웠어요. 가는 곳마다 그랬어요. 모두 똑같았어요.

크리시 모스트 Chrissie Most, 영국 출신 음반 제작자, 음반사 사장
—

우리가 애니멀스를 찾아낸 후에 제가 주장했어요. "문서로 뭔가를 남겨야 해." 미키는 난독증이 있어서 종이에 쓰여 있는 글자를 읽을 수 없었죠. 그는 제 의견에 반대했어요. "안 돼. 우린 친구인걸." 전 말했죠. "계약서를 써야 해." 저에게 타자기가 있었으니 그걸로 계약서를 만들었어요. 맞춤법도 잘 모르는데 말이에요. 변호사 생각은 하지도 못했어요. 그런데도 애니멀스는 모두 계약서에 서명했어요.

맨체스터에서 온 남자가 절 화나게 만들었는데, 미키가 그의 밴드인 허먼 앤드 더 허미츠(Herman & the Hermits)의 녹음을 맡아 주길 원했거든요. 전 아기를 돌보느라 집에 있었는데, 그는 저에게 계속 전화를 했어요. "미키, 빌어먹을, 이 사람한테 녹음해 주고 나 좀 그만 괴롭혀." 그는 이 남자, 피터 눈의 사진을 제게 보냈고 이렇게 말했죠. "젊은 케네디처럼 생겼어. 미국 사람들에게 먹힐 것 같아." 그래서 그들은 런던으로 왔고, 미키는 그 밴드의 곡을 녹음했어요.

그때까지 미키는 그들이 대성공을 거둘 거라고 생각했어요. 그들이 처음으로 히트한 건 미키가 뉴욕 브릴 빌딩에서 받아 온 캐롤 킹의 노래였어요. 미키는 늘 히트곡은 미국에 있다고 말했죠. 그는 항상 미국에서 이런 노래들을 가져왔어요.

에릭 스튜어트 Eric Stewart, 기타리스트, 작곡가이자 연주자, 10cc 리더
—

우린 그냥 애드 리브나 크롬웰리안에서 음악 얘기를 하면서 놀았어요. 애드 리브에 들어가려면 돈을 내야 했죠. 그곳은 고급스러웠고 여러 배우들과 유명 영화배우들이 있었어요. 돈이 많은 사람들이었죠.

다른 것들도 완벽했고요. 들어가려면 추천인이 꼭 필요했는데, 사실 거긴 제가 있을 곳이 아니었어요. 제가 좋아하는 곳은 플라밍고와 마르퀴였죠.

피임약은 여자애들에게 자유를 주는 또 다른 방법이었어요. 상류층 여자애들은 약간 거친 섹스 파트너를 원했어요. 노동자 계급 남자애들을 원했죠. 그 당시 노동자 계급 남자애들이 매력이 있었거든요. 전 한 번도 얼굴마담인 적이 없었어요. 심지어 텐씨씨(10cc)에서도 그랬어요. 얼굴마담이 되고 싶지도 않았죠. 그냥 공연을 즐기면서 뒤쪽에서 있던 쓸쓸한 애였어요. 밴드는 정말 선망의 대상이 되는 직업이었죠. 멤버한테 반해 있던 팬들과 사람들이 돈을 던져 줬어요. 우리 엄마는 그걸 보고는 깜짝 놀라셨죠.

실라 블랙 Cilla Black, 가수 겸 TV 쇼 진행자
—

싱글을 홍보하러 런던에 처음 간 날 러셀 스퀘어에 있는 러셀 호텔에 묵었어요. 침대 옆에 전화기가 놓여 있어서 매우 흥분됐죠. 그 당시에 영국에는 전화기 값이 비싸서 대부분 전화가 없었거든요. 누군가와 통화를 하려고 전화기를 집어 들었지만 제가 알던 사람들, 또 통화하고 싶었던 사람들한테 전화가 없었던 게 기억이 나네요.

저는 1위를 했다는 소식을 리버풀에서 들었어요. 브라이언이 말했죠. "네가 음반 판매 1위를 하게 되면 전화로 바로 알려 줄게." 그때 하루에 팔 수 있는 음반이 최대 10만 장이었거든요. 바카락과 할 데이비스(Hal Davis)가 작곡한 디온 워윅의 「마음을 가진 사람」을 리메이크한 곡이었어요.

그래서 제가 브라이언에게 말했죠. "제가 우체국 밖에 있는 전화 부스 번호를 알려줄게요. 몇 시에 전화할 거예요? 한 시까지 거기에 가 있을게요." 그 시간에 전화 부스에 아무도 없길 간절히 기도하면서 달려갔죠. 다행히 아무도 없었어요. 그래서 그 소식을 전해들을 수 있었던 거죠.

제프 린 Jeff Lynne, 영국 출신 음악가 겸 프로듀서

엄마는 계단 위를 쿵쿵 치는 걸 좋아했어요. "일어나, 이 게으름뱅이야. 일하러 가야지!" 그런데 제가 나이트라이더스에서 일하게 된 거예요. 여느 때처럼 엄마가 계단으로 달려왔고, 전 그때 엄마의 얼굴을 기억해요. 제가 이렇게 말했죠. "계단 치기 전에 잠깐만요. 전 이제 프로 음악인이니까 앞으로 다시는 아침에 일어나지 않아도 되거든요." 그리고 다시 침대로 돌아갔어요. 그때 저를 쳐다보던 엄마의 얼굴이란! 밴드는 늘 15파운드 이상의 돈을 벌 수 있었고, 얼마 지나지 않아 20파운드를 벌 수 있었어요.

제가 원했던 건 프로가 될 수 있는 기회를 얻는 것이었어요. 우린 버밍엄 전역에서 연주했고, 같은 곳에서 두 번 연주하는 일은 없었어요. 그냥 프로로 전향했다는 것, 자신감을 얻었다는 것, 기타 실력이 좋아지고 있다는 것, 노래를 잘 부른다는 것, 이 모든 것 때문에 기분이 최고였고 행복했어요. 제게는 테이프 레코더가 있었기 때문에 데모 테이프를 만들었고, 그 녹음기로 음악을 녹음할 수 있었어요. 테이프 레코더가 지금의 저를 만들어 준 거예요. 제 삶도 만들었고요. 정말로요.

에릭 클랩튼 Eric Clapton, 가수 겸 기타리스트, '기타의 신', '블루스의 거장'

미래에 대한 열망은 없었어요. 무엇보다도 전 제가 서른이 되기 전에 죽을 거라고 생각했죠. 우린 술을 많이 마시고 마약도 많이 했어요. 제 꿈은 할 수 있는 한 오랫동안 음악을 하는 것이었죠. 그 때는 뮤지션을 직업이나 경력으로 생각하지 않았어요. 전 항상 이 밴드 저 밴드 옮겨 다녔죠. 반주자로 있는 게 좋았어요. 그게 더 자유로웠거든요. 빈둥거리거나 여자애들 소파에서 잠들었죠. 경력은 아무래도 상관없었어요. 제가 가장 원하지 않는 것이었죠. 물론 결국 이 일이 우리의 경력이 되긴 했지만요.

우린 이 일이 몇 년 동안만 지속될 거라 예상했고, 그래서 할 수 있는 한 즐기자고 생각했어요. 저한테는 무척 신나는 일이었죠. 특히 전 소호나 뭐 그런 클럽에 들어가서 연주하는 걸 보다가 그냥 벽지 속으로 들어가듯 사라지는 게 좋았어요. 누군가 이렇게 물었어요. "너도 연주하고 싶어?" 그러면 전 무대 위로 올라가서 연주를 했어요. 그다음엔 무대에서 내려와 구석으로 사라졌죠. 아무도 눈 하나 깜짝 안 했어요. 그런 식이어도 아무 소동도 일어나지 않았고요. 그건 순수한 감정이었고, 오로지 음악에 관한 것이었어요.

1963년 10월, 제가 연주하고 있던 펍에서 녀석들을 알게 됐어요. 바로 루스터스와 케이시 존스였어요. 우리 지역에서 자주 가던 곳은 킹스턴이었어요. 제가 개인적으로 배우고 있던 장르는 포크와 올드 블루스였죠. 녀석들은 순회공연을 하고 있었는데 그들이 제게 야드버즈에 들어오라고 했어요. 제 상식은 우리가 진지한 음악을 연주하려면 기초를 다져야 한다는 것이었죠. 재즈, R&B 뭐 그런 거요. 조르지오

고멜스키라는 그들의 매니저가 있었는데, 앤드루 루그 올덤 이전에 스톤스를 맡았다가 놓친 사람이죠. 그래서 제 생각에 그가 야드버즈를 맡으면서 절대 다시는 그런 일을 반복하지 않겠다고 결심했던 것 같아요.

그래서 조르지오는 기회가 왔을 때 상업적인 방식으로 우리를 몰고 갔어요. 우린 아주 탄탄한 언더그라운드 밴드였고, 보컬은 R&B와 블루스에 관한 이해가 굉장히 빠른 친구였죠. 그는 인기를 얻고 싶어 했는데, 그래서 우린 갈림길에 놓이게 됐어요.

에릭 스튜어트 Eric Stewart, 기타리스트, 작곡가이자 연주자, 10cc 리더

키스, 에릭, 그리고 저 같은 사람들은 명예나 존경을 바란 게 아니고 정말로 음악 때문에 이 모든 것에 몰두한 거예요. 제프 린도 마찬가지고요. 그러니까 성공이나 돈도 좋지만 음악을 탐구하는 것, 다른 사람들과 작업할 수 있다는 게 우리를 몰두하게 만든 거죠.

진지한 음악인들은 기타를 사랑했어요. 제프나 에릭 같은 녀석들은 악기를 보살피고 아주 소중히 다뤘죠. 레스 폴(Les Pauls)의 기타에는 뭔가 있었어요. 나무를 다루는 방식도 좋고, 바디에 넥을 절묘하게 연결해서 자연적으로 서스테인이 일어났어요. 레스 폴은 기막히게 성능이 좋아서, 현재 45만 파운드에 팔리고 있는 거예요. 스트라토 캐스터(Strato Casters)는 비행기 기술자가 디자인한 엄청난 물건이었죠. PC로 치자면 지금의 애플인 거죠.

정말 대단한 기타리스트들은 모두 독학을 했어요. 악보를 읽는 사람이 한 명도 없었죠. 저와 함께 공연했던 엄청난 뮤지션들 전부 악보를

읽을 줄 몰라요. 크랩튼도, 매카트니도, 레논도 못 읽어요. 폴은 이후에 악보 읽는 법을 배웠던 것 같은데, 그땐 부점도 못 읽었고 저 역시 그랬어요. 우린 눈으로 연주하기보다는 영혼으로 연주했죠.

에릭 클랩튼 Eric Clapton, 가수 겸 기타리스트, '기타의 신', '블루스의 거장'

제게 있어서 밴드의 역할은 우리가 있는 공간에 좋은 소리를 들려주는 것이었어요. 모두가 음정과 박자를 맞추었고, 할 수 있다면 매일 밤 다른 뭔가를 만들어 냈어요. 그게 이상적이었어요. 인기와는 전혀 무관했죠.

전 지금도 가끔 공연보다 연습하는 게 더 좋아요. 관객은 다만 원동력을 주는 존재죠. 가령 "오, 사람들이 이 소리를 좋아하네?" 이런 거요. 제가 존경하는 뮤지션들은 전부 너무나 이기적인 이유로 음악을 해요. 우린 우리가 느끼는 방식을 표현하고 다른 음악인들과 하모니를 맞추려고 연주를 하죠.

의식적으로 관객의 마음을 사로잡거나 관심을 끄는 방법을 알아내야 한다면 아마 전 돌아버릴 거예요. 관객들의 마음을 사로잡는 법도 모를 뿐더러 그냥 직관에 따라, 제가 느끼는 것을 표현하는 게 더 좋거든요. 만약 관객이 뭔가를 공감하고 경험했다면 그건 우연의 일치일 뿐, 제가 일부러 계획한 게 아니에요.

전 자존감도 없었고, 수줍음이 아주 많았어요. 클럽에서 공연을 하더라도 늘 벽을 보고 연주했죠. 연출이 아니었어요. 관객 하나하나를 보려고 애쓰거나 그렇게 하는 걸 이해하지도 않았죠. 그래서 그런 건 지금도 못할 것 같아요. 닐 영(Neil Young)과 엘튼 존(Elton John)같은 동년배 친구들 다수가 혼자서 공연했지만 전 그들이 어떻게 공연을 잘 끝마쳤는지 이해를 못 했어요. 엄청난 용기가 있는 거예요. 전 늘 함께 공연하는 친구들이 있어요. 혼자 공연하는 건 절대 볼 수 없을 거예요.

빌 와이먼 Bill Wyman, 베이시스트, 롤링 스톤스의 창립 멤버

지금은 소박하고 새로운 게 그리워요. 당시엔 어디에서 발생한 건지도 모를 마술 같은 일들이 계속해서 벌어졌죠. 그게 계속해서 진행될 거라고 예상한 사람은 아무도 없었어요. 단지 점점 더 커져갔어요. 그것이 우리 삶을 장악했어요.

앨런 파커 경 Sir Alan Parker, 광고 카피라이터, 『벅시 말론』, 『페임』, 『에비타』, 『미시시피 버닝』 감독

혁명의 시간은 우리를 다른 열망에 빠지게 만들어 주었어요. 하지만 그때는 혁명이나 자유에 관해 많이 생각했던 것 같진 않아요. 사방에서 기회가 폭발하고 있었기 때문에 그냥 따라가기만 하면 됐어요.

그 시절의 제가 덥석 받아들인 건 미국이었어요. 광고업계의 영웅은 빌 번바흐(Bill Bernbach), 조지 로이스, 하워드 지프(Howard Zieff)였어요. 우린 〈뉴요커(The New Yorker)〉의 최신호를 얼른 받아 보고 싶었어요. 에세이나 만화 때문이 아니라 새 폭스바겐 광고 때문이었죠(당시 이 광고는 획기적이고 재치 있으면서 불손했다).

피터 브라운 Peter Brown, 음악 산업 사업가

비틀스는 런던의 해머스미스 지역에서 공연을 했는데 정말 대단했어요. 여자애들이 열광했고, 비틀스는 몸값이 최고로 높아서 아시다시피

당시 삼십오 분 이상 공연할 수 없었죠. 그래서 다른 밴드의 공연을 다섯 개 더 넣어야 했어요. 그것이 당시의 '쇼'였어요.

1963년에 많은 것들이 비틀스를 바꿔 놓았다고는 생각하지 않아요. 그들은 여전히 형제 같은 밴드였어요. 그들은 아내도, 아이도, 이렇다 할 불화도 없었지만 일정이 너무 고됐죠. 순회공연을 돌면서 녹음을 해야 했고, 쇼도 나가야 했어요. 매 순간순간 일을 해야 했죠.

굉장히 흥분된 분위기였지만 예술가로서는 늘 불안했죠. 항상 이번이 마지막 작품처럼 느껴졌거든요. 이번엔 성공했지만 다음에는? 계속할 수 있는 걸까?

노먼 조플링 Norman Jopling, 영국 출신 음악 평론가

비틀스가 처음 대박이 난 해에 공연을 보러 갔어요. 모습은 봤지만 소리는 거의 들을 수가 없었죠. 어느 추운 토요일 윔블던에서 남부 지역 팬클럽 집회가 열렸어요. 90퍼센트가 여자로 구성된 이 팬클럽 멤버들은 3실링 6펜스를 지불한 덕에 줄을 서서 느릿느릿 비틀스 앞을 지나가며 그들과 악수를 하고, 사인을 받고, 몇 마디 대화를 나눌 수 있었어요. 전 '아! 비틀스 팬을 위한 날'이라며 그 모습을 기사로 썼어요. 실신한 애들이 많았을 뿐 아니라, 테이블을 뛰어넘고, 좋아하는 멤버를 쓰다듬으려 하는 막무가내인 애들이 넘쳐 났죠. 건장한 수행원들도 그 애들을 막아 내기 힘들었어요.

팬들의 끊임없는 구애와 요청에도 불구하고 유머를 잃지 않는 점에서 비틀스는 정말 존경할 만하죠. 하루 종일 시련이 계속됐거든요. 그들은 담배를 많이 피웠어요. 모든 팬들이 만족하고 나서야 그들은 자

리에서 일어났죠. 그러고는 사십오 분 가까이 연주에 집중했어요. 그 어떤 공연보다도 길었죠. 끊임없이 소리치고 펄쩍펄쩍 뛰어 대는 팬들에게 바치는 세레나데였어요.

"경탄스럽다"는 말이 그 장면을 묘사할 유일한 단어일 거예요. 그리고 트루퍼스(troopers)도 같은 날 밤 윔블던 궁에서 연주를 했죠. 또한 그해는 비틀스가 팬들을 위해 특별히 녹음한 크리스마스 앨범을 선사한 첫해이기도 했는데, 이 배려 깊은 전통은 그들이 활동을 마칠 때까지 계속 행해졌어요. 엡스타인은 팬들의 충성심을 구축하는 법을 알고 있었어요. 아마 그것은 그가 비틀스의 가장 열성적인 팬이었기 때문일 거예요.

실라 블랙 Cilla Black, 가수 겸 TV 쇼 진행자

그들은 국가를 부를 수도 있었어요. 아이들이 모두 소리를 지르는 과잉 흥분 상태였기 때문에 사실 아무 소리도 들리지 않았어요. 그게 싫어서 비틀스는 국가를 부르지 않았을 거예요. 저는 런던에 있는 애스토리아 핀스버리 공원에서 그들과 삼 주 동안 공연했기 때문에 자신 있게 말할 수 있었어요. 공원에 있던 가수들은 모두 리버풀 출신이었죠.

우리는 크리스마스 연휴를 위해 모두 고향 리버풀에 가고 싶었어요. 브라이언은 우릴 위해 개인 비행기를 마련해 주었죠. 집에서 가족과 함께 크리스마스를 보낸다는 건 우리에게는 대단한 일이었어요. 다음날 바로 돌아와서 저녁에 공연 두 개를 했는데, 그 공연이 우리가 함께하는 마지막이 될 것임을 알았죠. 한 시대의 끝이었어요. 나머지는 역사니까요.

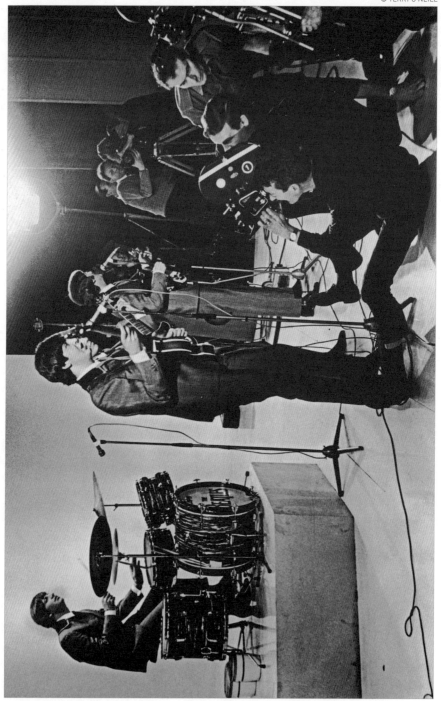

런던의 한 극장에서 영화 『하드 데이즈 나이트』의 한 장면을 촬영 중인 비틀스.

피터 브라운 Peter Brown, 음악 산업 사업가

비틀스가 스톡홀름 크리스마스 공연을 마치고 돌아왔을 때, 에드 설리번이 그들을 봤어요. 그는 뉴욕으로 돌아가기 위해 런던 공항에 와 있었거든요. 당시에는 승강용 통로가 없어서 계단을 오르내려야 했어요. 그러다가 스웨덴에서 공연을 마치고 돌아온 비틀스와 그리고 비틀스의 어마어마한 팬들을 목격하게 된 것이죠. 공항은 꽉 막혀 있었어요(소녀 팬 1,500명이 터미널 지붕 위에 있었다고 추정된다). 그때 설리번이 말했대요. "이 사람들이 누구야? 누구 때문에 이런 거야?"

실라 블랙 Cilla Black, 가수 겸 TV 쇼 진행자

브라이언은 『에드 설리번 쇼』 제작자에게 "음, 실라를 출연시켜 주지 않으면 비틀스도 출연할 수 없어요"라고 말했어요. 저는 1964년 초반에 버트 바카락이 쓴 「마음을 가진 사람」 녹음에 들어갔죠. 디온 워윅이 미국에서 이 음악을 녹음했어요. 비틀스가 『에드 설리번 쇼』에 출연하고, 전 그해 2월에 영국 차트에서 1위를 차지했어요. 그들이 길을 닦아 준 거예요.

피터 브라운 Peter Brown, 음악 산업 사업가

물론 지금도 미국의 특정 연령대 모두가 그 공연을 봤다고 말해요. 그게 모든 걸 바꿔 놨어요.

Part Four

고된 하루였어

개처럼 일을 했지

고된 하루였어

통나무처럼 곯아떨어져야겠어

— 비틀스

비틀스는 1963년 말까지 그들을 녹초로 만든 여섯 차례의 마라톤 같은 전국 투어, 250번 이상의 라이브 공연을 마쳤다. 텔레비전에 다수 출연했으며, 세 곡의 1위 등극, 세 장의 앨범을 발매했고, 첫 영화를 찍고 있었다.

1964년이 시작됐을 때, 뉴욕 시에 있는 아이들와일드 공항의 이름을 최근 살해당한 존 F. 케네디로 바꾸었고, 워런 위원회는 그의 암살에 관한 조사를 비밀리에 시작했다. 케네디의 후임자인 린든 B. 존슨은 남베트남에 군사 지원을 확대하려고 준비하는 동안 빈곤과의 전쟁을 선포했다.

미국 연방 정부 의무감(The U. S. Surgeon General)은 흡연이 건강에 해롭다고 발표했다.

한편 이탈리아는 피사의 사탑 붕괴를 막기 위해 전 세계에 기술 전문 지식을 요청했고, 영화배우 리처드 버튼(Richard Burton)은 영화 『클레오파트라』의 주연이었던 엘리자베스 테일러(Elizabeth taylor)에게 청혼했다.

트롤선이 영국 바다에 닻을 내리고 '새로운 음악'을 방송하기 시작했으며, 인디애나 주지사인 매튜 왈쉬(Matthew Walsh)는 킹스맨(the Kingsmen)의 싱글 「루이 루이(Louie Louie)」가 외설적이라고 판정했고, 디제이들에게 그 음악을 방송하지 말 것을 요청했다.

영국의 공영 방송 BBC는 『레디, 스테디, 고!』와 경쟁하기 위해 『톱 오브 더 팝스(Top of the Pops)』를 방송했다.

비틀스는 첫 번째 미국 싱글 「네 손을 잡고 싶어(I Wanna Hold Your Hand)」를 발매했고, 2월 1일에 1위로 올라섰다. 엿새 후, 그들은 팬암항공 101을 타고 JFK 공항에 도착했고, 도착 라운지 위쪽 발코니에서 소녀 팬 5,000명의 함성이 그들을 맞이했다. 비틀스 멤버 링고 스타는 훗날 이렇게 회상했다.

"굉장히 흥분됐어요. 비행기에서, 공항으로 날아가는 동안, 대형 문어 한 마리가 촉수로 우리 비행기를 잡아당겨서 뉴욕으로 끌어내리는 것 같은 기분이 들었죠."

그들의 많은 사진을 보면, 비틀스는 마이애미에서 소니 리스튼과의 헤비급 챔피언십 시합에 대비해 훈련하고 있던 어린 무하마드 알리를 만났다. 또한 TV 토크쇼 『에드 설리번 쇼』의 첫 녹화를 했다. 쇼가 방송된 2월, 7,300만 명이 시청한 것으로 추정된다.

비틀스의 노래가 4월까지 미국 빌보드 차트 5위권 내에 모조리 진입했고, 미국 음반 판매의 60퍼센트를 차지했다. 그리고 롤링 스톤스와 다수의 영국 밴드가 미국 음반 회사와 방송사의 환영을 받았다.

드디어 미국을 향한 영국의 침공이 시작되었다.

1963년 11월 22일, 미국은 대통령을 애도하는 시간을 가졌다. 그 후, 몇 달 동안 혁명이 멈추었지만, 1964년 2월, 인구의 최소 4분의 1은 다시 혁명을 일으킬 준비를 했다. 7,300만 명 이상의 미국인들이 TV 토크쇼 『에드 설리번 쇼』에 채널을 고정한 채 신예 영국 밴드인 비틀스의 공연을 시청했다. 그들의 음악은 전염되었고, 그들의 외모는 묘한 매력이 있었다. 존 F. 케네디의 암살 때문에 정신적 충격에 빠졌던 미국은 다시 축제 기분에 젖을 준비가 되었다. 혁명은 진행되고 있었다.

헨리 딜츠 Henry Diltz, 미국 출신 음악가, 사진작가

우린 몇 주, 몇 달 동안 포크와 재즈 음악 캠프장에서 공연하고 있었어요. 곧 대박이 날 조짐을 보이고 있었고, 성공에 가까워 갔죠. 앨범도 몇 장 있었어요. 그런데 그때 일이 벌어진 거예요. 삶은 아주 만족스러웠죠. 우리에게는 멋지고 젊은 대통령과 영부인이 있었거든요. 못 이룰 일이 없을 것 같았어요. 투어를 돌면서 뉴잉글랜드에 있었는데, 케네디가 총에 맞았죠.

우린 호텔에서 장례식 장면을 시청하면서 사흘을 보냈어요. 정말 끔찍한 기분이 들었죠. 엄청난 환멸감이 몰려왔어요. 모두들 정부가, 존슨(당시 부통령)이 그를 죽인 거라는 한 가지 가설만을 받아들이고 있었죠. 그때 비틀스가 미국에 왔고, 우리는 변화와 즐거움을 맞이할 준비를 했죠. 그들이 『에드 설리번 쇼』에 출연한다는 소식을 듣고, 모두가 텔레비전 앞에 앉았어요. 우리는 그때 투어 중이어서 공연을 일찍 마치고 호텔에 돌아와 쇼를 시청했는데요. 대애박!

"저 녀석들 좀 봐. '당신의 손을 잡고 싶다'라니?"

비틀스는 모두 전자 악기를 가지고 있었어요. 우린 콘트라베이스와 어쿠스틱 기타, 그리고 밴조를 연주하고 있었고요. 그들은 굉장히 즐거워 보였고, 사랑에 대해 노래하고 있었어요. 우리도 그런 식으로 즐기고 싶었죠. 제가 원했던 바로 그것이었어요. 더 이상 지루한 옛날 포크 음악을 노래하고 싶지 않았어요.

밥 그루언 Bob Gruen, 미국 출신 로큰롤 사진작가

1964년에 비틀스가 왔을 때, 친구들과 함께 있었던 걸로 기억해요. 우

린 호텔에서 저녁을 먹으러 가던 길이었는데, 그날이 첫 번째 밤이었죠. 그때 호텔 로비에서 갑자기 사람들의 함성이 들려왔어요. 저도 텔레비전을 보며 무슨 일이 일어난 건지 궁금해했죠. 사람들이 텔레비전에 대고 소리치는 걸 본 적이 없었거든요. 꽤 멋있었다고 생각했어요. 그래요. 저도 정말 좋아했어요.

몇 년 전에 다시 『에드 설리번 쇼』를 본 적이 있어요. 그 쇼에는 모든 연주인들이 참여했더라고요. 그때를 돌이켜 보니 쇼가 좀 파격적이었어요. 도리스 데이(Doris Day)는 엄청 크고 뚱뚱한 동물과 춤을 추고 있었죠. 쇼의 수준과 유머가 너무 변변찮았어요. 비틀스는 섹스 피스톨즈(Sex Pistols)보다 더 거친 느낌이었어요. 물론 비틀스가 나온 부분만 보면 순해 보이지만, 그들 출신지의 배경(리버풀)을 놓고 보면 거칠기 이를 데 없었죠. "도대체 이 망할 건 뭐야?" 싶을 정도로 혼란과 소음이었죠. 정말 시끄러운 로큰롤이었어요. 국영방송에서 로큰롤이 나왔다는 건 엄청난 일이었죠.

칼리 사이먼 Carly Simon, 미국의 싱어송라이터, 작가

모두가 비틀스에게 푹 빠져 버렸어요. 저는 비틀스를 사랑했고, 그들을 찬양했어요. 세상에, 흥분되는 순간이었죠. 1964년에 언니 루시와 제가 토론토의 퍼플 어니언으로 공연하러 갔을 때, 비틀스 콘서트에 갈 수 있었죠. 캐나다에서 처음 공연한 때였어요. 정말 놀라웠어요. 그런 경험은 해 본 적이 없었는데, 아무도 노래를 제대로 들을 수 없었어요. 왜냐고요? 모두가 소리를 지르고 있었거든요.

헨리 딜츠 Henry Diltz, 미국 출신 음악가, 사진작가

비틀스가 모든 걸 바꿔 놨어요. 이제 포크 음악의 시대는 끝났죠. 우린 곧장 나가서 전자 베이스와 기타를 샀고, 스티븐 스틸스(Stephen Stills, 크로스비(Crosby), 스틸스 앤 내쉬(Stills & Nash)의 멤버)와 함께 노래 몇 곡을 부르기 시작했어요. 뉴욕에 가 있었고, 전국을 누볐어요. 또 우리는 늘 로스앤젤레스에 있는 트루바도에서 공연했어요. 뉴욕에서 비틀스의 음악을 들은 뒤에 공연을 하러 다시 돌아가는 길에 전자 악기를 들고 사운드 테스트를 하고 있을 때였죠. 클럽 주인이 사무실 밖으로 나와서 고함을 쳤어요. "이 클럽에서 전자 음악은 연주 못 해. 우린 포크 음악 그룹을 불렀다고."

우리는 주인에게 포크 음악을 연주한 다음에 새로운 음악을 연주하겠다고 제안했어요. 그날 밤 이후로 그 클럽의 틀과 규칙이 완전히 깨졌죠. 우리가 바꿔 놓은 거예요. 제임스 테일러(James Taylor)와 조니 미첼(Joni Mitchell)은 전자 악기를 연주했고, 버즈(the Byrds)도 뒤를 따랐어요. 비틀스의 영향이 컸죠. 꽤 즐거운 일이었어요. 모두가 그들의 마법에 홀린 거예요.

밥 그루언 Bob Gruen, 미국 출신 로큰롤 사진작가

다만 좀 탐탁지 않았던 부분은 소녀 팬들이 그들을 너무 사랑했다는 거예요. "난 어때?" 하는 생각이 들었죠. 여자애들은 그 녀석들한테 푹 빠져 있었어요. 하지만 우리는 영국에서 온 이상한 헤어스타일의 남자들뿐 아니라 우리도 좀 돌아봐 주길 원했어요. 모든 여자애들이 비틀스를 좋아해서 조금 괴로웠어요.

에릭 스튜어트 Eric Stewart, 기타리스트, 작곡가이자 연주자, 10cc 리더

온통 비틀스 열기로 가득했어요. 모든 걸 바꿔 놨죠. 무대로 들어가는 문 쪽에 모여 있는 군중들을 뚫고 들어가려고 했는데, 여자애들이 우리 옷과 머리를 잡아 뜯었지 뭐예요. 한번은 밴드 중 누군가가 소화전을 열어서 경찰들에게 물을 뿌렸어요. 그는 경찰에게 이렇게 소리쳤죠. "날 전혀 지켜 주질 못하잖아. 엿이나 먹어라!" 결국 그는 잡혀갔죠. 간신히 공연 직전에 돌아왔지만요.

비틀스에 관한 프로그램이 있었어요. 그들은 1966년에 더 이상 순회공연을 하지 않겠다고 말했죠. 사생활 없는 삶에 매우 지쳐 있던 거예요. 어딜 가든 사람들이 따라다녔으니까요. 마인드벤더스도 그랬었죠. 다니는 곳마다 사람들이 들끓었어요. 생각해 보세요. 공연 관계자들과 함께 방을 열네 개나 예약해야 한다면 호텔 쪽도 불편하겠죠.

비틀스는 우리 모두에게 자작곡을 쓰는 것에 흥미를 갖게 만들었어요. 이전까지 저는 곡을 써 보겠다는 생각을 했던 적이 없었어요. 하지만 곧 이런 생각을 하게 됐죠. '우리도 히트곡이 필요해. 제발. 그런데 우리 테이프의 B면에는 어떤 곡을 넣지?' 그래서 작곡을 시작하게 됐죠. 비틀스가 할 수 있다면 저도 할 수 있다고 생각했거든요. 1963년부터 불어온 자유의 바람이 여기에도 한몫했죠. 원하는 것이 있으면 하면 그만이었어요. 다른 사람들의 허락을 받을 필요가 없었죠. 일단 이름이 알려졌으면 그다음부터는 무슨 짓이나 할 수 있었어요.

피터 눈 Peter Noone, 허먼스 허밋의 가수 겸 작곡가

우리의 첫 곡인 「좋은 것에 빠져 있다(I'm into Something Good)」는 미키

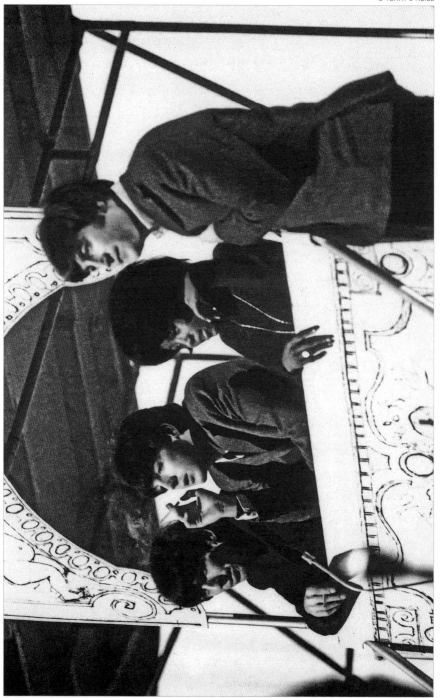

『어라운드 더 비틀스』 촬영 현장에서. 또 다른 출연자인 밀리 스몰(Millie Small)과 함께.

모스트가 뉴욕에 있는 브릴 빌딩에서 고핀 앤드 킹(Goffin and King, 게리 고핀과 캐롤 킹의 작곡 팀)에게 받아 왔어요. 1964년, 우리는 곧장 미국으로 갔죠. 왜냐하면 저는 미국을 너무 동경하고 있었거든요. 첫 공연은 펜실베이니아 주 앨런타운에 있는 어느 고등학교에서 했는데, 공연을 시작하자 관객 모두가 우리가 있는 무대 위로 올라왔어요. 여자애들 전부가 무대 위에서 함께 놀았죠. 그 시절에는 남자들이 없었어요. 물론 우린 한 곡도 연주하지 못했죠. 그들은 모두 쫓겨났고, 경찰들은 우리가 공연을 하지 못하게 막았어요. 그들은 라디오에서 우리 노래를 들었어요. 우린 『에드 설리번 쇼』에 출연하면서 미국에서의 활동을 시작했죠. 그리고 미국 내 에이전트를 구했는데, 그가 우리에게 딕 클락(Dick Clark)의 쇼, 『카라반 오브 스타스(Caravane of Stars)』 출연 계약을 따 왔어요. 우리는 팔십 일 동안 하룻밤에 500달러를 벌었죠. 그러니까 총 4만 달러나 벌게 된 거예요!

미국으로 건너간 지 삼 주가 지났을 때, 우리의 곡 세 개가 모두 20위 안에 진입했어요. 우리가 그때 그렇게 인기가 있었다니까요. 라디오 쇼에도 출연했고 재미있었어요. 인터뷰나 다른 스케줄 때문에 하루 종일 깨어 있기도 했었죠.

크리시 모스트 Chrissie Most, 영국 출신 음반 제작자, 음반사 사장

「좋은 것에 빠져 있다」는 허먼스 허밋(Herman's Hermits)의 첫 번째 노래였어요. 우린 그 곡 때문에 심하게 다퉜어요. 저는 좋았는데 미키는 그 곡이 쓰레기 같다면서 발매하지 않겠다고 했거든요. 마조르카로 휴가를 가서는 제가 이렇게 말했죠. "그 곡을 발매하지 않는다면 너랑

이혼하겠어." 전 그에게 앨범을 내라고 강요했고, 결국 그 곡은 차트 1위를 차지했어요.

피터 눈 Peter Noone, 허먼스 허밋의 가수 겸 작곡가

우린 영국보다 미국에서 먼저 기록을 깼어요. 공연을 엄청 많이 했죠. 일 년 동안 365번 콘서트를 했어요. 아무도 우릴 막을 수가 없었어요. 비틀스는 처음엔 우리가 망할 거라고 생각했죠. 그 점에 대해서는 조금도 개의치 않아요. 저는 그냥 저 자신이 되고 싶었어요. 그때 스톤스가 미국에서 일을 내고 있었는데, 그들은 로큰롤계의 '나쁜 녀석들'이었죠. 우린 착한 놈들이었어요. 우린 마약 따위를 하지 않았고, 다른 밴드한테 존경을 받아야겠다는 생각에도 정말이지 관심이 없었어요. 우리가 실력이 있다는 건 알고 있었죠. 우린 다른 부류의 사람들이었어요. 경쟁심이 없었죠. 그저 얻을 수 있는 것을 얻어서 행복했어요.

에드 설리번은 저를 정말 좋아했고, 저도 그를 좋아했어요. 포 시즌스(Four Seasons)를 만나고 싶어서 『에드 설리번 쇼』에 출연했는데, 그 당시 포 시즌스는 그 쇼에서 입기로 한 컬러 재킷을 두고 주먹다짐을 하고 있었어요. 프랭키 발리(Frankie Valli)가 리드 보컬이었기 때문에 그가 이겼죠. 전 뒤로 가서 멤버들에게 이렇게 말했어요. "우리는 다행이야. 매일 입는 무대 의상이 있어서." 우리가 『데니 케이 쇼(The Danny Kaye Show)』에 출연했을 때, 그는 허미츠 팬클럽 티셔츠를 입고 있었죠.

전 밴드들 간의 동지애가 그리워요. 비틀스가 우리 대기실로 와서는 "이 쇼에 합류하게 되어서 기뻐"라고 말해 줬죠. 멤버들은 곧장 그들

에게 빠져 버렸고요. 우리는 모두 남부 신사 로이 오비슨의 영향을 받았고요.

테리 오닐 Terry O'Neill, 1960년대를 기록한 작품으로 유명한 영국 사진작가

미국은 이제 막 우릴 끌어당기고 포옹해 주고 있었어요. 1963년 이후, 촬영차 로스앤젤레스로 갔고, 그곳에서 프레드 아스테어(Fred Astaire)를 만났어요. 그는 계속해서 비틀스에 대해 물어봤죠. "그들을 알아? 그들은 뭘 좋아해?" 그때 저는 번뜩 이런 생각이 들었어요. 이럴 수가! 프레드 아스테어처럼 거물급 영화배우가 비틀스를 궁금해하고, 그들에게 푹 빠져 버렸다면 정말 큰일이 벌어지겠구나 싶었죠. 우리가 런던에서 경험했던 것들이 헛것이 아니었던 거죠.

앨런 존스 Allen Jones, 조각가이자 팝 아티스트. 호크니, 키타이와 함께 수학한 왕립미술원 회원

파티에 가면 사람들이 이렇게 말하곤 했어요. "이 사람은 영국 아티스트야." 비틀스 덕분에 영국 아티스트들에 대한 이미지가 좋아졌어요. 약간 당황스러울 정도로요. 비틀스를 실제로 아느냐는 질문을 받아 가면서 말이죠. 그때는 영국제, 그러니까 비틀스와 영국에 대한 호감이 압도적이었어요.

비달 사순과 함께 인터뷰를 하고 사진을 찍었던 일도 기억나요. 위성을 이용해서 미국에서 영국으로 컬러 사진을 전송한 첫날이었어요. 그들은 뉴욕에서 성공한 영국 사람들의 사진을 원했어요.

에릭 스튜어트 Eric Stewart, 기타리스트, 작곡가이자 연주자, 10cc 리더

젊은 노동자 계급이었던 우리에게 도저히 생길 수 없는 일들이 일어나고 있었어요. 세상은 계속 변해 갔죠. 노동자 계급이었던 우리는 이미 유명해졌고, 성공했으며, 더군다나 텔레비전에까지 출연하게 됐어요. 만일 그 시기가 아니었다면 아마도 일어나지 않았을 수도 있었죠. 우리는 순회공연을 많이 다녔어요. 호텔, 공연, 그리고 비행기의 연속이었죠.

1963년은 모든 것이 끓어오를 때였어요. 우린 일을 하고, 공연을 다니고, 녹음을 하고, 홍보를 했어요. 점점 더 잘하게 됐죠. 그리고 1964년쯤에는 1963년에 영국에서 일어난 모든 일들에 전 세계가 눈을 뜨고 있었어요. 우리는 수출되고 있었어요. 음악, 옷, 그리고 우리의 사고방식 등이 말이에요. 그야말로 아주 중요해진 거죠.

1964년 말에는 스톤스나 애니멀스처럼 우리도 비틀스 다음으로 미국에 진출하게 됐어요. 「게임 오브 러브(Game of Love)」란 곡으로요. 우리는 어딜 가나 헤드라이너를 맡았어요.

테리 오닐 Terry O'Neill, 1960년대를 기록한 작품으로 유명한 영국 사진작가

1963년은 런던에 있던 우리 모두를 위한 큰 파티였어요. 하지만 늘 이런 문제가 있었죠. '그렇다면 다음은 뭐야?' 우리는 이 잠깐 동안의 흥분이 가라앉고 나면 모든 것이 끝날 것이고, 그러고 나면 다시 다른 정착을 해야 한다고 생각했어요. 하지만 미국이 있었어요. 그들은 우리가 가진 것들을 간절히 원했거든요. 1963년 말에 우리는 질문의 대답을 찾았죠! 다음이 뭐냐고? 미국!

이삼 년 전부터 그곳에 진출해 재즈 클럽에서 드럼을 치고 싶었죠. 스톤스, 비틀스 그리고 우리 모두에게 미국은 메카였거든요! 그리고 1963년이 지나자 그들이 우리를 원했어요!

앤드루 루그 올덤 Andrew Loog Oldham, 롤링 스톤스를 발굴해 낸 선구적인 음악 산업 매니저

1963년 말에 나온 「너의 남자가 되고 싶어」가 차트 10위로 진입했지만, 여전히 우리를 위한 문은 열리지 않았어요. 롤링 스톤스에겐 아주 잠정적인 시간이었죠. 1963년은 잠잠했어요. 스톤스는 성공을 할까요? 성공하지 않을까요?

비틀스와 롤링 스톤스의 큰 차이점이 있다면, 비틀스는 미국에서 성공을 거뒀다는 거예요. 롤링 스톤스는 미국이 만들어 줬죠. 미국에 도착했을 때, 우린 우와, 이건 마술이야, 라고 느꼈어요. 롤링 스톤스라는 밴드가 살아가기 위한 모든 것의 중심이 바로 미국이었어요.

앤서니 콜더 Anthony Calder, 롤링 스톤스 홍보 담당자

앤드루 루그 올덤, 스톤스, 우린 시작부터 꽤 성공했어요. 1964년 초, 우리가 사무실을 옮기고 있었던 것 같은데, 새 사무실이 준비가 덜 된 상태라서 앤드루는 방이 두 개 딸린 호텔 스위트룸을 잡았어요.

그때 마리안느 페이스풀이 도착해서 말했죠. "침실 좀 써도 될까요? 브라이언 존스를 오라고 했거든요." 그리고 브라이언이 떠났어요. "아, 키스가 일 분이면 도착한대요." 키스가 부츠와 양말을 벗어 던지고는 보드카 한 병을 들고 방으로 들어갔어요.

다음 날 아침 아홉 시, 제가 들어올 때, 키스가 택시를 불러 달라고

하더군요. 그가 떠난 후 마리안느가 말했죠. "시트를 바꿔 줄 호텔 직원 좀 불러 줄래요? 믹이 오고 있거든요." 우린 이 말을 듣고도 아무 생각이 없었어요. 판단력이 없었죠.

에릭 스튜어트 Eric Stewart, 기타리스트, 작곡가이자 연주자, 10cc 리더

마인드벤더스는 앤드루의 사무실로 갔죠. 그가 "내 사무실로 와. 보여 줄 게 있어"라고 말했거든요. 우리는 그때 크게 히트하고 있었어요. 그는 꼬리지느러미가 달린 아주 큰 미국 차를 타고 우리를 데리러 왔죠. 그러고는 엄청나게 큰 소리로 노래를 하나 틀었죠. 우린 뒷자리에 앉아 있었는데, 운전사가 옥스퍼드 스트리트를 질주하는 바람에 경찰이 우리를 불러 세웠어요. 운전사가 말했죠. "죄송합니다. 이 사람한테 지금 심장마비가 왔어요. 지금 빨리 병원에 가야 해요." 그러자 앤드루가 갑자기 시트에 쓰러지며, 신음하기 시작했어요. 덕분에 우리는 처벌을 받지 않았죠.

앤서니 콜더 Anthony Calder, 롤링 스톤스 홍보 담당자

사실 이 시대에 그리운 건 하나도 없어요. 저는 로맨틱한 편이 아니었거든요. 그냥 평범한 소년이었어요. 마약은 대단했죠. 여자애들도 훌륭했어요. 하고 싶은 건 뭐든 할 수 있었고, 최고였죠. 하지만 저는 곧 제가 상대하는 사람들 모두가 엉터리, 창녀, 그리고 과대평가받는 멍청이들이라는 걸 깨달았죠. 우린 아직 어린 청소년이었고, 장사 수완을 배우던 시기였어요. 그리고 그때 할 수 있는 것과 할 수 없는 것을 배웠죠.

테리 오닐 Terry O'Neill, 1960년대를 기록한 작품으로 유명한 영국 사진작가

1963년을 돌이켜 보면, 제가 카메라로 뭘 할 수 있을지 몰랐지만, 그렇기 때문에 특별한 무언가를 만들 수 있었던 거 같아요. 팝 아티스트들이나 음악가들처럼 배운 대로 하기보다는 제가 느낀 그대로 자연스럽게 작업을 했다고 생각해요. 단지 제가 할 수 있는 걸 했을 뿐이죠.

갑자기 주류 신문과 잡지에서 제 사진을 원했고, 모두들 제가 〈선데이 타임스〉에서 하고 있는 것을 모방하려고 했어요. 저널리즘과 디자인 분야에서 기존의 관습을 깨부수는 것 말이에요.

마찬가지로 미국에서도 이런 일이 일어나고 있었어요. 제가 런던에 사는 사람들을 찍은 사진이 갑자기 인쇄되어 해외로도 퍼졌죠. 베일리는 〈아메리칸 보그(American Vogue)〉에서 찬사를 받았어요. 우리가 인기가 좀 있었죠. 미국 저널리즘도 변하고 있었고, 사진작가와 같은 '작가'들이 중요해졌어요. 사진작가들의 견해, 의견이 스타덤에 대한 존경과 비굴은 줄이고, 자기 의견은 더 늘려서 프로필과 인터뷰의 일부가 되었죠.

로버트 크리스트가우 Robert Christgau, 미국 출신 록 음악 평론가

눈에 확 띄는 논평을 하나 읽었어요. "비틀스는 그들 세대를 지휘하려 들지 않는다. 그들이 위대한 까닭은 그들 세대와 발맞춰 가고 있기 때문이다."

사실 저는 저널리스트가 아니라 소설가가 되고 싶었어요. 하지만 제가 가진 음악에 대한 통찰력 때문에 저널리즘을 하나의 양식으로 업신여기지 않았어요. 전 열광적으로 읽어 댔죠. 풋내기 신문 기자로 일

을 했고, 톰 울프(Tom Wolfe)를 엄청 좋아했어요. 그래서 〈뉴욕(New York)〉지에 특집 기사를 쓰기도 했는데, 그걸로 상을 받게 되었고, 그 후부터 원고 청탁이 쏟아져 들어왔어요. 그때부터 팝 칼럼을 쓰기 시작했죠.

그러다가 1964년에 제 안에서 뭔가가 변하고 있다는 걸 느꼈어요. 저는 저널리스트가 되겠다고 결심했죠.

게이 탤리스 Gay Talese, 미국 출신 저널리스트 겸 작가

저널리즘에 관한 한계를 무너뜨리려고 했어요. 저는 늘 저널리즘이 예술의 한 형태가 될 수 있다고 생각했거든요. 알고 있었죠. 톰 울프가 그 용어(New Journalism, 새로운 저널리즘)를 고안해 냈어요. 전 거기에 상표를 붙여 주지 않았어요. 저는 비소설 분야에서 문학적인 글을 쓰는 인물이 되고 싶었죠. 우리는 문학적인 인물이 되고자 능력을 발휘하고 있는 그룹의 시초였고, 굳이 이야기를 지어내려고 하지 않았어요. 그럴 필요가 없었죠. 다른 사람들에 관해 알게 되고, 알게 된 것을 써 내면 되니까요.

전 아직도 그 시대를 살고 있어요. 전혀 변화된 게 없어요. 그때가 그런 때였다는 것은 몰랐어요. 단지 회상을 통해서야 뒤늦게 알았죠. 전 수많은 편지를 받았고, 특히 〈에스콰이어〉 직원에게요. 그리고 텔레비전에도 출연하고 있었어요. 제 기사를 홍보하는 전면 광고도 나왔고요. 〈에스콰이어〉에 특집 기사를 실었을 때, 회사 측에서 5,000〜6,000달러를 들여 〈뉴욕 타임스〉 전면에 광고를 냈죠. '헤밍웨이를 찾아서'라는 글이었는데, 엄청난 반향을 일으켰어요. 지금은 더 이상 구

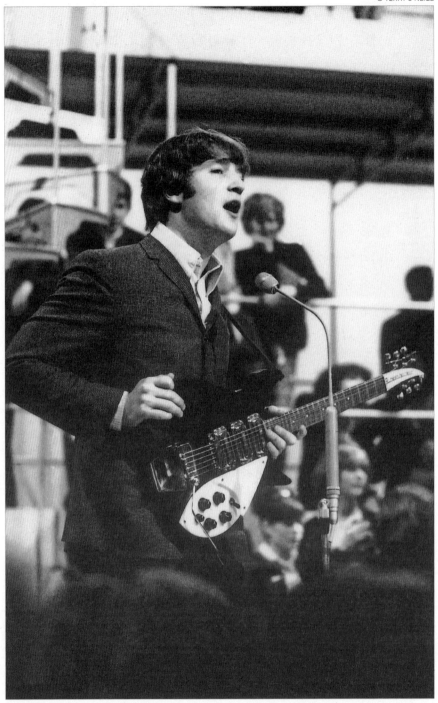

『어라운드 더 비틀스』 촬영 현장의 존 레논. 그는 안경을 쓰지 않고, 바가지 머리를 하고 있었다.

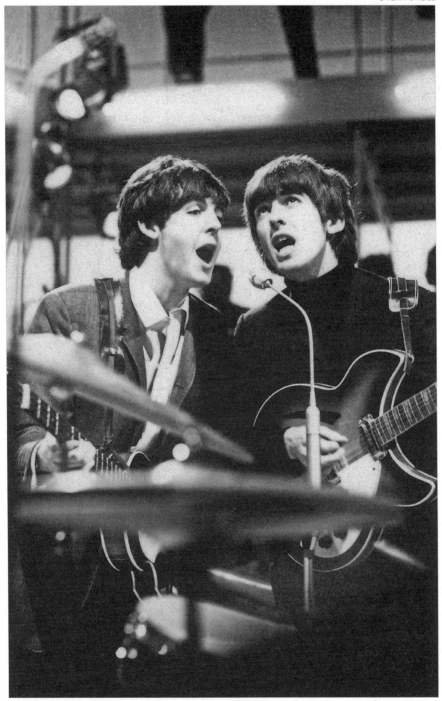

『어라운드 더 비틀스』 촬영 현장의 폴 매카트니(왼쪽)와 조지 해리슨.

할 수 없어요.

전 옷을 사고 외출하는 데 돈을 썼어요. 언제나 최고급 레스토랑에서만 밥을 먹었죠. 사람들을 만나러 가야 할 때면 늘 일등석을 타고 여행을 다녔어요. 여행하고 차를 사는 데 돈을 투자했고, 스포츠카를 몰았어요. 제가 좋아하는 것들을 사서 간직하고 싶었죠. 전 대부분의 사람들과 달랐어요. 물건을 오랫동안 간직하거든요.

옷장엔 100여 벌의 양복이 있었어요. 그 어떤 사람들보다도 옷이 많았죠. 오십 년이나 된 옷도 몇 벌 있어요. 수제화를 2,500달러나 들여서 샀는데, 그 신발을 정말 좋아했죠. 쇼핑이 정말 좋았어요. 하지만 보트 같은 것에는 돈을 쓰지 않았죠. 그런 건 사지 않았어요. 수영도 안 해요. 그리고 사람들을 접대하고 저녁 식사에 초대하는 것을 좋아했죠. 음식 값을 내기도 하고요. 사생활을 보호받을 수 있어서 레스토랑 가는 걸 좋아해요. 사람들과 어울리는 걸 즐기거든요. 어느 식당의 어느 자리가 가장 조용한지도 잘 알고 있어요. 1963년에서 1964년까지, 저에게 그 시절은 모든 것의 시작이었어요.

테리 오닐 Terry O'Neill, 1960년대를 기록한 작품으로 유명한 영국 사진작가

우리 모두에게 시작이었어요. 옷이며, 돈이며. 너무 갑작스럽게 모든 게 유행이 되니까 그냥 어안이 벙벙했어요. 1963년에 알려지지 않은 밴드들의 사진을 찍기 시작했고, 1964년이 시작될 무렵엔 세상에, 그들이 영화를 찍고 있었어요. 그 첫 번째가 비틀스였죠. 그들은 미국에 진출할 무렵 이미 『하드 데이즈 나이트(A Hard Day's Night)』를 찍고 있었어요.

패티 보이드 Pattie Boyd, 영국 출신 모델 겸 사진작가

오디션을 보고 있는데, 제 에이전트가 전화를 했어요. 아마 광고였던 것 같아요. 그때 그가 비틀스 영화에서 배역을 하나 받았다고 말했고, 전 아무한테도 알리지 않았어요. 그 소식을 들었을 때 '연기를 못하면 어떡해'라고 생각했기 때문에 공황 상태에 빠졌죠. 그런데 그가 말했어요. "걱정하지 마, 넌 한 마디도 하지 않고 그냥 학생처럼 걷기만 하면 돼."

베일리에게 얘기해야 했어요. 왜냐하면 그가 저에게 비틀스 음반을 빌려줬었거든요. 1964년 2월이었던 것 같아요. 저는 아직 스무 살이 채 안 된 나이였죠. 비틀스는 미국에서 막 돌아온 상태였고요. 저처럼 학생 복장을 한 애들이 두 명 더 있어서 신이 났어요. 우린 패딩턴행 열차를 탔고, 열차에 앉아 있는데 이런 생각이 들었어요. "이거 어째 이상한데." 열차는 사람이 아무도 없는 역에 멈추어 섰고, 플랫폼에는 네 사람이 서 있었어요. 전 생각했죠. "세상에. 비틀스가 틀림없어." 그들은 모두 열차에 올라탔고, 우리가 타고 있던 칸으로 뛰어왔어요. 그들은 정말 상냥했죠. 조지를 처음 만난 때가 바로 그때였어요.

에디나 로네이 Edina Ronay, 영화배우

그 영화에서 작은 배역을 맡았어요. 『하드 데이즈 나이트』는 버전이 2개였는데, 전 두 가지를 모두 봤죠. 하나는 춤을 추면서 존 레논과 이야기를 나누는 역할이었고, 다른 버전에선 조지 해리슨이 사랑에 빠진 모델 역을 맡았어요.

존이 생각나네요. 전 늘 넷 중에 존이 가장 섹시하다고 생각했거든요. 우리가 함께 춤을 추던 장면을 찍고 있을 때, 그가 물었죠. "음, 이름이 뭐예요?" 전 대답했죠. "에디나예요." 그러자 그가 제 이름을 가지고 말장난을 하기 시작했어요. "에디나, 메디나, ……." 그때 제가 혼자 무슨 생각을 했는지 알아요? "이 남자, 정말 하나도 안 멋있네!"

그리고 나서 전 데이브 클락과 영화를 찍을 예정이었어요. 데이브 클락 파이브의 영화 『캐치 어스 이프 유 캔(Catch Us if You Can)』에서 저와 다른 여자애가 주인공 역할을 하기로 되어 있었죠.

테리 오닐 Terry O'Neill, 1960년대를 기록한 작품으로 유명한 영국 사진작가

스톤스, 데이브 클락, 허먼스 허밋은 모두 영화를 찍었어요. 밴드 활동만으로 녀석들의 배를 채울 수 없었죠. 앨범뿐만 아니라 영화, 텔레비전 특집, 헌정 잡지, 사진집, 상품, 합성 섬유로 만든 비틀스 가발, 비틀스 부츠 등이 나왔어요. 모든 라디오는 '라디오 캐롤라인'에 주파수가 맞춰졌죠.

로넌 오라힐리 Ronan O'Rahilly, 아일랜드 기업가, 클럽 경영자, 라디오 캐롤라인 설립자

라디오 캐롤라인은 1964년 3월에 방송을 시작했고, 그동안 BBC에서는 결코 틀어 주지 않았던, 제가 좋아하는 모든 음악을 틀기 시작했어요. 영국 정부는 우리 방송을 폐지하려고 했죠.

크리시 모스트 Chrissie Most, 영국 출신 음반 제작자, 음반사 사장

미키가 어느 날 집에 와서는 이렇게 말했어요. "배를 한 척 샀어." 제가 물었죠. "왜 우리한테 배가 필요해?" 미키는 배를 타고 해적 라디

오국까지 가서, 우리 곡이 방송되도록 음반을 주자고 말했어요. 하지만 우리는 배를 조종하고 항해하는 법도 몰랐죠. 그럼에도 불구하고 우리는 결국 그 해적 방송국을 찾아갈 수 있었고, 배를 그 곁에 대고는 갑판 쪽으로 우리 디스크를 던졌어요. 하지만 바람이 심하게 불어서 디스크가 바다로 날아가 버렸죠.

칼리 사이먼 Carly Simon, 미국의 싱어송라이터, 작가

모두가 비틀스에 푹 빠져 있었어요. 그런데 『에드 설리번 쇼』에 스톤스가 나온 이후로 전 오히려 스톤스의 팬이 되었죠. 전 스톤스 팬이기도 했고, 비틀스 팬이기도 했어요. 비틀스나 스톤스를 직접 만나진 않았어요. 전 1970년까지 믹을 만나지 못했죠. 비틀스의 어떤 멤버보다도 오히려 믹에게 감흥을 받았고 넋이 나갔어요. 비틀스를 사랑했고 흠모했지만, 어쩐지 스톤스가 더 신이 났죠. 「리틀 레드 루스터(Little Red Rooster)」, 「워킹 인 더 코튼 필즈(Walking in the Cotton Fields)」 이런 곡들 덕분에 신나던 시절이었어요.

메리 윌슨 Mary Wilson, 슈프림스의 보컬, 창립 멤버

1964년, 우린 『타미 쇼(The TAMI Show)』에 출연했어요(『타미(The Teenage Awards Music International) 쇼』는 캘리포니아의 산타모니카에서 촬영하는 프로그램으로, 영국과 미국 로큰롤 가수들이 출연했다). 모두들 이 쇼에 출연할 마음이 있었죠. 당시 주목받던 마빈 게이(Marvin Gaye), 비치 보이스 등 많은 가수들이 출연했어요. 그러니까 이 쇼에 출연했던 다른 가수들과 어깨를 나란히 하게 된 것이죠. 우리는 생각했어요. "어떻게 이 거물

급 사람들이 모두 한 프로그램에 모일 수 있지?"(이 프로그램에는 척 베리와 게리 앤드 더 페이스메이커스도 참여했다) 그때 롤링 스톤스도 있었는데, 우린 이렇게 말했죠. "맙소사, 쟤들은 누구야?"

우린 그들에 관해 들어 본 적이 없었어요. 스톤스가 리허설하는 걸 들었을 때, 제임스 브라운(James Brown)보다 낫다는 얘기를 했어요. 그때는 제임스 브라운을 능가하는 사람은 아무도 없었어요. 그런데 아마 무대 뒤에서 협의가 있었던 것 같아요. 제임스 브라운 다음에 무대에 서는 걸 스톤스도 동의했다고 하더라고요(키스 리처드는 아무리 연주를 잘해도 브라운의 연주를 뛰어넘을 수 없었기 때문에 그 일을 '스톤스 경력에서 가장 큰 실수'라고 말했다).

린다 가이저 Linda Geiser, 스위스 태생 영화배우

롤링 스톤스요? 저는 로큰롤이 뭔지 몰랐어요. 하지만 비틀스는 알고 있었죠. 『에드 설리번 쇼』에서 그들을 봤어요. 그리고 고함을 지르는 여자애들을 봤죠. 그들은 옷을 잘 빼입고 헤어스타일이 멋지다고 생각했어요. 단정하고 사랑스러웠죠. 달달한 노래를 불렀고요. 레너드 번스타인(Leonard Bernstein)은 비틀스를 두고 '새로운 슈베르트'라고 말했어요.

롤링 스톤스는 사실 누군지도 몰랐어요. 저는 열 달 동안 여행을 다니다가 1964년에 최종 목적지로 보스턴에서 머물렀어요. 그곳에서 롤링 스톤스의 첫 번째 콘서트 같은 걸 했었나 봐요.

제가 묵던 호텔에 영국 발레단이 묵었는데, 우리 층에는 발레리나들이 있었죠. 그런데 그들이 호텔 앞에 주차된 버스 쪽으로 몰려갔어요.

거기에는 커다란 은색 버스가 놓여 있었어요. 곳곳에 립스틱으로 글씨가 쓰여 있었고요. 저는 호텔 안으로 들어가 물었어요. "저게 뭐죠?"

"몰라요? 롤링 스톤스잖아요."

"뭐라고요?"

전 영문도 모르고 다시 숙소로 올라왔어요. 호텔 안은 모든 곳에 경찰이 깔려 있었죠. 롤링 스톤스가 어디 있다는 거지? 경찰들은 여자애들을 찾으려고 침대 아래를 기어 다니고 커튼 뒤를 수색했어요. 아침부터 호텔 복도에 마리화나 냄새가 심하게 났죠. 누가 제 방문을 두드렸어요. 그리고 문 앞에 젊은 사내가 있었죠. 그가 바로 키스 리처드였어요. "우산 있어요, 아가씨?" 인사말이나 뭐 그런 건 없었어요. "네. 있어요. 하지만 비가 오고 있고, 저도 우산이 필요하거든요." 그게 다예요.

그들은 다음 날 콘서트를 했어요. 그러고 나서 버스는 가 버렸죠. 그래서 전 정말 그들을 만나지 못했어요.

에릭 스튜어트 Eric Stewart, 기타리스트, 작곡가이자 연주자, 10cc 리더

가는 곳마다 사람들이 있었어요. 서로가 서로를 알고 지냈죠. 우리는 스톤스를 지원하려고 콘서트를 했고, 브라이언 존스는 탬버린을 치면서 이렇게 말했어요. "에릭, 너 무슨 계획 있니?" 제가 물었죠. "무슨 소리야?" "내가 좀 다쳐서 몸이 안 좋아. 넌 늘 웃고 있길래 무슨 일 있나 해서." "아무 일도 없어. 그냥 혼자 즐기고 있는 거지." 전 말했어요. "솔직히 말해서, 브라이언. 난 약을 하지 않거든." 이 불쌍한 녀석. 브라이언은 그때 마약을 정말 많이 하고 있었어요. 스톤스는 그의 밴

드였지만 사실상 믹 재거의 밴드에 더 가까웠고, 그것 때문인지 브라이언은 늘 불안해했어요. 믹보다는 브라이언이 훨씬 더 음악적인 교육을 많이 받았고, 엄청난 블루스 애호가였죠. 하지만 심신이 너무 허약했어요.

힐튼 밸런타인 Hilton Valentine, 애니멀스의 기타리스트

음악계에 마리화나나 각성제 다음으로 LSD가 등장한 때였어요. 마약이 성행한 시기였을 거예요. 저도 LSD를 먹고 길바닥에 쓰러졌었죠. 사실 브라이언 존스가 저한테 LSD를 권했어요. 전 뉴욕에 있었고, 스톤스가 우리 동네로 왔다는 소식을 들었죠. 그들은 우리가 머물던 호텔로 와서 말했어요. "이 클럽에 가자!"

브라이언이 다가오더니 말했어요. "야, LSD 먹어 봤어? 마리화나랑 비슷한데, 그것보다 더 좋아." "그래. 좀 줘 봐." 그리고 우린 클럽에서 나갔어요. 방문하는 밴드를 위해 마련해 놓은 특별한 방에 앉아 있었죠. 우린 약에 취해 있었고, 키스가 거기 있었고, 에릭 버든과 전 기분 좋게 흥분이 되고 있었어요. 갖가지 색들이 눈앞에 아른거렸죠. 와! 환상적인데!

제 옆에 앉아 있던 에릭이 말했죠. "일어나서 즉흥 연주를 하고 싶어." 그는 LSD를 먹지 않았고, 그냥 마리화나를 피웠어요. 그리고 채스 챈들러는 제 맞은편에 앉아서는 이렇게 말했어요. "안 돼. 우린 이제 대스타야. 그냥 일어나서 클럽에서 즉흥 연주를 할 수는 없어." 에릭은 나이프와 포크를 집어 들고 그에게 갔어요. "나 즉흥 연주를 하고 싶어. 하고 싶다고!" 그러자 채스가 말했죠. "진정해, 에릭."

하지만 그는 계속해서 "즉흥 연주를 하고 싶어. 즉흥 연주를 하고 싶어"라고 말했어요. 결국 우린 일어나서 그 클럽의 고정 밴드와 함께 즉흥 연주를 했는데, 아주 멋졌어요. 환상적이었죠. 전 호텔로 다시 돌아갔고, 제가 환각 상태에 빠졌다는 걸 알게 됐죠. 엘리베이터를 타고 내려갔더니, 벨보이들이 줄지어 서 있었죠. 전 목둘레가 깊이 파인 원피스를 입은, 완전 섹시한 여자애랑 시간을 보냈어요. 그런데 호텔 방에서 전화벨이 울렸죠. "밸런타인 씨, 당신 방에 여자가 있다는 걸 알고 있습니다. 여긴 출입국 관리소입니다."

무슨 일이 벌어지고 있는지 도대체 알 수가 없었어요. 뭐가 현실이고, 뭐가 가짜인 건지. 누가 장난을 쳤던 걸까요? 제대로 기억이 나지 않아요. 하지만 정말 멋진 시간을 보냈죠.

피터 눈 Peter Noone, 허먼스 허밋의 가수 겸 작곡가

우린 밴드로 일을 시작했는데, 그 후에 그로 인해 적개심이 일어났어요. 우리 모두에게 일어난 일이죠. 전 리더이자 대변인이었어요. 모든 이들이 해 보고 싶어 하는 대상이 된 거였죠. 허밋 멤버들은 점점 더 분노하기 시작했어요. 전 너무 어렸기 때문에 무슨 일이 벌어지고 있는지 알아채지도 못했어요. 다가오는 사태를 파악하지 못했죠.

녀석들 중 한 명이 제게 이렇게 말했어요. "어째서 난 인터뷰를 하면 안 돼? 왜 나는 언론과 얘기하면 안 되는 거야?" 제가 문제를 해결해 보겠다고 말했지만, 당시 그와 이야기 나누려는 사람은 한 명도 없었어요. 점점 더 분명해졌죠. 하루는 녀석들이 종일 풀장에서 첨벙대며 놀고 있는 모습이 담긴 비디오를 봤어요. 그래서 제가 물어봤죠.

"왜 이 홈 비디오에 나는 없지?" 그러자 녀석들이 대답했죠. "넌 늘 인 터뷰하러 다녔으니까."

"넌 내가 얘들하고 풀에서 노는 걸 싫어할 거라 생각했구나."

정점에 이르는 사건이 있었어요. 로열 커맨드 퍼포먼스(The Royal Command Performance, 일 년에 한 번씩 자선을 목적으로 열리는 버라이어티 쇼로 영국 왕실도 참석한다)에서였죠. 여왕은 밴드마다 딱 한 사람만 만나 주었 는데, 우리 밴드는 저였어요. 그래서 앤디 윌리엄스(Andy Williams), 톰 존스와 함께 나란히 섰죠. 우리는 우리에게 배정된 대기실을 쓰고 있 었는데, 남은 멤버들을 댄서들과 함께 위층에 몰아넣었죠. 멤버들은 그런 대우를 받았다는 것에 크게 상심했어요.

그때 전 멤버들이 얼마나 상처받았는지 알지 못했어요. 정말 너무 어리고, 너무 바빴거든요. 게다가 순진했고요. 이런 상황이 계속되는 데도 어쩔 도리가 없었어요. 밴드는 점점 음울해져 갔어요.

빌 와이먼 Bill Wyman, 베이시스트, 롤링 스톤스의 창립 멤버

그때 그 소박함이 정말로 그리워요. 당시에는 제가 뭘 하고 있는지도 몰랐죠. 우린 아마추어처럼 활동했어요. 음반 회사에서 주는 그런 식 의 압력은 없었어요. 음, 있었지만 눈치채지 못했을 수도 있고요. 우린 유명해졌기 때문에 더 좋은 곡을, 더 좋은 앨범을 만들어야 했고, 인터 뷰를 더 많이 해야 했어요. 뒤돌아보는 사람은 아무도 없었죠.

소박함, 새로움 그리고 이런 마술 같은 일은 천천히 일어나고 있었 지만, 어디서 이런 일이 생기는지는 몰랐어요. 믹이 언론과의 인터뷰 에서 이렇게 말했죠. "스물다섯이 되면 전 이 일을 하지 않을 겁니다."

그런데 일은 점점 더 커져만 갔어요. 일이 우리 삶을 덮친 거였죠. 그래서 전 1990년에 떠나 버렸어요. 이 현장을 떠났을 때가 고작 서른이었죠.

힐튼 밸런타인 Hilton Valentine, 애니멀스의 기타리스트

뉴욕 센트럴파크에 있을 때였어요. 애니멀스는 휴가를 받기 위해 고군분투하고 있었죠. 투어가 끝나면 또 다른 투어가, 끝나면 또 다른 투어가 연달아 잡혀 있었어요. 이러지도 저러지도 못했죠. 센트럴파크에서 공연을 할 때가 정점이었어요. 공연은 굉장히 성공적이어서 우리 기획사는 다른 공연을 하나 더 잡았죠. 끝나자마자 다른 공연, 또 하나가 끝나면 다른 하나가 잡혀 있었어요. 우리는 휴식을 주지 않으면 공연을 하지 않겠다고 기획사에 엄포를 놓았죠. 회사 측은 동정심을 유발하면서 이런저런 사정과 고충을 말했어요. 결국 우리는 마음이 약해져서 공연을 하게 됐죠. 무대 위에 올라가서는 기타를 내려놓고 소리만 냅다 지르고 왔죠. 조선소 직원들조차 휴일이 있다고요.

빌 와이먼 Bill Wyman, 베이시스트, 롤링 스톤스의 창립 멤버

우리 모두는 우리를 둘러싼 일들을 해치웠을 뿐인데, 세상이 바뀌는 걸 봐야만 했죠. 스타킹 대신 미니스커트와 타이츠를 입는 것 같은 거 말이죠. 우리는 변화의 한가운데에 있어서 바깥에서는 볼 수 없었던 거예요.

우리가 모두 그 안에 있었기 때문에 그게 뭔지도, 얼마나 지속될지도, 얼마나 특별한지도 몰랐어요. 하루하루 그냥 서서히 변화를 받아

들이고 있었던 거죠. 국제적인 변화는 아니었어요. 의도한 것도 아니었고요. 반항아가 될 계획도 없었는데 말이에요. 패션 쪽 사람들이나 사진작가들도 마찬가지였어요. 그냥 신선하고 독특한 발상으로 자신들의 일을 하고 있었던 거죠. 사전에 미리 계획하고 준비하지 않았어요. 그냥 저절로 벌어진 일이니까요. 지금은 모두가 큰일을 만들어 내려고 미리부터 애를 쓰죠. 우린 사건을 일으키려고 애쓰지 않았어요. 그러니 다신 그때와 같은 일은 일어나지 않을 거예요. 우린 그냥 음악을 연주하고 싶었던 것뿐이었으니까요.

키스 리처드 Keith Richards, 기타리스트, 롤링 스톤스의 창립 멤버

명성은 전혀 문제가 되지 않았어요. 그거야 성장하면 얻는 거죠. 저는 1960년대부터 스타였어요. 당신은 지금 미친놈하고 얘기하고 있는 거예요 ……. 이제 제게 보통의 삶은 없어요. 전 너무 극단적인 인생을 살았어요. 운이 좋게도 저는 늘 좋은 친구들과 관계를 유지했고, 제게 주어진 환경 속에선 최대한 현실적으로 지내왔어요.

돈과 압력에 앞서, 단지 즐거움이, 거기에 존재했어요. 변화의 일부라는 즐거움이 있었어요. 전 지금도 똑같이 느끼고 있어요. 정말로 합리화할 순 없지만, 놀라운 시기였어요. 제가 거기 있었다는 것에 얼마나 감사한지 몰라요.

밥 그루언 Bob Gruen, 미국 출신 로큰롤 사진작가

사실 저에게 미래는 보이지 않았어요. 정장을 입을 가능성도 아예 없었고요. 제가 즐겼던 것들이 어느 정도 위험한지도 몰랐어요. 과속을

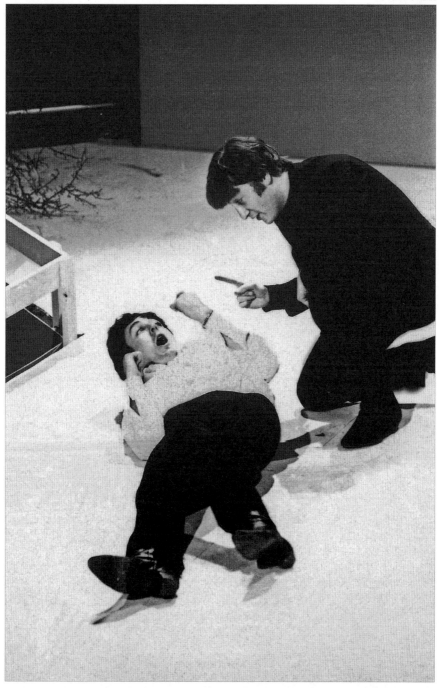

「어라운드 더 비틀스」 촬영을 하는 동안, 매카트니와 레논이 리허설 중에 퓨라모스와 티스베(셰익스피어 작품
「한여름 밤의 꿈」)을 패러디하는 모습.

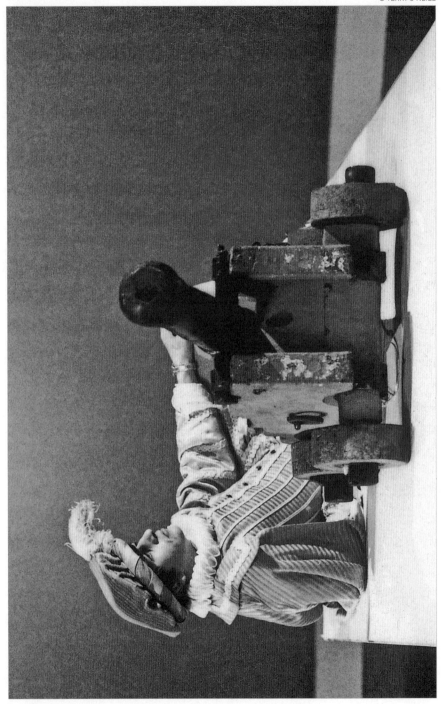

『어라운드 더 비틀스』 촬영 중. 링고 스타는 자신이 맡은 튜더 왕가의 역할 복장을 하고 있다.

하고, 술을 마시고, 나무를 타는 일에 완전히 빠져 있었죠. 이유는 모르겠지만 제 삶에 대해 별 생각이 없었던 걸로 기억해요. 미래를 위한 계획도 별로 없었는데, 저에게 미래가 있다고 생각하지 않았기 때문이에요.

하지만 그때는 지금 우리에게는 없는 천진함이 있었어요. 친구네 집 쓰레기통에서 벗은 여자들이 찍혀 있는 필름 릴 몇 개를 발견하고 엄청나게 음란하다고 느꼈던 일이 생각나네요. 요즘 포르노와 비교하면 별것 아니었는데 말이죠. 제 상상의 한계를 초월한 물건이었죠. 이제 사람들은 모든 걸 알고 있고, 모른다 하더라도 구글에서 8초 안에 찾을 수 있어요. 좋은 일이지만 반대로 생각하면 전부 다 알고 있지 않아도 된다는 것이 오히려 훨씬 편해요. 궁금증을 갖고 직접 알아내야 해요. 쉽게 모든 걸 알 수 있고, 주어져 있는 상태가 아니라요. 요즘 아이들은 이미 모든 걸 알고 있다고 생각해서 그런지 굉장히 따분해하는 것 같아요.

비키 위컴 Vicki Wickham, 영국 출신 매니저, 프로듀서 겸 작곡가

동지애가 그리워요. 그리고 새로운 음악과 함께 뭔가를 변화시키고 있었다는 느낌도 그립네요. 우린 미국에서 온 뮤지션들의 공연을 계획했어요. 우리가 계약한 첫 번째 뮤지션은 스티비 원더와 디온 워윅이었어요. 저는 그들의 음악을 들으면서, 죽어서 천국에 와 있는 것이라고 생각했어요.

메리 윌슨 Mary Wilson, 슈프림스의 보컬, 창립 멤버

1964년 초반까지 우린 여전히 대스타가 아니었어요. 저 뒤쪽에서 공연을 했는데, 멀리 떨어진 곳에 가서 공연을 하니까, 우릴 보러 오는 사람은 아무도 없었죠. 우린 그때의 공연을 유령 공연이라고 했어요. 그러다 스티비 원더가 왔죠. 공연 명단에 스티비 원더가 있었는데도 우릴 보러 온 사람은 한 명도 없었어요. 그때 뉴욕에서 함께 공연했던 더스티 스프링필드가 『레디, 스테디, 고!』에 우리를 어떻게든 출연하게 해 줬어요. 일단 TV 쇼가 전파를 타자 모타운이 한 방 터뜨렸어요. 「우리의 사랑은 어디로 갔나요(Where Did Our Love Go)」는 영국에선 3위, 미국에선 1위를 차지했죠.

로버트 크리스트가우 Robert Christgau, 미국 출신 록 음악 평론가

1964년에 전 버클리로 돌아갔어요. 미군이었던 한 친구 녀석이 7달러짜리 트랜지스터 라디오를 사 줘서 그때부터 작은 이어폰을 끼고 돌아다녔어요. 늘 비틀스의 음악을 들었죠. 비틀스의 곡 몇 개가 1위를 했거든요. 그러다 처음으로 차를 샀고, 차를 몰고 뉴욕으로 갔는데, 제기억에 의하면 비틀스, 슈프림스, 그리고 롤링 스톤스의 첫 번째 히트곡 「이제 모든 게 끝났어(It's All Over Now)」가 들리고 있었어요.

스톤스가 멋있었던 것 중 하나는 그들이 현실주의자라는 거예요. 반면 비틀스는 이상주의자였죠. 스톤스는 조소적이었는데, 저는 그들의 그런 태도가 좋았죠. 그들의 음악은 전통 블루스가 그렇듯 고통을 껴안고, 이해하고, 기쁨으로 전환시켜 줘요. 그 노래는 이렇게 시작하죠. "난 비참해지고 싶지 않아. 난 행복해질 거야."

저는 믹 재거의 음색이 약간 조소적이라고 생각했어요. 그들의 앨범은 제게 많은 의미를 주었죠. 당시 저는 〈뉴욕 타임스〉의 말단 사원이었거든요. 오십 년산 플리머스를 끌고, 타임 스퀘어에 주차하게 됐을 때 정말이지 놀라웠어요. 그때 이 노래, 「이제 모든 게 끝났어」를 들었던 게 기억나네요. 그리고 지금 들은 굉장한 노래가 뭔지 생각했죠.

제가 뭔가에 대한 책을 쓰게 된다면 1964년의 비틀스, 스톤스, 슈프림스에 관해 쓸 거예요.

헨리 딜츠 Henry Diltz, 미국 출신 음악가, 사진작가

그래서 우린 캠핑카를 타고 그 나라를 가로질러 한 번 더 순회공연을 했고, 매일 마리화나를 피워 댔어요. 마리화나 몇 모금을 빨고 나서 악보를 읽거나, 작곡을 하거나, 연주를 했어요. 그때쯤 제게 '색체'라는 것이 굉장히 중요해졌죠. 우린 미시간에 있는 작은 중고 상점에서 약 때문인지 기분이 붕 뜬 상태로 쓸모없는 물건을 사면서 뛰어다니곤 했죠. 그리곤 중고 카메라를 하나씩 샀어요.

처음으로 화장실에서 자라고 있는 꽃 한 송이를 찍었어요. 그리고 들판에 있는 소 사진도요. 친구는 새로운 베이스 케이스를 샀는데, 낡은 케이스는 폭죽을 넣어 날려 버리고 싶어 했어요. 작은 다이너마이트처럼 말이죠. 우린 애리조나 사막에 있었고, 그는 거기에 불을 붙이곤 죽어라 뛰었죠. 이어서 그것이 "빵!"하고 공중으로 솟았는데, 전 그 장면을 사진에 담았어요. 아직도 그 사진을 가지고 있지요. 순식간에 일어난 일이었어요.

전 '이런 미친 사진들을 좀 더 찍어야겠어'라고 생각했어요. 그러

고 나서 앨범 커버 사진을 찍었죠(딜츠는 도어스의 『모리슨 호텔(Morrison Hotel)』 커버 사진도 찍었다). 홍보용 사진은 늘 신문에 흑백으로 실렸기 때문에, 저는 흑백 사진을 찍기 시작했어요. 사진을 찍는 일은 또 다른 악기를 연주하는 것과 같았죠. 음악과 사진 어느 쪽이 더 중요하냐고요? 제 가슴은 뮤지션이지만, 머릿속과 두 눈은 제가 포토그래퍼라고 하네요.

밥 그루언 Bob Gruen, 미국 출신 로큰롤 사진작가

한때 사진 가게에서 일을 했는데, 그 경험이 제게 많은 도움이 됐어요. 선불로 사 둔 필름을 몰래 훔칠 수 있었거든요. 그때 훔친 필름으로 뉴포트 포크 페스티벌에 나가 처음으로 사진을 찍었어요. 사진을 잔뜩 찍었는데, 그중 몇 장은 괜찮게 나왔죠. 딜런의 사진을 찍은 게 있는데, 영원히 간직할 사진이죠. 그가 기타를 메고 있는 모습이 정말 로큰롤처럼 보였어요. 그때 찍은 사진 중에 달랑 두 장 남아 있죠.

있는 줄도 몰랐던 딸을 얼마 전에 만났어요. 그 애가 제 이름을 기억하고 있었죠. 딸애의 엄마를 뉴포트 페스티벌에서 만났던 거죠. 제가 음악 관련 사진작가로 일을 하기 시작한 첫날이었을 거예요.

그 여자와 함께 한 시간 정도를 보냈어요. 몇 달이 지나 그녀는 제게 임신을 했다고 말했죠. 페스티벌 이후 4개월이 지나서요. 저는 제 아이라고 믿지 않았어요. 게다가 그녀는 제게 경제적인 지원을 바라는 것처럼 보였죠. 제 아파트에서 단지 몇 시간을 보냈을 뿐인데, 갑자기 임신이라니? 저는 제 아이라고 믿지 않았어요. 게다가 그녀의 말이 사실이라고 할지라도 그녀는 아마 아이를 입양 보냈을 거라고 생각했죠. 우리 둘 다 아이를 돌볼 여유가 없었거든요. 저는 돈도 없었고요. 제가 해 줄 수 있는 게 없었어요. 일단 아이가 입양되면 기록이 봉인되니까요.

몇 년에 한 번씩 궁금하기는 했어요. "내게 아이가 있었지? 한번쯤은 스쳐 지나쳤을까?" 그러다가 편지를 한 통 받았죠. 약간 기분이 묘했던 건 그 편지가 등기 우편으로 왔기 때문이에요. '내가 항상 궁금해했던 그 편지가 맞을까?' 하고 생각했죠. 편지에 쓰인 첫 문장은 제가 그녀의 생물학적 아버지라는 소리였어요. 젠장! 그다음 문장은 더 가관이었어요. "난 당신에게 아무것도 원하지 않고, 그저 당신이 누군지 알고 싶을 뿐입니다."

그 후 우린 꽤 좋은 친구가 되었고, 그 아이와 제 아들은 저보다 서로 더 친하게 지내고 있어요. 둘은 매주 주말에 함께 시간을 보내고 있죠. 그녀는 브루클린에서 자랐고, 지금은 의사죠. 브루클린에 있는 가정에 입양되었다고 하더군요.

바버라 훌라니키 Barbara Hulanicki, 패션 디자이너
—
그 당시엔 인생을 계획하지 않았어요. 그건 진화였죠. 그래요, 우린 아무런 계획이 없었어요. 모두가 똑같았어요. 제 기억에 1966년에 〈타임〉지에서 '스윙잉 런던'에 관한 기사를 냈어요. 1963년과 1964년의 활기찬 런던 말이에요. 리처드 아베든(Richard Avedon)이 우리 가게에 왔어요. 상상이 돼요? 사람들은 영국의 음악, 문화, 패션을 경험하러 왔죠. 그들은 우리의 것들을 파리, 밀라노, 미국으로 가져갔어요.

오늘날은 모든 게 너무 상업적이고 계산적이죠. 온통 시장, 돈, 마케

팅, 브랜딩에 혈안이 되어 있잖아요? 그때는 그야말로 순수 그 자체였어요.

비달 사순 Vidal Sassoon, 영국의 헤어 디자이너 겸 사업가
—

그 시절의 일부분이 된다는 것은 굉장히 멋진 일이에요. "나는 엄청 성공했어"라는 자신감과는 굉장히 다른, 뭐랄까, 특별하다는 기분이랄까요. 정신이 미친놈처럼 돌아다니고 있었어요. 그저 다음에 뭐가 올 건지 생각하면서 계속 열심히 할 뿐이었어요. 다음에 뭘 할 수 있을까? 우리의 생각은 미친 듯이 흘렀어요. 우리는 우리가 성공할 거라 생각하는 걸 멈추지 않았죠. 그저 계속 열심히 했어요. 그리고 다음 일이 뭔지 생각하고요.

어디서 태어났는지가 아니라 재능으로 평가받았던 최초의 시기였죠. 우린 정말 말 안 듣는 소년들이었어요. 제가 이야기하고 싶은 건, 그러니까 서로를 투닥거리면서 밀어붙였다는 점이에요. 혼자서는 변화를 만들 수 없어요. 아이디어, 창의력을 가진 사람들이 섞이고 다른 조합을 이끌어 내면서 런던을 바꿔 놓은 거예요. 미국은 우리보다 사 년이나 뒤처져 있었는데, 1965년에 아직도 사 년이나 뒤처져 있더라고요. 그 당시는 아주 제정신이 아니었어요. 전 지금 여든네 살인데, 멋진 인생을 살았고, 멋진 시간을 보냈죠. 1960년대가 다시 여기로 온다고 해도 싫지 않을 거예요. 런던이 그립고, 극장과 첼시 축구 클럽이 그립네요. 그때 정신과 의사를 만나는 대신 첼시 팀의 경기나 보러 다녔거든요.

우린 너무나 일을 많이 했지만, 그 일이 좋아서 전혀 문제가 되지 않았어요. 전 비달의 헤어스타일을 전부 살펴봤어요. 거의 전부 해 본 것 같네요. 비달은 매력적인 남자예요. 늘 새로운 것과 새로운 방식으로 도발적인 모습을 연출했죠. 전 사실 지금의 레이디 가가(Lady Gaga)를 보고 쇼킹하다고 느끼지 않아요.

제가 세간의 주목을 받았을 때, 분명 색다른 일을 하고 있다는 걸 깨달았어요. 정말이지 밤낮으로 거기에 몰두했죠. 뒤처지고 싶지 않아서 압박감도 심했어요. 그때 한 젊은 남자가 가게로 와서는 이렇게 말했어요. "제이 씨 페니(J. C. Penny, 미국의 중형 백화점 체인)를 위한 컬렉션을 준비해 주셨으면 해요. 미국에 165개 지점이 있죠." 그래서 전 제이 씨 페니 컬렉션을 십 년에서 십이 년 동안 디자인했어요. 그들은 젊은 이들을 위한 디자인을 요구했죠.

모두들 런던으로 왔어요. 브리짓 바르도와 레슬리 카론, 그리고 미국인들이며 뮤지션들, 그리고 그들의 여자 친구들이 옷을 사기 위해 왔어요. 존과 비틀스도 왔죠.

〈라이프(Life)〉 지에 볼일이 있어서 미국에 처음 가게 됐어요. 목양견과 함께 55번가 아래로 달려가는 모습을 찍었죠. 전 뉴욕이 정말 좋았어요. 우린 뉴욕으로 건너가서 톱 모델들을 데려와 패션쇼를 열었죠. 하루에 한 도시를 다녔어요. 열광의 도가니였죠.

그때는 모든 장르의 사람들끼리 경쟁하기보다 약간의 동지애가 있었어요. 운동성이 강하고, 터프했어요. 우리는 함께 변혁을 이뤄 냈고, 함께 싸웠어요. 모든 것이 가능한, 그런 멋진 시기였어요.

저스틴 드 빌뇌브 Justin de Villeneuve, 영국의 사업가

쉽게 얻는 건 쉽게 잃기 마련이에요. 농담이에요. 저와 트윅스 사이엔 꽤 험악한 일이 있었어요. 그녀는 제가 돈을 낭비한다고 생각했죠. 전 롤스로이스 다섯 대와 람보르기니 두 대, E 타입 재규어가 한 대 있었어요. 하지만 앞날을 생각하지 않았죠. 제가 나이를 먹을 거라고 생각하지 않았어요. 영향력이 어마어마한 시기였죠. 그땐 사는 게 힘들지 않았어요. 아니 오히려 쉬웠어요. 하고 싶은 일이면 뭐든 할 수 있었죠. 정말로요! 돈을 벌려고 기를 쓰지도 않았어요. 단 한 번도요.

돈이 저절로 따라오니 쓸 수밖에요. 양복을 맞춰 입었고, 신발도 그랬어요. 자산을 모아야 한다는 생각은 한 번도 한 적이 없어요. 사실은 사 놨어야 했는데 말이죠. 모든 게 좋은 때였어요. 그래도 마약에는 단 한 번도 빠지지 않았어요. 트윅스와 전 마약을 멀리했어요. 센 약은 없었어요. 대부분이 대마초였죠. 헤로인은 구할 수 없었어요.

맨디 라이스 데이비스 Mandy Rice-Davies, 모델 겸 배우, 작가

"내가 이 세상을 이끄는 주역 중 한 명이지!"라고 자화자찬하며 말할 수는 없어요. 그냥 그런 변화의 시대에 제가 가담해 있었다는 것 정도만 알 수 있었죠. 저를 수치스럽게 만들려는 기득권층의 시도는 실패했어요. 전 부끄럽게 생각하지 않았죠. 그리고 아주 빠른 속도로 회복했어요. 어린 시절에 외웠던 문장 하나가 생각나요. "말 앞에서 겁먹으면 공격을 받기 마련이다."

분노의 찌꺼기가 남아 있었지만, 저를 쓰러뜨릴 수 없었죠. 전 곧바로 노래를 부르고 연기를 하기 시작했어요.

노마 카말리 Norma Kamali, 미국 패션 디자이너

그런 시기는 좀처럼 오기 힘들다고 생각해요. 단순히 패션에만 있는 게 아니라, 음악과 영화에도 있었어요. 일종의 미래였죠. 그 시대가 지금까지 전해 오는 모든 것을 정의했어요. 새로운 것은 흥미로웠죠. 놀라움이 있었고, 그 놀라움 뒤에는 또 다른 생각, 또 다른 놀라움이 있는 앞서가는 시기였어요. 그 시절을 보냈다니, 전 굉장히 행운아예요. 해방되었다는 큰 선물을 받은 거죠. 지금 세대 사람들도 해방의 경험을 가져 봤으면 좋겠어요. 특히 여성들에게 굉장한 자유가 주어졌어요. 경제적인 면에서, 사람들의 정신에, 개인의 자유와 표현에 있어서 비범했어요. 그 시대의 가장 큰 장점이었죠.

지금 우리는 그 시절을 계속 돌아보며 보내고 있어요. 이제 새로운 것들은 음악이 아니라 기술을 통해 선보이는 시대죠. 하지만 진짜는 영원히 기억될 거고, 남을 거예요. 젊은 세대는 수적으로 유리하니까요. 우리는 소수 그룹이 아니었어요. 우리가 가담해야 일이 잘 돌아갔죠.

그 당시 런던에서 제가 보고 겪은 모든 것을 말하려면 시간이 꽤 걸릴 거예요. 오늘날의 씨앗이 처음 심겨진 때였죠. 만약 제가 당시 런던을 경험하지 못했다면, 지금 완전히 다른 삶을 살고 있을 거예요.

닐 세다카 Neil Sedaka, 미국 출신 가수 겸 작곡가

오래된 친구 녀석이, 비틀스가 여기 온 이후로 영국에서 너의 원곡에 엄청난 존경심을 표하고 있다며 저더러 영국으로 건너가야 한다고 말했어요. 그래서 전 아내와 두 아이들을 데리고 런던으로 갔어요. 그리고 작은 노동자 클럽에서 일했는데, 슬롯머신을 하는 사람들과 술 취

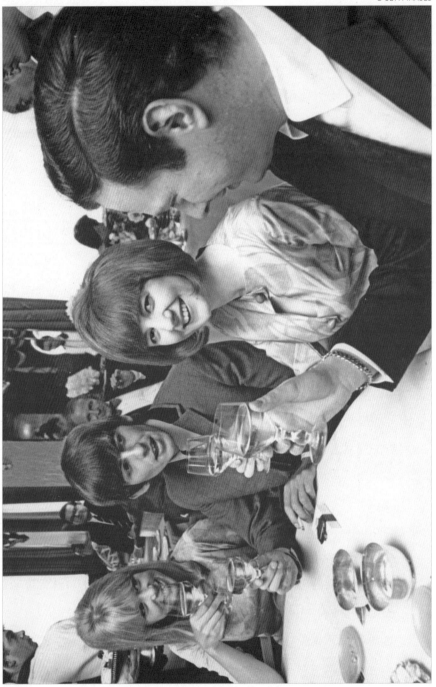

영화 『하드 데이즈 나이트』 촬영 중, 런던에서 식사중인 패티 보이드와 훗날 그녀의 남편인 조지 해리슨, 실라 블랙 그리고 브라이언 엡스타인.

한 사람들 앞에서 노래를 했죠. 전 아웃사이더였고, 1950년대에서 온 유령이었어요. 콘서트장에서 엘튼 존을 만난 적이 있는데, 그가 말했어요. "당신의 초창기 앨범들을 굉장히 좋아하는 팬이에요. 당신 아파트에 가서 지금 쓰고 있는 곡을 들어 볼 수 있을까요?"

그는 제게 엄청난 영향력이 있다고 말했고, 노래 전부를 가져갔어요. 「해피 버스데이 스위트 식스틴(Happy Birthday Sweet Sixteen)」, 「캘린더 걸(Calendar Girl)」 등등 제 노래의 전부를요.

엘튼은 말했어요. "로켓이라는 회사를 차릴 준비를 하고 있어요. 내가 당신을 다시 스타로 만들어 줄 수 있어요." 우린 첫 번째 싱글인 「빗속의 웃음소리(Laughter in the Rain)」를 발매했어요. 세상에, 그 곡으로 저는 다시 차트 1위를 차지했죠. 1950년대에는 라디오에서만 활동했기 때문에 모두들 제 얼굴을 몰랐는데, 그때서야 세상에 제 얼굴이 알려진 거예요. 사람들은 닐 세다카가 어떻게 생겼는지 똑똑히 알 수 있었죠.

그렇긴 해도, 그 시절의 공백기는 아직도 저에겐 공포 그 자체예요. 정말 무서워요. 그 공백이 말이에요.

에릭 클랩튼 Eric Clapton, 가수 겸 기타리스트, '기타의 신', '블루스의 거장'

전 엄청나게 회의적인 사람이에요. 때때로 제 인생을 돌아보고는 한참을 기억 속을 헤매고 떠돌아다니다가 오곤 해요. 그게 제 장점이죠. 전 늘 저의 뿌리로 돌아와서 이것을 기억할 거예요. "이게 바로 네가 기타 연주하는 걸 좋아하는 이유야."

돈이나 유명세 때문이 아니에요. 그냥 뭔가를 표현하고 싶다거나 특별해지고 싶다거나 최고가 되고 싶어서도 아니고요. 단지 음악을 사랑하기 때문이죠. 음악을 듣는 게 정말 좋아요. 아무도 봐 주지 않아도 계속 기타를 연주할 거예요. 저 혼자 외출할 수 있던 때가 그립네요. 이제는 제게 더 이상 그런 일이 일어나지 않죠. 그땐 정말 모든 게 지금보다 거대했어요. 1963년엔 자유가 있었거든요. 뮤지션이 되기 위한 완벽한 자유.

제프 린 Jeff Lynne, 영국 출신 음악가 겸 프로듀서

전 대가라든가 간판스타, 혹은 명예를 얻는다든지 하는 것에 관심이 없었어요. 제가 만들고 싶은 소리가 어떤 것인가에 대한 고민만 할 뿐이었죠. 1963년에 제가 음악을 듣고 있을 때는 단순한 청취자, 팬, 고객으로서 들은 게 아니었어요. 도대체 어떻게 소리가 만들어지는지를 들었는데, 그땐 아무것도 모르는 상태였긴 하죠. "저 소리를 어떻게 낸 거지? 누가 만든 걸까?" 이런 식의 생각을 하곤 했어요. 소리를 분석하고 있었던 거였죠. 전 형편없는 엔지니어였지만 좋은 프로듀서였어요. 프로듀서의 역할은 소리를 어떻게 낼 것인지와 좀 더 관계가 있어요. 기계로 만드는 것이 아니라 제가 만드는 거예요.

에릭 스튜어트 Eric Stewart, 기타리스트, 작곡가이자 연주자, 10cc 리더

전 브라이언 오거 앤드 더 트리니티(Brian Auger & the Trinity)와 즉흥 연주를 했어요. 아마도 제프 벡이 일어나서 연주했을 거예요. 지미 페이지는 당시에 세션을 했고요. 우린 스튜디오에서 「게임 오브 러브」를 녹음하고 있었고, 지미는 옆 스튜디오에서 피제이 프로비(P. J. Proby)

곡의 솔로 파트를 연주하고 있었어요. 그는 아름다운 검은색 코스튬 기타를 가지고 있었는데, 이렇게 말했죠. "네가 하고 있는 곡 …… 히트곡도 아닌데, 내 기타로 연주하는 게 어때?" 그 결과는 「게임 오브 러브」를 들으면 확인할 수 있어요.

다음번에 그를 봤을 때는 이미 레드 제플린에서 활동 중이었고, 그들은 음악계에서 두각을 나타내고 있었죠. 우리 중에는 악보를 읽을 수 있는 사람이 아무도 없었어요. 악보를 읽을 수 있다는 건 우리에겐 엄청난 사치였죠. 눈으로 연주하기보다는 영혼으로 연주를 했어요. 오케스트라 악단을 스튜디오로 데리고 오면 기타 연주자들이 굉장히 절망하는 이유가 바로 거기에 있어요. 오케스트라는 음표와 지휘자를 보고 있어서 언제나 리듬을 놓치기 마련이고, 늘 우리 뒤에 앉아 있거든요. 그럴 땐 너무 좌절감이 들어요.

조지 페임 Georgie Fame, 재즈-블루스 뮤지션, 키보드 연주의 거장

저는 돌풍을 일으키는 연주자들과 함께 일을 했어요. 카운트 베이시(Count Basie)와 가장 위대한 재즈 뮤지션들과 연주했죠. 세대가 달랐지만, 그들이 1950년대, 1960년대에 겪었던 걸 함께하며 많이 배울 수 있었어요. 그들이 순회공연을 다닐 때, 전 아직 어린아이였어요. 몇 년 전만 해도 언젠가 같이 공연할 날이 올 거라 생각했지만, 그런 날은 오지 않았죠.

우리 모두는 여전히 공연 전엔 초조했어요. 전 라이브로 연주할 때면 매일 밤 다른 걸 배우죠. 어떤 이는 계속 실수를 하라고 말한 적도 있어요. 그것이 재즈의 일부라고 하더라고요. 대가들의 라이브를 들으

면 늘 실수가 있고, 불협화음인 경우도 있어요. 하지만 그게 문제가 되지 않죠.

전 지금 사람들을 떠나 스웨덴에서 한 해를 넘기고 있어요. 사람들은 남쪽인 프랑스와 스페인으로 갔는데, 전 반대쪽으로 갔죠. 그리고 전 여전히 연습하고 있어요. 배움을 멈추면 안 돼요. 미술이나 음악에는 특별한 것이 있어요. 은퇴 연령이 없다는 거예요. 지금 전 두 아들과 연주를 해요.

제 연주를 듣고 싶어 하고 경험을 공유하고자 하는 사람들이 있는 한, 그거면 된 거죠. 그만둘 이유가 없어요. *end.*

음악, 패션, 미술로
세상을 바꾼
혁명의 해, 1963!

1963년은 혁명의 해인가? 평결을 내리기에 앞서, 잠시 멈춰서 반역을 반대하는 반혁명 기득권층의 목소리를 들어 보자.

1964년 2월 7일, 비틀스가 아이들와일드 공항에 착륙해 팬암항공 101기에서 내렸을 때 수천 명의 팬들과, 어리벙벙하고 조롱하는 기자 200여 명이 그들을 맞이했다. 여자애들은 너무 좋아서 소리를 질렀다. 프랭크 시나트라('턱시도를 입은 늙은이')와 당시 스물아홉 살이었던 엘비스(비틀스의 한 여성 팬은 "엘비스는 늙고 못생겼어요"라며 침을 뱉었다)의 인기가 시들해지고 있던 때였고, 신문 기자들은 리버풀에서 온 4명의 노동자 계급 청년들을 비웃었다.

"여기에 있는 동안 머리를 자를 건가요?" 한 리포터가 물었다.

"어제 잘랐는데요." 조지 해리슨은 정말 진지하게 대답했다.

"핵폭탄이랑 비듬 중에서 당신이 음악 활동을 하는 데 가장 위험한 게 뭐라고 생각하시나요?"

"폭탄이오." 링고는 답했다. "비듬은 지금도 있거든요."

〈타임〉 지는 훗날 이 날의 광경을 '위엄 있는 모멸감이 단순한 무식함을 가렸다'라고 기록했다. 혁명은 이미 투쟁했고 승리했다. 마음과 정신의 싸움은 끝이 났다. 〈타임〉 지는 또 다음과 같이 기록했다. '열흘 동안 비틀스가 왔노라, 보았노라, 이겼노라. 비틀스가 여기서 성공한다면 그들은 어디에서든 성공할 수 있고, 그들이 이룬 것은 역사가 될 것이다.'

1964년 8월, 린든 B. 존슨 대통령의 홍보 담당 부서에서 비틀스와 청중을 백악관으로 초청했다. 하지만 비틀스는 정중히 거절했다. 그러자 행정부 직원들은 영국 침략자들 중에 비틀스 다음으로 가장 인기 있는 음악인을 데려오라고 명령했다. 비틀스 대신 데이브 클락 파이브가 초대되었고, 그들은 에어포스원을 타고 왔다. 린든 존슨 대통령은 자신의 딸 루시 베인스를 위해 그들의 사인을 받았다. 존 레논과 폴 매카트니는 당시 고군분투하던 롤링 스톤스라는 젊은 밴드를 위해 곡을 하나 주었고, 그들의 이름을 알리는 데 도움을 주었다. 그리고 그 이름은 육십 년 동안 이어지고 있다.

미술, 영화, 문학, 음악 분야의 새로운 영웅들은 노동자 계급 소년과 소녀 들이었다. 영국 제국은 '이튼(상류층 인사, 귀족, 장교를 교육하는 엘리트 대학)의 운동장에서' 나폴레옹을 물리쳤고, 이제 세계 문화의 정복은 한 세대전만 해도 이튼 학교 졸업생들의 하인과 운전기사가 되었을 이들이 진두지휘하게 되었다.

1963년부터 이 년 간 최고의 인기를 누리던 네 명의 리버풀 출신 사내들은 보통 모범 군인이나 시민 지도자에게 주어지는 상을 받기 위해 엘리자베스 2세를 접견했는데, 그때 존 레논은 어느 정도 확신에 찬 목소리로 이렇게 말했다. "지금 우리는 예수님보다 더 인기가 있습니다."

섹스에 관한 의식 역시 변했다. 피임약은 섹스 때문에 죽는 일은 없었던 그 시절의 여성과 남성 모두에게 자유를 안겨 주었다. 자유롭게 성관계를 가질 수 있는 피임과 비틀스의 조합은 영국 시인 필립 라킨(Philip Larkin)이 불후의 오마주인 「경이의 해(Annus Mirabilis)」를 씀으로써 문학 안에서 영원히 전해지게 되었다.

1963년
섹스가 시작되었다
(내겐 다소 늦었지만)
《채털리 부인의 연인》 소설 금지령이 풀리고,
비틀스의 첫 LP 앨범이 나왔던 해.

라킨은 '그때까지는' 하고 이어서 썼다.

'오직 일종의 흥정만이 오고갔다, 결혼 반지를 향한 흥정 ······.'

이 세대의 부모에게 섹스와 수치심은 불편한 동반자였다. 섹스는 은밀한 것이었고, 가급적이면 불이 꺼진 후 커튼이 드리워졌을 때 행해졌고, 죄책감이 들어서 잠자기 전에 용서를 구하는 기도를 했다. 하지만 그들의 자녀들은 섹스를 포용했고, 드러냈고, 찬양했다. 페미니즘 또한 여성들에게 섹스는 즐거워야 하는 것이라고 알려 줬다.

기득권층은 정치적, 문화·상업적인 면에서 젊은이들의 영향력을 감지했고, 그것을 이용하고 흡수하려 했다. 하지만 젊은이들은 무관심했다. 그들은 스스로의 영향력을 즐기고 있었고, 새로운 형태의 음악, 패션, 미술에 동반되는 그들의 성생활, 발언, 자유를 과시하고 있었다. 그들은 사회적이고 종교적인 규율들을 더 많이 어겼고, 선출된 지도자들을 강력히 반대했다. 시위는 음악 페스티벌에서, 그리고 획기적이고 노골적인 표지 기사에 정치, 미술, 음악을 자극적으로 혼합한 예비 혁명가들이 설립한 새로운 지하 출판 잡지와 신문을 통해 일어났다.

1963년 이전에는 젊은이들이 대체로 순종적이고 소유욕이 많았다. 하지만 1963년 이후에는 이들을 무시하기란 불가능했다. 젊은이들의 요구는 이루어졌다. 그들은 시장에서 가치가 있었기 때문에 모두가 그들에게 귀 기울였고, 그들의 목소리를 들었다.

젊은이들은 충성에 대한 자신들의 기준을 주장하면서 국회의사당으로 행진했다. 학생들은 계급 제도를 반대했고, 연방정부청사에서 피켓 시위를 벌였다. 음악인들은 반체제 찬가를 작곡했고, 이 음악을 바탕으로 수많은 지지자와 시인, 미술가, 작가, 영화 제작자들을 단결시켰다. 또, 권위와 법령에 이의를 제기했으며 뒤엎으려 했다. 이들 몇몇은 그들이 뽑은 지도자의 명령에 따라 그들 자신의 '보호물'이라는 총알에 맞아 죽기도 했다.

베트남, 핵무기 경쟁, 페미니즘, 시민권, 식민주의, 자본주의, 연설과 예술, 문학의 탄압과 검열은 전부 1963년을 살았던 자주적인 젊은이들이 관심을 가진 것이었다. 1963년 이전에는 소수 집단만의 투쟁 이유였던 이슈들이 1963년을 기점으로 세계 곳곳의 거리와 캠퍼스에서 일어난 대규모 사회 분쟁의 원인이 되었다.

1963년의 여파는 수십 년간 이어져 왔다. 그해의 선구적인 혁명가들은 백악관과 월스트리트를 개척했다. 정치와 경제에 있어서 젊은이들은 자산이었다. 빌 클린턴(Bill Clinton)은 그 혁명의 시기에 색소폰을 불던 꼬마였는데, 존 F. 케네디 대통령과 악수를 나누었던 당시 그의 나이는 고작 열여섯이었다. 당시 또 다른 열여섯 살 청년이었던 리처드 브랜슨(Richard Branson)은 메인 스트리트의 음반 가게보다 앨범을 싸게 공급하는 '버진(Virgin)'이라는 회사를 차렸다.

1963년은 젊은이들이 비상하던 시대였다. 〈보그〉 모델들은 겨우 십대 청소년들이었고, 간신히 초등학교만 졸업한 상인들이 월스트리트를 점령했다. 1963년의 DNA는 한 청소년이 하룻밤 새에 억만장자가 될 수 있는 디지털 시대의 게이츠들과 주커버그들 안에서 지속되고 있다. 나이는 더 이상 장벽이 아니다. 지혜, 경험, 진지함이 야망과 재능에 보조 역할을 한다.

1963년, 젊은이들의 목소리는 활기 넘칠 뿐만 아니라 필수적이었다. 몇몇은 추종자였고 몇몇은 지도자였지만, 모두가 세상을 변화시키는 힘으로 결속했다. 호기심, 분노 또는 자신들의 마음을 펼쳐 보이겠다는, 그리고 탐험해 보겠다는 열망으로 불붙은 젊은이들은 금기시되던 길에서 해방되었고, 개인이 이루고자 하는 목표와 진리를 찾고자 했다.

그러한 권력과 동기를 지니고 1963년에 등장한 세대는 조지 버나드 쇼(George Bernard Shaw)의 초기 작품에 가장 잘 나타나 있다. '혁명의 순간은 기존 제도에 충분히 만족하지 못하는 사람들뿐 아니라 기존 제도에 너무

만족해하는 사람들도 끌어모은다.'

1963년은 기타, 붓, 가위를 든 수많은 새로운 선지자들과 마술을 부린 마법사들을 구제해 준 해였다. 그해의 마력은 자유사상가들의 세대를 만들어 냈다. 젊은이들이 음악, 패션, 미술로 세상을 바꾼 혁명의 해였다.

그리고 이보다 더 좋았던 삶은 없었다,
1963년보다.
《채털리 부인의 연인》소설 금지령이 풀리고,
비틀스의 첫 LP 앨범이 나왔던 해.

감사의 말

책을 읽을 때
이들을 생각하다

이분들이 보여준 열정적인 지원과 변함없는 신뢰에 고마움을 전합니다.

잇북스(It Books)의 전 편집장이셨던 캐리 카니아(Carrie Kania) 씨는 발상의 불꽃을 불타는 열정으로 끌어준 기폭제 역할을 해 주었습니다.

카니아 씨의 후임자인 칼 모건(Cal Morgan) 씨는 우리의 작업을 실현시켜 주었습니다.

편집장 데니스 오스왈드(Denise Oswald)의 기량과 성실함, 통찰력 덕분에 오십 년 전 떠오르던 젊은이들의 이야기를 일관성 있는 논조로 모을 수 있었습니다.

배후에는 우리의 에이전트인 랍 웨이스바흐(Rob Weisbach) 씨의 지혜와 매력이 가미되었습니다.

수많은 시간 동안 녹음된 인터뷰 내용은 리사 터 하르(Lisa Ter Haar), 엘리스(Alice), 그래이스 터 하르(Grace Ter Haar), 로버트 모건(Robert Morgan) 씨가 성실히 기록하였습니다.

끝으로 자애롭고 너그러운 비달 사순 씨께 특별한 신세를 졌습니다. 비달 사순 씨는 몸이 편찮으신 상태였고, 살 수 있는 시간이 불과 몇 주뿐이라는 걸 알고 있는 상황에서도 우리를 당신 자택으로 초대하셔서 기억하고 있는 당시 상황을 꼼꼼히 알려 주셨습니다.

로빈 모건, 아리엘 리브

혼란과 상실의 현대를
사는 이에게

저널리스트이자 저자인 로빈 모건과 아리엘 리브의 《1963 발칙한 혁명》
에 다루어진 다양한 동태들은 프랑스의 사회변혁운동인 68혁명의 주요한
밑거름이 되었던 열정을 더듬어 가는 책이다. 이 책은 그중에서도 당시에
출몰했던 다양한 징후들을 음악과 문화의 현장에 토대를 두고 관찰한 기
록들이다.

　알려져 있다시피 68혁명의 모토는 개인의 삶에 대한 국가 권력의 간섭
과 통제를 거부하였던 시기다. 당시 동·서양 진영은 냉전을 내세우며 국
민들에 대한 감시와 통제를 일상화하고 있었다. "젊은이들은 인간의 가치
와 이상을 우습게 여기고 물질적인 풍요만을 추구하는 기성세대와 사회

풍조에도 저항하였다"고 우리는 그 시기를 뚜렷하게 기억한다. 이들은 자유로운 개인의 공동체를 꿈꾸며, 자신들을 억누르는 모든 권위와 권력, 체제, 조직에 반대하였다. 이 책은 그 저항의 정신을 음악으로 표현하려던 사람들의 이야기를 담아내고, 지금 우리가 살고 있는 시대로 새로운 영감을 불러일으키기 위해 애쓰고 있다.

이 책에는 20세기의 새로운 해방운동, 노동운동, 여성운동, 언론운동, 반핵평화운동, 인권운동에 대한 뜨거운 르포들이 가득하다. 아무쪼록 혼란과 상실의 시대를 살고 있는 우리에게 이 책이 새로운 가치관에 대한 질문들을 던져볼 수 있는 계기가 되었으면 한다. 번역에 도움을 주신 정희연 님께 무한한 감사를 드린다.

김경주(시인, 극작가)

용어 찾아보기

인물편

게이 탤리스 Gay Talese, 1932년~생존, 미국의 저널리스트, 작가

잡지 〈에스콰이어(Esquire)〉 〈뉴욕타임스(The New York Times)〉의 인터뷰 기자로 활동하였으며 〈뉴욕타임스〉의 역사를 정리한 논픽션 《왕국과 권력(The Kingdom and the Power)》이 베스트셀러가 되는 등 활발한 저술 활동을 펼쳤다. 특히 〈에스콰이어〉 역사상 최고의 인터뷰 중 하나로 꼽히는 기사 "그날 프랭크 시나트라는 감기를 앓았다(Frank Sinatra has a cold)"는 그가 수첩과 펜을 들고 시나트라의 곁을 3개월간 맴돈 끝에 탄생한 결과다. 취재원을 반드시 밝힌다는 원칙과 취재 대상을 최대한 가깝고 친근한 시선에서 담아내려는 시도를 바탕으로 한 기사들은 그에게 신 저널리즘(New Journalism)의 창시자라는 별명을 안겼다.

그래험 내쉬 Graham Nash, 1942년~생존, 영국의 뮤지션

가수 홀리스(Hollies)와 포크그룹 크로스비, 스틸스, 내쉬 앤드 영(Crosby, Stills, Nash & Young) 소속 뮤지션. 잉글랜드의 싱어송라이터다. 1997년 로큰롤 명예의 전당에 크로스비, 스틸스,

내쉬 앤드 영의 구성원으로서 헌액되었으며, 2010년에 홀리스의 구성원으로 다시 올라 이중 헌액자로 기록되었다.

노마 카말리 Norma Kamali, 1945년~생존, 미국의 패션디자이너
뉴욕에서 태어나 패션전문대학 FIT(Fashion Institute of Technology)에서 일러스트를 전공하였다. 졸업 후 항공사에서 일하며 출장이 잦았던 런던의 패션에 영향을 받아 1978년 '오모 카말리(OMO Kamali)'라는 의류 회사를 세우고 상상력과 전위적 감성이 풍부한 작품들을 발표하며 주목을 받았다. 스포츠웨어를 일상복으로 바꾼 선구자다. 80년대에는 큰 어깨 패드를 부착하고 스니커즈에 높은 힐을 매치하는 등 놀라운 디자인을 창출한 미국의 대표 패션디자이너다.

노먼 조플링 Norman Jopling, 1928년~생존, 영국의 음악평론가
웨슬리 레인(Wesley Laine)은 노먼 조플링의 가명이다. 1961년 17살의 나이로 〈레코드 미러(Record Mirror)〉 지에 팝스타를 대상으로 인터뷰 기사를 기고하였다. 처음에는 R&B의 파급력에 대해 다소 회의적이었으나 크로대디 클럽에서 공연하는 롤링 스톤스(Rolling Stones)에 깊은 인상을 받아 특집 기사로 다루기 시작하면서 공교롭게도 그들을 발굴한 사람이 되었다.

닐 세다카 Neil Sedaka, 1939년~생존, 미국의 뮤지션
미국의 싱어송라이터다. 당시 대서양을 건너온 영국의 뮤지션들에게 밀려 위축되었으나 재기에 성공해 두 번 전성기를 맞은 천재적 뮤지션이다. 그의 첫 번째 전성기는 1950년대 말부터 1960년대 중반까지였다. 「오! 캐롤(Oh! Carol)」 「원웨이티켓(One way ticket)」 「당신은 내 모든 것이다(You Mean Everything to Me)」 등으로 1960년대까지 주로 활동했으며, 1970년대에는 엘튼 존(Elton John)이 코러스로 참여한 「배드 블러드(Bad Blood)」가 빌보드 싱글차트에서 2주간 1위를 기록하며 인기를 끌기도 했다. 1978년 할리우드 명예의 거리에 올랐으며, 1983년 작곡가 명예의 전당에 헌액되었다.

데이비드 퍼트넘 경 Lord David Puttnam, 1941년~생존, 영국의 사업가
영화 제작자이자 영국영화배급자협회(FDA) 의장. 영화 『미드나잇 익스프레스(Midnight Express)』『불의 전차(Chariots of Fire)』『킬링필드(Killing Fields)』 등을 제작했다. 1998년 영화 제작자를 은퇴한 후 세계 최대 규모의 원격 교육기관을 구축하는 등 교육과 환경, 사회 문제에 관심을 쏟고 있다. 현재 세계자연기금(WWF, World Wide Fund for Nature) 총재이며 1995년 엘리

자베스 2세에게 기사 작위를 받았다.

로넌 오라힐리 Ronan O'Rahilly, 1940년~생존, 아일랜드의 기업가
클럽 경영자. 음악 검열을 피해 공해(公海)에 배를 띄우고 방송국을 개설해 해적방송을 했던 라디오 캐롤라인 설립자. 007시리즈의 다섯 번째 영화 『007 두 번 산다(You Only Live Twice)』(1967)을 맡았던 주연배우 조지 라젠비(George Lazenby)의 매니저를 맡기도 했다. 그가 듣고 싶은 노래를 직접 틀기 위해 문을 열었던 클럽 '씬'은 롤링 스톤스가 정규 공연을 하던 곳으로, 문을 연 지 얼마 되지 않아 곧 록 음악의 메카로 떠올랐다.

로버트 크리스트가우 Robert Christgau, 1942년~생존, 미국의 저널리스트
자타공인 '미국 록음악 비평가'다. 초기 전문 록 비평가들 중 한 명으로, 사십 년간 주요 음악 비평매체에 비평을 썼다. 뉴욕의 대안 주간 신문 〈빌리지 보이스(The Village Voice)〉에서 편집장으로 지내던 중 연간 잡지 〈Pazz & Jop〉을 창간했다.

로이 오비슨 Roy Orbison, 1936~1988년, 미국의 뮤지션
싱어송라이터. 1987년 로큰롤 명예의 전당에, 1989년 작곡가 명예의 전당에 오르는 데 이어, 2010년 1월 할리우드 명예의 거리에 올랐다. 1956년 데뷔 이래 1961년 「러닝 스케어드(Running scared)」와 1964년 영화 『귀여운 여인(Pretty Woman)』의 주제곡으로도 잘 알려진 「오, 어여쁜 여인(Oh, Pretty woman)」으로 빌보드 싱글차트 정상에 올려놓았다. 그러나 오토바이 사고로 부인을 잃은 데 이어 화재로 두 아들마저 잃어, 끝없는 추락의 길을 걸었다. 1980년대 들어 데이비드 린치(David Lynch) 감독의 대표작 중 하나인 영화 『블루 벨벳(Blue Velvet)』(1986)에 1960년대 히트곡 「꿈속에서(In dreams)」가 수록되면서 재조명되어 재기에 성공했지만, 1988년 갑작스러운 심장마비로 세상을 떠났다.

린다 가이저 Linda Geiser, 1935년~생존, 스위스 출생 미국의 영화배우
영화배우. 스위스의 TV시리즈 드라마 『Lüthi und Blanc』에서 주인공 요안나 블랑(Johanna Blanc) 역을 맡아 유명해졌다. 베른에서 영어를 공부한 뒤 1961년 미국으로 이주했다. 『전당포(The Pawnbroker)』(1964), 『릴로와 프레디(Lilo & Fredi)』(2004) 등에 출연했다.

마이크 펨버튼 Mike Pemberton, 1947~2016년, 영국의 사업가
나이트클럽 사장. 영국 잉글랜드의 항구도시인 선덜랜드에서 '클럽 11'을 운영하였다. 비틀

스가 앨범을 발표하기 전 클럽에 어울리지 않는 옷차림(노타이에 가죽 재킷 차림)으로 방문했다가 쫓겨났던 곳이다. 펨버튼 스포츠클럽(Pemberton Sports Club)을 운영했다.

맨디 라이스 데이비스 Mandy Rice-Davies, 1944~2014년, 영국의 모델, 영화배우

1960년대 영국 정치권을 성 추문으로 뒤흔들었던 영국의 모델 겸 영화배우. 1963년 해럴드 맥밀런(Harold Macmillan) 총리가 이끌던 보수당 내각의 총사퇴를 불러왔던, 즉 20세기 영국 최대의 섹스 스캔들로 일명 '프러퓨모 스캔들(Profumo affair)'을 겪으며 유명세를 얻어 영화와 TV에서도 활약했다. 그녀는 이후 자신이 얽힌 스캔들을 소재로 한 자서전과 소설을 냈으며, 이 내용은 『오페라의 유령』 『캣츠』 등으로 유명한 극작가 앤드루 로이드 웨버(Andrew Lloyd Webber)에 의해 뮤지컬로도 제작되었다.

메리 윌슨 Mary Wilson, 1944년~생존, 영국의 뮤지션

1960년대 최고의 여성 트리오 슈프림스(Supremes)의 보컬이자 창립 멤버. 1959년 고교 동창들이 모여서 결성한 '프라이메츠(The Primettes)'로 활동하면서 각종 지역 음악 대회에서 두각을 나타냈다. 원년 멤버는 다이애나 로스(1944년~생존), 플로렌스 발라드(1943~1976년), 메리 윌슨(1944년~생존) 등 3명이다. 슈프림스는 흑인 음악을 미국 대중문화의 주류로 떠받친 전설의 음반사 '모타운(Motown)'이 있게 한 주역이다. 1961년 모타운과 정식으로 계약을 맺고 활동한 '슈프림스'는 상업적으로도 성공해 록밴드 비틀스(Beatles)를 제치고 빌보드 차트 1위를 차지하기도 했다.

메리 퀀트 Mary Quant, 1934년~생존, 영국의 패션디자이너

미니스커트 패션 창시자. 1955년 런던에 판매에 초점을 맞춘 최초의 부티크 '바자(Bazaar)' 숍을 내고 1960년대 미니스커트와 핫팬츠를 상업화했다. 일명 '첼시걸 룩' 스타일을 유행시키며 영국 패션의 디바로 떠올랐다. 그녀에게 디자인 로열티를 지불하고 드레스를 만드는 메이커는 영국을 비롯해 미국, 독일, 남아프리카공화국, 오스트레일리아, 네덜란드 등 많은 나라에 이른다. 영국의 외화 획득이라는 면에서 공적을 인정받아 1966년 엘리자베스 여왕으로부터 제4영국훈장을 받았다. 그녀의 작품은 전통적인 낡은 관습을 부정하고, 옷의 본질을 엄격히 파악한 다음, 자유분방한 디자인을 하는 것이 특징이다. 칼라, 스타킹, 리본 등 현대 패션에도 영향을 끼쳤다.

미키 모스트 Mickie Most, 1938~2003년, 영국의 뮤지션, 음반제작자

크리시 모스트의 남편. 1964년부터 1980년대까지 일관되게 히트곡을 만들어낸 영국에서 가장 성공적인 대중음악 프로듀서 중 하나다. 1950년대에 일찌감치 로큰롤을 접한 그는 모스트 브라더스(Most Brothers)를 결성해 런던에서 가장 록 음악이 흥했던 커피 바(bar) 2i's에서 연주했다. 프로듀서이자 음반제작자로 전직한 후에는 애니멀스, 허먼스 허밋, 내쉬빌 틴스(The Nashville Teens), 도너번(Donovan), 룰루(Lulu), 수지 콰트로(Suzi Quatro), 핫초콜릿(Hot Chocolate) 등의 프로듀서였다. 그가 남긴 곡은 애니멀스의 「해 뜨는 집(House Of The Rising Sun)」과 제프 벡의 「Hi-Ho Silver Lining」, 도너번의 「Mellow Yellow」, 핫 초콜릿의 「You Sexy Thing」 등은 팝의 고전이라고 할 수 있다. 오늘날 걸그룹과 보이밴드의 청사진을 마련한 사람으로 평가된다. 아내 크리시 모스트의 고향인 남아프리카공화국에서 팝스타의 지위를 누렸고 영국으로 돌아와서는 프로듀서로 전업한 뒤 1964년에는 조쉬 화이트(Josh White)의 블루스 곡이 미국과 영국에서 동시에 차트 1위를 하는 기염을 토했다. 애니멀스는 너무 상업적인 음악을 강요하는 그와 1965년에 결별했다. 그가 세운 레이블 RAK은 'rack-jobbing'의 약자인데, 일부러 틀린 철자를 사용해 로고를 제작했다.

바버라 훌라니키 Barbara Hulanicki, 1936년~생존, 영국의 패션디자이너

60년대에 문을 연 전설적인 패션하우스 비바(Biba)의 주인이자 당시부터 시작해 수십 년간 패션계를 이끈 아이콘이다. 영국예술의 역사성을 패션에 도입하여 매장을 꾸몄던 그녀의 브랜드 비바(Biba)는 실용적인 디자인과 합리적인 가격대의 옷으로 젊은 층에게 큰 인기를 끌었다.

밥 그루언 Bob Gruen, 1945년~생존, 미국의 사진작가

작가이자 사진작가. 1970년대 로큰롤 전성기를 비롯해 40년간 로큰롤 역사를 담아온 것으로 유명하다.

밥 딜런 Bob Dylan, 1941년~생존, 미국의 뮤지션

러시아계 유대인으로, 본명은 로버트 앨런 짐머맨(Robert Allen Zimmerman)이다. 그의 곡들은 미국의 '저항 포크의 대부'라 불릴 정도로, 1960년대부터 저항음악의 대표주자로 사랑을 받았다. 어렸을 때부터 블루스와 모던 포크의 대명사인 우디 거스리(Woody Guthrie)와 엘비스 프레슬리(Elvis Presley, 초기 로큰롤)의 팬이었던 그는 1959년 미네소타대학교에 입학해 대학 근처에서 밥 딜런이라는 예명으로 노래를 부르기 시작했다. 1961년에 뉴욕으로 올라와 카

페에서 반주를 하고 간간이 노래를 부르며 살았다. 이때 우디 거스리의 병실을 찾아가 그를 간병하며 초기 음악 세계를 만들어 나갔다. 1962년 컬럼비아 레코드의 눈에 띄어 첫 앨범 『밥 딜런(Bob Dylan)』을 발표했다. 본격적으로 재능이 발휘되기 시작한 것은 1963년에 발표한 『프리휠링 밥 딜런(The Freewheelin' Bob Dylan)』 앨범이었다. 「바람만이 아는 대답(Blowin' In The Wind)」「두 번씩 생각 않는 게 좋아요(Don't Think Twice, It's All Right)」 등의 명곡이 쏟아져 나왔다. 시적이면서 정치적인 깊이가 있는 가사와 모던 포크의 간결함을 수용한 이 앨범은 곧 엄청난 반향을 일으키며 그를 세계적인 스타로 만들어 주었다. 이후 영국의 록밴드 비틀스와 애니멀스(Animals)를 비롯한 뮤지션들에게 점차로 음악적 자극을 받아 본격적으로 포크록에 도전하면서 현재에 이르렀다. 대중음악의 노랫말을 예술의 경지로 끌어올려 1990년대 이후 노벨문학상 후보로 여러 차례 올랐다. 노벨문학상 후보로 거론된 것은 뮤지션으로는 유일하다.

비달 사순 Vidal Sassoon, 1928~2012년, 영국의 헤어 디자이너
1950년대 여성들의 헤어스타일은 머리 손질이 어려운 부풀린 머리였는데, 비달 사순은 머리를 다듬는 데 오랜 시간이 걸리지 않는 단발머리인 보브컷(bob cut, 마치 버섯모양과 닮아 일명 '머시룸 헤어'라고 불림)을 선보였다. 이는 1960년대 당시 여성들이 직장생활을 시작하면서 빠른 머리 손질을 원했던 시대적 흐름과도 맞아 떨어졌고, 영국 BBC는 이를 1960년대의 혁명적인 헤어컷이라고 평가했다. 1969년 첫 헤어스쿨을 연 후 전 세계로 확장시켰으며, 1965년 미국 뉴욕으로 넘어와 비달 사순이라는 브랜드로 샴푸, 헤어 컨디셔너 등 각종 헤어 용품을 출시해 큰 인기를 모았다. 2009년 엘리자베스 2세 여왕 생일 당시 대영제국 커맨드 훈장(COBE)을 받았으며, 2010년에는 그의 다큐멘터리 영화 『비달 사순: 더 무비(Vidal Sassoon: The Movie)』가 제작되기도 하였다.

비키 위컴 Vicki Wickham, 1939년~생존, 영국의 뮤지션
영국의 프로듀서 겸 작곡가. 1960년대 블루 아이드 소울(blue-eyed soul) 음악으로 대중적인 인기를 얻은 더스티 스프링필드(Dusty Springfield)의 매니저. 이 책에서는 위컴이 1960년대 영국 TV 토크쇼 『레디, 스테디, 고!』의 보조 프로듀서로 활동한 경험을 담았다.

빌 와이먼 Bill Wyman, 1936년~생존, 영국의 뮤지션
베이시스트. 1962년 영국의 록 그룹 롤링 스톤스의 창립 멤버로 들어가 1993년 탈퇴할 때까지 31년 동안 활동하면서 전 세계적으로 큰 인기를 얻었다. 1936년 런던 동남부 퍼커스에서

태어난 그는 소규모 연주활동을 하다가 스물다섯 살의 최연장자로 롤링 스톤스에 합류했다. 롤링 스톤스의 일원으로 1968년, 1969년 발표한 「베거스 뱅킷(Beggars Banquet)」과 「렛 잇 블리드(Let It Bleed)」를 비롯한 주옥같은 명반들을 내놓았다. 이후 롤링 스톤스를 떠나, 1997년 자신의 밴드 '빌 와이먼스 리듬 킹스'를 결성하고 25년간 꾸준히 앨범을 내는 등 노익장을 과시해 오고 있다.

스티비 닉스 Stevie Nicks, 1948년~생존, 영국의 뮤지션
미국의 록 밴드 이글스(Eagles)와 오스트레일리아의 록 밴드 비지스(Bee Gees)와 함께 1970년 대 후반을 장악한 영국의 5인조 록 밴드 플리트우드 맥(Fleetwood Mac)의 보컬 겸 작곡가. 미국 출신의 전설적 여성 로커다. 그룹 시절이나 솔로 때나 그 활동상이 크게 차이나지 않는 몇 안 되는 뮤지션이다. 깐깐한 음색과 중세 마녀적인 이미지는 그녀를 가장 독특한 여성 로커로 정착시키는 데 결정적인 역할을 했다. 그녀의 음악적 열정은 여전해 최근까지도 앨범을 발표하고 있다.

실라 블랙 Cilla Black, 1943~2015년, 영국의 가수, TV 쇼 진행자
비틀스의 멤버들의 절친이자 그들과 더불어 60년대 영국 최고의 팝 스타였던 여성 가수. 비틀스를 매니지먼트했던 브라이언 엡스타인의 또 다른 성공 사례다. 풋내기 시절 비틀스와 함께 클럽 캐번에서 가수의 꿈을 키웠다. 본명은 프리실라 마리아 베로니카 화이트(Priscilla Maria Veronica White)로 줄여서 실라 화이트라고 불렸는데, 〈머지 비트(MERSEY BEAT)〉 지가 실수로 그녀의 이름을 실라 블랙으로 잘못 기재한 것을 본 엡스타인이 이 이름을 더 마음에 들어 하여 그 뒤로 실라 블랙이라는 이름으로 활동했다. 80년대에 대인기였던 영국 ITV의 TV 쇼 『블라인드 데이트』를 십칠 년간 진행했다. 이후 BBC로 옮겨 자신의 이름을 건 『실라 쇼』 진행자로 활약했다.

알 쿠퍼 Al Kooper, 1944년~생존, 미국의 뮤지션
프로듀서. 그는 1960년대를 풍미한 뛰어난 작곡가였을 뿐만 아니라 많은 명반들의 세션맨이었다. 음악성이 탄탄했던 두 개 밴드의 실질적인 리더이기도 했다. 그의 음악적인 재능은 선천적인 것이어서 어떠한 훈련이나 연주 경험 없이도 피아노로 유행하던 선율을 연출했고, 기타도 독학으로 익혔다. 1950년대까지 그의 주된 관심사는 가스펠이었으나 록큰롤이 나타나자 새로운 경향의 음악에 심취하게 되었다. 싱어송라이터 밥 딜런(Bob Dylan) 앞에서 즉흥 연주를 선보인 뒤로 그의 앨범에 세션으로 참여하며 수십 년간 교류한다. 이후 수많은 세션

참가 부탁을 받았을 때 거절할 수 없어서 적정가의 세 배를 불렀는데도 이를 기꺼이 들어주었을 정도라 한다. 20세기 최고의 기타리스트 지미 헨드릭스(Jimi Hendrix), 영국의 록 밴드 더 후(The Who)와 롤링 스톤스의 앨범 제작에 참여하였다.

앤드루 루그 올덤 Andrew Loog Oldham, 1944년~생존, 영국의 사업가
록 밴드 롤링 스톤스를 발굴해 낸 선구적인 음악 산업 매니저. 그의 역사는 로큰롤의 역사와 함께한다. 비틀스의 홍보 담당자로 일했고 열아홉 살인 1963년도에 롤링 스톤스와 매니지먼트 계약을 체결한다. 최고의 매니지먼트 수완을 보인만큼 밴드에도 그만큼 영향을 미쳤다. 즉 롤링 스톤스의 이미지 메이킹과 차별화 전략, 멤버 교체, 저작권 관리 등 밴드의 전반에 관여했다.

앤서니 콜더 Anthony Calder, 1943년~생존, 영국의 사업가
록 밴드 롤링 스톤스 홍보 담당자. 토니 콜더로 더 많이 알려졌다. 1962년에는 브라이언 엡스타인에게 고용되어 비틀스의 앨범을 홍보했고 1963년부터 1969년까지 롤링 스톤스의 매니저인 앤드루 루그 올덤(Andrew Loog Oldham)과 함께 일했다.

앨런 존스 Allen Jones, 1937년~생존, 영국의 팝아티스트
국제적인 조각가이자 팝 아티스트. 영국을 대표하는 화가이자 사진가인 데이비드 호크니(David Hockney)와 미국 출신으로 영국에서 활동한 팝아트스트 키타이(Ronald Brooks Kitaj)와 함께 수학한 왕립미술원 회원. 혼시 미술학교와 런던의 왕립미술학교에서 배웠다. 1961년 런던에서 젊은현대작가전에 출품하여 데뷔하면서 팝아트의 기수로서 두각을 나타내었다. 1963년 파리 비엔날레에서 수상하였다. 런던의 아더투스화랑에서 첫 개인전을 열어 젊은 도시생활자의 감성을 살린 재치 넘치는 묘사로 주목받았다. 1964년에 뉴욕에서, 1966년에는 로스앤젤레스의 태멀린드 리토그랩 공방에서 판화기술을 익혔다. 도시 특유의 우울하고 현혹적인 이미지에서 촉발된 에로틱하고 도발적이면서도 풍자성이 강한 성적 모티프를 작품화하였다. 주요 작품에 「의자」가 있다.

앨런 파커 경 Sir Alan Parker, 1944년~생존, 영국의 영화감독
프로듀서 및 각본가이자 광고 카피라이터. 영화 『벅시 말론(Bugsy Malone)』(1976), 『에비타(Evita)』(1996), 『미시시피 버닝(Mississippi Burning)』(1988), 『버디(Birdy)』(1984), 『엔젤 하트(Angel Heart)』(1987) 등 다양한 장르의 영화를 연출했다. 영화 『미드나잇 익스프레스(Midnight

Express)』(1978)로 아카데미상 2개 부문을 수상하며 주목을 받았다. 『페임(Fame)』(1980), 『핑크 플로이드의 벽(Pink Floyd: The Wall)』(1982) 등의 음악영화도 만들었다.

에디나 로네이 Edina Ronay, 1944년~생존, 헝가리 출신 영국의 패션디자이너
헝가리 출신으로 영국으로 건너와 영화배우로 활동했다. 활동 당시 '영국의 브리지트 바르도'라고 불렸다. 1970년대 중반에 연기자를 그만두고 니트 전문 패션 브랜드 사업을 시작했다.

에릭 스튜어트 Eric Stewart, 1945년~생존, 영국의 뮤지션
록 밴드 텐씨씨(10cc) 리더. 기타리스트, 보컬, 작곡가이자 연주자. 1960년대 초반에는 '마인드벤더스'와 '제리 리 앤드 더 스태거리스'의 멤버로 활동했다.

에릭 클랩튼 Eric Clapton, 1945년~생존, 영국의 뮤지션
가수 겸 기타리스트, '기타의 신' '블루스의 거장'이라 불림. 영국의 기타 연주자이자 싱어송라이터로 역사상 가장 영향력 있는 기타 연주자 중 한 사람이다. 로큰롤 명예 전당의 유일한 3중 헌액자(솔로 뮤지션 자격, 야드버즈의 구성원 자격, 크림의 구성원 자격)다. 그는 〈롤링 스톤(Rolling Stone)〉지가 선정한 100인의 가장 위대한 기타 연주자 4위, 100인의 위대한 뮤지션 53위에 오르기도 했다. 대개 블루스를 기본으로 한 음악을 했지만 다양한 장르에서도 혁신적으로 활동했다. 존 메이올 앤드 더 블루스브레이커스(John Mayall & the Bluesbreakers), 야드버즈와 함께 블루스 록의 창시자로 꼽히며, 최초의 슈퍼 밴드로 평가 받는 록 밴드 크림(Cream)과 함께 하드 록의 창시자이기도 하다. 또한 그는 델타 블루스와 사이키델릭 록(「Sunshine of Your Love」), 팝(「Change the World」), 레게(「I Shot the Sheriff」) 등에서도 큰 성공을 거뒀다. 모델인 패티 보이드(Pattie Boyd)와 결혼했으나 이혼하였다. 패티 보이드와 에릭 클랩튼, 비틀스 멤버인 조지 해리슨(George Harrison) 사이의 애정관계가 음악계의 화제가 되기도 하였다. 일명 '화이트 앨범'이라 불리는 비틀스의 아홉 번째 앨범 녹음에 참여했으며, 프로젝트 그룹 더티 맥(The Dirty Mac)에서 기타리스트를 맡기도 했다.

재키 콜린스 Jackie Collins, 1937~2015년, 영국 출신 미국의 작가
영국 출신으로 미국 할리우드에서 일하는 영화 제작자 및 감독, 영화배우, 셀러브리티 등을 등장인물로 한 《할리우드 와이브즈(Hollywood Wives)》로 세계적인 베스트셀러 작가 대열에 올랐다. '가면 쓴 할리우드 사람들의 진짜 모습'을 쓰겠다고 했던 이 책을 비롯해 불륜을 소재로 한 데뷔작 《세상은 결혼한 남자들로 가득하다(The World is Full of Married Men)》로 여러 차례 논란에 부딪힌 바 있다. 이외에도 《럭키(Lucky)》 《레이디 보스(Lady Boss)》 등 작품 다수를 집필했으며 일부가 TV 드라마로 만들어지기도 했다.

저스틴 드 빌뇌브 Justin de Villeneuve, 1940년~생존, 영국의 사업가
본명은 나이젤 데이비스(Nigel John Davies)이다. 한때 비달 사순의 헤어숍에서 근무하며 미용을 배우기도 했다. 1970년대에는 펑크록 밴드의 매니지먼트를 돕기도 했지만 그보다는 그가 25살이던 1966년부터 1973년까지 당시 13살이던 모델지망생 트위기를 발굴하고 매니지먼트를 맡아 슈퍼모델로 성공시킨 것으로 더 유명하다.

제프 린 Jeff Lynne, 1947년~생존, 영국의 뮤지션
클래식이 가미된 모던 록 팝송을 만들려는 취지로 결성한 밴드 일렉트릭 라이트 오케스트라(ELO, Electric Light Orchestra)와 트래블링 윌버리스(The Traveling Wilburys)에서의 활동으로 가장 널리 알려져 있다. 일렉트릭 라이트 오케스트라 해체 후, 그는 음반 프로듀서 활동에 더 관심을 두었으며 여러 유명 아티스트와 작업을 계속하고 있다. 그는 1995년 『비틀스 앤솔로지(The Beatles Anthology)』 프로젝트에 참여하기도 했다.

제프리 크루거 Jeffrey Kruger, 1931~2014년, 영국의 사업가
나이트클럽 사장, 쇼 비즈니스 기획자. 런던의 플라밍고 클럽을 운영하며 록 음악의 중흥기를 함께 누렸다. 영국의 엔터테인먼트 산업을 발전시키는 데 기여했다. 또한 독립레이블 엠버(Ember Records)를 차렸고, 음악 사업 지원 기구인 TKO(The Kruger Organisation)를 설립했다.

조니 골드 Johnny Gold, 1931년~생존, 영국의 사업가
유명 나이트클럽 트램프의 사장. 런던의 트램프는 스타들과 상류층 사람들의 사교계 아지트 같은 곳이었다. 그는 1980년대 런던 최고의 마당발로 그의 이름을 빗대어 그가 가진 전화번호 책이 금값이라는 말도 있었다. 70살과 80살 생일 때 로드 스튜어트(Rod Stewart), 빌 와이먼(Bill Wyman)과 콜린스 자매 등 원로 유명인사들이 생일 축하를 위해 한꺼번에 등장하여 이슈를 모았다.

조지 페임 Georgie Fame, 1943년~생존, 영국의 뮤지션
영국의 대표적인 R&B 아티스트 및 재즈 싱어. 키보드 연주의 거장. 1961년부터 1966년까지

조지 페임 앤드 블루 플레임즈(George Fame & Blue Flames)로 활동했다. 1960년대부터 시작된 '북아일랜드의 음유시인'인 밴 모리슨(Van Morrison)와 롤링 스톤스의 멤버인 빌 와이먼(Bill Wyman)과 함께한 공연은 지금까지도 인기가 높다. 영국에서 팝 차트 1위를 3번 달성한 것은 조지 페임이 유일하다.

진 쉬림튼 Jean Shrimpton, 1942년~생존, 영국의 패션모델
1960년대 최초의 슈퍼모델로도 언급되는 트위기(Twiggy)보다 앞서 패션 센세이션을 일으켰던 영국의 원조 슈퍼모델이다. 178센티미터의 늘씬한 키에 긴 머리, 영화배우 못지않은 예쁜 얼굴의 소유자로 60년대 런던 패션을 대표하는 톱모델이며 〈하퍼스 바자(Harper's Bazaar)〉 〈엘르(Elle)〉 〈보그〉 〈글래머(Glamour)〉 〈타임(Time)〉 〈베니티 페어(Vanity Fair)〉 〈뉴스위크(Newsweek)〉지 등 당대 최고 잡지의 표지모델을 두루 섭렵했다. 17살에 모델스쿨을 졸업하고 1960년도부터 프로모델의 길을 걸었다. 당시 쉬림튼에게는 "세상에서 가장 아름다운 얼굴" "60년대의 얼굴" "이 시대의 얼굴" "가장 많은 수입을 올린 모델" "잇 걸" 등의 수식어가 따라다녔다. 스타킹을 신지 않은 채로 무릎 위로 올라간 짧은 미니원피스를 입어 논란과 화제를 불러일으키기도 했고, 미니드레스와 롱부츠 등을 유행시켰다. 패션 사진작가인 데이비드 베일리(David Bailey)와 연인 사이였던 당시 런던을 대표하던 패션 커플이었다.

칼리 사이먼 Carly Simon, 1945년~생존, 미국의 뮤지션
미국의 싱어송라이터이자 그룹 사이먼 시스터즈(The Simon Sisters) 멤버다. 1988년 영화 『워킹 걸』에 수록된 「Let the River Run」으로 그래미상, 골든글로브상, 아카데미상 3개를 모두 수상한 역사상 첫 번째 아티스트다.

캐롤린 헤스터 Carolyn Hester, 1937년~생존, 미국의 뮤지션
포크 가수. 국내에는 싱어송라이터 존 바에즈(Joan Baez)의 여동생 미미 바에즈에게 남편을 빼앗긴 에피소드 정도만이 소개되어 있지만, 포크 음악 열풍을 불러왔던 주역들인 그리니치 빌리지 출신 젊은이들 중 하나다. 헤스터 특유의 청아한 목소리로 부르는 노래는 대중에게 많은 사랑을 받으며 1960년대 초반 포크 리바이벌에 상당한 영향을 주었다. 헤스터는 세 번째 앨범 작업을 하면서 밥 딜런을 알게 되었고, 이 일을 계기로 그녀의 음반을 담당하던 제작자는 밥 딜런과도 계약을 체결했다.

크리시 모스트 Chrissie Most, 1951년~생존, 영국의 음반제작자

음반사 사장이자 팝 프로듀서인 미키 모스트(Mickie Most)의 아내. 크리시 헤이즈로도 불린다. 1960년대부터 미키 모스트와 함께 캐스팅부터 음반 사업까지 참여하며 동반자이자 동업자로 지냈다.

키스 리처드 Keith Richards, 1943년~생존, 영국의 뮤지션

기타리스트. 롤링 스톤스의 창립 멤버. 롤링 스톤스의 보컬 믹 재거(Mick Jagger)와는 유치원 동문으로, 프로젝트 그룹인 더티 맥(The Dirty Mac)에서 활동할 때 펜더 프리시전 베이스(Fender Precision Bass)를 연주했다. 영화 『캐리비안의 해적(Pirates Of The Caribbean)』 시리즈의 주인공 캡틴 잭 스패로(Captain Jack Sparrow) 캐릭터를 만드는 데에 참고한 주요 모델 중 한 명이다. 영화배우 조니 뎁(Johnny Depp)과 친구사이여서 잭 스패로의 아버지 '티그' 역으로 『캐리비안의 해적: 세상의 끝에서』에 출연하기도 했다.

테리 오닐 Terry O'Neill, 1938년~생존, 영국의 사진작가

1960년대를 기록한 작품으로 유명한 사진작가. 1960년대부터 비틀스, 롤링 스톤스, 데이비드 보위(David Bowie), 엘튼 존(Elton John) 같은 팝스타를 비롯해 오드리 헵번(Audrey Hepburn), 숀 코너리(Sean Connery) 등의 할리우드 스타에 이르기까지 한 시대를 풍미한 명사들의 모습을 생생하게 담아왔다. 상업 사진을 중심으로 활동한 사진가이지만 다큐멘터리 사진을 대상으로 자신의 이름을 건 공모전 'Terry O'neill Photography Awards'을 발전시켜 왔다.

트위기 Twiggy, 1949년~생존, 영국의 모델

본명은 레슬리 혼비(Lesley Hornby). 데뷔 당시 키 168센티미터, 몸무게 41킬로그램에 불과했던 그녀는 트위기라는 별칭이 말해주듯 나뭇가지, 막대기를 연상시킬 정도로 깡마른 모델의 원조다. 동생의 미용실에서 샴푸 담당 직원으로 일하던 그녀를 우연히 본 저스틴 드 빌뇌브(나이젤 데이비스)는 그녀를 매니지먼트하기로 하였고, 1966년 〈데일리 익스프레스〉 지에 "올해의 얼굴"로 소개되며 금세 유명해졌다. 이어 이듬해 〈보그〉 지의 표지를 장식한 것을 시작으로 영국, 미국, 일본, 프랑스 등지의 각종 패션잡지 커버를 장식하면서 스타덤에 올랐다. 개구쟁이 소년을 연상시키는 표정, 어린아이같이 왜소한 체구, 짧은 비대칭 커트머리, 왕방울만 한 큰 눈, 과장된 인조 속눈썹, 펄 립스틱 등이 특징이며 메리 퀀트의 미니스커트를 널리 유행시킨 주인공이다. 트위기는 주로 10대 소녀들과 젊은 층의 여성들에게 미니스커트뿐만 아니라 비달 사순의 보브컷, 체인벨트, 무늬가 들어간 스타킹, A라인 원피스, 플랫 슈즈

등을 유행시켰다. 4년간의 짧은 모델생활을 하였으나 그 파급력은 현재까지도 이어지고 있다.

티모시 리어리 Timothy Leary, 1920~1996년, 미국의 심리학자

LSD를 비롯한 환각물질을 폭넓게 실험하고 대중화하면서 숱한 사건과 논란의 중심에 섰다. 하버드대학교 인성연구센터에서 다양한 사람들을 대상으로 환각상태의 '재각인 효과'를 실험한 뒤, 이를 통해 인성을 근본적이고 영구적으로 변화시킬 수 있다는 결론을 내지만 이 일로 하버드에서 해고된다. 해고된 후에도 뉴욕에 빅하우스라는 연구센터를 만들어 연구를 계속한다. LSD 체험을 시각화한 연극과 영상을 만들었으며, 할리우드 영화에 출현하고, 우드스톡에 참여하였다. 급기야는 1969년 캘리포니아 주지사에도 출마했는데, 이때 그를 응원하기 위해 존 레논(John Lennon)이 작곡하고 지미 헨드릭스(Jimi Hendrix)가 연주한 곡이 「Come Together」이다. 1970년 1월 마리화나 소지 등의 이유로 30년 형을 선고받고 수감되지만, 그해 9월 극좌파 운동단체 웨더맨의 도움을 받아 극적으로 탈옥했으며, 알제리로 망명해 미국의 망명 정부를 세우려고 했지만 흑인 해방 단체 블랙팬서당에게 감금당하다 스위스로 다시 망명했다. 그 후 1973년 아프가니스탄에서 체포돼 95년 형을 선고받고 수감되었다가 1976년 사면으로 풀려났다. 리어리는 강의와 영화 제작, 글쓰기에 전념하다 1996년 전립선암으로 세상을 떠났다.

패티 보이드 Pattie Boyd, 1944년~생존, 영국의 패션모델

패션모델 겸 사진작가. 조지 해리슨과 에릭 클랩튼 사이의 삼각관계로 많이 알려져 있다. 때문에 두 사람에게 음악적 영감을 준 뮤즈라고들 불린다. 그 외에는 많이 알려진 것이 없지만 패티 보이드는 사회적으로도 이미 활동적인 여성이었다. 십 대인 1962년부터 모델 활동을 시작해 런던, 파리, 뉴욕의 패션계를 누비며 《보그(VOGUE)》지의 표지 모델도 장식했다. 1964년에는 비틀스가 출연하고 리처드 레스터(Richard Lester) 감독이 연출한 『하드 데이즈 나이트(A Hard Day's Night)』에 출연했는데, 여기서 첫 번째 결혼 상대인 비틀스의 멤버인 조지 해리슨(George Harrison)을 만난다. 2005년에는 조지 해리슨과 에릭 클랩튼의 사진을 주제로 『뮤즈의 눈을 통해서』라는 제목으로 순회 전시를 열기도 했다. 2007년에는 에릭 클랩튼의 노래 제목과 같은 《원더풀 투데이》라는 회고록을 출간하기도 했다.

펠리시티 그린 Felicity Green, 1926년~생존, 영국의 패션에디터

당대 스타일 아이콘이자 저널리스트다. 사회에 첫발을 디딘 이후 독자들에게 젊은 층이 즐겨 입는 합리적인 가격대의 브랜드 메리 퀀트(Mary Quant)와 바버라 훌라니키(Barbara Hulannicki)의 비바를 소개하고, 모델 트위기(Twiggy)를 발굴했다. 바버라 훌라니키의 A라인 드레스를 히트시킨 〈데일리 미러(Daily Mirror)〉 지의 프로모션 기획자이기도 하다. 1961년 〈데일리 미러〉 지에 입사한 이래 여성 인권 상장을 위한 저널리스트로도 왕성한 활동을 보였고, 1973년 영국신문이사회의 임원이 된 최초의 여성이다. 2012년 여왕의 생일에 언론인으로 대영제국훈장을 받았다.

프랭크 로우 경 Sir Frank Lowe, 1941년~생존, 영국의 광고기획자
광고대행사 로우 하워드 스핑크(Lowe Howard Spink) 회장. 광고계의 대부 혹은 개척자로 불린다. 그가 1981년 설립한 광고대행사 로우 하워드 스핑크는 세계에서 가장 창조적인 기업 중 하나다.

피터 눈 Peter Noone, 1947년~생존, 영국의 뮤지션
싱어송라이터. 비틀스와 함께 브리티시 인베이전(British Invasion, 1960~1970년대 미국에서 일어난 문화현상)을 이끌었던 밴드 중 하나인 허먼스 허밋(Herman's Hermits)의 리드 보컬로 활동했다. 일찌감치 연기에 재능을 보여 아역배우로 활동하던 중 밴드를 결성하여 연기와 밴드 활동을 겸하게 된다. 미국의 TV 애니메이션 시리즈 『The Rocky and Bullwinkle Show』에 등장하는 소년 캐릭터 '셔먼(Sherman)'과 닮았다고 생각한 멤버들이 셔먼의 단어에서 S를 떼버리고 허먼이라는 애칭을 피터 눈에게 붙여 주었는데 이 이름으로 밴드 이름을 만들었다. 이렇게 해서 만들어진 밴드의 이름은 '허먼 앤드 히즈 허미츠(Herman And His Hermits)'였고 훗날 허먼스 허밋으로 이름을 바꾼다.

피터 브라운 Peter Brown, 1937년~생존, 영국의 사업가
미국에 기반을 두고 있는 영국의 음악 산업 사업가. 그는 비틀스의 매니저인 브라이언 엡스타인(Brian Epstein)이 운영하던 리버풀의 음반 가게 바로 맞은편에서 일했는데, 브라운의 운영 수완에 감명 받은 엡스타인이 그를 비틀스 관리팀으로 영입했다. 엡스타인 사망 이후 그가 해왔던 비틀스 매니지먼트 일을 대부분 이어받았고, 비틀스 멤버들과 직접 연락하는 몇 안 되는 사람 중 하나다. 1977년 브라운 엔터테인먼트를 설립했다.

피터 프램튼 Peter Frampton, 1950년~생존, 영국의 뮤지션
뮤지션이자 작곡가. 수려한 외모의 싱어송라이터로 기타리스트 겸 보컬리스트다. 15살에 프

로 뮤지션으로 데뷔해 젊은 시절 틴 아이돌 밴드 허드(Herd)와 블루스 록 밴드인 험블 파이 (Humble Pie)를 거쳐, 1972년 「변화의 바람(Wind of Change)」으로 솔로 데뷔했다. 주요 활동 시기는 1970년대로 1976년 「Frampton Comes Alive」의 기록적인 성공과 더불어 70년대의 대표적인 AOR(adult oriented rock, 성인 대상의 록) 스타로 기억되고 있다. 유명한 샌프란시스코의 윈터랜드 라이브 무대를 담은 「Frampton Comes Alive」는 라이브 앨범으로는 극히 드문 1,500만 장의 판매고를 기록하였다.

필립 새빌 Phillip Saville, 1930년~생존, 영국의 영화배우, 프로듀서
영화배우로 사회생활을 시작했고 1960년대부터는 TV 극화를 연출했다. 신속하고 복잡한 카메라워크로 혁신적인 비주얼 스타일을 개척했다고 평가받는다. 그가 연출한 BBC의 뮤지컬 극화 「캐슬 스트리트에 위치한 매드 하우스」는 포크 가수 밥 딜런이 영국 방송에 첫 출연했던 작품이기도 하다. 밥 딜런은 원래 주연으로 캐스팅되었으나 리허설부터 어려움을 겪었고, 그의 출연을 유지하고 싶었던 새빌은 딜런에게 연기가 아닌 노래를 시켰다.

헨리 딜츠 Henry Diltz, 1938년~생존, 미국의 뮤지션, 사진가
포크 가수이자 사진가. 1970년대 미국 록 음악의 주요 현장을 빠짐없이 담은 그의 사진은 그 자체로 기록으로의 가치가 있다.

힐튼 밸런타인 Hilton Valentine, 1943년~생존, 영국의 뮤지션
록 밴드 애니멀스의 기타리스트. 애니멀스가 빌보드 차트 정상을 차지한 곡 「해 뜨는 집 (House of the rising sun)」은 힐튼 밸런타인의 긁는 듯한 마이너 코드 아르페지오 기타 전주와 에릭 버든(Eric Burdon)의 절규하는 듯한 보컬이 절묘하게 어우러져 처절한 느낌을 자아낸다.

기타: 록 밴드 외

두왑 doo-wop, 음악 장르
아프리카계 미국인을 주축으로 뉴욕, 필라델피아, 시카고, 볼티모어, 로스앤젤레스 등지에서

1940년대부터 1960년대까지 유행한 음악 장르다. 스윙 박자에 느린 노래풍이 많았으며 일반적으로 4성 화음을 구사하는 코러스 그룹 형태였다. 당시 인기를 끌던 R&B와 함께 대중의 사랑을 받았으며 1958년 이탈리아계 두왑 밴드들이 가세하면서 전성기를 맞았다. 의미없는 입으로 내는 소리를 활용하기도 했는데 이는 1950년대의 아카펠라 그룹들에도 도입되었고, 훗날 포 시즌스(The Four Seasons)나 비치 보이스(The Beach Boys) 같이 인간의 목소리로 악기를 대신하려는 시도를 했던 밴드들에 영향을 주었다.

레코드 미러 Record Mirror, 영국의 음악신문
1954년부터 1991년까지 매주 발간된 영국의 음악신문이다. 영국에서 처음 발표된 앨범 차트도 이 신문을 통해 발표되었으며, 1980년대에는 영국의 유일한 음악매체였다.

롤링 스톤스 The Rolling Stones, 1962년 결성, 영국의 록 그룹
지난 2012년에 데뷔 50주년을 맞은 록 밴드. 밴드 결성 이후 정통 블루스에서 R&B로, 또 디스코와 로큰롤, 일렉트로니카까지 변화무쌍한 음악 스펙트럼을 선보이고 있는 세계적인 장수 록 밴드다. 데뷔 초반에 롤링 스톤스는 비틀스와 비슷하게 양복을 차려입은 깔끔한 스타일을 추구했다. 처음에는 블루스 밴드로 음반제작자인 조르지오 고멜스키(Giorgio Gomelsky)와 계약을 맺고 그의 클럽 크로대디에서 활동했다. 그러던 중 제대로 된 매니지먼트 계약이 없다는 것을 알게 된 앤드루 루그 올덤(Andrew Loog Oldham)이 롤링 스톤스와 정식 계약을 맺으면서 새 매니저가 된다. 앤드루 루그 올덤은 자작곡을 부른다는 비틀스의 장점은 그대로 가져오면서, 밴드의 이미지를 차별화하는 전략을 취했다. 그는 밴드의 이미지를 잘생기고 반항적인 악동으로 만들었다. 1962년 브라이언 존스(Brian Jones, 리더인 기타리스트)를 중심으로 믹 재거(Mick Jagger, 보컬), 키스 리처드(Keith Richards, 기타리스트), 빌 와이먼(Bill Wyman, 베이스), 찰리 와츠(Charlie Watts, 드럼) 등 5명의 멤버로 결성됐다. 1969년 브라이언 존스 대신 믹 테일러(Mick Taylor)가 영입된다. 현재는 믹 재거, 키스 리처드, 론 우드(Ron Wood, 기타리스트), 찰리 와츠 등 4명 체제다. 믹 재거와 키스 리처드는 레논-매카트니에 버금가는 작곡 콤비로도 유명하다.

머지 비트 Mersey Beat, 영국의 음악신문
비틀스가 창간에 관여한 리버풀의 음악잡지로 격주로 발간되었다. '머지 비트'라는 말은 1960년대 초반에 생겨난 로큰롤계의 사운드를 뜻하는 말로, 발상지인 영국 공업지역 리버풀에 흐르는 머지 강에서 그 이름을 가져왔다.

모타운 Motown, 음반회사

모타운은 미국 미시간 주 디트로이트에 기반을 두었던 레코드 레이블이다. 자동차 공업이 발달한 디트로이트는 흑인 노동자들이 형성한 도시로, 그 별칭은 모토 타운(Motor town)이었다. 영화 프로듀서 관리자였던 베리 고디(Berry Gordy)는 이 말을 줄인 모타운(Motown)을 자신의 레코드사 이름으로 채택했고 '미국의 히트동네(Hitsville USA)'라는 간판을 내걸었다. 모타운은 그동안 차별받았던 흑인 음악을 대중음악의 중심지로 끌어다 놓았고, 대중음악의 인종적 결합에 중요한 역할을 했다. 모타운이 배출한 스타들 가운데 스티비 원더(Stevie Wonder), 마빈 게이(Marvin Gaye), 마이클 잭슨이 있던 잭슨 파이브(Jackson 5), 다이애나 로스(Diana Ross)가 이끈 록 밴드 슈프림스(Supremes), 포 탑스(Four Tops), 템테이션스(Temptations)는 미국 대중음악사에 한 획을 그은 거성들이다.

보브컷 Bob Cut, 헤어스타일

1960년대 초 비달 사순이 창조한 혁명적인 단발로 '사순컷(Sassoon cut)'으로도 불린다. 당시 여성들은 파마한 긴 머리를 뜨겁게 달군 헤어롤러와 컬핀으로 우아하게 틀어올리는 헤어스타일이 대부분이었다. 하지만 사순은 평범한 단발머리를 뜻하는 '보브'에 기하학적인 '커팅'을 넣어 보브컷을 탄생시켰다. 사순은 1993년 〈LA타임스〉 인터뷰에서 "당시 여성들은 일터로 모이고 있었다. 바빠서 아무도 드라이어 밑에 앉아 시간을 보낼 수 없었다"고 했다. 머리만 감으면 바로 외출해도 되는 이 세련된 헤어스타일은 여성들을 긴 머리를 손질하고 세팅하는 데 걸리던 시간과 번거로움에서 해방시켰다.

브리티시 인베이전 British Invasion, 시대의 음악 경향

주로 영국 출신 록, 팝 가수들이 미국이나 캐나다, 오스트레일리아 등지에서 흥행에 크게 성공을 거두는 경향을 말한다. 브리티시 인베이전은 특히 1964년부터 1966년 사이에 일어났던 음악적 조류를 가리키나, 보통은 그 당시를 포함하여 이후 여러 그룹에 의해 진행되었던 영국 음악의 세계적 대중화를 지칭한다. 일반적으로 1964년 1월 18일 비틀스의 「그대의 손을 잡고 싶어요(I Want to Hold Your Hand)」가 빌보드 핫 100차트에 진입하고, 그해 2월 1일 차트 정상에 등극하면서 시작되었다고 알려져 있다. 대표적인 아티스트로는 비틀스를 선두로 롤링 스톤스(The Rolling Stones), 더 후(The Who), 킹크스(The Kinks), 데이브 클락 파이브(Dave Clark Five) 등이 있다. 이들 대부분은 미국 흑인 음악(로큰롤, R&B)에 큰 영향을 받았기 때문에, 그들의 음악엔 이들 흑인 가수의 성향이 많이 드러나기도 한다. 이들은 비트를 강조한 리듬, 일렉트릭 기타, 장발 등으로 당시 미국 십 대 대중을 사로잡게 되었다.

브릴 빌딩 Brill Building, 미국 뉴욕에 있는 빌딩

뉴욕 맨해튼 브로드웨이 1619번지에 위치한 빌딩. 브릴 빌딩을 비롯한 브로드웨이 알돈 뮤직을 중심으로 한 브릴빌의 작곡가들은 1964년까지 매년 20곡 이상을 빌보드 10위 안에 올려놓으며 '브릴 사운드'라는 유행어까지 만들어냈다. 이들의 활동은 대중에게 작곡의 중요성을 일깨워주었다.

비틀스 The Beatles, 1962년 결성, 영국의 록 그룹

1960년 영국의 리버풀에서 결성된 록 밴드로 존 레넌(John Lennon), 폴 매카트니(Paul McCarteny), 조지 해리슨(George Harrison), 링고 스타(Ringo Starr)가 주요멤버다. 뛰어난 음악성과 대중성으로 세계적인 인기를 얻었으며, 영국뿐 아니라 1960년 이후 전 세계 대중음악의 역사를 바꿔 놓았다는 평을 받는다. 1962년 데뷔 싱글 「러브 미 두(Love Me Do)」로 시작하여 1970년 마지막 앨범 「렛 잇 비(Let It Be)」를 남기고 해산하기까지 비틀스만의 철학과 선율이 담긴 음악 양식을 선보이며 대중음악의 스펙트럼을 확장시켰다. 1963년 발표한 「플리즈 플리즈 미(Please Please Me)」 앨범의 성공 이후 영국과 유럽은 물론 미국에서도 큰 인기를 얻어, 대영 제국 훈장까지 받게 된다. 2012년 영국의 BBC는 다큐멘터리 『비틀스: 1962 러브 미 두(Beatles: 1962 Love Me Do)』에서 "50년 전 리버풀에서 나타난 4명의 젊은이들이 세상의 모든 것을 바꿔 놓을 앨범을 발매했다"고 말했다. BBC의 라디오 프로듀서 빅 갤러웨이(Vic Galloway)는 "팝 음악의 역사는 비틀스의 등장 전과 후로 나뉜다"고도 말했다. 비틀스는 1960년대부터 지금까지 음악뿐 아니라 미술, 문학 등 폭넓은 분야에서 큰 영향력을 행사하고 있다.

사이키델릭 록 Psychedelic rock, 음악 장르

LSD 붐으로 환각 상태에서의 자유로운 체험을 만끽했던 뮤지션들은 색채감 풍부한 환상을 사운드로 표현해 내려는 욕구가 움텄다. 이것이 몽환적 느낌의 음악으로 발현된 것을 사이키델릭 록이라고 한다. 사이키델릭 록 연주자들은 전통적 작법을 무시한 동양적 음계와 악기를 사용했으며, 기타 효과와 기계로 변조한 사운드 등을 통해 몽환적 의식 상태를 표현했다. 1966년 록 밴드 야드버즈(Yardbirds)의 멤버 제프 백(Jeff Beck, 기타리스트)은 그들의 음악에 불안정한 단조 멜로디를 붙이고 그레고리안 성가를 접목시키는 등의 이색적인 실험으로 사이키델릭 음악의 탄생을 예고했다. 사이키델릭 음악은 비틀스(The Beatles)와 도어스(The Doors), 핑크 플로이드(Pink Floyd), 벨벳 언더그라운드(The Velvet Underground) 등 많은 록 그룹에 영향을 주었다.

애니멀스 The Animals, 1964년 결성, 영국의 록 그룹

록 밴드 앨런 프라이스 콤보에서 파생된 화이트 블루스 밴드. 1950년대 후반부터 음악 활동을 시작한 건반 주자 앨런 프라이스(Alan Price)가 흑인 음색을 소유한 에릭 버든(Eric Burdon)과 존 스틸(John Steel, 드럼), 힐튼 밸런타인(Hilton Valentine, 기타), 브라이언 채스 챈들러(Bryan Chas Chandler, 베이스)를 만나 1964년에 결성하였다. 애니멀스는 록 그룹 롤링 스톤스와 야드버즈(Yardbirds)와 함께 영국에서 건너온 가장 영향력 있는 화이트 블루스 밴드다. 이들은 비틀스, 롤링 스톤스, 더 후, 킹크스(The Kinks), 허먼스 허밋(Herman's Hermits) 등과 브리티시 인베이전(British Invasion, 1960~1970년대 미국에서 일어난 문화현상)의 물꼬를 텄다. 미국에 블루스 붐을 형성하는 데 결정적인 역할을 했을 뿐 아니라 밥 딜런으로 대표되는 포크 록의 탄생에 동기를 부여함으로써 1960년대 팝 음악계를 풍성하게 했다. 대표곡 「해 뜨는 집(House of the rising sun)」은 비틀스의 해로 기억되던 1964년 5주 만에 빌보드 싱글 차트 정상에 올랐다. 이 음악을 접하고 충격을 받은 밥 딜런은 통기타 대신 일렉트릭 기타로 관심을 돌려 포크 록을 탄생시켰다.

야드버즈 The Yardbirds, 1963년 결성, 영국의 록 그룹

원래 이름은 메트로폴리스 블루스 쿼텟(Metropolis Blues Quartet)이었으나 1963년에 이름을 야드버즈로 바꾸었다. 당시 기타리스트였던 앤서니 '톱' 토팜(Anthony 'Top' Topham)는 무려 16살이었다. 부모님의 반대로 곧 탈퇴하게 되고, 에릭 클랩튼(Eric Clapton)이 기타리스트로 섭외된다. 1964년에 에릭 클랩튼이 정통 블루스 음악에 대한 열정으로 탈퇴하자 세션맨이었던 제프 벡(Jeff Beck)이 기타리스트로 영입되었다. 이어 베이스를 맡았던 폴 샘웰스미스(Paul Samwell-Smith)가 탈퇴하자 1966년 지미 페이지(Jimmy Page)가 영입된다. 지미 페이지는 처음에 베이스를 위해 가담했지만 후에 제프 벡과 함께 리드 기타를 맡았다. 이렇듯 야드버즈는 3대 기타리스트로 뽑는 제프 벡, 지미 페이지, 에릭 클랩튼이 모두 거쳐 갔을 정도로 대중음악 역사상 여러 중요한 아티스트들과 연관되어 있어서, 그 자체로도 인기가 상당히 많았다. 지미 페이지는 제프 벡과 에릭 클랩튼이 탈퇴하자 다른 멤버들을 영입하여 '뉴 야즈버드(New Yardbirds)'로 활동했다. 이는 20세기 록의 전설이라 불리는 하드록 그룹 레드 제플린(Led Zeppelin)의 전신이기도 하다. 1992년 로큰롤 명예의 전당에 헌액되었다.

우드스톡 페스티벌 Woodstock Festival, 록 페스티벌

1969년 8월 15일부터 3일간 미국 뉴욕 주의 베델 평원근처 화이트 레이크의 한 농장에서 '3 Days of Peace & Music'이라는 구호 아래 개최된 록 페스티벌이다. 정식 명칭은 'The

Woodstock music and art fair 1969'이다. 입구를 부수고 들어간 사람의 수가 너무 많아서 정확한 수치는 알 수 없지만 30만 명 이상이 농장으로 몰려갔다고 전해진다.

채털리 부인의 연인 Lady Chatterley's Lover, 소설

이 책은 영국의 소설가 데이비드 허버트 로렌스(David Herbert Lawrence, 1885~1930년)가 1926년에서 1928년에 걸쳐 쓴 소설이다. 작가는 이 작품에서 중산층 사람들의 위선과 하층 계급 사람들의 비애를 묘사하는 동시에 현대문명과 산업화 속에 파묻혀버린 '사랑'의 원래 의미를 회복하고자 했다. 다만 포르노그래피는 아니었으나 적나라한 성행위 묘사와 당시 공식석상에서 절대로 사용될 수 없었던 어휘들이 등장해 구설수에 올랐다. 1928년 당시에는 보수적인 영국 사회에 많은 물의를 일으켜 판매 금지 처분을 받았다. 1955년까지만 해도 단순히 이 책을 보관하고 있었다는 이유만으로 서점 주인이 투옥되기도 했다. 1959년 펭귄출판사가 로렌스의 타계를 기념하기 위해 20만 부를 찍어내자, 검찰 총장은 기소를 결정했다. 1960년 11월, 음란물 무죄판결과 함께 펭귄출판사가 자유 출판을 위한 항소심에 승소함으로써 비로소 검열을 받지 않은 원본이 출판되었다. 1960년대에는 성에 대한 영국인들의 사고방식도, 습관도 변화하고 있었다. 이 소설의 재판 결과는 성적으로 자유분방한 시대가 도래했음을 선포한 상징적인 사건이다.

텐씨씨 10cc, 1972년 결성, 영국의 록 그룹

영국 맨체스터에서 결성된 록 밴드. 국내에서 텐씨씨의 대표곡으로 여겨지고 있는 「난 사랑하고 있는 게 아냐(I'm Not In Love)」가 수록된 세 번째 음반 「The Original Soundtrack」은 1975년에 발표되어 영국 앨범 차트에서 3위까지 진출했으며 미국의 빌보드 앨범 차트에서는 15위까지 진출하는 성공을 거두었다. 그런데 이 성공은 공연장에서 직접 팬들과 소통하기를 원했던 에릭 스튜어트(Eric Stewart, 리드 기타리스트), 그래험 굴드만(Graham Gouldman, 기타 및 베이스)과는 반대로 스튜디오 작업에 전념하여 좀 더 완성도 높은 음반을 만들고 싶어 했던 롤 크림(Lol Creme, 기타, 키보드 및 보컬), 케빈 고들리(Kevin Godley, 드럼 및 보컬)가 양쪽으로 나뉘어 대립하는 단초를 제공해 텐씨씨가 둘로 나뉘는 파장을 불러왔다.

트램프 Club Tramp, 나이트클럽

1969년에 런던에 세워진 나이트클럽. 40년간 많은 유명 인사, 사교계, 귀족과 왕족들이 자주 찾았던 나이트클럽으로 회원제로만 운영되어 가장 배타적인 클럽 중 하나이다. 영화배우 피터 셀러스(Peter Sellers)와 조안 콜린스(Joan Collins), 라이자 미넬리(Liza Minnelli), 비틀스의 멤버인 링고 스타(Ringo Starr)가 이곳에서 결혼식 피로연을 열었다. 유명인들로 북적였던 곳인 만큼 클럽에서 벌어진 이들의 기행으로 악명 높은 곳이기도 하다. 창업자 조니 골드는 2001년에 이곳의 이야기를 담은 책 《Tramp's Gold》을 출간하면서 그간의 세월을 갈음하고 2002년에 지분을 매각했다.

LSD Lysergic Acid Diethylamide, 리세르그산 디에틸아미드, 환각제

20~30마이크로그램으로도 환각효과를 가져올 수 있는 합성물질이다. 무미, 무취, 무색의 분말형태로 정제, 캡슐, 액체 등 다양한 방법으로 유통되며 주로 각설탕, 껌, 과자, 압지, 우표 뒷면 등에 묻혀서 사용한다. LSD가 일으키는 환각은 언제나 사고의 위험성을 유발하여, 결국 존 F. 케네디가 암살당하고 존슨 행정부가 약물에 맞선 전쟁을 선포하면서 이제는 일반인들은 접근할 수 없는 약물이 되었다. 저항문화에 있어서 제일 중요하게 생각해야 하는 것은 바로 LSD다. 당시에는 합법적으로 소지하고 사용할 수 있었는데, 이를 통해 인간의 의식을 확장시키려 한 시도나 도시를 벗어나 자연에서 코뮌(commune)을 형성하는 운동으로 나타났다. 코뮌은 원래 지방자치제를 채택한 중세 서유럽의 행정구에서 나온 용어로 시민들끼리 서로 보호하고 돕겠다고 결합된 것이다. 대항문화의 주역이던 청년들의 상당수가 LSD와 록 음악에 심취해 집단을 형성한 것을 두고 코뮌으로 불렀다. 당시는 텔레비전이 막 보급되던 시기였고, 역동적인 대중에게는 영상보다 라디오나 음악의 영향력이 훨씬 컸다. 히피 문화의 절정인 우드스톡 록 페스티벌(The Woodstock music and art fair)이나 밥 딜런을 상징하는 포크 음악에도 영향을 미쳤으며, 이들을 하나로 묶는 중요한 연결고리가 되었다.

※ 공식 홈페이지의 프로필과 위키백과, 네이버 백과사전 등을 참고하였으며 가나다순으로 배열하였다.

1963
발칙한
혁명

초판 1쇄 찍음	2016년 5월 30일
초판 1쇄 펴냄	2016년 6월 10일

지은이	로빈 모건 · 아리엘 리브
옮긴이	김경주
펴낸이	정용수
펴낸곳	도서출판 예문사

박지원이 편집장을, 이수정이 책임편집을, 박재언이 교정교열을, 서은영이 표지와 내지 꾸밈을 맡다.

출판등록	1993. 2. 19. 제11-76호
주소	경기도 파주시 직지길 460(출판도시) 도서출판 예문사
대표전화	031-955-0550
대표팩스	031-955-0605
이메일	yms1993@chol.com
홈페이지	http://www.yeamoonsa.com
단행본 사업부 블로그	http://blog.naver.com/yeamoonsa3

ISBN	978-89-274-1921-1 03900

• 이 도서의 국립중앙도서관 출판예정도서목록(CIP)은 서지정보유통지원시스템 홈페이지
  (http://seoji.nl.go.kr)와 국가자료공동목록시스템(http://www.nl.go.kr/kolisnet)에서
  이용하실 수 있습니다. (CIP제어번호 : CIP2016012701)
• 책값은 뒤표지에 있습니다. 잘못된 책은 구입하신 곳에서 바꿔드립니다.